やわらかアカデミズム・〈わかる〉シリーズ

よくわかる
教育評価
第3版

田中耕治 編

ミネルヴァ書房

2017年3月の学習指導要領改訂を受け，2019年1月に「児童生徒の学習評価の在り方について（報告）」が公表され，3月に「小学校，中学校，高等学校及び特別支援学校等における児童生徒の学習評価及び指導要録の改善等について（通知）」が発出されました。

　本書の初版は，戦後日本の教育評価論に地殻変動を起こすことになった2001年指導要録改訂を契機として出版しました（2005年）。幸いにも，本書の初版並びに第2版（2010年）も多くの読者を得て，増刷を重ねることになりました。

　この度の第3版は，冒頭にある学習指導要領と指導要録の改訂を受けて，上梓することになりました。新学習指導要領が求める「資質・能力」の育成，「主体的・対話的で深い学び」，各教科等の「見方・考え方」，入試制度の改革などについて，より深い理解が求められています。

　本書は，初版と第2版の蓄積を踏まえて，これから教育評価について学ぼうとする学生や先生たち，学校経営に責任を持つスクール・リーダーと校長先生さらには教育委員会の皆さんに対して，「教育評価の基礎から応用」までを豊富な図表や実物資料を入れて，わかりやすく解説したものです。本書によって，まさしく「評価が変わる，学びが変わる」という時代を力強く切り拓いていただきたいと期待しています。

　最後になりましたが，本書の刊行にあたりまして，ミネルヴァ書房と編集担当者の吉岡昌俊さんに大変にお世話になりました。この場を借りて，深く感謝申し上げます。

2021年4月

田中　耕治

はじめに

　教育評価の理論と実践は，地殻変動をともなって，大きく変化しつつあります。その出発点となったのは，2001年に改訂された指導要録において，第二次世界大戦直後からながく採用されてきた「相対評価」の考え方が否定され，「目標に準拠した評価」が全面的に採用されるようになったことです。ここに至って，指導に生きる，指導を生かす教育評価の可能性が拓かれ，教育評価のあり方が教育改革の重要な課題となってきました。そして，2010年に改訂された指導要録は，「目標に準拠した評価」をパワー・アップして，「表現」を重視した評価のあり方を示しました。

　本書は，このような教育評価の新しい動向をわかりやすく理解でき，さらには明日の教育実践に役立つことができるように，次の点をとくに留意して編集しました。

（1）教育評価にかんする基本的な用語や考え方を歴史的な背景も含めて具体的に解説したこと。たとえば，「目標に準拠した評価」と「絶対評価」や「到達度評価」との異同といった点です。

（2）新しい教育評価の考え方をまとめて解説するとともに，それにもとづく評価の方法をていねいに紹介したこと。たとえば，「真正の評価」という魅力的な考え方を整理するとともに，その具体的な方法としての「ポートフォリオ評価法」「パフォーマンス評価」などを紹介しました。

（3）教育現場が直面する「指導要録」「通知表」さらには「入試制度」について，現状を押さえつつ，将来のあるべき展望を示そうとしたこと。たとえば，「目標に準拠した評価」にもとづく「通知表」のあるべき姿とはどのようなものかなどです。

（4）それぞれの項目について解説や紹介をおこなう場合には，図表や実物資料を入れてわかりやすく記述するとともに，「参考文献」をあげてさらに学習しようとする読者の便宜を図ろうとしたこと。

　最後になりましたが，本書の初版は幸いにて多くの読者を得て，刷を重ねることができました。初版ならびに本書の刊行にあたっても，ミネルヴァ書房と編集担当者の寺内一郎さん，吉岡昌俊さんに大変にお世話になりました。ここに記して，深く感謝申し上げます。

2010年9月

田中　耕治

※この「はじめに」は第2版刊行時に書かれたものです。

もくじ

■よくわかる教育評価［第3版］

第3版の刊行にあたって

はじめに

I　教育評価の基本概念

1　心理測定 ……………………… 2

2　教育評価：エバリュエーションとア
　　セスメント ………………… 4

3　教育評価の次元，目的，主体，対象
　　……………………………… 6

4　教育評価の機能：診断的評価，形成
　　的評価，総括的評価 ………… 8

5　学力評価と授業評価 ………… 10

6　カリキュラム評価 …………… 12

7　教員評価と学校評価 ………… 14

II　教育評価の立場の変遷

1　絶対評価 ……………………… 16

2　相対評価 ……………………… 18

3　個人内評価 …………………… 20

4　到達度評価 …………………… 22

5　目標に準拠した評価 ………… 24

6　評価規準と評価基準 ………… 26

III　教育評価の位相と展開

1　工学的アプローチと羅生門的アプロ
　　ーチ ………………………… 28

2　ゴール・フリー評価 ………… 30

3　教育鑑識眼と教育批評 ……… 32

4　真正の評価 …………………… 34

IV　教育目標と教育評価の関係

1　教育目標の明確化 …………… 36

2　教育目標の分類学 …………… 40

3　到達目標と方向目標 ………… 44

4　学力モデルと評価 …………… 46

5　目標分析 ……………………… 48

6　スタンダードとクライテリア …… 50

7　ドメイン準拠評価とスタンダード準
　　拠評価 ……………………… 52

8　ルーブリック ………………… 54

9　カリキュラムを縦断・横断する評価
　　……………………………… 56

10　「資質・能力」の評価 ……… 58

11　「見方・考え方」の評価 ……… 62

V　指導に活かす評価のありかた

1　指導と評価の一体化 ……………64

2　素朴概念と教育評価 ……………66

3　カルテと座席表 …………………68

4　フィードバック …………………70

5　子どもの自己評価 ………………72

6　自己評価シート …………………74

7　教育評価への子どもの参加 ………76

8　学習のための評価 ………………78

9　自己調整学習 ……………………80

10　「主体的・対話的で深い学び（アク
　　ティブ・ラーニング）」と評価 …82

VI　教育評価の方法原理

1　尺度 ………………………………84

2　妥当性と信頼性 …………………86

3　カリキュラム適合性 ……………88

4　比較可能性とモデレーション ……90

5　公正性と実行可能性 ……………92

VII　学力評価のさまざまな方法

1　学力評価の方法の分類 …………94

2　客観テスト ………………………96

3　自由記述問題の工夫 ……………100

4　作問法 ……………………………102

5　認知的葛藤法 ……………………104

6　POE法 …………………………106

7　概念地図法 ………………………108

8　ベン図法 …………………………110

9　KJ法 ……………………………112

10　描画法 ……………………………114

11　パフォーマンス評価：パフォーマン
　　ス課題とそのつくりかた ………116

12　プロジェクト ……………………118

13　日常的な評価 ……………………120

14　口頭試問と面接法 ………………122

15　ポートフォリオ評価法 …………124

16　ポートフォリオ検討会 …………126

17　eポートフォリオ ………………128

VIII　学力評価の進めかた

1　国語科における評価 ……………130

2　算数・数学科における評価 ……132

3　社会科における評価 ……………134

4　理科における評価 ………………136

5　生活科における評価 ……………138

6　外国語活動・外国語科における評価
　　………………………………………140

7　音楽科における評価 ……………142

8　図画工作・美術科における評価 …144

9　技術・家庭科における評価 ……146

10 体育科における評価 ……………148

11 総合学習における評価 …………150

12 道徳における評価 ………………152

13 特別活動における評価 …………154

14 障害児教育における評価 ………156

IX 指導要録

1 指導要録 ……………………158

2 指導要録の歴史 …………………162

3 形成的評価（基本簿）と総括的評価
（指導要録）………………………170

4 観点別評価と総合評定 …………172

5 「主体的に学習に取り組む態度」の
評価 ………………………………174

X 通知表

1 通知表 ……………………………176

2 通知表の歴史 ……………………178

3 到達度評価型の通知表 …………180

4 能力表 ……………………………182

5 学力評価計画 ……………………184

6 子どもの自己評価をとりいれた通知
表 …………………………………186

XI 入試制度

1 入試と接続 ………………………188

2 選抜試験と資格試験 ……………190

3 高校入試 …………………………192

4 大学入試 …………………………194

5 偏差値 ……………………………196

6 内申書 ……………………………198

7 ＡＯ入試・総合型選抜 …………202

8 大学入学共通テスト ……………204

9 国際バカロレア …………………206

XII 教育評価の経営

1 学力調査 …………………………208

2 ハイ・ステイクスな評価 ………212

3 説明責任と，保護者や地域住民によ
る評価への参加 …………………214

4 学校評議員制度 …………………216

5 校内研修 …………………………218

6 エビデンス ………………………220

7 カリキュラム・マネジメント …222

XIII 日本における教育評価の歴史

1 教育評価の源流 …………………224

2 試験の時代 ………………………226

3 考査の時代 ………………………228

4 教育測定運動の功罪 ……………230

5 生活綴方の評価 …………………232

6 「教育評価」の導入 ……………234

7 通信簿論争 ……………………236

8 到達度評価の登場 ……………238

9 「関心・意欲・態度」の重視（新しい
 学力観）……………………240

10 「総合的な学習の時間」導入のイン
 パクト ……………………242

11 PISA ショック ……………244

XIV 諸外国の教育評価制度

1 イギリスの教育評価制度 ………246

2 アメリカの教育評価制度 ………248

3 フランスの教育評価制度 ………250

4 ドイツの教育評価制度 …………252

5 オランダの教育評価制度 ………254

6 中国の教育評価制度 ……………256

7 韓国の教育評価制度 ……………258

さくいん ……………………………260

やわらかアカデミズム・〈わかる〉シリーズ

よくわかる
教 育 評 価
第 3 版

心理測定

1　心理測定の背景

　封建社会から近代社会に転換するなかで，人間の捉え方に大きな変化が生まれました。封建社会では，人間は自分が属する共同体の一員として，さまざまな属性（身分や階層，地縁，血縁，財力など）によって縛られていました（ascription）。近代社会は，それらの属性の原理が形骸化したことを批判し，共同体を脱した個々の人間が有する能力とりわけ知力による社会秩序の正当性を樹立しようとします。心理測定は，この能力や知力への関心を背景に誕生します。

　人間の個体が持つ能力や知力への関心は，たとえば19世紀半ば頃に「骨相学」の隆盛を生み出します。「骨相学」とは，頭蓋骨の各部位の大きさからその個人の性格や能力を推定できると考えるもので，後には「人相学」の一種として通俗化されますが，心理測定の源流となったものです。また，「メンタル・テスト」という呼称を創始したキャテル（Cattell, J. M.）も，「握力」とか「音に対する反応時間」のような感覚・運動能力の測定から，それこそ「メンタル」の性能に迫ろうとします。

　しかしながら，このような「骨相学」や「メンタル・テスト」のような，可視できる人体上の特性から人間の精神能力を推論しようとする発想には，明らかな限界がありました。この心理測定の低い水準を飛躍的に高めたのが，知能検査法を創始したビネー（Binet, A.）でした。そして，この知能検査法は，アメリカのターマン（Terman, L. M.）によって改訂され，「スタンフォード＝ビネー知能尺度」が作成されます。このようにして，心理測定の基礎が築かれていくのです。そして，アメリカにおいて，20世紀を前後する頃から勢いを増すことになった教育測定運動は，この心理測定の方法原理を基軸にして展開され，世界的な影響を与えていきます。

2　心理測定の立場──ビネーとターマン

　ところで，ターマンとビネーでは知能程度に差のある子どもたちを識別するための客観的で信頼のおけるテスト法を開発するという点では一致していても，両者には発達・教育観においてかなりの差がありました。

◯ビネーの考え方

　ビネーが知能検査法を開発する契機となったのは，1904年にフランスの文部

▷1　丸山真男「『である』ことと『する』こと」『日本の思想』（岩波新書，1961年）を参照のこと。

▷2　「骨相学」については，平野亮『骨相学』（世織書房，2015年）を参照のこと。

▷3　教育測定運動には，ターマンを中心とする心理測定を開発したグループとソーンダイク（Thorndike, E. L.）を中心とするアチーブメント・テストを開発したグループがあった。第一次世界大戦時の「軍隊テスト」作成において両派は合流する。
⇒ XIII-4 参照。

省が知恵遅れの子どもたちの状態を報告する委員会を召集し，その委員になったことに始まります。そこでビネーは，精神薄弱児を診断し分類する従来の方法とくに医学の方法（骨相学に由来する頭蓋測定法や人体測定法など）の主観性を手厳しく批判して，知能の測定尺度による分類を1905年に提案します。さらに，1908年の改訂において，知的水準の発達的事実に着目して，正常児を標準とする年齢尺度法を提起し，没年となった1911年には1908年版にさらに改訂を加えています。

ビネーの場合には，知能検査法で測定された知能水準はあくまでも現在の状態であり，将来の発達に対する予測可能性を持つものとは考えていません。ここには環境や教育の条件によっては知能水準も可塑性を持つとする確信があったからです。あくまでも診断は治療のためにこそ必要とされたのです。

○ターマンの考え方

他方，ターマンの主張はある意味で明快でした。子どもたちの知能は生得的に決定されているから，それを正確に診断できる知能テストの結果に従って，子どもたちを分類し，それぞれの知能レベルに見合う教育活動（具体的には能力別編成）を実施すべきであると考えます。しかも，IQ（精神年齢÷暦年齢×100，ターマンが知能検査法に導入）の恒常性から判断して，子どもたちの教育可能性の予測は早期に可能であると考えたのです。[4]

その際，「数量化の使徒」と称される**ゴールトン**（Galton, F.）が提唱した，知能分布は「**正規分布**」するという考え方が，ターマンに多大の影響を与えました。その結果，「正規分布」するように作成された知能テストこそ科学性や客観性を保証されるということになり，ややシニカルな表現をすれば，このような作為に基づいて構成された知能テストによって，まさしく「知能差」ひいては「個人差」が強調されることになったのです。[5][6]

③ 心理測定の問題点

その後の心理測定の展開においては，ターマンの考え方が圧倒的に優位に立ちました。しかし，このターマンの考え方に対してなされたバグリー（Bagley, W. C.）の批判は，心理測定のあり方を考えるための有効な提案となりました。[7]

バグリーは，子どもたちの学習上の「個人差」は絶対的なものではなく，「個人差」を考慮した教授方法の改良を通じて，共通の教養を獲得させることは可能であると主張します。その際，あらためてその「個人差」を発見する道具としてのテストの役割を再評価すべきであると考えます。テストや測定それ自体が悪いのではなく，テストや測定の宿命論的解釈（知能テストで測定されるのは教育程度の差であるのに生得的知能の差と考える）こそ問われなくてはならないと強調したのです。ここには，ビネーの考え方を踏まえた心理測定のあり方をもう一度見直す必要性を示唆しています。 （田中耕治）

▷4 ビネーの知能検査をターマンがどのように「改作」したかの詳しい説明は，滝沢武久『知能指数』（中公新書，1971年）を参照。

▷5 ゴールトン
ダーウィンの従弟で，人類遺伝学を研究する。典型的な素質決定論者で，優生学の祖でもある。

▷6 正規分布
⇒ II-2 参照。

▷7 Bagley, W. C., *Determinism in Education*, Warwick & York Inc, 1925.

（参考文献）
グールド, S. J. 著，鈴木善次ほか訳『人間の測りまちがい』上・下 河出文庫，2008年。
チャップマン, P. D. 著，菅田洋一郎ほか監訳『知能検査の開発と選別システムの功罪』晃洋書房，1995年。

　教育評価：エバリュエーションとアセスメント

1　成立の事情

　第二次世界大戦後に日本語で「教育評価」と翻訳される「エバリュエーショ¹ン（evaluation）」という概念を最初に使用したのは，**タイラー**²（Tyler, R. W.）でした。1929年にオハイオ州立大学に赴任したタイラーは，学生たちに興味あるインタビューをおこなっています。

　その結果，60％の学生が，学生の任務は，教師が重要であると指摘した「情報」を暗記することであると答えています。そのように考える理由は，試験ではもっぱら教科書や講義に出てくる「情報」を暗記し，想起することが要求されるからです。他方，教師たちも，「情報」なしには思考が成立しないことから，思考の活性化のためにはまず「情報」の暗記が必要であり，そのことが学習への刺激にもなると考えていたのです。

　このインタビューの背景には，およそ3点ほどの問題意識が，タイラーにあったことが知られています。その一つは，試験やテストのもっている，教育実践に対する強力な作用です。つまり，学生たちは試験やテストに出される内容に規制されて，勉強していたのです。その際，タイラーはこの強力な作用のために試験やテストを廃止すると考えるのではなく，むしろこの強力な作用を教育実践の改善に役立てる方向に展開させようとします。

　二つには，当時隆盛をきわめていた**教育測定運動**からは，教育実践を反省・改善するために試験やテストを活用するという発想は生まれることはないという批判意識がありました。当時の教育測定運動においては，試験やテストはもっぱら子どもたちを区分して，序列化するためにおこなうものと考えられていたからです。三つ目には，情報の暗記といった低次の教育目標ではなく，応用力や推理能力といった高次の教育目標を設定して，それが子どもたちに形成されたかどうかを把握するための評価方法の開発をめざそうとしたのです。

2　エバリュエーションの構想

　このように，試験やテストのもつ役割を認めた上で，それを豊かな教育実践を展開するために活用しようとする発想こそ，「エバリュエーション」の原点になったものです。それは，子どもたちを値踏みすることではなく，教育活動を反省・改善するために実施するものと考えられるようになります。

▷1　「教育評価」への翻訳事情については，XⅢ-6 参照。

▷2　**タイラー**（1902-1994）
「教育評価（エバリュエーション）」の提唱者。「8年研究」とその成果を凝縮した「タイラー原理」は，アメリカのカリキュラムと評価の研究に大きな影響を与えた。

▷3　**教育測定運動**
⇒ XⅢ-4 参照。

タイラーは，後に「**タイラー原理**[4]」と整理され，有名となる，教育評価を実施するための具体的な提案を1930年代に次のようにおこなっています。

a．評価の規準は，教育目的である。

b．教育目的は，高次の精神活動を含む重要な目標群を含むべきである。

c．教育目標は，生徒に期待される行動で記述すべきである。

d．目標実現の度合いを知るために多様な評価方法を工夫すべきである。

e．もし，目標に未到達の子どもがいた場合には，治療的授業が実施されるべきである。

f．以上のことは，カリキュラムや授業実践の改善につながる。

③ 二つの教育評価——エバリュエーションとアセスメント

さて，現代のアメリカにおける教育評価研究においては，「教育評価」の原語として「エバリュエーション（evaluation）」だけでなく，「アセスメント（assessment）」も使用されるようになっています。そこには，およそ3種類の使用例があるように思われます。

一つ目は，「アセスメント」は「エバリュエーション」の単なる言い換えであって，基本的には同意語として使用している場合です。

二つ目は，「アセスメント」と「エバリュエーション」の機能を区別するものです。「アセスメント」は多角的な視点から，多様な評価方法によって評価資料を収集すること。そこには，教師だけでなく子どもや保護者の提出する資料も含まれ，観察法やテスト法，さらにはパフォーマンス評価法やポートフォリオ評価法などによって得られる資料も入ります。そして，「エバリュエーション」は，「アセスメント」によって得られた資料から，その教育実践の目標に照らして達成度を価値判断する行為であって，さらにはそれにもとづいて改善の方策を打ち出す行為として規定されます。

三つ目は，タイラーが提起した「エバリュエーション」の意味や意義が時代とともに薄れてしまい，「エバリュエーション」が標準テストや統一テストを連想させることばになってしまっている現状から，「エバリュエーション」の原義を踏まえ，さらには教育評価研究の新しい動向を反映したことばとして，「アセスメント」を使用しようとする動向です。その新しい研究動向とは，「**真正の評価**[6]」とか子ども参加の評価と言われるものです。

なお，イギリスにおいては，「エバリュエーション」は教育プログラムの内容を価値判断する営みであって，「アセスメント」はとりわけ子どもたちの達成度を評価する営みとして区別されています。この場合には，教育評価対象の範囲によって，二つの言葉が使い分けられているのです。いずれにせよ，「教育評価」がどのような意味内容で使用されているのか注意しましょう。

（田中耕治）

▷4　**タイラー原理**
カリキュラム－授業－評価を一貫させるために，次の四つの問いを設定すること。「学校はどのような教育目的を達成するよう要求すべきか」「この目的を達成するためにどのような教育的経験が提供されるべきか」「これらの教育的経験はどのように効果的に組織されるべきか」「この目的が達成されたかどうかどのように決めるのか」。

▷5　Ⅶ「学力評価のさまざまな方法」参照。

▷6　**真正の評価**
⇒ Ⅲ-4 参照。

（参考文献）

タイラー，R. W. 著，金子孫市監訳『現代カリキュラム研究の基礎』日本教育経営協会，1978年。

田中耕治『教育評価』岩波書店，2008年。

西岡加名恵・石井英真・田中耕治編『新しい教育評価入門』有斐閣，2015年。

教育評価の次元，目的，主体，対象

1　カリキュラムと評価の三つの次元

学校教育において教育評価が機能している場面としては，日常的な授業場面がもっとも目に入りやすいでしょう。しかし，教育評価は授業場面に限っておこなわれているのではありません。これから紹介するカリキュラムの三つの次元に即して，教育評価はおこなわれています。

①意図したカリキュラム（Intended Curriculum）

　国家または教育制度の段階で決定された数学や理科の内容であり，教育政策や法規，国家的な試験の内容，教科書，指導書などに示されており，数学や理科の概念，手法，態度などで記述されている。

→文部科学省による大規模なカリキュラム評価。

②実施したカリキュラム（Implemented Curriculum）

　教師が解釈して生徒に与える数学や理科の内容であり，実際の指導，教室経営，教育資源の利用，教師の態度や背景などが含まれる。

→学校評価，教員評価，学区または学校単位の学力実態調査。

③達成したカリキュラム（Attained Curriculum）

　生徒が学校教育のなかで獲得した数学や理科の概念，手法，態度である。

→学力評価（学習評価），授業評価。

つまり，「意図したカリキュラム」とは国または教育制度の段階で決定される内容であって，この次元では文部科学省は大規模なカリキュラム評価を実施しています。「実施したカリキュラム」とは，そのような「意図したカリキュラム」を念頭におきながら，学校や地域，担当する子どもたちの諸条件を勘案して，教師が実際に子どもたちに与える内容のことで，この次元では学校や教師に対する評価，また学力評価として学区または学校単位の学力実態調査がおこなわれます。そして，「達成したカリキュラム」とは，そのように「実施したカリキュラム」を通じて，子どもたちが獲得する内容のことで，ここでは周知のように学力評価（学習評価）や授業評価が日常的にとりくまれています。

2　教育評価の目的，主体，対象

○評価か管理か

まず，ここで大切なことは，教育評価とは子どもたちを値踏みして，序列・

▷1　カリキュラムの次元は，IEA（国際到達度評価学会）の国際調査で採用されたもの。国立教育研究所『小学校の算数教育・理科教育の国際比較──第3回国際数学・理科教育調査最終報告書』（東洋館出版社，1998年）参照。

選別するのではなく，教育活動それ自体に反省を加えて，教育活動を修正・改善するためにおこなうという，その目的をもう一度確認することです。このように考えると，「意図」から「実施」を経て，どの程度「達成」されたのかを評価する場合に，その修正・改善のまなざしは逆に「達成」の程度を踏まえて，「実施」や「意図」のあり方に向かわなくてはなりません。

　そうでないと，「意図」→「実施」→「達成」というトップダウンのベクトルだけでは，それは教育評価ではなく教育現場を管理・拘束する行為となってしまいます。たとえば，文部科学省が実施する「**教育課程実施状況調査**」や「全国学力・学習状況調査」も，その調査結果を踏まえて，学習指導要領の改善をめざすべきであって，各学校の達成度を競わせるものであってはならないでしょう。

◯ 評価の主体

　学校現場の日常では，教師こそが評価の主体と思われがちです。しかし，教育評価は，次にあげる人々にとっても，大変に重要な意味をもっていて，それぞれが評価の主体と考えてもよいでしょう。

- 子どもたち－評価結果の**フィードバック**を受けて学習を改善するとともに，さらには評価行為そのものに参加する存在。
- 教師たち－評価結果のフィードバックを受けて授業改善をするとともに，子どもたちの学力実態を踏まえて教師自身の評価がなされる。
- 保護者たち－学校の**説明責任**（アカウンタビリティ）により，さまざまな評価情報を得るとともに，保護者の立場から評価行為に参加する存在。
- 教育行政機関－学校や保護者からの評価情報，行政機関が実施する各種調査情報にもとづいて，各学校，学区単位でサポートをおこなう。
- 第三者機関－学校，教育関係者以外で構成されたメンバーによる外部評価機関。

◯ 評価の対象

　すでに評価の次元でも明らかなように，評価の対象によって，さまざまな評価が実施されています。以下に図示をして整理してみましょう（図1.3.1）。

　それぞれの評価は，基本的にカリキュラム評価を軸にして，それと関係づけながら実施されなくてはならないことを図で示しています。さらには，それぞれの評価に，先にあげた評価の主体がどのようにどの程度参加するのかは，今後の大きな課題となるでしょう。　　　（田中耕治）

▷2　教育課程実施状況調査
2001年度から，小・中・高等学校を対象にして国立教育政策研究所教育課程研究センターによって「教育課程実施状況調査」が継続的に実施されている。なお，2012年度以降は，「学習指導要領実施状況調査」として実施されている。

▷3　フィードバック
⇒ Ⅴ-4 参照。

▷4　説明責任
⇒ Ⅻ-3 参照。

▷5　教育評価において第三者機関の存在を認めるか否かについては，意見が分かれている。
⇒ Ⅻ 参照。

参考文献
　田中耕治・水原克敏・三石初雄・西岡加名恵『新しい時代の教育課程』（第4版）有斐閣，2018年。

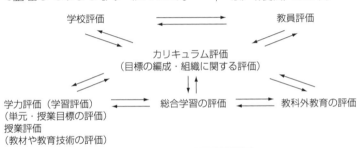

図1.3.1　教育評価の対象と構造

出所：田中耕治『教育評価』岩波書店，2008年（一部改変）。

教育評価の機能：診断的評価，形成的評価，総括的評価

▷1 相対評価
⇒ Ⅱ- 2 参照。

▷2 ブルーム（1913-1999）
「教育目標の分類学」「マスタリー・ラーニング」の提唱者として知られ，1970年代以降，日本にも大きな影響を与えた。

▷3 スクリヴァン（1928-）
⇒ Ⅲ- 2 参照。

▷4 フィードバック
⇒ Ⅴ- 4 参照。

もし教育評価の役割が，子どもたちを序列・選別することであれば，教育活動の最後に判定のための評価をおこなえばよいということになります。事実，「**相対評価**」のもとでは，教育評価は教育活動が終了した時に実施されていました。しかし，教育評価が子どもたちの学力や発達を保障するためにおこなわれるのであれば，それだけでは不十分です。**ブルーム**（Bloom, B. S.）は，**スクリヴァン**（Scriven, M.）の提唱した形成的評価（formative evaluation）と総括的評価（summative evaluation）という着想に学んで，授業過程で実施される評価の機能を「診断的評価（diagnostic evaluation）」，「形成的評価（formative evaluation）」，「総括的評価（summative evaluation）」と分化させて，それぞれの役割に即して子どもたちと教師たちに有効な「**フィードバック**」をおこなうことが必要であると主張しました。

1 診断的評価の機能

診断的評価とは，入学当初，学年当初，授業開始時において，学習の前提となる学力や生活経験の実態や有無を把握するためにおこなう評価のことです。入学当初や学年当初におこなわれる診断的評価の情報は，子どもたちに対する長期的な指導計画やクラス編成，班編成などの学習形態を考慮するためにフィードバックされます。また，授業開始時に実施される診断的評価の情報は，不足している学力を回復したり，授業計画を修正・改善するためにフィードバックされるのです。

診断的評価を実践するためには大きくは二つのフィードバックの内容が考えられます。その一つは，新しい教育内容を学ぶにあたって必要（前提）とされる学力や生活経験がどの程度形成，存在しているのかを確かめる場合です。たとえば，割り算の意味を教える場合に，かけ算の意味をどの程度理解しているのかを事前に調べてみることなどです。そして，もし決定的な学力不足が確認された時には，授業の開始前に回復指導が実施されます。

もう一つは，新しい教育内容に対してどの程度の学力や生活経験があるのかを確かめる場合です。たとえば，社会科で単元「あたたかい土地とくらし」を教える場合に，沖縄のことをどの程度知っているのかを事前に調べてみることなどがあげられます。このようにして得た診断的評価の情報をもとにして，発問や探究課題を工夫したり，「つまずき」を組み込んだ授業計画が設計されるのです。

② 形成的評価の機能

　形成的評価は，授業の過程で実施されるものです。そして，形成的評価の情報はフィードバックされ，授業がねらい通りに展開していないと判断された場合には，授業計画の修正や子どもたちへの回復指導などがおこなわれます。したがって，形成的評価は成績づけには使われません。この形成的評価の特質は，たとえば**東井義雄**[5]が「子どもはつまずきの天才である」として，つまずき分析を通じて「教科の論理」と「生活の論理」の析出をおこなおうとしたように，すぐれた教師たちに内在していた教育技術の一つに合理的な自覚化を促そうとしたものです。

　さて，形成的評価を実施する場合に，次の点をぜひ留意しておくべきでしょう。

　①まず，形成的評価とは，授業のうまい先生のエッセンス（まなざしの共有，ゆさぶりの発問，机間指導，ノート点検等）を共有財産にするために提起されたものであって，小テストをおこなうことと狭く限定する必要はありません。

　②形成的評価を実施するところは，その単元のポイントになるところであったり，子どもたちの「つまずき」やすいところです。したがって，「評価を大切にする」ということと「評価をむやみに多用する」こととは区別すべきです。たとえば，「乗法」を指導する際には，「単位あたり量」と「いくつ分」の区別がついているのかを確かめる形成的評価が必要となるでしょう。また，「分数」指導であれば，計算問題をたくさん課すよりも，「量分数」と「割合分数」の違いを理解しているかどうかを明らかにする形成的評価が求められるでしょう。

　③形成的評価すべき内容は，教えたこと以外のことを問うてはならず，その結果は評価基準（の公開）とともに即時に子どもたちにフィードバックすべきです。その際，子どもたちが点数のみに関心を向けないように，なぜどこで間違ったのかをていねいに指導すべきです。

③ 総括的評価の機能

　総括的評価とは単元終了時または学期末，学年末に実施される評価のことです。総括的評価の情報は，教師にとっては実践上の反省をおこなうために，子どもたちにとってはどれだけ学習のめあてを実現できたかを確認するためにフィードバックされます。また，この総括的評価の情報にもとづいて評定（成績）がつけられるのです。そして，形成的評価は学力の基本性を主たる対象とするのに対して，総括的評価は学力の基本性のみならず発展性（応用力や総合力）を対象とする評価であり，この発展的な様相を把握する評価方法（概念地図法，比喩的説明法，ポートフォリオ評価法など[6]）が開発される必要があります。

（田中耕治）

▷5　東井義雄
⇒[XIII-5]参照。

▷6　[VII]「学力評価のさまざまな方法」参照。

（参考文献）

　梶田叡一『形成的な評価のために』明治図書，1986年。

　シャーリー・クラーク著，安藤輝次訳『アクティブラーニングのための学習評価法──形成的アセスメントの実践的方法』関西大学出版部，2016年。

5 学力評価と授業評価

1 学力評価のあり方

「学力」を規定すること

　まず，評価の対象である「学力」について，考えてみましょう。**「学力」という日本特有のことば**は，一般的には「学問を身につけた能力」という意味です。この簡単な定義には，「学力」にはその客体的な側面である「学問」と主体的な側面である「能力」が統一されていることを示しています。つまり，「学問」とは各教科の教育内容のことであって，具体的には「単元」や「教材」の内容をさしています。他方，「能力」とは子どもたちがその内容にとりくんでいるときに示すと期待されている行動を示すものであって，それが構造化されると「学力モデル」となります。このように客体と主体によって構成される「学力」は，アメリカでは**教育目標（educational objectives）**とよばれています。

　したがって，「学力」を規定するといった場合，「乗法の意味」とか「江戸時代のしくみ」というように，教育内容を述べるだけではだめです。また「乗法の意味がわかる」とか「江戸時代のしくみを理解する」というように，たしかに「わかる」「理解する」という能力面を示している点では前進していても，それだけではあまりにも抽象的です。「乗法の意味を表す作問ができる」とか，「江戸時代のしくみを図解できる」というように提示してはじめて，「学力」を規定したことになります。

学力を評価すること

　すると，学力評価とは，そのように規定された「学力」を評価規準にして，子どもたちがどの程度到達しているのかを明らかにして，その実態分析から，授業をどのように修正・改善するのかを考える営みなのです。その際，たとえば先の例のように「作問ができる」「図解できる」という評価規準に対して，その到達の度合いを明確にするには，この「作問ができる」「図解できる」という能力を具体的に段階づけておく必要があります。この作業を意識的におこなうことが，**「ルーブリック」**づくりといわれるものです。なお，学力評価はそれ自体として完結するのではなく，カリキュラム評価に開かれていなくてはなりません。なぜならば，その教育内容が該当する学年では易しすぎる（難しすぎる）とかといった，教育内容編成も問題になるからです。

▷1　「学力」ということば
「学力（ガクリキ）」と読んで江戸時代から使用。しかし，第二次世界大戦前に出版された教育辞典には「学力」という独立項目はない。第二次世界大戦後に出版された青木誠四郎編『新教育と学力低下』（原書房，1949年）が戦後の嚆矢となった。

▷2　教育目標
⇒ IV-1 参照。

▷3　ルーブリック
⇒ IV-8 参照。

2　授業評価のあり方

○授業の要素

　同じく評価の対象である「授業」が，どのような要素によって構成されているかを明らかにしましょう。授業は，およそ次の四つの要素によって，成り立っていると考えられます。[4]

　①教育目標（どのような学力－何を教え，いかなる能力－を形成するのか）

　②教材・教具（どういう素材を使うか）

　③教授行為・学習形態（子どもたちにどのように働きかけるか）

　④教育評価（子どもたちの学力の実態から教えと学びはこれでよいか）

　先の学力評価とこの授業評価とは，授業の修正・改善，さらにはカリキュラムの改革をめざすもので，ほぼ同じ営みです。あえて，両者の役割を区分すると，「授業評価」は①教育目標と④教育評価の関係を問う「学力評価」を踏まえて，とりわけ②教材・教具と③教授行為・学習形態のあり方に焦点をあわせるとりくみであると考えてよいでしょう。

○「教材・教具」と「教授行為・学習形態」を評価すること

　さてまず，授業評価によって「教材・教具」を問うといった場合，すぐれた「教材・教具」の条件が評価の観点になります。「教材・教具」は，「教育目標」を踏まえながら，子どもたちが直接に学習する素材であることから，およそ次のような条件つまり評価の観点を意識しておいてよいでしょう（図1.5.1）。

　「真実性」とは教材が目標を正確に担っていること，「典型性」とは目標を代表する教材であること，「具体性」とは子どもにとって理解が容易な教材であること，「直観性」とは五感で捉えられる教材であること，「意外性」とは子どもの予想をひっくり返す教材であること，このような条件です。

　他方，「教授行為・学習形態」の内容とは，教師が駆使する広義の教育技術[5]を意味します。それは，およそ三つの領域に分かれます。

　①わざ（教師の身体的熟練）－身のこなし，発声法，文字・描画の巧拙など

　②手法（個別のやり方・しかた）－板書法，指導言（発問・説明・指示）法，机間巡視の方法など

　③型（定式化された方法）－発見学習，範例学習，問題解決学習，班活動等

　そして，これらの領域に属する教育技術について，それぞれに評価の観点（すぐれた教育技術の条件）があります。たとえば，「発問」については「発問が要求している思考法は明確か」「授業での発問には軽重の区別があるか」「発問のタイミングはよいか」などです。

（田中耕治）

▷4　このように授業を四つの要素として把握する提起は，『中内敏夫著作集』第Ⅰ巻（藤原書店，1998年）参照。

▷5　教育技術の分析については，次の文献を参照。城丸章夫編『新しい教育技術』日本標準，1977年。

（参考文献）

　大西忠治『授業つくり上達法』民衆社，1987年。

　田中耕治『学力評価論入門』法政出版，1976年。

図1.5.1　すぐれた教材の条件

6　カリキュラム評価

① カリキュラム評価の意義

　日本において，カリキュラム研究の不可欠な要素として，カリキュラム評価の重要性が自覚化されるのはそれほどに新しいことではありません。文字通り「教育課程の評価」という用語が登場するのは，戦後初期の学習指導要領（一般編，1951年改訂）からであり，そこにはすでに今日に通じるカリキュラム評価の意義や目的についての明確な規定がなされていました。[1]

　まず，カリキュラム評価の意義または目的については次の2点が明記されています。その一つは，そのカリキュラムのめざしている教育目標が，どの程度に実現されることができるかどうかを知ることであり，二つには，カリキュラムの改善と再構成の仕事の資料を得ることであるとされています。まさしく「教育課程の評価と教育課程の改善とは連続した一つの仕事」であるとする高い見識が示されていました。

　さらに，カリキュラムの評価主体と改善主体として，とりわけ実践の直接的な責任者である教師の役割が重視されています。少し長くなりますが歴史的にも貴重な文言として引用しておきましょう。「本来，教育課程の計画や展開について，示唆を与えている学習指導要領や，その他の文書は，あくまで，実施のための手引書であって，それをどのように生かしていくかは，教育を実践する教師ひとりひとりの責任にかかっている。その意味で，みずから実施した活動について，絶えずあらゆる機会においてそれを検討し，評価し，これに改善を加えていく責任が，とりわけ個々の教師には課せられている」。

　ただし，その後の展開を見ると，このような高い見識にもとづいて出発した戦後のカリキュラム評価は，十全に機能したとはいえません。その大きな原因として，学習指導要領が1958年より「告示」され，教育実践に対する拘束性を強めていく中で，評価行為の結果に照らしてカリキュラムの改善を志向するという条件が弱まったことにあります。これ以降，学習指導要領の文書から「教育課程の評価」の項目が削除されるのは，偶然の出来事ではないでしょう。

　しかし現在は，「規制緩和」による地方分権化の時代を迎えて，「学校を基礎にしたカリキュラム開発」[2]の必要性が強調されるようになっています。あらためて，戦後初期の学習指導要領に明記された「教育課程の評価」の意義を復権すべき時代になったのです。

▷1　戦後初期の学習指導要領は，「試案」と明記され，現場教師が教育実践を進めることを励ました。たとえば，1947年の戦後最初の学習指導要領には，「これまでとかく上の方からきめて与えられたことを，どこまでも，そのとおりに実行するといった画一的な傾きのあったのが，こんどはむしろ下の方からみんなの力で，いろいろと，作りあげて行くようになって来た」と述べている。

▷2　学校を基礎にしたカリキュラム開発については，天野正輝編『総合学習のカリキュラム創造』（ミネルヴァ書房，1999年）参照。

② カリキュラム評価の独自な対象

　まずカリキュラムとは，子どもたちの成長と発達に必要な文化を組織した，全体的な計画とそれにもとづく実践と評価を統合した営みと定義することができるでしょう。この定義からわかるように，カリキュラムと授業実践，教育実践とは不離一体の関係でありながら，カリキュラムには授業実践，教育実践には解消されない独自の領域や課題があることを示しています。その独自の領域や課題を列記すると次のようになります。

● カリキュラム研究の固有の領域
　・学校論（学校・学級経営のあり方，地域連携のあり方など）
　・共通・選択論（共通必修，選択必修，選択などの区分など）
　・領域論（教科と教科外，特設道徳と総合的な学習の位置づけなど）
　・教科論（それぞれの教科の存在理由と新しい教科の可能性など）
　・編成論（各教科の内容の系統性など）
　・接続論（各学校階梯のカリキュラムの接続など）
● カリキュラムの根本課題
　・編成の主体（中央集権か地方分権か）
　・編成の原理（平等性か卓越性か，普遍性か多文化性か，公共性か私事性か，生活・経験か科学・学問か）

　もちろん，これらのカリキュラム固有の領域や課題も，授業実践，教育実践の成果に照らして考えていかなくてはなりません。たとえば，分数の指導法や小数の指導法を工夫・開発するのは，授業研究の課題です。しかし，日本の子どもたちに「分数を先習にするか，小数を先習にするか，それとも並行に学ばせるか」はカリキュラム（編成論）の課題です。しかし，その場合も授業研究の成果にもとづいて，カリキュラムの課題が考えられなくてはなりません。

③ カリキュラムを評価すること

　カリキュラムを評価する場合には，学力評価や授業評価と同じく，**目標に準拠した評価**が基本になるでしょう。そして，**診断的評価，形成的評価，総括的評価**のそれぞれの役割を駆使して，その目標（仮説）に対してどのような成果が期待されたのか，その結果はどうだったか，それを踏まえてカリキュラムのとりくみはどのように改革されるべきかが問われます。

　ただし，カリキュラムを評価するには，もう一つの方法論である「**羅生門的アプローチ**」も考慮されるべきでしょう。そのことによって，目標（仮説）からはみ出す成果への目配りや，教育実践の質的な側面にも着目できるからです。

（田中耕治）

▷3　カリキュラムの定義
カリキュラム＝教科内容，カリキュラム＝子どもの経験総体，カリキュラム＝計画書と考えるのではなく，子どもに必要な文化を意図的に組織し，それを実践，評価する営みと規定することが，現代カリキュラム論の立場である。

▷4　目標に準拠した評価
⇒ II-5 参照。

▷5　診断的評価，形成的評価，総括的評価
⇒ I-4 参照。

▷6　羅生門的アプローチ
⇒ III-1 参照。

（参考文献）
田中耕治・水原克敏・三石初雄・西岡加名恵『新しい時代の教育課程』有斐閣，2005年。
田中統治・根津朋実編著『カリキュラム評価入門』勁草書房，2009年。

教員評価と学校評価

▷1　説明責任
⇒ⅩⅡ-3 参照。

▷2　学校評議員制度
⇒ⅩⅡ-4 参照。

1　登場の背景

　教員評価や学校評価が強調されるようになったのは，最近のことです。第16期中央教育審議会答申（1998年）以来，規制緩和・教育の地方分権化を受けて，それぞれの学校の経営責任を明確化しつつ，地域・保護者への**説明責任**を果たすべく，また各学校の教育目標を効果的に達成することを目的として，学校評価が意識的にとりくまれるようになってきました。現時点で全公立学校の6割を超える設置をみている**学校評議員制度**も，この学校評価を支えることを一つの目的として導入されたものです。また，「教育改革国民会議」（2000年）で「教師の意欲や努力が報われ評価される体制」の構築が提案されたことに象徴されるように，一方では「指導力不足教員」の問題，他方では「教員の専門性向上」の問題をにらみながら，人事考課，勤務評定としての教員評価のとりくみが強まっています。ここでは，学校評価と教員評価にかんして，三つほどの課題を述べてみたいと思います。

2　学校評価のありかた

　まず，学校評価において，自己評価と外部評価をどのように関係づけるのかという課題があります。『平成17年度文部科学白書』によると，「設置基準」（2002年）によって自己評価の実施努力が義務化されたこともあって，全公立学校中（2004年度間）の自己評価実施校は96.5％となっています。また，外部評価実施校も78.4％になっています。その場合，外部評価がどのように自己評価につながるかによって，学校評価が所期の目的を発揮できるかどうかが問題となります。

▷3　『指導と評価』2003年4月号参照。

　これについては，①何よりも自己評価が基礎になって外部評価が実施されることが大切であること。その際，自己評価においては常に児童生徒の実態を日常的に押さえつつ，教職員のフリーな協議・合議を経て，展開されることが望まれること。②外部評価を担う人々には，それをおこなうにふさわしい識見や専門性が求められるということ。③外部評価と自己評価に齟齬が生じた場合には調節がはかられるとともに，何よりも評価結果にもとづく学校改善に結びつけることが重要であることなどが指摘されています。

③　教員評価のありかた

　教員評価においては，「教師の教育専門家としての成長」と「処遇への反映」の関係をどのように考えるのかが困難な課題です。たとえば，東京都では学校の経営方針を踏まえて教師みずからが職務上の目標を設定し，その目標について達成状況を自己評価（自己申告）するとともに，他方では校長が教師の職務遂行への努力や成果を評価（業績評価）することになっており（2000年度から実施），自己申告と業績評価にもとづいて昇進や昇給が決定されることになります。

　これに対しては，アメリカでの失敗例を念頭において，競争的な報奨制度が教師の資質向上に強い影響を与える協同的な教育活動を阻害することになったことから，評価結果の処遇への反映には最大限に慎重にならなくてはならないという指摘がなされています[4]。あらためて，教師の意欲や努力が報われ評価される体制をどう構築していくのかが問われています。

▷4　勝野正章『教員評価の理念と政策』（エイデル研究所，2003年）参照。

　教員評価を教育評価の制度の一環として運用していくためには，次のような条件が必要でしょう。

　①教員の評価を直接に評価する場合には，その評価は客観的（透明性と公開性の保障）でなければならない。

　②教員は，おこなわれた評価の詳細とその根拠を知る権利を与えられなくてはならない。

　③教員は，不当と思われる評価がなされた場合には，不服を申し立てる権利をもたなければならない。

　④とりわけ給与決定にかかわる教員評価の制度がおこなわれる場合には，事前に，関係教員組織との協議，承認を必要とする。

④　新しい政策評価方法としての「ニュー・パブリックマネジメント」

　最後に，このような学校評価と教員評価の底流に，従来とは異なる政策評価の手法として「ニュー・パブリックマネジメント（NPM）」が意識されつつあることに着目しておきたいと思います[5]。それは，民間企業の経営手法であり，競争原理を導入しつつ，数値目標化された事業計画（事業目標）と成果目標（政策目標）にかんして事業評価（効率性の検証）と政策評価（有効性の検証）を厳密に実施し，学校組織を革新していこうとするものです。その際に，組織革新の誘因（インセンティブ）として，教員への報奨制度が活用されます。

▷5　大住荘四郎『ニュー・パブリックマネジメント』（日本評論社，1999年）参照。

　たしかに，多額な税金が投入される公共部門としての学校には，その成果を説明（アカウント）すべき責任が求められています。しかし，このような市場原理にもとづく民間企業の経営手法が教育条理に馴染むかどうかについては，課題の残るところです。

　　　　　　　　　　　　　　　　　　　　　　　　　　　　（田中耕治）

絶対評価

① 戦前の評価のあゆみと「絶対評価」

○「試験」から「考査」へ

1900（明治33）年，日本の学校は従来の「試験」に対する反省から新たな評価の方法として**「考査」**[1]を開始しました。「考査」とは，観察やテスト（試問）によって子どもたちの平常の学業成績を総合的に評価しようとするもので，その根底には，年数回の「試験」のみで進級・卒業を判定する従来の「試験」制度に対する批判と反省がありました。

この「試験」から「考査」への転換は，学校の評価実践に大きな転換をもたらすことになります。第一に，これまで「試験」という形で県の役人や師範学校の教師によって学校の外で行われていた評価が，学校の中で教師自身の手で行われるようになりました。第二に，学力だけでなく子どもたちを全体的にとらえるという立場から，学業成績について，各教科の成果とともにその子どもの**「操行」**[2]の評価が加味されるようになりました。そして第三に，子どもたちを継続的・累積的に評価していくために**「学籍簿」**[3]が導入され，個々の児童・生徒について，氏名・住所・卒業退学等の履歴・保護者の氏名と職業,在学中の出欠席や身体の状況,学業成績（甲乙丙丁の評定）が記録されるようになりました。

このように，「試験」から「考査」への転換は，子どもたちの評価を役人の手から教師の手に渡すことで，管理としての評価を指導のための評価にすることを目指すもので，それはまた，１回きり・学力試験のみの評価から日常的な教育活動の中で子どもを全体的にとらえていこうとする画期的な改革でした。

○「絶対評価」とは

しかし，いざ実践に移されてみると，「考査」は「おまえは算術はよくできるが，態度が悪いから丙」「あの子は試問はまあまあだが，修身はよく操行もよいから国語も甲」といった，いわば教師の胸先三寸による主観的な評価になってしまいました。このような教師が日頃の印象や勘をもとに独断的に子どもの成績を決定する評価のことを**「絶対評価」**[4]といいます。

② 「絶対評価」を押し進めたもの

では，なぜ「考査」の実践はその理念とかけ離れ，「絶対評価」となってしまったのでしょうか。これにはいくつかの理由が考えられています。

▷1　**考査**
⇒XIII-3 参照。

▷2　**操行**
品性や道徳的行為，日常の習慣や態度のこと。

▷3　**学籍簿**
今日の指導要録の前身にあたる児童・生徒についての公的な記録簿。1900年を初版として，その後1907年，1921年，1938年（十点法採用），1941年（優良可採用）の４回にわたって改訂がされた。

▷4　つまり「絶対評価」とは，教師を絶対的な規準とする評価の立場で，教師が自分自身の主観を規準に子どもたちを「ネブミ」することから，別名「認定評価」とよばれている。

　一つは，皇国思想と富国強兵政策のもと，「臣民」の育成を課題に展開され
た戦前の学校教育においては，もとより教師は国家の絶対的な権威に裏打ちさ
れた存在で，子どもと親にとっては「絶対者」であったということです。

　また，二つめの理由は，「考査」は子どもたちの成績を甲乙丙丁の評定で表
すことを指示したものの，具体的な方法や明確な評価規準をもたず，評価の規
準があいまいであったということです。ここからは，さらに三つめの問題とし
て，当時はまだ教育目標が評価の規準になるという認識はなく，それゆえ
「〜〜の態度を養う」「〜〜の力を育む」といったつかみ所のない形で示された
「方向目標^{◁5}」は，教師の評価を助けるものではなかったことがあげられます。

　しかし，戦前の「絶対評価」の問題についてもっとも見逃してはならないの
は，「人物第一・学力第二」という当時の教育政策における教育観です。上記
の三つの要因も重要ですが，教師たちに「おまえは習字はうまいが，態度が悪
いから丙」といった主観的で独断的な評価を許し，子どもたちの学業成績の評
定に人物や態度の評価を滑り込ませたその直接的な要因，つまり「絶対評価」
を公然のものとして推し進めたその本質的な要因は，まさにこの「人物第一・
学力第二」の教育観にあったといえます。
　　　　　　　　　　　　　　　　　　　　　　　　　　　　（若林身歌）

▷5　方向目標と到達目標
⇒ IV-3 参照。

（参考文献）
　田中耕治『指導要録の改
訂と学力問題』三学出版，
2002年。
　田中耕治『教育評価』岩
波書店，2008年。
　西岡加名恵・石井英真・
田中耕治編『新しい教育評
価入門——人を育てる評価
のために』有斐閣，2015年。

【コラム】「絶対評価」ということば

　「絶対評価」とは，戦前の「考査」にその典型が見られる教師の主観的な判断による評価で，文字どおり
「絶対者を規準とする評価」を意味しています。しかしながら，その後のあゆみのなかで，「絶対評価」とい
うことばはいわゆる「相対評価」に対するアンチテーゼ，あるいはその対概念として，広く集団準拠評価で
はないという意味で用いられるようになりました。したがって，現在では戦前の「絶対評価」（認定評価）
のほか，「個人内評価」や「目標に準拠した評価」もまた「絶対評価」とよばれています。

　しかし，戦前の「絶対評価」は教師（絶対者）を規準とする評価，「個人内評価」は個人を規準とする評
価，そして「目標に準拠した評価」は目標を規準とする評価と，この三者の立場は大きく異なるものです。
よって，「絶対評価」といっても一体それがどの評価のことを指しているのかに注意を払う必要があります。

　たとえば，近年の指導要録の改訂はいずれも「絶対評価」をキーワードにしていますが，観点別評価を提
起した1991年の指導要録改訂は，その子どもを規準にその子の学習の姿を継続的・全体的に見ていくこと，
つまり「個人内評価」を進めるものでした。これに対し，2001年の指導要録改訂は，「学習指導要領に示す
目標に照らしてその実現状況を見る評価（いわゆる絶対評価）」というように，「目標に準拠した評価」の実
施を求めるものです。したがってこれらの改訂に関しては，「絶対評価」ということばが教育現場に混乱を
引き起こしているという指摘もなされています。そこで，評価研究者からは，「絶対評価」ということばは
戦前の「絶対評価」に限定して用いるべきだとの提案がなされています。とくに，2001年の指導要録改訂を機
に導入され，2010年版指導要録，そして2019年版指導要録へと継承されている「目標に準拠した評価」は，
目標という「共通のものさし」を規準とするところに大きな魅力をもっており，「絶対者」による評価とは正
反対のものです。したがって，「目標に準拠した評価」については，これを戦前の「絶対評価」に逆行させな
いという決意表明の意味からも，「目標に準拠した評価」と明快にその名前をよぶのがよいでしょう。

2　相対評価

▷1　絶対評価
⇒ II-1 参照。

▷2　正規分布曲線（ガウス曲線）
偶発的な現象や誤差を多数集めると，平均群がもっとも多く，平均群を中心に左右対称の山型の分布，すなわち正規分布を描くとする確率分布の原理。ドイツの数学・天文・物理学者ガウス（Gauss, K. F.）が天文観測から発見した。

▷3　アメリカの教育測定運動
ソーンダイク（Thorndike, E. L.）を中心に20世紀初頭に展開された学力を科学的に測定することを目指した運動。知能や学力は生得的で数量化できるという立場から，評価を個人差の診断として標準テストと相対評価の実施を推進した。
⇒ XIII-4 参照。

▷4　信頼性
⇒ VI-2 参照。

1　相対評価とは

「相対評価」は，戦前の評価が教師の主観的な判断による「**絶対評価**[1]」であったという反省から，戦後その主観性や恣意性を克服することを期待して導入された評価です。「相対評価」の特質は，「**正規分布曲線（ガウス曲線）**[2]」を規準にその配分率に従って児童・生徒の成績（評点）を割り出す点にあります。

よく知られる5段階評価はこの「相対評価」の代表です。「5段階相対評価」では上位7％の子どもが「5」，次の24％の子どもが「4」，その次の38％が「3」，次の24％が「2」，最後の7％は「1」とすると決められています。

「相対評価」とは，このように学級や学年全員のテストの得点を一列に並べて，それを5段階ないし10段階に振り分けて成績を決定する評価の方法で，「正規分布」を規準にして，ある集団内における子どもたちの位置や序列を明らかにしようとする評価の立場です。このような性格から，「相対評価」は「集団に準拠した評価（コーホート準拠評価）」また「ノルム準拠評価」ともよばれます。

2　相対評価の展開

「相対評価」はもともと**アメリカの教育測定運動**[3]において編み出された評価方法で，どの教師がおこなっても等しい評価結果を導き出せるという点を売りにして日本に紹介されました。そして戦後教育改革を契機に，教師の評価行為に「客観性」と「**信頼性**[4]」を約束する科学的な評価として日本の学校教育に導入されます。具体的には，1955年版指導要録から児童・生徒の各教科の成績が「相対評価」にもとづく評点で記されるようになりました。

たしかに，あらかじめ定められた配分率にそって子どもを振り分けるという「相対評価」の方法は，教師を「絶対者」とする「絶対評価」に比べてはるかに客観的で信頼できるもののように見えます。また，評価の規準が教師の判断の外に置かれるという点で，「相対評価」は子どもと親，そして何よりも評価主体である教師自身にある種の公平感や開放感をもたらしました。

しかしそれが定着するにつれ，「相対評価」は次第に便利な反面子どもと教師を苦しめる評価で，その長所とされる「客観性」や「信頼性」も疑わしいと指摘されるようになります。それは，各地の教室で，「2学期は1学期よりもがんばってテストの点数も上がったのに，成績は上がらなかった」「1組では

75点は３なのに，２組では70点でも４をもらえた」という子どもの声や，「どんなによい授業をして子どもたち全員がいい成果を上げても，必ず誰かを１や２にしなくてはならない」という教師の声が聞かれるようになったからです。

こうした「相対評価」の問題点を顕在化させたのが，1969年に始まった「**通信簿論争**」でした。そして，これを契機に70年代に入ると**到達度評価**が登場し，「相対評価」はその教育評価としての妥当性を厳しく問われるようになります。

3 相対評価の問題点

このような経緯を経て，「相対評価」については，現在では，統計学上の大数の法則である「正規分布（ガウス理論）」を４，50人の学級に適用することは無理だということが多くの人によって指摘されています。しかしこれ以上に重要なのは，教育的な評価実践を目指す「**教育評価**」の見地からの分析です。そこでは「相対評価」の問題点はとりわけ次の４点にあると指摘されています。

その問題点とは，第一に「相対評価」は必ずできない子がいるということを前提とする非教育的な評価論であるということ。つまり，教育とは本来素質や能力の差を越えてすべての子どもに豊かな学力と人格を育むべきものであるのに，「相対評価」はいかに指導してもできない子が必ず存在するという素質決定論を前提としているということ。第二に，クラスの誰かが下がらなければ自分の成績が上がらないという構造から，「相対評価」は子どもたちの間に排他的な競争を常態化させ，「勉強とは勝ち負け」とする学習観を生み出すということ。第三に，「相対評価」は集団における相対的な位置は示しても，学力の実態を映し出す評価ではないということ。第四に，「相対評価」は教育活動を評価することはできない。つまり「相対評価」は教育活動に反省をもたらす評価，すなわち教育評価にはなり得ていないということです。

4 「相対評価」の時代から「目標に準拠した評価」の時代へ

2001年の指導要録改訂は，戦後の指導要録改訂の歴史のなかでも極めて画期的な改訂となりました。1948年版指導要録以降，様々な問題点を抱えつつも半世紀にわたって継承されてきた「相対評価」を廃止し，「**目標に準拠した評価**」への転換を図ったからです。「相対評価」については導入当初より問題や限界が指摘されていましたが，2001年の改訂まではそれらを「個人内評価」で補うほか，平素の学習態度を考慮した「絶対評価を加味した相対評価」とするなどの対応が模索され，「相対評価」が廃止されることはありませんでした。したがって，2001年版指導要録が半世紀にわたる「相対評価」の時代に終止符を打ち，教育評価の新機軸として「目標に準拠した評価」を打ち出してその後2010年版指導要録，2019年版指導要録へと続く「目標に準拠した評価」の時代を拓いたことは，日本の教育評価史上とても大きな意味を持っています。　　　　（若林身歌）

▷5　通信簿論争
1969年２月テレビのワイドショーがある父親の投書を取り上げたのを契機に，全国の父母の間で「相対評価」に対する批判が沸き上がり，「相対評価」の問題性が広く社会的に問われることになった。
⇒ⅩⅢ-7 参照。

▷6　到達度評価
⇒Ⅱ-4 参照。

▷7　教育評価
⇒Ⅰ-2 参照。

▷8　2001年版指導要録
⇒Ⅸ-1 ，Ⅸ-2 参照。

▷9　目標に準拠した評価
⇒Ⅱ-5 参照。

参考文献
田中耕治『教育評価』岩波書店，2008年。
田中耕治『教育評価と教育実践の課題──「評価の時代」を拓く』三学出版，2013年。

3　個人内評価

1　個人内評価とは

　「個人内評価」は，一人ひとりの子ども（その子自身）を評価の規準として，個々の児童生徒の学習の進展や発達の歩み，得手不得手や長所短所などを継続的・全体的に評価する評価の方法・立場です。

　「個人内評価」には，1学期には30点しか取れなかった子が2学期には60点取れるようになったというように，過去の学力状況を規準に時間の経過における一人ひとりの児童生徒の進歩の状況をとらえる「縦断的個人内評価」と，計算は苦手だけれども作文は上手で自然事象への探究心が強いというように，個々の得手不得手や長所短所を明らかにする「横断的個人内評価」があります。

2　「相対評価」と「個人内評価」の結合の歴史

▷1　相対評価
⇒ II-2 参照。

▷2　絶対評価
⇒ II-1 参照。

▷3　このように一人ひとりの子どもの成長や発達をその子自身のあゆみにそってみていこうと，個人内評価の立場を重視した実践家には，たとえば東井義雄や斎藤喜博がいる。

　「個人内評価」は「**相対評価**[1]」と同様に，戦前の「**絶対評価**[2]」に対する批判と反省から戦後に登場した評価です。「相対評価」が「絶対評価」における主観性や恣意性を問題にしたのに対し，「個人内評価」は「絶対評価」における絶対性（教師の主観を絶対化すること）を問題視し，一人ひとりの子どもに寄り添い，その子ならではの学びや育ち・個性を継続的・全体的に捉えることで「絶対評価」の問題点を克服しようとするものでした[3]。しかしながら，戦後「相対評価」が学校における評価の主軸を担うようになると，「個人内評価」は「相対評価」の非教育性，とりわけ集団における序列をもとに成績を抽象化・点数化して示すという点を克服するために，一人ひとりの子どもの内面の成長や発達を記述する方法原理として押し出されるようになります。

　「個人内評価」が公的に学力評価制度に登場したのは，1948年版指導要録です。戦後初めて提起されたこの指導要録では，「学習の記録」欄には5段階「相対評価」，「学習指導上とくに必要と思われる事項」欄と「全体についての指導の経過」欄には記述式の「個人内評価」が採用されました。そしてその後2001年の指導要録改訂まで，日本の学校教育では半世紀にわたって，この「相対評価」と「個人内評価」を結合した学力評価制度が継続されることになりました。

　注目すべきは，1955年版指導要録以降，「相対評価」と「個人内評価」は，「相対評価」による「評定」でよい成績がもらえない子や成績が向上しない子

のがんばりを「所見」欄の記述（「個人内評価」）で救済する，あるいは成績以外のよさをほめるというように，能力主義を背景に学校における「選抜」と「救済」の役割，言い換えれば，学力獲得競争における「過熱」と「冷却」の役割を担っていたということです。この「相対評価」と「個人内評価」の結合（二重構造）は，一人ひとりの子どもの学習と発達を支援するという「個人内評価」の本来の理念と教育評価としての機能を十分に発揮させるものでなかったというだけでなく，「個人内評価」をもって「相対評価」の非教育性を緩和し覆い隠すという問題を有するものでした。そして，このようにして行われる「個人内評価」による「救済」が児童生徒にとって本当の意味での「救済」になっていないという点に，この評価の構造の決定的な問題がありました。

❸　「目標に準拠した評価」と「個人内評価」の結合の時代へ

　その後2001年の指導要録改訂により半世紀にわたり継続されてきた「相対評価」が遂に廃止されました。この改訂では，「これからの評価においては，（中略）目標に準拠した評価を一層重視するとともに，児童生徒一人ひとりのよい点や可能性，進歩の状況などを評価するため，個人内評価を工夫することが重要である」[4]として，新たに「**目標に準拠した評価**」[5]と「個人内評価」を結合した評価の構造が採用されました。これは戦後一貫して採用されていた「相対評価」を否定し，「目標に準拠した評価」への転換を図る画期的な改訂であり，さらに「個人内評価」の重要性を改めて確認し，学校における評価実践を教育評価本来の取り組みへと前進させる大きな契機となりました。

　「目標に準拠した評価」を柱に「個人内評価」を行う評価の構造は，2010年版指導要録を経て，2019年版指導要録にも継承されています。したがって，2019年版指導要録においても「目標に準拠した評価」と「個人内評価」の結合という評価の基本的な枠組みに変わりはありません。しかし2019年版指導要録では，学習指導要領が示す「学びに向かう力，人間性等」の目標・内容には「主体的に学習に取り組む態度」（観点別学習状況の評価）として「目標に準拠した評価」により見取ることができる部分とそうでない部分があることが指摘され，「個人内評価」は「感性，思いやり」などの「観点別学習状況の評価や評定には示しきれない児童生徒の一人一人のよい点や可能性，進歩の状況について評価するもの」であることが明記されました。これは「個人内評価」の役割を明確にし，その取り組みを後押しするものです。

　今後の実践では，児童生徒一人ひとりのよさや可能性を捉え，個々の学びと育ちを促すために，教師が「観点別学習状況の評価になじまず個人内評価の対象となるもの」を積極的に捉え，日々の教育活動を通して児童生徒に伝えることをさらに重視するとともに，「個人内評価」の重要な方法として児童生徒による自己評価の取り組みを位置づけることが求められています。　（若林身歌）

▷4　教育課程審議会『児童生徒の学習と教育課程の実施状況の評価の在り方について（答申）』2000年12月。

▷5　目標に準拠した評価⇒Ⅱ-5 参照。

（参考文献）
　田中耕治『新しい教育評価の理論と方法』日本標準，2002年。
　田中耕治『指導要録の改訂と学力問題』三学出版，2002年。
　田中耕治『教育評価』岩波書店，2008年。
　西岡加名恵・石井英真・田中耕治編『新しい教育評価入門——人を育てる評価のために』有斐閣，2015年。
　石井英真・西岡加名恵・田中耕治編著『小学校新指導要録改訂のポイント』日本標準，2019年。
　田中耕治編集代表『2019年改訂指導要録対応　シリーズ学びを変える新しい学習評価　理論・実践編③評価と授業をつなぐ手法と実践』ぎょうせい，2020年。

4　到達度評価

▷1　相対評価
⇒II-2 参照。

▷2　「到達度評価」運動
「相対評価」による「落ちこぼれ」急増を背景に，丹後地方の親たちが学校に学力保障を要求したのが始まり。1975年京都府教育委員会が出した『到達評価への改善を進めるために』（後述）において，はじめて「到達度評価」ということばが使用された。

▷3　通信簿論争
⇒II-2 ，XIII-7 参照。

▷4　オール3事件
⇒X-2 参照。

▷5　マスタリー・ラーニング
⇒V-4 参照。

▷6　到達目標と方向目標
⇒IV-3 参照。

▷7　教育課程の自主編成
基礎学力の基準となる到達目標の達成に向けて，それぞれ教師が学級や子どもたちの条件に即してさまざまな授業づくりの工夫を行うこと。

▷8　教育課程の民主編成
子どもたちの「学習権」と学力保障に対する学校の教育責任を明らかにするために，教職員集団の民主的な合意に基づいて到達目標づくりを行うこと。

1　「到達度評価」とは

「到達度評価」は，到達目標を規準とする評価の立場です。「到達度評価」は，1960年代末から1970年代前半における「落ちこぼれ」の問題や「**相対評価**」に対する批判の高まりを背景に，1970年代中頃に誕生しました。当時「相対評価」批判が社会全体で大きなうねりをなし，京都や東京で広く教育委員会と学校・教師，子どもの保護者や研究者を巻き込んだ評価の改善と学力保障のための「**到達度評価**」運動へと発展していった背景には，「相対評価」の問題を世に問う二つの事件（「**通信簿論争**」（1969）「**オール3事件**」（1972））がありました。また，同時期にアメリカで公民権運動に参加したブルーム（Bloom, B. S.）が，すべての子どもに教育の「結果の平等」を保障するための授業改革の方策「**マスタリー・ラーニング**（完全習得学習）」を提唱したことは，「到達度評価」の理論と実践に大きな影響を与え，この取り組みを強く後押ししました。

2　到達度評価の主張と取り組み

「到達度評価」の取り組みの起点には，「相対評価」への批判と克服の課題がありました。その先駆けとなった京都府教育委員会による資料『研究討議のための資料・到達度評価への改善を進めるために』（1975年2月）では，評価を改善する理由として，（1）五段階相対評価では子どもの身に付けた学力の実態が正しく把握できず，教育指導に役立てることができないこと，（2）いわゆる「能力主義」の教育が進行するなかで，五段階相対評価が差別意識と得点主義の考えを強める結果となっていること，（3）こうした実態を背景として，教育評価についての理論と認識に混乱・動揺が生じていることの3点が挙げられています。

「到達度評価」の最大の特質は，「**方向目標―相対評価**」「**到達目標―到達評価**」の形で教育の目標論と評価論が表裏の関係にあることを指摘し，「相対評価」を克服するためには教育目標を従来の「方向目標」から「到達目標」に組み換えなくてはならないと主張したことにありました。教育目標が「自然の巧みに関心を持つ」「自ら解決する態度を養う」というように，ただ目指す方向だけを示す「方向目標」である場合，何をどこまで獲得すべきかという基準が明確でないため，評価は集団におけるその子の順位を根拠に評定を示す「相対評価」（集団準拠評価）になります。これに対し，「到達度評価」は「2次関

数ができる」「江戸時代の産業構造がわかる」というように，子どもたちが何をどこまで獲得しなければならないのかを実体的に明示した「到達目標」を設定し，その目標に到達したか否かで子どもの学習状況と学力の実態を把握して評価をする「目標に準拠した評価」を提起しました。

重要なことは，「到達度評価」の取り組みは「相対評価」批判や到達目標に拠る評価方法の提起・通知表の改善にとどまるものではなく，「すべての子どもにたしかな学力を」保障するという理念のもと，すべての子どもを基礎学力としての学習目標に到達させ，さらには発展的学力をも保障することを目指す取り組みであったということです。その根底には，どの子も等しく学習する権利（「学習権」）とわからなければわかるように教えてもらう権利（「教育を受ける権利」）をもっているという人権意識の目覚めと学校の教育責任に対する強い自覚がありました。したがって「到達度評価」の実践は，①国民的教養の基礎として欠かせない学力を到達すべき目標として設定し，②それに到達させるための教材・授業計画（わかる授業）を組み立て，③たえず個々の子どもが到達したかどうかを確かめ（評価し），④つまずきがあれば回復の手立てをし，⑤必要性があれば教え方も改善して，⑥すべての子どもの到達が図れるような教科指導を確立していく取り組みとして展開されました。また，この取り組みにあたり，到達目標を「国民の生存権の文化的側面を構成する学習権（教育をうける権利）に対する国家（共同体）の義務」と捉え，個々の教師による**教育課程の自主編成**[7]だけでなく，学校・教師が一丸となって**教育課程の民主編成**[8]に取り組むことを求めた点に，「到達度評価」実践の大きな特質がありました。

「到達度評価」の真骨頂は，①たしかな学力の育成と「わかる授業」の実現には個々の子どもの学習状況の把握と教科指導全体（目標・内容・教材・授業）の点検・改善を促す教育評価が不可欠であり，そのためには学校における評価活動を**教育評価（evaluation）**[9]の本来の意義をふまえた教育実践の改善と指導に役立つものとする必要があると主張したこと。そして，②これを実現するために，教育評価の機能を**「診断的評価」「形成的評価」「総括的評価」**[10]の三つに分化し，単元や学期・学年の終了時に子どもの学力を評価する（「総括的評価」）だけでなく，実践の前に「診断的評価」を行い，それを基に「わかる授業」づくりと指導に取り組むとともに，授業の過程で「形成的評価」を行い，個々の子どもの目標の到達状況（学習と学力の実態）を具体的に確かめ，それを「回復指導」や「発展学習」等の次なる指導と教育実践の改善に活かす「指導と評価の一体化」を提唱したことにあります。[11]

「到達度評価」は，2001年版指導要録から2019年版指導要録に続く「目標に準拠した評価」の原点です。新たな社会を生きる子どもに必要な資質・能力の育成とそのための指導と評価，**カリキュラム・マネジメント**[12]が要請される今，改めて「到達度評価」に学ぶことが求められています。（若林身歌）

▷9 教育評価（evaluation）
⇒I-2参照。

▷10 診断的評価，形成的評価，総括的評価
⇒I-4参照。

▷11 こうした到達度評価の理論を提唱した代表的論者には，中内敏夫，佐々木元禧，稲葉宏雄，中原克己などがいる。

▷12 カリキュラム・マネジメント
⇒XII-7参照。

（参考文献）
遠藤光男・天野正輝編『到達度評価の理論と実践』昭和堂，2002年。
田中耕治『新しい教育評価の理論と方法』日本標準，2002年。
中内敏夫『「教室」をひらく』中内敏夫著作集第1巻，藤原書店，1998年。
稲葉宏雄『学力問題と到達度評価（上・下）』あゆみ出版，1984年。
田中耕治『教育評価』岩波書店，2008年。
西岡加名恵・石井英真・田中耕治編『新しい教育評価入門——人を育てる評価のために』有斐閣，2015年。
天野正輝『教育評価史研究——教育実践における評価論の系譜』東信堂，1993年。
稲葉宏雄・大西匡哉・水川隆夫編著『基礎からの到達度評価——わかる授業とたしかな学力を求めて』あゆみ出版，1984年。
佐々木元禧編『到達度評価——その考え方と進め方』明治図書，1979年。

目標に準拠した評価

▷1　2000（平成12）年12月，教育課程審議会は『児童生徒の学習と教育課程の実施状況の評価の在り方について（答申）』を発表。今後の学校における評価について，目標に準拠した評価と個人内評価を重視するとの方針を打ち出した。
　そして2001（平成13）年4月27日，文部科学省は小・中学校の指導要録を改訂。今後は各教科の評定は目標に準拠した評価をもとに示すものとし，戦後半世紀以上続けられてきた相対評価がついに廃止された。

▷2　相対評価
⇒ II-2 参照。

▷3　到達度評価
⇒ II-4 参照。

▷4　ドメイン準拠評価とスタンダード準拠評価
⇒ IV-7 も参照。

▷5　この二つの立場を区別したのは，サドラー（Sadler, R.）である。

1　「目標に準拠した評価」とは

　「目標に準拠した評価」は，教育目標を評価規準として子どもたちの学力を評価する教育評価の立場です[1]。「目標に準拠した評価」の特質は，子どもたちにおける能力差と学力格差を前提とする「**相対評価**」[2]の素質決定論的な考えに対し，すべての子どもを共通の目標に到達させることを目指し，そのために教育目標そのものを評価規準として，子どもたちにおける学習状況と学力の実態を具体的に把握し，それを指導に活かしていくという点にあります。

　これらの特質はもともと「目標に準拠した評価」の前身である「**到達度評価**」[3]が築いたもので，「目標に準拠した評価」はこれを受け継ぐものでした。しかし，「到達度評価」は到達目標（行動目標）を狭く設定して実践を進めるため，目標としてとらえられる範囲が限定されるという問題を抱えていました。「目標に準拠した評価」は，まさにこの「到達度評価」の抱えていた問題点を克服することを課題として登場してきた評価の立場です。したがって，「到達度評価」に学びつつも，「目標に準拠した評価」では，基礎学力だけでなく，より発展的で高次の学力の育成を目指すとともに，子どもたちの学びと学力形成の実態をより豊かに，また，より確かな形で捉える教育評価の在り方が追求されます。

2　ドメイン準拠評価とスタンダード準拠評価[4]

　日本におけるこうした「到達度評価」から「目標に準拠した評価」へのあゆみは，同じく目標を規準とした評価によって「相対評価」（「集団に準拠した評価」）を乗り越えようとした海外の取り組みのなかにも見られます。「目標に準拠した評価」は英語の criterion referenced assessment に相当するものですが，これについても歴史のなかでドメイン準拠評価（domain-referenced assessment）とスタンダード準拠評価（standard-referenced assessment）という二つの立場がありました[5]。

○ドメイン準拠評価

　最初に登場したのはドメイン準拠評価で，1960年代初頭のことです。ドメイン準拠評価は，子どもたちのなかに学力が獲得されているか否かをとらえるためには，その獲得状況が明確に判断できるような評価規準を設定しなくてはならないとしました。そこで採用されたのが，「くり上げの足し算ができる」と

か「食べ物の消化のしくみがわかる」というように，評価する学力を具体的な内容（範囲規定）とその習得の目安となる行動目標で示す行動規準です。ドメイン準拠評価とは，このように「○○ができる」「○○がわかる」という行動目標を規準とした「目標に準拠した評価」の立場で，日本でいえば初期の「到達度評価」の実践に該当するものです。

ドメイン準拠評価の意義は，何よりも教育目標そのものを規準とするという評価のあり方，つまり「目標に準拠した評価」の発想と方法論を明解に提起したという点にありました。しかし，実践が進むなかで，次第にその問題点が指摘されるようになります。その問題点というのは，学校のカリキュラムの抱える教育の目標・内容のうち，行動目標として明確な内容規定や行動規準を示すことができるものは限られているということです。したがって，ドメイン準拠評価は，基礎学力である知識・技能の取得に関する評価としては優れているが，思考力や判断力などのいわゆる「高次の学力」や「関心・意欲・態度」などの情意面の評価に向けては多くの課題を残しているとされたのです。

○スタンダード準拠評価と「目標に準拠した評価」の課題

これらの課題に対応する新たな方法として1980年代後半に登場したのが，スタンダード準拠評価です。スタンダード準拠評価は，できた・できないの二分法で評価をしようとしたドメイン準拠評価に対し，一つの教育目標についての様々な到達レベルを設定し，これを評価指標として子どもたちの学力形成の状況と学力の実態（その中身や質）を具体的にとらえることを提案しました。

スタンダード準拠評価では，たとえば口頭発表の評価であれば，「5＝探究した課題を明瞭に述べ，その重要性についてたしかな理由を提示する」「3＝探究した課題と結論を述べるが，それを支持する情報は4や5ほど説得力のあるものではない」というかたちで具体的な達成レベルを評価指標として表し，これをもとに子どもたちの学習の質や学力の態様を把握します。また，その際，教師が設定した評価指標とともに，これを補完するもう一つの評価の方法として，子どもたちの学習事例を集めた評価事例集を作成・活用するということも，スタンダード準拠評価の大きな特徴です。スタンダード準拠評価が子どもの学習の質や学力の質をとらえるのに適しているといわれるのは，それが教師による指標と子どもの実態による事例集の二つの視点を備えているからです。

なお，2001年の指導要録改訂で採用され，2019年版指導要録に継承された「目標に準拠した評価」は，この二つの方法論を含みもつものです。今後は，この二つの評価の課題と特質をふまえつつ，2019年版指導要録の提起する「知識・技能」「思考・判断・表現」「主体的に学習に取り組む態度」の3観点による観点別評価の充実に向けて，資質・能力のバランスのとれた学習評価を行うこと，その際パフォーマンス評価やポートフォリオ評価等を積極的に取り入れ，豊かで確かな学習評価を行うことが課題となります。　　　　（若林身歌）

▷6　このような評価基準を表わしたものをルーブリックという。
⇒IV-8 参照。

▷7　指導要録の3観点については VII-1 ，IX-1 参照。

▷8　パフォーマンス評価
⇒VII-11 参照。

▷9　ポートフォリオ評価
⇒VII-15 参照。

（参考文献）
田中耕治編集代表『2019年改訂指導要録対応　シリーズ学びを変える新しい学習評価　理論・実践編①　資質・能力の育成と新しい学習評価』ぎょうせい，2020年。
田中耕治編集代表『2019年改訂指導要録対応　シリーズ学びを変える新しい学習評価　理論・実践編②　各教科等の学びと新しい学習評価』ぎょうせい，2020年。

評価規準と評価基準

1　二つの「キジュン」

　2001年の指導要録改訂において「相対評価」が否定され，**目標に準拠した評価**▶1が全面的に採用されたことを契機として，日本の学校における学力評価は「相対評価」と「個人内評価」の接合の時代から「目標に準拠した評価」と「個人内評価」の接合の時代に入りました。「目標に準拠した評価」とは，教育目標を規準として，その到達状況をもとに児童生徒の学習状況と学力の実態を評価する教育評価の立場です。2001年版指導要録を皮切りに，その後2010年版指導要録を経て，2019年版指導要録においても，各教科における評価は学習指導要領に定める「目標に準拠した評価」を主軸として行うとされています。

　「目標に準拠した評価」を行う場合には，評価規準と評価基準の二つの「キジュン」を明らかにしておくことが非常に重要です。評価規準は英語の criterion に対応するもので，各教科における内容のまとまりや単元について，そこでの学習を通して目指す児童生徒の具体的な姿を表し，何をどのような観点で評価するのかを示すものです。一方，評価基準は英語の standard に対応するもので，目標が示す評価規準について，児童生徒の学習状況がどの程度であるか，どの程度できれば合格レベルなのかを段階的に具体化して示したものです。

2　規準づくりから基準づくりへ

　この二つの「キジュン」を最初に区別したのは，1960年代に研究と行政の両面から教育評価を支えた評価研究者・橋本重治▶2でした。橋本は，「目標規準（criterion クライテリオン）——評価・解釈の規準を教育目標においたもの」「到達基準（standard スタンダード）——目標規準を一層具体的に，量的，段階的に示したもので，生徒の業績を直接それに照合することができるところまで具体化して設定されたもの▶3」と定義しました。つまり，「規準」とは教育評価を「目標に準拠した評価」で行うということであり，「基準」は「規準」（目標）に従って教師が実際に評価をおこなうときに，それを指標として用いることができるように具体化したもの。「規準」について，これがこのようなかたちでできていれば5，ここまでであれば4ということを示して，教師に子どもの目標に対する達成の度合いや程度を把握させるものとしました。

　橋本による二つの「キジュン」の区分は，「規準」の段階，すなわち教育評

▶1　目標に準拠した評価
⇒ II-5 参照。

▶2　橋本重治の教育評価論については，『新・教育評価法総説（上・下）』（金子書房，1976年），（財）応用教育研究所編，橋本重治原著『教育評価法概説（2003年改訂版）』（図書文化，2003年）を参照。

▶3　『指導と評価』1983年臨時増刊号。

価を目標準拠でおこなうという立場を表明するだけでは，「目標に準拠した評価」は単なるスローガンに終わってしまうということ。そして，そこでの評価規準となる目標が「基準」の段階，つまりその到達度を把握させる評価指標のレベルまで具体化されなくては，「目標に準拠した評価」といえども，評価者である教師の主観的な判断に陥る危険があるということを指摘するものでした。

❸ 「目標に準拠した評価」と評価の客観性の課題

　重要なことは，「目標に準拠した評価」においても教育目標を評価規準にするというだけでは，評価の客観性は担保されないということです。たとえ「異分母分数のたし算ができる」という明解な教育目標を設定した場合であっても，ある教師は計算ができることをもって到達したと判断し，別の教師は通分の意味理解が習得されているかどうかまで含めて判断をするなど，教師により判断が分かれる可能性があるからです。したがって，評価の客観性を確保するためには，どのような課題をどの程度解けるようになったかというレベルまで，つまり評価の「規準」を「基準」のレベルまで具体化して示す必要があります。

　これには「A.十分満足できる」「B.おおむね満足できる」「C.努力を要する」などの評語を基準として児童生徒の学習を見取り，判断をすればよいという声もあるかもしれません。しかしその場合も，設定した目標について「十分満足できる」「おおむね満足できる」「努力を要する」とはどのような様態をいうのか，あらかじめ児童生徒の具体的な姿で評価基準を想定しておかなければ，個々の児童生徒の学習状況を見極め，学力の実態を正確に捉えることはできません。まして，学習評価を通して児童生徒一人ひとりに適切なフィードバックを与え，次なる学習と指導，さらに授業とカリキュラムの改善につなげるという，「目標に準拠した評価」本来の教育評価としての機能を十分に発揮させるためには，評価の客観性と教育実践全体の質を高める評価基準の存在が不可欠です。

　また，評価基準についてのもう一つの重要な点は，今求められている評価基準は，「量的な評価基準」ではなく，「質的な評価基準」であるということです。橋本が「基準」の重要性を指摘した時期には，目標の到達度を客観テストの項目の何％の正解率という形を示す「量的な評価基準」が主でした。しかし，今日では「思考力・判断力・表現力等」の高次の学力を含む資質・能力の育成に向けて，児童生徒の学習状況や学力の実態を，認識と行為の質的な特徴をもとに段階的に捉えることを可能にする「質的な評価基準」が求められています。

　近年，パフォーマンス評価やポートフォリオ評価の実践において進められている「ルーブリック（評価指標）」の開発は，「質的な評価基準」づくりの典型的な取り組みです。同僚の教師とともに，さらには児童生徒が自ら「ルーブリック」を創る。「基準づくり」の新たな取り組みが広がっています。

（若林身歌）

▷ 4　ルーブリック
⇒Ⅳ-8 参照。

参考文献
　田中耕治『教育評価』岩波書店，2008年。
　香川大学教育学部附属高松小学校『パフォーマンス評価で授業改革──子どもが自ら学ぶ授業づくり7つの秘訣』学事出版，2013年。

1 工学的アプローチと羅生門的アプローチ

1 「工学」と「羅生門」の対比

　この用語は，文部省と経済協力開発機構（OECD）の教育研究革新センター（CERI）との共催による「カリキュラム開発に関する国際セミナー」（1974年に東京で開催）において，アトキン（Atkin, J. M.）がカリキュラムと授業さらには評価にかかわる典型的な二つのモデルとして提案したものです（図3.1.1参照）。

　「工学的アプローチ（technological approach）」は，まさしく「工学」に例えられるように，教師の意図的な計画化とそれにもとづく「**行動目標**」と教材配列による授業の合理的な組織化の様相をあらわしています。そして，そこで実施される評価論は，「**目標に準拠した評価**（goal-reference evaluation）」です。

　他方，「羅生門的アプローチ（rashomon approach）」は，子どもたちの能動的で多面的な学習活動を展開するために，一般的な目標のもとに創造的で「即興を重視する」授業が展開されます。そして，そこで実施される評価論は，「**目標にとらわれない評価**（goal-free evaluation）」です。子どもと教師と教材との「出会い」から生まれる学習の価値をさまざまな立場や視点から解釈する様相が，芥川龍之介の小説を黒沢明監督が映画化した「羅生門」と重なることから，このように命名されました。

　したがって，「工学的アプローチ」で重視されるのは，授業の合理化の核心と考えられる教材の精選や配列です。それに対して，「羅生門的アプローチ」では，創造的な授業を展開する教師の養成が重視されます。

2 教育実践に対する二つのアプローチ

　この二つのモデルに対してどのような立場をとるのかが，今日の教育実践研究にとって，いわば「分光器」の役割をはたしています。「羅生門的アプローチ」を代表するのが，**スクリヴァン**（Scriven, M.）や**アイスナー**（Eisner, E. W.）たちであり，「工学的アプローチ」を代表するのがメイジャ（Mager, R. F.）やポファム（Popham, W. J.）たちです。しかしながら，現実のカリキュラムや授業や評価は，この二つのモデルに分極化しているのではありません。二つのモデルを指標として，それぞれの状況（カリキュラムの領域や学習の質など）に応じて，多様なカリキュラムや授業展開を構想することが大切です。

（田中耕治）

▷1　このセミナーのまとめは，文部省『カリキュラム開発の課題』（1975年）として出版された。

▷2　行動目標
⇒Ⅳ-1参照。

▷3　目標に準拠した評価
⇒Ⅱ-5参照。

▷4　目標にとらわれない評価
⇒Ⅲ-2参照。

▷5　スクリヴァン
⇒Ⅲ-2参照。

▷6　アイスナー
⇒Ⅲ-3参照。

▷7　工学的アプローチを広義に解すると，タイラー（Tyler, R. W.）やブルーム（Bloom, B. S.）も入る。

（一般的手続き）	
工学的アプローチ 　一般的目標 　（general objectives） 　↓ 　特殊目標 　（specific objectives） 　↓ 　行動的目標 　（behavioral objectives） 　↓ 　教材 　（teaching materials） 　↓ 　教授・学習過程 　（teaching-learning proces- 　ses） 　↓ 　行動的目標に照らした評価 　（evaluation based on be- 　havioral objectives）	羅生門的アプローチ ▷8 　一般的目標 　（general objectives） 　↓ 　創造的教授・学習活動 　（creative teaching-learning 　activities） 　↓ 　記述 　（description） 　↓ 　一般的目標に照らした判断評価 　（judgement against general 　objectives）
（評価と研究）	
工学的アプローチ 　目標に準拠した評価 　（goal-reference evaluation） 　↓ 　一般的な評価枠組 　（general schema） 　↓ 　心理測定的テスト 　（psychometric tests） 　↓ 　標本抽出法 　（sampling method）	羅生門的アプローチ 　目標にとらわれない評価 　（goal-free evaluation） 　↓ 　さまざまな視点 　（various perspectives） 　↓ 　常識的記述 　（common sense description） 　↓ 　事例法 ▷9 　（case method）
（目標，教材，教授・学習過程）	
工学的アプローチ 　目標： 　　「行動的目標を」 　　「特殊的であれ」 　教材： 　　教材のプールからサンプルし，計画的 　　に配置せよ。 　教授学習過程： 　　既定のコースをたどる。 　　（predecided） 　強調点： 　　教材の精選，配列（design of 　　teaching materials）	羅生門的アプローチ 　目標： 　　「非行動的目標を」 　　「一般的であれ」 　教材： 　　教授学習過程の中で教材の価値を発見 　　せよ。 　教授学習過程： 　　即興を重視する。 　　（impromptu） 　強調点： 　　教員養成（teacher training, in- 　　service training）

図3.1.1　工学的アプローチと羅生門的アプローチの対比

▷8　「羅生門」
黒沢明監督が，芥川龍之介の小説「藪の中」に材をとって，1950年に映画化したもので，世界的に激賞された。

▷9　事例法
実際の事例に即して，さまざまな立場から検討を加えて，理解を深める方法。

参考文献
田中耕治「教育目標とカリキュラム構成の課題――ブルームとアイスナーの所説を中心にして」『京都大学教育学部紀要』第28号，1982年。
佐藤学『教育方法学』岩波書店，1996年。
八田幸恵「教育評価における共通教育目標・内容設定の方法論を探る――カリキュラム開発の『羅生門的接近』をめぐって」『教育方法学研究』第44巻，2019年。

2 ゴール・フリー評価

▷1 「目標にもとづく評価」と「目標に準拠した評価」とはほぼ同義である。⇒Ⅱ-5参照。

▷2 羅生門的アプローチ⇒Ⅲ-1参照。

▷3 スクリヴァンの提唱した「形成的評価」と「総括的評価」とブルーム（Bloom, B. S.）の用法（Ⅰ-4参照）とは異なることに注意してほしい。現代日本では，ブルームの用法が一般的に流布している。

▷4 スクリヴァンの文献として，次のものを参照した。
"The Methodology of Evaluation", in R. W. Tyler et al., *Perspectives of Curriculum Evaluation*. Rand McNally, 1967.
"Goal-Free Evaluation", in E. R. House (ed.), *School Evaluation*. Berkeley Calif: MuCutchan, 1973.
Evaluation Thesaurus. SAGE Publications, 1991.
"Evaluation: Formative, Summative, and Goal-free", in Torsten Husen et al. (eds.), *The International Encyclopedia of Education* (2nd ed.). Pergamon, 1994.

1970年代のはじめに，スクリヴァン（Scriven, M.）は「目標にもとづく評価（Goal-Based Evaluation）」に対して，「ゴール・フリー評価（Goal-Free Evaluation）」を提唱しました。この提起は，教育実践に対する「**羅生門的アプローチ**」の基礎理論となりました。

1 「目標にもとづく評価」への批判

スクリヴァンがステイク（Stake, B.）の文献から引用して，よく使うたとえ話を紹介しましょう。「形成的評価（formative evaluation）」は，料理人が自分のスープを味わっていることであり，「総括的評価（summative evaluation）」は，お客さんがそのスープを味わうことであると。料理人は，自分がめざす料理の味に向かって，その開発途中で料理を改善しています。しかしながら，完成したスープは，料理人の手を離れて，その味のよしあしをお客さんによって評価されます。

その場合，お客さんは自分のニーズに照らして味のよしあしを評価するのであって，料理人の意図など知る必要はありません。むしろ，事前に料理人の料理にかける熱意や情熱，その料理に込めようとした願いを知ってしまうと，本当に味のよしあしを見極めることは困難でしょう。このような評価をめぐる関係は，商品管理者と消費者との関係としても，語られます。その場合も，消費者は商品管理者の意図など知る必要はなく，その商品の出来具合を評価すればよいのです。

つまり，「形成的評価」でよくおこなわれる「目標にもとづく評価」では，あくまでも「目標」との関係から，「目標」の実現をめざして，その活動を評価し，改善していこうとします。しかし，「目標にもとづく評価」は，そのために「目標」からはみ出すような活動つまり「思わぬ結果（side-effects）」を見過ごすことになりやすいのです。つまり，自分が設定した「目標」＝立場にとらわれて，事態を全面的に把握できなくなるのです。

2 「ゴール・フリー評価」の主張

以上の説明からわかるように，「目標にもとづく評価」に対して主張される「ゴール・フリー評価」とは，「目標のない評価」という意味ではなく，「目標にとらわれない評価」という意味です。そして，「ゴール・フリー評価」は主

に活動の改善ではなく，その活動の出来栄えをみようとする「総括的評価」に
おいておこなわれます。スクリヴァンによる定義をあげてみましょう。「この
ゴール・フリー評価の純粋な姿においては，評価者はそのプログラムの目的を
知らされておらず，そのプログラムが何を意図しておこなわれたかではなく，
実際にどのようにおこなわれたのかを明らかにするために，評価をおこなうこ
とである」[5]。

▷5　Scriven, 1991　前
掲書。

　評価者には，そのプログラムのゴールや意図は知らされてはいません。その
プログラムに利害をもつ人々のニードや要求にもとづいて，プログラムの効果
が吟味されるのです。また，同じ経費を必要とする他のプログラムとの比較を
おこないながら，そのプログラムの評価がおこなわれていくのです。

③　「ゴール・フリー評価」の方略

　今までの説明からも明らかなように，「目標にもとづく評価」と「ゴール・
フリー評価」とは二者択一の関係ではありません。「ゴール・フリー評価」は，
「目標にもとづく評価」が陥りやすい料理人＝商品管理者＝教師の判断の絶対
化や主観化を常に問い直し，教育評価のパワーを常に更新していくための方略
と考えてよいでしょう。

　そのためには，何よりもプログラムの効果に関係する人々が積極的に評価行
為に参加していくことが求められます。このような人々を後にステイクホルダ
ー（stakeholder＝利害関係者という意味。転じて，評価参加者）と呼称するよう
になります。学校教育では，まず何よりも子どもたちがステイクホルダーです。
常に，評価をされる側に身を置いていた存在である子どもたちが，その評価に
参加するのです。もちろん，子どもたちの発達段階において参加の程度や形態
は工夫されなくてはなりません。しかし，子どもたちもまた評価の参加者，評
価の主体であるということは，教育のあり方にラディカルな転換をもたらすこ
とになるでしょう。

　さらにステイクホルダーは，同僚の教師でもあります。そのことによって，
学級王国の中に閉じられた評価のあり方を開いていくことができるでしょう。
また，地域の住民や保護者もステイクホルダーになります。担任の教師の目か
ら見た子どもに対する評価，学校という立場から見た子どもに対する評価とい
う枠組みが相対化されて，それこそ教師たちが見たこともない子どもたちの姿
が報告されてくる可能性が生まれます。

　このような「ゴール・フリー評価」の成果を踏まえながら，あらためて教師
の教育評価観をどのように豊かに構築していくのか，このことがこれからの課
題となるでしょう。

（田中耕治）

〔参考文献〕
　Irvine, J. F., "Goal-Free
Evaluation : Philosophica
l and Ethical Aspects of
Michael　Scriven's
Model", *CEDR Quarterly*,
Vol. 12, No. 3, 1979.
　根津朋実『カリキュラム
評価の方法——ゴール・フ
リー評価論の応用』多賀出
版，2006年。

教育鑑識眼と教育批評

① 「行動目標」批判

　長く芸術教育の領域で活躍してきたアイスナー（Eisner, E. W. 1933-2014）は，芸術的方法が単に芸術教育の領域だけにとどまらずに，すべての教育活動に適応できると主張します。さらに進んで，複雑で偶発性に富む教育活動を研究するには，むしろ芸術的方法こそが優位を占めるべきであると強調します。この立場から，ボビット（Bobbitt, F. 1876-1956）以来のアメリカの教育研究史上に根強く存在する科学的・技術工学的な方法に批判を加えます。そこでは，人づくりの技としての教育の営みは，あたかも自動車の組立工程のように，下位目標を効率的に組み立てて画一的な最終目標に到達させるかのように想定されていると批判します。

　そして，この教育の工場モデルを成立させているもっとも重要な概念装置が，「行動目標」なのです。「行動目標」とは，あるカリキュラムによって身につけるべき行動の方法や能力を事前に明確に示すことです。しかし，アイスナーは，たとえば絵を描く教育活動を想定して，事前にすべて正確で測定可能な用語で教育目標を記述することは不可能であって，その活動の過程においては予想外の行動や成果が生起するし，むしろ新奇で創造的な反応こそが望まれていると考えます。逆説的にいえば，「創造的な絵を描くこと」を事前に正確な測定可能な用語で記述できるのであれば，そのようにして誕生した絵はけっして創造的ではないと考えるのです。

② 教育目標の拡張

　このようにアイスナーは，「行動目標」を批判しますが，「行動目標」を全面的に否定しているのではありません。たとえば，芸術教育の分野でも，表現技能を子どもたちに身につけさせるには，そのことを「行動目標」にしておく必要があります。むしろ，アイスナーは芸術教育だけでなくすべての教育の領域でも，一般的で漠然としている目標の記述を批判します。その上で，「行動目標」に還元できない教育目標のあり方を提案します。

　その一つが，「問題解決目標」です。アイスナーによれば，「行動目標」の場合には，教師は事前に決められた目標と同形の行動を子どもたちから引き出そうとしますが，「問題解決目標」の場合には，問題の解決策の発見自体が教師と子どもたちにとって知的な探険にもとづく驚きの過程であって，その過程を

▷1　行動目標
⇒ Ⅳ-1 参照。

▷2　アイスナーの文献として，次のものを参考にした。
"Educational Objectives Help or Hindrance?", *The School Review*, Autumn, 1967.
　仲瀬律久ほか訳『美術教育と子どもの知的発達』黎明書房，1986年。
The Educational Imagination. Macmillan Pu co, 1979.

通じて子どもたちのなかに高次の能力が形成されると考えるのです。

　さらには，芸術のように創造性に富む諸活動の場合には，事前に目標を定式化することは必要なく，むしろ活動のなかで目的が自覚されていくことになります。そのような活動は，「遊び」に原基をもっていて，探険や冒険を励ます授業でもあります。そして，教師は予期しない偶発性にも対処できる知的柔軟性（従来は「タクト」と呼称）をもつ必要性があります。アイスナーは，このような状況を的確に捉えるために，「表現活動（expressive activity）」による「表現的成果（expressive outcomes）」ということばを使用します。まさに，「表現的成果」のなかに質的に豊かな教育活動が結実されるのです。まとめると次のようになるでしょう。

　「行動目標－行動的活動」
　「問題解決目標－問題解決活動」
　「表現活動－表現的成果」

❸　教育評価としての「教育鑑識眼」と「教育批評」

　アイスナーは，「表現活動－表現的成果」を評価するには，「教育鑑識眼（educational connoisseurship）」と「教育批評（educational criticism）」を提起します。周知のように，「鑑識眼」や「批評」は長く芸術活動の分野で使用されてきた概念であって，今日では必須のジャンルとして地位を確立しています。それらの行為は，あるスタンダードを適用して測定する行為ではなく，広範囲の教養を規準として「判断」する行為なのです。

　「鑑識眼」とは，アイスナーによれば，その対象の背景にある伝統や習慣，そして対象の本質についての理論といった「指導的な観念（the leading idea）」に照らして，対象の性格や質を知覚する技能のことです。それは，単なる「好み」ではなく，「指導的な観念」の理解を背景として，その作品に浸透している質を識別することです。現場の教師たちも「教育鑑識眼」をもっていて，仕事をしている子どもたちの声と単なる子どもたちの騒音とを区別できます。この「教育鑑識眼」は洗練されていくものであって，それを保障するのが「批評」活動なのです。

　「批評」も「鑑識眼」と同じく「指導的な観念（the leading idea）」に照らしての知覚技能を前提としつつも，その行為が文章表現によって公開されて公共性をもっており，その「批評」を読むことによって読者の「鑑識眼」を洗練させるという独自な役割をもっています。「教育批評」においては，批評家は教育史や教育哲学などの知見，教育実践家としての経歴を踏まえて，クラス活動に浸透している質を臨場感のあふれる文学的言語を駆使して活写します。この「教育批評」によって，それぞれの教師たちは自らの「教育鑑識眼」をさらに磨いていくのです。　　　　　　　　　　　　　　　　（田中耕治）

▷3　教育鑑識眼については，斎藤喜博も「洞察力」として同様の指摘をしている。

（参考文献）
　東洋『子どもの能力と教育評価（第二版）』東京大学出版会，2001年。

真正の評価

1　主張の背景

　アメリカの教育評価の歴史において，「真正の評価（authentic assessment）」なることばが登場するのは，1980年代の後半からです。「オーセンティック」とは，「本物の」という意味です。この1980年代の後半は，学力向上を強調した有名なレポート「危機に立つ国家（Nation at Risk）」（1983年）を契機として，各学区，学校での教育成果を点検し，**説明責任**（accountability）の要請にも応えるものとして，とりわけ州政府による上からの「標準テスト（standardized testing）」が多用され始めた時にあたります。このような動向に対して，そのトップダウン式の実施方法ともあいまって，はたして「標準テスト」で学校の教育成果を評価できるのか，いったい「標準テスト」は何を評価しているのかという疑問や批判が提起されるようになります。

　一般に「標準テスト」では「テストのためのテスト」といわれるような，かなり作為的な問題を子どもたちに課す場合が多くあります。しかも，「テスト場面」は日常の授業場面とは断絶した，ある種の儀式化された様相を示すことになります。そのために，このような「標準テスト」では，子どもたちの本当の学力を評価することはできないのではないか。逆に，このような「標準テスト」で良い成績をおさめたとしても，それは学校のなかでしか通用しない特殊な能力を評価したに過ぎず，生きて働く学力を形成したという保証にはならないのではないかという疑問や批判が生じたのです。まさしく「真正の評価」とは，このような「標準テスト」批判を背景に登場してきたのです。

2　主張の核心

　評価の文脈で「オーセンティック」という概念を使用し始めたウィギンス（Wiggins, G.）は，「（真正の評価とは）大人が仕事場や市民生活，個人的な生活の場で試されている，その文脈を模写すること」と規定します。また，シャクリー（Shaklee, B. D.）たちも「真正の評価」を「リアルな課題」にとりくませるプロセスのなかで子どもたちを評価することであると述べています。

　このように教育評価において，「実社会」「生活」「リアルな課題」が強調されるのは，明らかに先に指摘した「標準テスト」の作為性や儀式化の様相に対する批判が込められています。まさに「オーセンティック」な課題にとりくま

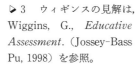

▷1　アメリカの評価改革
⇒ⅩⅣ-2参照。

▷2　説明責任
⇒ⅩⅡ-3参照。

▷3　ウィギンスの見解は，Wiggins, G., *Educative Assessment*.（Jossey-Bass Pu, 1998）を参照。

▷4　シャクリーたちの見解は，シャクリー，B. D. ほか著，田中耕治監訳『ポートフォリオをデザインする』（ミネルヴァ書房，2001年）を参照。

せることによってこそ，子どもたちのなかに生きて働く学力が形成されるとともに，その学力の様相を評価しなくてはならないと考えられたのです。ここでは，授業と評価は断絶した局面としてではなく，文字通り表裏または連続した関係にあるものとして理解されています。

　ところで，「真正の評価」が想定する「リアルさ」は，子どもたちの生活文脈に即するという意味を含みながら，なおそれ以上の提起となっていることに注意すべきでしょう。ウィギンスは次のように主張します。すなわち，評価における「オーセンティックさ（authenticity）」とは，すでにブルーム（Bloom, B. S.）が「**教育目標の分類学**（タキソノミー）」で「応用（application）」や「総合（synthesis）」のレベルとして記述した内容に相当する。周知のように，「教育目標の分類学」においては「応用」や「総合」は高次の目標であって，たとえば「総合課題（synthesis problem）」とは授業では扱わなかった新しい問題に対して「教科書・参考書持ち込み試験（open-book examination）」の要領でさまざまな資料を使ってチャレンジしていくものとされています。

　このウィギンスの主張は，評価における「オーセンティックさ」とは低次の簡単な課題ではなく，むしろ評価問題の子どもたちにとっての「困難さ」を指摘するものです。たしかに実生活を映し出す問題は子どもたちにとっても「親密さ」があり，チャレンジしようとする意欲を喚起します。しかしながら，それを解くためには総合的な深い理解力が要求されるのです。この「オーセンティックさ」に込められたアンビバレントな側面―「親密さ」と「困難さ」―に自覚的であることが，「真正の評価」の本質を見誤らないために肝要となります。

3　構成主義的な学習観の影響

　このような「真正の評価」を支えているのが，構成主義的な学習観です。その学習観は，知識は受動的に伝達されるのではなくて，主体によって構成されると考える立場です。すなわち，「知」とは個人の頭の中に貯め込むことではなくて，自分のまわりにある人やモノと「対話」「共同（collaborate）」しつつ，構築していくものであるとする見解なのです。

　この学習観に立つと，「標準テスト」で出題される再生法や再認法，さらには多肢選択法のような問題を解けただけでは，そのものごとを理解しているとはいえません。まさに，「知」が実際の文脈で働いている様相を捉えることによって，そのものごとへの理解度が明確になるのです。したがって，「真正の評価」では，まさに「オーセンティック」な課題を含む**パフォーマンス評価**をおこなうことによって，子どもたちの「知」の実際を捉えるとともに，子どもたちも「オーセンティック」な課題に挑戦することで自らの「知」を鍛え，その達成度を自己評価できるようになるのです。　　　　　（田中耕治）

▷5　教育目標の分類学
⇒Ⅳ-2 参照。

▷6　「オーセンティック」な課題とは，たとえば「あなたは，博物館の学芸員として，その展示物をわかりやすくするパンフレットを作成しなさい」といったものである。

▷7　構成主義的な学習観は，デューイ（Dewey, J.），ピアジェ（Piaget, J.），ヴィゴツキー（Vygotsky, L. S.）などによって提唱されたもの（シャクリー他前掲書より）。

▷8　パフォーマンス評価
⇒Ⅶ-11 参照。

（参考文献）
　西岡加名恵『教科と総合に活かすポートフォリオ評価法』図書文化，2003年。
　ハート，D. 著，田中耕治監訳『パフォーマンス評価入門』ミネルヴァ書房，2012年。

教育目標の明確化

 教育目標を明確化する意味

　「教育目標」という用語は，教育実践の主体が教育活動を通して実現しようと意図する価値内容を指します。「目標（objectives）」という用語は特に，教科・学年レベルや単元・授業レベルで学習者に習得させたい内容，および育てたい能力（例：「かけ算の意味がわかる」「現実世界の問題を数学の問題としてモデル化できる」）を表現するものです。これに対し，「民主的な人格を形成する」「生きる力を育む」といった具合に，学校教育全体を通じて実現したい全体的・究極的な教育理念を表現する際には，「目的（aims）」という用語が用いられます。なお，学校教育目標や学級目標（目指す学習者像）など，「目的（aims）」と「目標（objectives）」の中間のレベルの長期的・包括的な実践的見通しを表現するものとして，「ゴール（goals）」という用語が用いられることもあります。

　「答えの理由を考えようとする子を育てたい」といった目的（「ねがい」）は，それだけでは教育活動の直接的な指針とはなりません。「ねがい」として持っている学習者像を常にめざしながら，日々の授業では，個別の指導内容に即して目標（教える側の「ねらい」や学ぶ側の「めあて」）を明確にする必要があります。こうして，教育目的・目標を検討することは，教育的価値と授業の基本的な方向性を吟味することになります。目標が明確に認識・吟味されていない場合，教育実践は，子どもたちによる活動のみがあって知的な学びが成立していない活動主義的傾向や，教科書の内容をなぞるだけの網羅主義的傾向に陥ります。

２　行動目標の考え方

　教育目標は，それが指導と評価の指針となるために，「（教師の側で）意図された学習成果（intended learning outcomes）」，いわば教育活動の出口での学習者イメージとして明確化されねばなりません。学習者の視点からその思考の道筋に即して教育実践を想像し，教師の側の意図や計画を吟味するわけです。たとえば，タイラー（Tyler, R. W.）らの提唱した「行動目標」論では，「何を教えるか」（内容）のみならず，「教えた内容を学習者がどう学んだか」（行動・認知過程）にも着目して目標を叙述します。さらにブルーム（Bloom, B. S.）らは，目標の行動・認知過程の側面を分類し明確に叙述するための枠組みを開発し，それを「教育目標の分類学（taxonomy of educational objectives）」と名づけま

した（ブルーム・タキソノミー）。

　教科内容を縦軸に取り，ブルーム・タキソノミーのカテゴリーを横軸に取った，表4.1.1のような二次元マトリックスで目標は整理され，チェックされたセルごとに授業活動や評価課題が考案されます。このような二次元マトリックスを作成し，目標間の関係を整理することで，教師は，見通しを持った指導と，要所要所での学習の確かめができるようになります。また，×印がついていないセルへの気付きは，教師をより高次な目標へと誘うきっかけとなります。

表4.1.1　中学2年生，化学コースにおける教科目標を分析した表

		考えられる知的操作			
		知る	理解する	応用する	
教科内容領域	1. 歴史的発展	×			⋮省略⋮
	2. 科学の性質と構造	×			
	3. 科学的探究の性質	×			
	4. 科学者の伝記	×			
	5. 測定	×	×		
	6. 化学物質	×	×	×	
…省略…					

（注）　×印は，各教科内容で発揮することが期待されている知的操作を示す。
出所：ブロック，J. H.・アンダーソン，L. W. 著，稲葉宏雄・大西匡哉監訳『教科指導における完全習得学習』明治図書，1982年，23頁。

③ 目標を明確化することへの多様なアプローチ

　内容的局面のみならず行動的局面にも着目する目標の叙述形式は，「行動目標（behavioral objectives）」と呼ばれ，しばしば批判の対象とされてきました。行動目標として，言い換えれば，授業前に，観察可能な行動として表現できる内容は限られたものでしかない。むしろ，そこから漏れる部分にこそ，教育において価値を置くべき内容が含まれている。それゆえ，行動目標の使用は，その形式になじむ学習成果のみを重視する傾向を生み出し，結果，より創造的で価値ある学習経験を生み出す道を閉ざしてしまうというのです。

○教育目標の細分化

　ただし，ここで注意しておかねばならないのは，「行動目標」を支持する論者の中にも立場の違いが存在する点です。たとえば，行動科学に基づく教授工学，プログラム学習と結びつきの強いガニエ（Gagne, R. M.）らは，「二桁の引き算ができる」ためには「一桁の引き算ができること」と「繰り下がりの計算ができること」が必要だといった具合に，目標となる行動に含まれる構成要素や前提条件を明らかにしようとします（「課題分析（task analysis）」）。こうして，ほとんどの子どもが容易に達成できるレベルにまで，最終目標を単純な下位目標に分解し，その段階的な達成の系列を示すのです（目標の細分化）。

　さらに彼らは，客観的に観察可能な外的行動で，目標を達成できたかどうかが一目で判断できるくらいにまで，それぞれの下位目標を明確化します。「手紙をタイプできる」という目標では不十分で，「注文品の船積みについての問い合わせの受信文が与えられた時，返信のために，電動タイプライターを用いて，1ページ分の手紙とカーボン紙による写しを作る」というように，行動の目的，状況，道具や他の制約をも具体的に規定するわけです。その上で，一つ一つの下位目標（単純で断片的な行動）を順に訓練・点検していくことで，それらを統合する最終目標も達成できると考えられています（プログラム学習）。

　こうした目標の細分化は，指導の順次性・系統性を確立する上で不可欠の作業です。しかし，目標の過度な細分化は目標の断片化に陥り，何のためにそれ

を学ぶのかが子どもに見えず，教師の側も膨大な数の目標リストをこなし点検するのに追われること（詰め込み授業）になる危険性があります。

◗ 教育目標の類型化

目標の細分化に陥りがちな教授工学論者の行動目標に対し，認知主義の学習観に近いタイラー，ブルームらは，教育目標の明確さの基準はそれで意味が伝わるかどうかであって，必ずしも外的に観察可能な行動ですべての目標を記述する必要はないと主張します。そして，「かけ算の意味を理解している」「南北戦争の原因について自分なりの解釈を持てる」など，内面の様態を示す目標叙述も許容されます。その際，教師間で共通の概念枠組みとして**タキソノミー**を用い目標を分類・類型化することで，目指す学習成果の本質的特徴を損なわないレベルでより一般的に目標を記述することが促されています（目標の類型化）。

タイラー，ブルームらの提起した二次元マトリックスは，日本の観点別評価のもとにもなっています（表4.1.2）。それは，目標を類型化し分析的に理解することにより，知識・技能の習得以外の目標類型にも教師の目を向けさせ，客観テスト以外の多様な評価方法の採用を促す意味を持ちます。一方で観点別評価においては，目標を類型化することが，教科内容に「理解する」「適用することができる」などの指導要録の観点に沿った動詞をくっつけて目標を観点別に整理する，目標の図表化に矮小化されがちとなります。

◗ 教育目標の具体化

しかし，「江戸幕府の政治の特色を理解する」といった形で目標を記述しても，それだけでは指導のポイントは明確にはなりません。そこから一歩進めて，「江戸幕府の政治の特色を理解できた子どもの姿（認識の状態）とはどのようなものか」「そこに至るつまずきのポイントはどこか」と問い，それへの回答を考えることが必要です。その際，「どの場面でどう評価するのか」「子どもが何をどの程度できるようになればその授業は成功と言えるのか」と，事前に評価者のように思考することが有効です。

こうして，評価を意識し，授業後に生じさせたい具体的かつ全体的な出口の子どもの姿において目標を明確化しようとすることで，「幕府が大名を統制するとともに，領内の政治の責任を大名に負わせた」といった学習指導要領レベルの記述をこえて，指導の核となる本質部分（例：江戸時代は中央集権でなく地方分権の時代であった）へと目標が焦点化され，実質的な指導の見通しにつながる目標把握が促されるのです。さらにそれは，何をどのような観点で評価するか（評価「規準」）だけでなく，どの程度できれば合格レベルなのか（評価「基準」）を明らかにすることにもつながります。

▷ タキソノミー
⇒ IV-2 参照。

参考文献

また，目標の細分化についても，子どもの具体的な姿で目標を明確化することが重要です。たとえば，ドリブル，パス，シュートといった指導しやすい要素を明らかにしても，「バスケットの試合で上手にプレイできる」という最終目標自体の成功イメージや指導のポイントは必ずしも明らかになりません。ドリブル，パス，シュートといった個別の技能を駆使しながら状況を判断しつつ試合でプレイしている子どもの姿をイメージし，そこで働いている思考過程を明らかにし，試合場面での子どもたちのパフォーマンスをどう評価し，よりよいパフォーマンスに

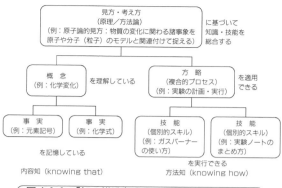

図 4.1.1 「知の構造」を用いた教科内容の構造化

出所：西岡（2013）がMcTighe & Wiggins（2004）p. 65の図や，Erickson（2008）p. 31の図をもとに作成した図に筆者が加筆修正した。

する上で何に着目して助言するのかに向き合う必要があります。

「目標の類型化」や「目標の細分化」を行いつつも，「目標の明確化」の第一義的な意味は，真にめざすべき包括的な最終目標について，授業後に生じさせたい具体的な出口の学習者イメージ（認識や能力の変容の表れとしての学習者の活動の様子，発言，作品）で目標を語る「目標の具体化」であることを忘れてはなりません。そして，「目標の具体化」においては，目標設定の段階で評価者のように思考し，「目標と評価の一体化」を意識することが有効なのです。

④ メインターゲットの見極め方

指導や評価の確かな指針となるよう明確に目標を設定するには，授業の中核目標（メインターゲット）として真にめざすべき内容や能力を見定め，それについて具体的な子どもの姿で実践の出口をイメージすることが重要です。そして，目標の精選・構造化を進める上で，教科内容（知識）のタイプ（知の構造）も念頭におくとよいでしょう（図4.1.1）。

「知の構造」では，まず内容知と方法知の二種類で知識が整理されています。そして，それぞれについて，学力・学習の三つの質的レベルに対応する形で，特殊で要素的な知識からより一般的で概括的な知識に至る知識のタイプが示されています。図4.1.1のように，単元の教科内容を「知の構造」の枠組みを使って整理することで，目標を精選し構造化することができます。

毎時間のメインターゲットを絞る上で，内容知については，事実的知識よりもそれを要素として包摂し構造化する概念的知識に，方法知については，個別的な技能（機械的な作業）よりそれらを戦略的に組み合わせる複合的な方略（思考を伴う実践）に焦点を合わせることが有効です。このように，より一般的な知識に注目してこそ，授業での活動や討論において，要素を関連付け深く思考する必然性が生まれるのです。

（石井英真）

ラムと授業の構成』北大路書房，1986年。

タイラー，R. W. 著，金子孫市監訳『現代カリキュラム研究の基礎』日本教育経営協会，1978年。

田中耕治『教育評価』岩波書店，2008年。

ブルーム，B. S.・ヘスティングス，J. T.・マドゥス，G. F. 著，梶田叡一・渋谷憲一・藤田恵璽訳『教育評価法ハンドブック——教科学習の形成的評価と総括的評価』第一法規，1973年。

メイジャ，R. F. 著，小野浩三訳『教育目標と最終行動』産業行動研究所，1974年。

西岡加名恵「『知の構造』と評価方法・評価基準」西岡加名恵・石井英真・川地亜弥子・北原琢也『教職実践演習ワークブック——ポートフォリオで教師力アップ』ミネルヴァ書房，2013年。

McTighe, J., & Wiggins, G., *Understanding by Design : Professional Development Workbook*, ASCD, 2004.

Erickson, H. L., *Stirring the Head, Heart, and Soul*, 3rd ED., Corwin Press, 2008.

教育目標の分類学

 教育目標を分類する意義

「タキソノミー（taxonomy）」（分類学）というタームを教育研究に導入したのは，シカゴ大学のブルーム（Bloom, B. S.）らです。ブルームらは，教育目標，特にその行動的局面を分類し明確に叙述するための枠組みを開発し，それを「教育目標の分類学（taxonomy of educational objectives）」と名づけました。このブルームらによる教育目標の分類学は，一般に「ブルーム・タキソノミー」と呼ばれます。

もともとブルーム・タキソノミーは，大学の試験官たちがテスト項目や研究成果を交流する際の土台となる共通の理論的枠組みとして生まれました。たとえば，「オームの法則（内容的局面）を理解する（行動的局面）」という目標の場合，「理解する」という言葉は多様に解釈できます。すなわち，「理解する」とは，「公式を覚えている」ということなのか，「電流，電圧，抵抗の相互関係を説明できる」ということなのか，あるいは，「オームの法則を生活場面で生かせる」ということのなのか。

上記の解釈のうちどれを採用するかによって，「オームの法則」という同じ教科内容を扱っても，学びの深さにおいて決定的な違いが生じることは明らかです。結果，目標が達成されたかどうかを判定する際にも，それぞれの学びの質に応じて異なった評価方法を採用せねばならないということになります。ブルーム・タキソノミーは，こうした学力・学習の質的レベルを明らかにし，学習成果や教育目標を語る共通言語を提供するために開発されたのです。

 ブルーム・タキソノミーの構造とその教育的活用

ブルーム・タキソノミーは，「認知領域」（1956年出版），「情意領域」（1964年出版），「精神運動領域」（未完）の三領域から成り，各領域はさらにいくつかのカテゴリーに分けられています（表4.2.1）。そして，各カテゴリーごとに，教育目標の例とその目標に対応するテスト項目の例とが紹介されています。たとえば，認知領域は，「知識」「理解」「適用」「分析」「総合」「評価」の六つの主要カテゴリーによって構成されています。また，情意領域は，「受け入れ」「反応」「価値づけ」「組織化」「個性化」という五つの主要カテゴリーによって構成されています。

▷1　教育目標において「能力」概念が問題にされる時には，能力の階層レベルを指す場合と能力の要素を指す場合がある。能力分類に関する先駆的業績であるブルーム・タキソノミーは，特定の教科内容に対する学習の深さの質的な違いを分類したものである（階層レベルとしての能力概念）。基本的にそれらは，教科内容と無関係に教育目標として設定されるものではない。これに対して，キー・コンピテンシーをはじめ，近年提起されている汎用的な資質・能力を示す枠組みは，教科内容から独立したカテゴリーによって構成されている（要素としての能力概念）。

表4.2.1　ブルーム・タキソノミーのカテゴリー

認知領域 (cognitive domain)	情意領域 (affective domain)	精神運動領域 (psycho-motor domain)
1. 知識 (knowledge) 　以前に学習したことを記憶していて，心の中に適切な素材を思い浮かべる（想起する）ことができること。想起すべき「知識」には，個別的な特定の事実から，複雑で一般的な原理や理論まで含まれ，方法やプロセスも含まれる。 2. 理解 (comprehension) 　伝えられた素材や観念の意味がわかること。ある内容をもとの形式から別の形式に翻訳したり，説明・要約したり，伝えられた内容から予測できる結果を把握したりできること。 3. 適用 (application) 　学習した内容を，新しい具体的な状況で活用できること。 4. 分析 (analysis) 　一つのコミュニケーションを構成要素あるいは部分に分解し，構成要素間の関係を明らかにするとともに，コミュニケーション全体を統一性のあるものにしている，明示的・暗示的な階層的構造や組織原理を明らかにすること。 5. 総合 (synthesis) 　要素や部分を結合して一つの新しい全体を形作ること。独自の論文，スピーチ，芸術作品の作成，実験計画や企画書の作成，新たな枠組みや分類法の提案などが含まれる。 6. 評価 (evaluation) 　与えられた目的や明確な規準に照らして，素材や方法の価値を判断できること。規準については，内的規準と外的規準があり，生徒が自分で設定する場合もあれば他から与えられる場合もある。	1. 受け入れ（注意すること）(receiving (attending)) 　特定の現象や刺激に対して，学習者が感受性を持つこと。それらを意識し，受け入れようとしたり，選択的に注意を払ったりすること。 2. 反応 (responding) 　現象に対して留意するだけでなく，それに対して学習者が何らかの反応を示し，受動的・能動的に関与すること。 3. 価値づけ (valuing) 　ある物，現象，行動が価値を持っていると学習者が自覚していること。ある価値が内面化され，学習者自身の価値規準として用いられ，それに基づく一貫した行動が見られる。 4. 組織化 (organization) 　一つではなく複数の価値が適切であるような場面に出合う中で，諸価値を組織化し体系づけたり，価値の間の矛盾関係を明らかにしたり，内的一貫性をもった価値体系を確立したりすること。 5. 価値あるいは価値複合体による個性化 (characterization by a value or value complex) 　個々の価値が，個人の内的に一貫した価値体系の中に位置づけられており，内面化された価値に従って一貫した行動を取ること。その個人を特徴づけるほどに一般化された構えとなっており，個人の哲学や世界観を構成していること。	1. 模倣 (imitation) 　他者の動作を観察し，まねること。 2. 操作 (manipulation) 　指示に従って練習し，ある動作ができるようになること。 3. 精確 (precision) 　ある動作を誤りなく正確に遂行できるようになること。 4. 分節化 (articulation) 　異なった動作の間に内的一貫性や調和を生み出すこと。 5. 自然化 (naturalization) 　技能や動作が自動化されて高いレベルのパフォーマンスを実現すること。

出所：ブルーム・ヘスティングス・マドゥス（1973）をもとに筆者が図表化。精神運動領域については，ブルームらによっては開発されなかったので，ここでは Dave（1969）による分類を挙げた。

　ブルーム・タキソノミーにおいて，各領域におけるカテゴリー間の関係は，「累積的・階層的構造」として捉えられています。たとえば，「知識」を測るテストにおいて優秀な者が，「適用」力を試すテストでもそうとは限りません。しかし，だからといって，両者は無関係ではなく，「適用」力は，より低次のカテゴリーである「知識」「理解」に支えられて成立しています。

❸　ブルーム・タキソノミーの意義と課題

　こうしてブルーム・タキソノミーは，教育目標の分類と明確化の課題に大きな足跡を残し，教育研究と実践におけるコミュニケーションの促進にも貢献してきました。加えて，従来教育目標を明確に定義し評価することが困難とされていた高次の認知過程や情意領域における研究と実践の道を切り開いたこともブルーム・タキソノミーの功績の一つです。

　しかし，ブルーム・タキソノミーには，「基礎的知識を完全に習得した後それを応用する」という段階的な学習過程と結びつきやすく，しかも，知識習得過程において詰め込み学習を呼び込みやすいという問題点も指摘できます。こ

▷2　Anderson, L. W., & Krathwohl, D. R.（eds.）, *A Taxonomy for Learning, Teaching, and Assessing: A Revision of Bloom's Taxonomy of Educational Objectives*, Addison Wesley Longman, 2001.

▷3　Marzano, R. J., *Designing a New Taxonomy of Educational Objectives*, Corwin Press, 2001.

▷4　ブルーム・タキソノミーの改訂の背景やそれぞれの枠組みの特徴については，石井英真『再増補版・現代アメリカにおける学力形成論の展開』（東信堂，2020年）を参照。

▷5　Marzano, R. J., Brandt, R. S., Hughes, C. S., Jones, B. F., Presseisen, B. Z., Rankin, C. S., & Suhor, C., *Dimensions of Thinking: A Framework for Curriculum and Instruction*, ASCD, 1988.

▷6　Marzano, R. J., *A Different Kind of Classroom: Teaching with Dimensions of Learning*, ASCD, 1992.

参考文献

Anderson, L. W., & Krathwohl, D. R. (eds.), *A Taxonomy for Learning, Teaching, and Assessing: A Revision of Bloom's Taxonomy of Educational Objectives*, Addison Wesley Longman, 2001.
ブルーム, B. S.・ヘスティングス, J. T.・マドゥス, G. F. 著，梶田叡一・渋谷憲一・藤田恵璽訳『教育評価法ハンドブック——教科学習の形成的評価と総括的評価』第一法規，

れに対し，近年，アメリカでは，認知心理学の新たな展開をふまえながら，活動的で探究的な学びを導く枠組みとして，ブルーム・タキソノミーを再構築する試みも行われ，後述のようないくつかの枠組みが提案されています。

4　ブルーム・タキソノミーに代わる目標分類学の提案

認知心理学の発展（構成主義の学習観）や高次の思考力への社会的要請を背景に，2001年，ブルーム・タキソノミー（認知領域）の改訂版を提起する著書が相次いで出版されました。一つは，アンダーソン（Anderson, L. W.）らによる「改訂版タキソノミー」（Revised Bloom's Taxonomy：RBT）に関する著書であり，もう一つが，マルザーノ（Marzano, R. J.）らによる「新しいタキソノミー」（New Taxonomy）に関する著書です。

〇「改訂版タキソノミー」

RBT は，ブルーム・タキソノミーのカテゴリーを基本的に継承した認知過程次元に，教える内容（知識）を類型化した知識次元を加えて二次元で構成されています（表4.2.2）。知識次元について，まず RBT は，"knowing that" の形で表現される，事実や法則についての「宣言的知識」（declarative knowledge：内容知）と，"knowing how" の形で表される，技能や方略についての「手続的知識」（procedural knowledge：方法知）とを分けます。さらに宣言的知識は，個別・具体的な内容要素を指し示す「事実的知識」（factual knowledge）と，より組織化され一般化された「概念的知識」（conceptual knowledge）とに分割されます。事実的知識は概念的知識の例や要素として包摂される関係にあります。RBT では，「メタ認知的知識」（meta-cognitive knowledge：教科横断的な学び方，学習観や自己認識）も新たに位置づけられています。

知識次元の四つのカテゴリーと認知過程次元の六つのカテゴリーとを組み合わせることで，機械的に考えると RBT は合計24の目標の類型を示すことが可能です。しかし実際には，特定の知識のタイプは特定の認知過程と結びつきやすい性質を持っており，①「事実的知識の記憶」，②「概念的知識の理解」，③「手続的知識の適用」，④様々なタイプの知識の複合体に支えられた「高次の認知過程」（higher order cognitive processes：「分析」「評価」「創造」）というおおよそ四つの目標の類型が考えられます。そしてたとえば，パフォーマンス課題は「高次の認知過程」に適した評価方法といった具合に，目標の類型に応じてそれに適した指導や評価の方法のタイプが異なってくるのです。

〇「学習の次元」

1988年，マルザーノらは，さまざまな思考教授のプログラムがそれぞれど

表 4.2.2　タキソノミー・テーブルによる教育目標の分類

知識次元	認知過程次元					
	1.記憶する	2.理解する	3.適用する	4.分析する	5.評価する	6.創造する
A. 事実的知識	①					
B. 概念的知識		②				
C. 手続的知識			③		④	
D. メタ認知的知識						

のようなタイプの思考を育てようとしているのかを分析する枠組み（思考教授のタキソノミー）として，「思考の次元（Dimensions of Thinking）」という枠組みを開発しました。[*5]そして，1990年代初頭，思考教授の方法を組織化するより実践的モデルとして「学習の次元（Dimensions of Learning：DoL）」の枠組みを開発しました。[*6]

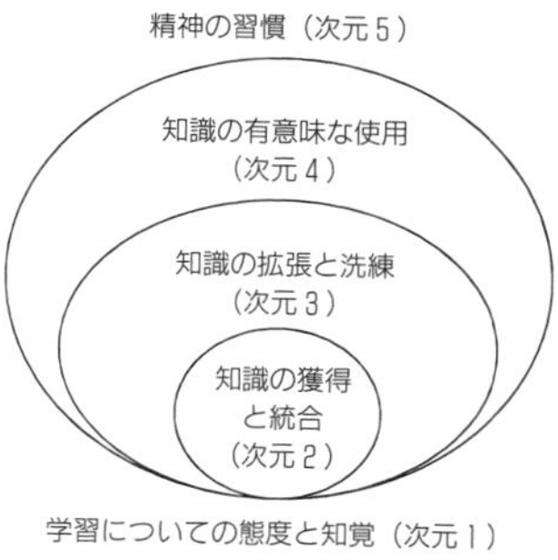

DoL では，五つの思考のレベル（次元）とその相互関係を図4.2.1のように表現しています。DoL の枠組みにおいて，次元4の円の中に次元2，3が包摂されていることは，知識を使って思考する過程において，知識の学び直し（再構造化）や定着も促されることを意味しています。これにより，DoL は，習得から活用へと段階的に基礎から積み上げていく学習だけでなく，活用から習得へと基礎に降りていく学習の道筋も示唆しています。

○「新しいタキソノミー」

マルザーノらは，2000年代に入り，ブルーム・タキソノミーに代わる枠組みとして「新しいタキソノミー」を提起しました（図4.2.2）。それは「知識の領域（domains of knowledge）」と「思考のシステム（systems of thought）」の二次元構造，メタ認知のカテゴリー化など，RBT と類似点が多くあります。一方で，思考のシステムのカテゴリーの構成と階層性の捉え方に関して違いもあります。マルザーノは，DoL の基本的な枠組みを継承しつつ，認知心理学の知見や用語法との整合性を意識しながら，思考のシステムを次のような心的処理間の統制関係として捉えました。「自己システム（self-system）」は動機づけを司り，学習課題に取り組むか否かを決定する。取り組むことを決めると，次に「メタ認知システム（metacognitive system）」が課題達成の目標を立て，課題達成のプロセスを構想する。そして，メタ認知と絶えず相互作用しながら，「認知システム（cognitive system）」は，課題達成に不可欠な情報を処理し達成行動を遂行する。上記の一連の処理は学習者の持つ既有知識に支えられている，という具合です。

マルザーノらは，主に焦点化される「思考のシステム」のレベルの違いに応じて，「知識（knowledge）」に焦点を合わせた単元（レベル1，2中心），「論点（issues）」に焦点を合わせた単元（レベル3，4中心），「生徒の探究（student exploration）」に焦点を合わせた単元（レベル5，6中心）の三つの単元設計のアプローチを示しています。

（石井英真）

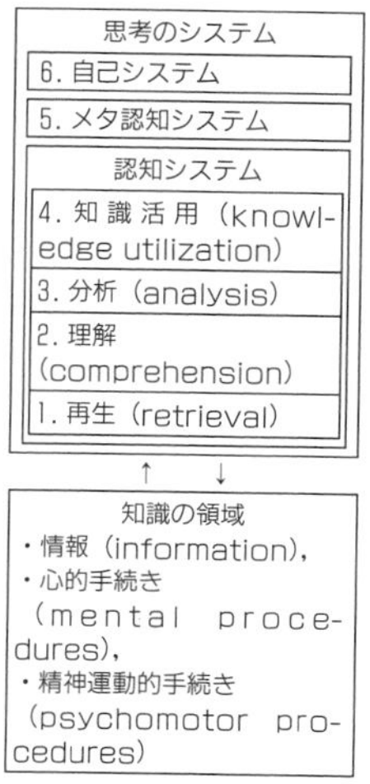

図4.2.1 「学習の次元」の枠組み

出所：Marzano, 1992, p. 16. 番号は筆者。

図4.2.2 「新しいタキソノミー」の構造

出所：Marzano（2001）をもとに筆者作成。番号はレベルを指す。

1973年。

Dave, R. H., "Taxonomy of Educational Objectives and Achievement Testing", in K. Ingenkamp（ed.）, *Developments in Educational Testing Vol. 1*, University of London Press, 1969.

Marzano, R. J., *A Different Kind of Classroom: Teaching with Dimensions of Learning*, ASCD, 1992.

Marzano, R. J., *Designing a New Taxonomy of Educational Objectives*, Corwin Press, 2001.

マルザーノ，R. J.・ケンドール，J. S. 著，黒上晴夫・泰山裕訳『教育目標をデザインする──授業設計のための新しい分類体系』北大路書房，2013年。

石井英真『再増補版・現代アメリカにおける学力形成論の展開』東信堂，2020年。

梶田叡一『教育評価（第二版）』有斐閣，1992年。

到達目標と方向目標

❶　教育目標の諸類型

　到達目標とは，「二次関数のグラフが書ける」「江戸時代の産業構造がわかる」というように，子どもたちに獲得されなければならない内容と能力を実体的に明示した目標を指します。この到達目標は，その目標と関連する諸目標との間に構造と系統があり，教材・教具を用いて，子どもたちに分かち伝えることが可能なものです。他方，「数学的に考える力を育む」「自ら解決する態度を養う」というように，最低限これだけという限定をもたず，ただ方向を示すかたちで設定されている目標を方向目標といいます。

　到達目標を習得する前提として，また，学習のスタートを揃える必要のために，到達目標と方向目標に加え体験目標が設定される場合もあります。体験目標とは，学習者側における何らかの変容を直接的なねらいとするものではなく，特定の体験の生起自体をねらいとするような目標です。ここでは，知的精神的成長の土台となる触れあい，感動，発見などの体験そのものが目標化の対象となります。社会科におけるものづくりの経験などがその一例です。

　これらの目標は，目標化の対象とする学力要素，その実現状況をたしかめる方法などを異にします。たとえば，梶田叡一は，各目標のタイプに適合した学力要素や評価方法を表4.3.1のように整理しています。

❷　到達目標と方向目標とを区別する意義

　教育目標を「到達目標」と「方向目標」とにはじめて区別したのは，**板倉聖宣**であり，後にそれを教育課程研究のキーワードとして洗練したのが中内敏夫です。中内は，「方

表4.3.1　三つの目標類型と目標到達性

目標類型		達成目標	向上目標	体験目標
領域	認知的領域	知識 理解　等	論理的思考力 創造性　　等	発見 　　　　等
	情意的領域	興味 関心　等	態度 価値観　　等	ふれ合い 感動　等
	精神運動的領域	技能 技術　等	練達 　　　　等	技術的達成 　　　等
目標到達性	到達性確認の基本視点	目標として規定されている通りにできるようになったかどうか	目標として規定されている方向への向上が見られるかどうか	目標として規定されている体験が生じたかどうか
	目標到達性の性格	特定の教育活動の直接的な成果	多様な教育活動の複合的総合的な成果	教育活動に内在する特定の経験
	到達性確認に適した時期	授業中 単元末 学期末，学年末	学期末，学年末	授業中 単元末

（注）　この表でいう「達成目標」と「向上目標」は，それぞれ「到達目標」と「方向目標」にほぼ対応しています。

出所：梶田叡一『教育における評価の理論Ⅰ——学力観・評価観の転換』金子書房，1994年。

向目標－**相対評価**[2]」「到達目標－**到達度評価**[3]」という図式を示し，相対評価を乗り越えるストラテジーを確立しようとしました。

　方向目標を評価するには，その無限の方向に他者よりどれだけ進んでいるのか遅れているのかという，集団での位置関係を示す方法（相対評価）を用いざるをえません。この「方向目標－相対評価」体制において，教師が教えようとしている内容や実際に教ええたこと，いいかえれば，学校や教師の教育責任は不問に付されてしまいます。そうなると，教育活動や教育条件を点検し改善する方向に議論は進みません。またそこでは，子どもたちの学力水準のばらつきが当然視されるので，すべての子どもを一定の水準に到達させようとする志向性が後退します。

　これに対し，到達目標のかたちで目標を設定するなら，その目標に照らして子どもの学力実態をつかみ，教育改善への手だてを講じることができるようになります（到達度評価）。また，到達目標を設定する作業自体，すべての子どもに保障されるべき国民的教養（公共社会の主権者としてより良く生きるのに必要な文化内容）を明らかにすることにつながります。

　以上のように，中内において，到達目標と方向目標の違いは，単なる評価技術上の問題ではなく，教育という仕事そのものに対するとらえ方の違いを示すものとして理解されています。とくに，到達目標論の提起が，学習権保障の思想を背景にもつものである点は重要です。中内による到達度評価論は，目標論と評価論とを裏表の関係としてとらえ，相対評価（選抜・選別のシステム）を真に克服するには，何よりも教育目標を組み替え，到達目標として設定しなければならないと発想するのです。

❸　方向目標の到達目標化[4]の課題

　到達度評価論は，義務教育段階での教育目標を到達目標として設定することを主張しますが，方向目標そのもの，あるいは方向目標の内容となっているものの価値を否定するものではありません。ここに，態度や生き方などの方向目標の内容を到達目標のかたちで表現していく課題が成立します。

　その際，中内は，到達目標と方向目標との質的差異を強調します。すなわち，方向目標を，子どもが（学校とは限らないどこかで）学びえた能力を表すもの（機能概念）として，他方，到達目標を，教育活動を通して教師が教ええた能力を表すもの（実体概念）として捉えるわけです。その上で彼は，到達目標が学習主体によって十分にこなされた様態として方向目標的価値を理解する「習熟」説を唱えました。こうして，方向目標の到達目標化の課題は，学力モデルにおける情意的要素の位置づけの問題として展開されていくことになります。

（石井英真）

▷2　相対評価
⇒Ⅱ-2 参照。

▷3　到達度評価
⇒Ⅱ-4 参照。

▷4　方向目標の到達目標化
⇒Ⅱ-4 参照。

（参考文献）
　板倉聖宣『科学と仮説』季節社，1971年。
　梶田叡一『教育評価（第二版）』有斐閣，1992年。
　田中耕治『教育評価』岩波書店，2008年。
　中内敏夫『中内敏夫著作集1：「教室」をひらく――新教育原論』藤原書店，1998年。

4 学力モデルと評価

1 学力モデルの研究と態度主義

　学力モデルとは，教師が授業実践をおこなうにあたって想定している望ましい学力の姿です。それは日常的には，「応用力」「自ら学び考える力」などの言葉で語られ，意識のされ方に程度の違いはあれど，授業実践の質を規定している要因です。また，学力モデルは，評価場面においては，教育目標の行動的局面，あるいは，能力概念として設定された評価観点として現れます。たとえば，**指導要録の3観点**[1]は一つの学力モデルを示すものといえます。

　学力モデルの探究とは，教育内容を子どもたちが獲得する過程ならびにそれが定着した様相を仮説的にあるべき学力像として写し取ろうとする試みを意味します。こうした意味での学力モデルをはじめて明示したのは，広岡亮蔵です。広岡の学力モデル（図4.4.1）の特徴は，知識層（外層と中層とに分かれている）と態度層の2層で学力構造をとらえる点，そして，知識層を背後で支えるものとして態度層を位置づけている点にあります。これは，多くの教師がもっている学力に対する考え方（例：「知識はもちろん大事だが，それは実生活で生きて働く学力となるよう獲得されてこそ意味がある」）をうまくモデル化しています。と同時に，このモデルは，「生きて働く学力」を志向する教師たちが陥りがちな態度主義の思考方法（例：「知識と人間性とは別物」「知識の伝達よりもそれを学び使いこなす主体性を育てる方が大切」）をも映し出しています。

　態度主義の思考方法では，子どものつまずきが生じたとき，生活指導や子ども自身の自助努力（学習動機の喚起，心構えの指導など）のみに頼ることになりかねません。結果，学習指導固有の解決方法（教科内容の選択と配列，教材，指導法の工夫など）を探る道は閉ざされ，つまずきは子どもの側の責任とされてしまいます。ここに，教科内容が「生きて働く学力」へと転化する構造を，「態度主義」に陥らずにどうモデル化するかという課題が成立します。

2 態度主義を乗り越える試み

○段階説

　態度主義に陥ることなく，学力モデルに関心・態度などの人格的価値を位置づける方法として，現在，「段階説」（図4.4.2）と「並行説」（図4.4.3）の2説が有力です。まず，中内敏夫により提唱さ

▷1　指導要録の3観点
2019年版指導要録では，「観点別学習状況」欄の評価の観点として，各教科共通に「知識・技能」「思考・判断・表現」「主体的に学習に取り組む態度」の三つが設定されている。
⇒ⅦI-1，IX-1 参照。

▷2　ブルーム・タキソノミー
⇒IV-2 参照。

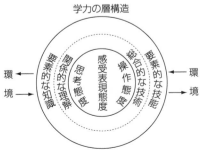

学力の層構造

図4.4.1　広岡亮蔵の学力モデル

出所：広岡，1968年。

れた「段階説」は，学校教育で問題とすべき「態度」を，教育内容が学習主体によって十分にこなされ，思想や生き方にまで気化した状態（学力の発展性）としてとらえ，それを「習熟」ということばで語り直そうとします。

こうして，知識獲得の延長線上に態度を位置づけることにより，ある教育内容を学んだことによって生じる思想や生き方の変化（例：「食物連鎖」を理解することで循環型社会を支える価値観が形成される）が，教育目標として意識化されるようになります。また，こうした人格的価値が形成されない場合，それは教育内容とその指導法の適切性の問題として処理されることになります。

知識 （認識精度）	概念・形象・ 方法・テーマ など
習　熟	

図 4.4.2　段階説モデル

出所：中内敏夫『増補・学力と評価の理論』国土社，1976年。

○並行説

もう一つの「並行説」は，**ブルーム・タキソノミー**▲2を参照しつつ，京都における到達度評価実践のなかで生み出されました。「並行説」は，認知と情意の関係を，一方が他方の土台となる関係でなく，並行関係ととらえることで，両者が不可分の関係にあることを示しています。また，このモデルは，互いが互いを手段としながら，認知と情意が相互媒介的に深まっていく様子をも描いています。

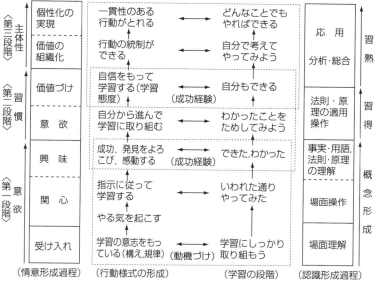

図 4.4.3　並行説モデル

出所：中原克己「到達度評価の実践」『現代教育科学』1983年7月号。

これにより，基礎的な知識（例：幕藩体制の仕組み）の指導において，その知識の理解を深める上で不可欠な情意的要素（例：幕藩体制下の人々の暮らしを共感的に理解すること）への着目が促されます。他方，価値観形成（例：物事を数理的に処理する態度）など高次の情意目標の指導においては，それにふさわしい認知活動（例：数学的知識を実生活で応用する学習活動）が準備されているかが問われることになります。

「段階説」や「並行説」に沿って指導要録の3観点を解釈するなら，「主体的に学習に取り組む態度」は常に認知目標（「知識・技能」「思考・判断・表現」）との関連で評価されることになります。その場合，挙手の回数など，教科内容の学習とは無関係な授業態度でもって「主体的に学習に取り組む態度」を評価するのは不適切ということになります。そして，学力モデルの構造上，認知目標の評価が低いのに「主体的に学習に取り組む態度」の評価が高いということは起こりえません。このように，観点別評価をおこなう際には，その依って立つ学力モデルを自覚する必要があるのです。

（石井英真）

参考文献

稲葉宏雄『学力問題と到達度評価（下）』あゆみ出版，1984年。

田中耕治『教育評価』岩波書店，2008年。

中内敏夫『中内敏夫著作集1：「教室」をひらく──新教育原論』藤原書店，1998年。

広岡亮蔵『教育学著作集1：学力論』明治図書，1968年。

石井英真「学力論義の現在──ポスト近代社会における学力の論じ方」松下佳代編著『〈新しい能力〉は教育を変えるか──学力・リテラシー・コンピテンシー』ミネルヴァ書房，2010年。

5　目標分析

1　目標分析の手順

　目標分析とは，目標の「具体化」と「精選化」の二つの行為を意味します。前者は，「教科・学年目標（何のために何を）」―「単元目標（何をどの程度）」―「授業目標（何を素材にどのようにして）」というように，目標を具体化する作業です。後者は，「中心目標」「発展目標」「関連目標」というように，それぞれの目標を重点化・構造化する作業です。

○教科・学年目標の設定

　目標分析は，大きく三つの段階をふんでなされます（図4.5.1参照）。第一の段階は，教科・学年目標の設定（「目標分析Ⅰ」）です。まず，教育基本法に示された教育目的などをもとに，各教科の人格形成上の価値を吟味し，教科目標を立てます（例：「数学の基礎的な概念，法則・原理，用語・記号などを理解すること（知識・理解）」「社会において数学の果たす役割を認識し，数学という人類の築いた文化の伝統に参加する意欲と探究心を養うこと（主体性）」）。さらに，小・中・高等学校の全期間を見通しながら，各学年で何をどこまで教えたらよいかを定めます。そして，内容区分（例：「数と計算」「量と測定」「図形」「数量関係」）を明らかにしつつ学年目標を立てます。

○基本的指導事項ごとの到達目標の設定

　第二の段階は，**基本的指導事項**▷1（単元）ごとの到達目標の設定（「目標分析Ⅱ」）です。まず，内容区分の分析から「基本的指導事項」（例：「整数の除法」「分数（数と計算）」などの単元内容）を抽出します。その上で，表4.5.1のように「基本的指導事項」の重点化・構造化をおこない，その系統性，関連性を吟味します。次に，「基本的指導事項」ごとに具体的で明確な到達目標を立てます。その際，学力の質の違いを明確にしながら目標を設定します（例：「除法の意味，余りの意味，計算手続きについて理解し，1位数で割る除法の計算ができる（**学力の基本性**）」「1位数でわる適用問題ができる（**学力の発展性**）▷2」）。

○授業過程の目標の設定

　最後は，授業過程の目標を設定する段階（「目標分析Ⅲ」）です。それぞれの到達目標をどの教材で達成するかを考え，授業時間数をにらみながら年間指導計画と評価計画を作成します。そして，各教材をさらに細かく分析し，毎時間の目標を設定します。なお，「目標分析Ⅰ」「目標分析Ⅱ」が，学校ぐるみで，

▷1　**基本的指導事項**
各教科がねらいとする学力をつけるうえで欠かせない基本的で中心的な指導事項を，学力の単位としてまとめたもの。一定期間の授業（1単元）を通して習得される学力としてのまとまりとなる。

▷2　**学力の基本性・発展性**
基本性とは，その学年でどの子にもつけたい，教科の基本的な知識・技能である。これに対し，発展性は，習得した学力を十分に消化して，それらを深化・発展させることができている様態を指す。つまり，発展性は，基本的な学力の定着力，総合力，正確性など，基本性の縦横への広がりを意味する。

▷3　**ルーブリック**
⇒ Ⅳ-8 参照。

（参考文献）
　天野正輝『教育方法の探究』晃洋書房，1995年。
　稲葉宏雄・大西匡哉・水川隆夫編『基礎からの到達度評価』あゆみ出版，1984年。
　全国到達度評価研究会編『だれでもできる到達度評価入門』あゆみ出版，1989年。

すべての教師の手によって検討され，共通に確認される必要がある（教育課程の民主編成）のに対し，「目標分析Ⅲ」は，個々の教師の主体性，力量に応じて多様に設定される必要があります（教育課程の自主編成）。

② 目標分析の意義と課題

　目標分析により，広い見通しをもちつつ的を絞った授業実践が可能となります。また，目標分析の結果明らかになった各段階の目標は，いつ何を基準に評価するのかを示すものです。教師は，目標に照らした評価を通じて，子どものつまずきを診断し回復の手だてを講じたり，自分の授業方法や教育目標のあり方を反省したりします。こうして，目標分析は，評価を具体化する筋道と一体のものとして追求されることで，すべての子どもに学力を保障する確かな回路を生み出すわけです。

　しかし，目標分析に対しては次のような課題も指摘できます。目標分析は，教師が主体となって，主に教科の系統性を考慮しながらおこなわれます。ゆえにそこでは，父母や地域住民，そして，子どもたちの目標設定への参加は，限定的にならざるをえません。また，子どもの学びの実相に即して目標自体を問い直していく視点も弱いといえます。ルーブリックの作成などのボトムアップの目標設定の筋道を組みこんだ，新たな目標分析の方法の構築が待たれます。

（石井英真）

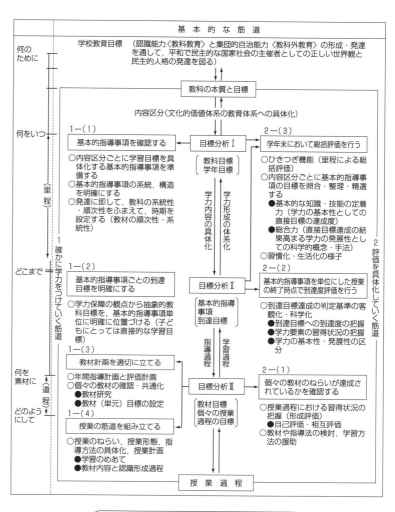

図4.5.1　到達度評価を具体化する道筋

出所：全国到達度評価研究会編，1989年。

表4.5.1　算数科指導事項系統表

区分学年	中 心 事 項	関 連 事 項	発 展 事 項	体 験 事 項
小学校1年	◎9までの数と加法，減法 ◎1位数の加法・減法（くりあがり，くりさがり） ◎2位数の加法，減法	◎5までの数と加法，減法 ○2位数		△長さ→（2年　長さ） △かさ→（2年　かさ） ◎ものの位置→（2年　2次元座標）
2年	◎3位数 ◎長さ ◎2次元座標 ◎1位数と1位数の乗法	◎4位数 ○2，3位数の加法，減法 ○4位数の加法，減法 ○液量 ○テープ算		△時刻→（3年　時間）
3年	◎整数の乗法（×3位数まで） ◎整数の除法（÷1位数） ◎重さ ◎角と角度 ◎小数と加法，減法	○千万の位までの数と加法，減法 ○時間 ○多角形と三角形 ○箱の式	・長さ（概測，km）	△そろばん

出所：稲葉・大西・水川編，1984年。

スタンダードとクライテリア

▷1　目標に準拠した評価
⇒ⅠⅠ-5 参照。

▷2　ラヴィッチ（Ravitch, D.）によると，元来，スタンダードという用語には二通りの意味があるという（Ravitch, D., *National Standards in American Education: A Citizen's Guide*, Brookings Institution Press, 1995, p. 7.）。一つは，戦闘の際に再結集する点を示す旗印の意味（モデル・範例）である。そしてもう一つは，数量，重さ，程度，価値など品質を計量するきまりの意味（尺度・物差し）である。すなわち，スタンダードはゴール（何がなされるべきか）と，そのゴールに向けての進歩の測定（どの程度うまくなされたか）の両方の意味を含むのである。近年，日本では，「授業のスタンダード化」という言葉で，行政が策定した標準指導案による教育の標準化・規格化が問題視されている。しかし，共通教育目標の意味を含むスタンダードの設定が，「標準化（standardization）」に解消されるものではない点には注意が必要である。

▷3　2010年6月には，全米州知事協会（National Governors' Association：NGA）と州教育長協議会（Council of Chief State School Officers：CCSSO）により，英語と

① アメリカにおけるスタンダード運動の展開

　目標に準拠した評価[1]をおこなうには，教科目標，単元目標などをもとにした評価規準（「クライテリア（criteria）」）を作成し，何がどこまでできなければならないのかを明確にしなければなりません。中央集権的な教育システムをもつ日本では，基本的に学習指導要領が目標や評価規準の内容を規定しています。同様に，従来，地方分権的な教育システムを続けてきたアメリカにおいても，近年，連邦，州レベルでの共通目標（「スタンダード（standard）」[2]）が設定され，それにもとづいて教育や評価がおこなわれています。

　1983年，子どもたちの学力の危機を訴えた有名な報告書である『危機に立つ国家（A Nation at Risk）』が発表されたのをきっかけに，アメリカでは学力向上が国家的な課題として認識されることになりました。そして，1989年には，当時のブッシュ（Bush, G.）大統領が，全米の州知事を招いて「教育サミット（Education Summit）」を開催し，翌年，「国家の教育目標（National Educational Goals）」を設定しました。

　「国家の教育目標」の設定を契機に，公教育を通じて子どもに身につけさせたい内容や資質を，州レベルでスタンダードとして定める作業が本格的に始まりました。その際，州レベルのスタンダードの設定を支援するため，各教科の専門団体により，全国的なスタンダードも開発されました[3]。

　このスタンダード運動は，「**説明責任**（accountability）」[4]の考え方とも結びつき，州政府による上からの「標準テスト（standardized test）」の使用とセットになって展開していきました。すなわち，スタンダードに基づく標準テストが，成績づけ，入試，説明責任などにおいて中心的な役割を果たすようになり，各学区，学校の教育成果がスタンダードに照らして公的に点検されることになったのです。それはテスト学力中心の管理的・競争的な状況を生み出す一方で，「**真正の評価**」[5]を軸にスタンダードの設定を学力保障につなげようとする対抗的な動きも存在しています。

② 評価規準（クライテリア）の設定を通じたスタンダードの創出

○スタンダードの明確化

　連邦，州レベルのスタンダードには，子どもたちが学ぶべき各教科の知識や技

能（「何を」）を定めたもの（「内容スタンダード（content standards）」）もあれば，内容スタンダードに対する習熟の程度（「何をどのレベルで」）を定めたもの（「パフォーマンス・スタンダード（performance standards）」）もあります。またそれらは，領域や教科を超えたより一般的な能力として定められている場合もあります。

　このように，スタンダードの記述は，具体性の程度や形式において多様です。そのために，スタンダードを教育実践の指針として，とくに評価規準として用いるには，それを明確化したり整理したりせねばなりません。「行動目標[6]」の提唱以来，教育目標（スタンダード）は，内容スタンダードだけでなく，パフォーマンス・スタンダードで記述すべきとされてきました。ウィギンズ（Wiggins, G.）はさらに，特定の評価課題に対して子どもが実際に示すパフォーマンスのかたちで，より具体的に記述すべきだと主張します。

〇 評価規準としての条件

　教育目標を評価規準として記述し直す第一歩は，どこを見てパフォーマンスのよしあしを判断するかを明らかにすることです。たとえば，「複雑で構造化されていない問題を数学的に解決できる」というパフォーマンス・スタンダードの場合，「適切な解決方略が使えているかどうか」「解決過程の推論の道筋はどの程度効率的か」などが判断のものさしとなるでしょう。

　さらに考えるべきは，そうした目標の達成を評価するための評価課題の形式です。上の目標の場合，ペーパーテストという形式を用いるより，**パフォーマンス課題[7]**を用いて，実際に数学的問題解決が求められる文脈での振る舞いを評価する方が適切です。こうして評価課題の形式を問うたうえで，評価課題の文脈を具体的に吟味し，その文脈のなかで表れてくる子どものパフォーマンスの水準を明らかにしていきます（**ルーブリック[8]**の作成）。

〇 スタンダードの再構成

　国家，州レベルで定められたスタンダードは，具体性を欠く内容です。しかし，これを各学校や教室において，評価規準として再構成し，それを子どもの事実に即して吟味していくことで，スタンダードの内容は子どもの具体的な学びの姿によって置きかえられ整理されていきます。これにより，スタンダードは，教師と子ども双方に対し，何をどの程度できればよいのかの具体的なモデルを示すものとなります。まさに，スタンダードはその名にふさわしく，教師の教えと子どもの学びの道標となっていくわけです。

　また，教室での子どもの事実を映し出す作品を持ち寄り，学級間，学校間で評価規準の吟味と共有化をおこなうこと（**モデレーション[9]**）は，すべての子どもたちに保障されるべき学力内容と学力水準を，民主的な合意のうえに明らかにする仕事といえるでしょう。このように，スタンダードの内容を評価行為を通じて具体化し，再構成することは，ボトムアップの共通カリキュラムと共通教養の創出へとつながるのです。

（石井英真）

数学について，「州共通コアスタンダード（Common Core State Standards）」（コモン・コア）が示された。

▷ 4　説明責任
⇒XII-3 参照。

▷ 5　真正の評価
⇒III-4 参照。

▷ 6　行動目標
⇒IV-1 参照。

▷ 7　パフォーマンス課題
⇒VII-11 参照。

▷ 8　ルーブリック
⇒IV-8 参照。

▷ 9　モデレーション
⇒VI-4 参照。

（参考文献）

　現代アメリカ教育研究会編『カリキュラム開発を目指すアメリカの挑戦』教育開発研究所，1998年。

　橋爪貞雄『2000年のアメリカ──教育戦略──その背景と批判』黎明書房，1992年。

　石井英真『再増補版・現代アメリカにおける学力形成論の展開──スタンダードに基づくカリキュラム設計』東信堂，2020年。

　Marzano, R. J., & Kendall, J. S., *A Comprehensive Guide to Designing Standards - Based Districts, Schools, and Classrooms*, ASCD and McREL, 1996.

　Wiggins, G., *Educative Assessment: Designing Assessments to Inform and Improve Student Performance*, Jossey - Bass, 1998.

ドメイン準拠評価とスタンダード準拠評価

① 目標に準拠した評価の二つの形

　到達度評価や目標に準拠した評価に対しては，これまで「目標の押し付け」「目標つぶし」といった批判も投げかけられてきました。実践に先立って明確化した教育目標に基づいて授業や評価を行うことは，目標達成に向けて学習者を効率的に追い込んでいくことになるのではないか。実践の硬直化につながるのではないか。目標にとらわれた評価では，目標を超えて実現される学習の多様な価値を評価することができないのではないか。目標に準拠した評価が適用できるのは，成果が見えやすい知識・技能の習得を目標とする部分のみで，思考力や態度の形成といった，より高次で教育的に価値ある目標の評価には適さないのではないか，というわけです。

　これに対して，より高次の思考の育成や学習活動の創造性と矛盾しない形で，教師の質的判断をベースにした目標に準拠した評価のあり方も提案されています。たとえばサドラー（Sadler, D. R.）は，行動目標論や到達度評価論のように，要素的な到達目標を設定しその習得・未習得を点検する，項目点検評価ともいうべき，従来型の目標に準拠した評価を「ドメイン準拠評価（domain-referenced assessment）」と名付けています。これに対して，**ルーブリック**のように，高次の思考の表れ（パフォーマンス）の熟達の程度の判断を軸にした，水準判断評価ともいうべき目標に準拠した評価を「スタンダード準拠評価（standard-referenced assessment）」と名付けています（表4.7.1）。

② ドメイン準拠評価とスタンダード準拠評価を使い分ける

　ドメイン準拠評価とスタンダード準拠評価は，目指す目標に応じて使い分けることが重要です。たとえば，「資質・能力」ベースのカリキュラム改革で重視される知的・社会的能力の育成は，単元・領域横断的に長期的な視野で考えねばなりません。「知識・技能」については，授業や単元ごとの指導内容に即した「習得目標」について，理解を伴って習得しているかどうか（到達・未到達）を評価する（項目点検評価としてのドメイン準拠評価）。一方，「思考・判断・表現」については，その長期的でスパイラルな育ちの水準を，ルーブリックのような段階的な記述（「熟達目標」）の形で明確化し，重要単元ごとに類似のパフォーマンス課題を課すなどして，学期や学年の節目で，知的・社会的能

▷1　ルーブリック
⇒ Ⅳ-8 参照。

▷2　Gipps, C. V., *Beyond Testing*, London and New York: Routledge Falmer, 1994（鈴木秀幸訳『新しい評価を求めて──テスト教育の終焉』論創社，2001年），Sadler, D. R., "Specifying and Promulgating Achievement Standards", *Oxford Review of Education*, Vol. 13, No. 2, 1987 などを参照。

▷3　 Ⅱ-5 も参照。

表4.7.1　行動目標に基づく評価とパフォーマンス評価の違い

	行動目標に基づく評価（ドメイン準拠評価）	パフォーマンス評価（スタンダード準拠評価）
学力の質的レベル	知識・技能の習得（事実的知識の記憶／個別的スキルの実行）機械的な作業	知識・技能の総合的な活用力の育成（見方・考え方に基づいて概念やプロセスを総合する）思考を伴う実践
ブルームの目標分類学のレベル（IV-2 参照）	知識・理解・適用	分析・総合・評価
学習活動のタイプ	ドリルによる要素的学習（プログラム学習志向）要素から全体への積み上げとして展開し、「正解」が存在するような学習	ゲームによる全体論的学習（プロジェクト学習志向）素朴な全体から洗練された全体へと螺旋的に展開し、「最適解」や「納得解」のみ存在するような学習
評価基準の設定の方法	個別の内容の習得の有無（知っているか知っていないか、できるかできないか）を点検する習得目標・項目点検評価	理解の深さや能力の熟達化の程度（どの程度の深さか、どの程度の上手さか）を判断する熟達目標・水準判断評価
学習観	行動主義	構成主義

力の洗練度を評価する（水準判断評価としてのスタンダード準拠評価）という具合です。

　たとえば、単元で学んだ内容を振り返り総合的にまとめ直す「歴史新聞」を重点単元ごとに書かせることで、概念を構造化・体系化する思考の長期的な変化を評価する。あるいは、学期に数回程度、現実世界から数学的にモデル化する思考を伴う問題解決に取り組ませ、思考の発達を明確化した一般的ルーブリックを一貫して用いて評価することで、数学的モデル化や推論の力の発達を評価するわけです。力試し的に「この問題」が解けたかどうか（思考の結果）を見るのではなく、「この手の問題」が解けるためにさらに指導が必要なこととは何なのか、どんな力を付けないといけないのかといった具合に、思考のプロセスに着目しながら子どもたちの思考の表現を解釈していくことが必要です。

　一方、どんな学習でもすべてルーブリックで評価する必要がないということも見えてきます。「原稿用紙を正しく使える」（ドリル：機械的作業）といった、できたか・できないか（チェックリスト）で点検できるような要素的な技能でも、ルーブリックの形で段階的な評価基準を作成するようなことになると、評価の煩雑化に陥ります。「論争的な課題について自分の主張をまとめた論説文が書ける」（ゲーム：思考を伴う実践）のように、できたか・できないかで点検できない、議論の組み立ての論理性や論述の巧みさの程度などを、人間の目で判断するしかないときにこそ、ルーブリックを用いるわけです。スタンダード準拠評価として、ルーブリックを使うというのであれば、それを使うに値するような目標や内容や学習を目指しているかどうかを問うてみる必要があります。

（石井英真）

参考文献

　ギッブス，C.著，鈴木秀幸訳『新しい評価を求めて——テスト教育の終焉』論創社，2001年。

　鈴木秀幸『スタンダード準拠評価——「思考力・判断力」の発達に基づく評価基準』図書文化，2013年。

　田中耕治・西岡加名恵・石井英真編『新しい教育評価入門』有斐閣，2015年。

　石井英真『授業づくりの深め方』ミネルヴァ書房，2020年。

ルーブリック

 ルーブリックの語義

　評価方法を考案する際には，どんな力をどの評価課題で見ていくのかを決め，その課題をどの程度できれば目標に到達したと見なすのか（カッティング・ポイントとしての評価基準）を明らかにしておく必要があります。多肢選択法や正誤法などのテスト問題ならば，正解か不正解かで目標に到達したかどうかが判定されます。しかし，パフォーマンス課題のように，子どもの自由な表現を引き出す評価課題では，子どもの反応に多様性と幅が生じるため，質的な判断が求められます。そこで，パフォーマンス課題などの評価では，「ルーブリック（rubric）」と呼ばれる質的な採点指針を用いることが有効となります。

　表4.8.1に示すように，ルーブリックとは，成功の度合いを示す数値的な尺度（scale）と，それぞれの尺度に見られる認識や行為の特徴を示した記述語（descriptor）から成る評価指標のことをいいます。授業を通じて，子どもの認識や行為の質は，より素朴なものからより洗練されたものへと連続的に深まっていきます。そうした認識や行為の深まりの質的な転換点に即して，子どものでき具合を判定していく手段がルーブリックなのです。

　表4.8.1の例は，口頭発表というパフォーマンス全体を一まとまりのものとして採点するルーブリック（「全体的なルーブリック」）です。これに対し，たとえば，口頭発表とい

表4.8.1　口頭発表のルーブリックの例

5－ 優れている	生徒は，探究した疑問を明確に述べ，その重要性について確かな理由を提示する。導き出され，記述された結論を支持する特定の情報が示されている。話しかたは人をひきつけるものであり，文章の構成は常に正しい。アイ・コンタクトがなされ，発表の間中維持される。準備をしたこと，組織立てたこと，トピックに熱心に取り組んだことについての強い証拠が見られる。視覚的な補助資料が，発表をより効果的にするように用いられる。聞き手からの質問には，特定の適切な情報で，明瞭に答える。
4－ とてもよい	生徒は，探究した疑問を述べ，その重要性についての理由を提示する。導き出され，記述された結論を支持する適切な量の情報が与えられる。話しかたや文章の構成は，ほぼ正しい。準備をしたこと，組織立てたこと，トピックに熱心に取り組んだことについての証拠が見られる。視覚的な補助資料に言及し，用いる。聞き手からの質問には，明瞭に答える。
3－ よい	生徒は，探究した疑問と結論を述べるが，それを支持する情報は4や5ほど説得力のあるものではない。話しかたや文章の構成は，ほぼ正しい。準備したり組織立てたりしたという証拠がいくつか見受けられる。視覚的な補助資料についての言及がある。聞き手からの質問に答える。
2－ 不十分	生徒は探究した疑問を述べるが，完全ではない。疑問に答える結論は与えられていない。話しかたや文章は理解できるものの，いくつかの間違いがある。準備したり組織立てたりしたという証拠が見られない。視覚的な補助資料に言及したりしなかったりする。聞き手からの質問には，もっとも基本的な答えしか返ってこない。
1－ 劣っている	生徒は，疑問やその重要性を述べずに発表する。トピックは不明確で，適切な結論も述べられない。話しかたはわかりにくい。準備をしたようすはなく，組織立ってもいない。聞き手からの質問に対して，もっとも基本的な答えしか与えないか，まったく答えない。
0	口頭発表はおこなわれなかった。

出所：Wiggins, 1998.

う一つのパフォーマンスを,「発表内容の構成」「発表のしかた」「質問への応答」など複数の観点で,観点ごとに作成したルーブリック(「観点別のルーブリック」)を用いて採点することもできます。

❷ ルーブリック開発の方法

◯ 開発の手順

ルーブリックを作成する手順の一例をあげておきましょう。①試行としての課題を実行し多数の児童生徒の作品を集める。②あらかじめ数個の観点を用いて作品を採点することを同意しておく。③それぞれの観点について一つの作品を少なくとも3人が読み6点満点で採点する。④次の採点者にわからぬよう付箋に点数を記して作品の裏に貼り付ける。⑤全部の作品を検討し終わった後で全員が同じ点数をつけたものを選び出す。⑥その作品を吟味しそれぞれの点数に見られる特徴を記述する。

観点別で採点するかどうか,何点を満点で採点するかなどは状況に合わせて考えていけばよいでしょう。しかし,どの方法をとるにしても,ルーブリックづくりは,実際の子どもの作品をもとにおこなう点が重要です。また,ルーブリック作成の過程で,各点数の特徴を示す典型的な作品例を選び出し,それを完成したルーブリックに添付しておくことは有効です。典型的な作品例は,教師や子どもがルーブリックの記述語の意味を理解する一助となるのです。

こうして完成したルーブリックは,実践のなかでより多くの作品が集まるにつれて再検討し,絶えず改訂し続けていくことが必要です。その際,学級間,学校間で同じ課題を用い,それぞれの実践から生まれてきたルーブリックと子どもの作品をもちよって互いに検討する作業(「**モデレーション**(moderation)」)は,ルーブリックの信頼性(比較可能性)を高めるうえで必須です。

◯ 実践に生きるルーブリック

パフォーマンス課題に取り組む際,子ども自身にルーブリックを理解させることも有効です。たとえば,「説得力のある文章を書く」ことを目標とする単元のはじめに,子どもたちに導入文の事例を四つ見せ,どれが一番よいか,その理由は何かという点について議論させます。こうして,よい導入文の条件に関するルーブリックを子ども自身に作らせるわけです。

ルーブリックを理解することによって,子どもは見通しをもって学習に取り組み,自らの理解の深まりを自己評価しながら自律的にパフォーマンスを遂行していけると考えられます。また,子どもと教師が評価基準を共有しながら作品の検討会を実施することで,教師は子どもと協同して評価をおこなうことになり,さらには,両者の対話を通じ基準自体が問い直されていきます。以上のように,ルーブリック作りの作業は,教師の実践的見識を明示化し,それを子どもの事実に即して吟味,再構成していく過程といえるでしょう。(石井英真)

▷ モデレーション
⇒ VI-4 参照。

(参考文献)

安藤輝次編『評価規準と評価基準表を使った授業実践の方法──ポートフォリオを活用した教科学習,総合学習,教師教育』黎明書房,2002年。

石井英真『再増補版・現代アメリカにおける学力形成論の展開──スタンダードに基づくカリキュラムの設計』東信堂,2020年。

西岡加名恵『教科と総合学習のカリキュラム設計──パフォーマンス評価をどう活かすか』図書文化,2016年。

Marzano, R. J., Pickering, D. J., & McTighe, J., *Assessing Student Outcomes: Performance Assessment Using the Dimensions of Learning Model*, ASCD, 1993.

Wiggins, G., *Educative Assessment: Designing Assessments to Inform and Improve Student Performance*, Jossey-Bass, 1998.

カリキュラムを縦断・横断する評価

▷1　ルーブリック
⇨IV-8 参照。

▷2　学力モデル
⇨IV-4 参照。

▷3　内容スタンダード
⇨IV-6 参照。

① 単元や教科の枠を超えた目標の設定

　教育目標の明確化や**ルーブリック**[1]の作成は，多くの場合，教科内容に即しながら１単元や一つのパフォーマンス課題を単位になされます。しかし，こうした個々の重要概念に即して，子どもたちの理解や思考の様態を評価してみると，教科内容の違いを超えて共通に姿を現わす認識や探究の方法があることに気づきます。近年，英米では，この教科固有の認識や探究の方法（学び方）を目標やルーブリックとして設定し，複数の単元を通じて一貫性をもって継続的に指導し評価する試みがなされています。

　たとえば，表4.9.1に一部を示したルーブリックは，数学的問題解決の能力を，「理解」（問題場面を数学的に再構成できるかどうか），「方略，推理，手続き」（巧みに筋道立てて問題解決できるかどうか），「コミュニケーション」（数学的表現を用いてわかりやすく解法を説明できるかどうか）の３要素として取り出し，その熟達の程度を示したものです。こうしたルーブリックを設定していくことは，各教科に固有の**学力モデル**[2]を創造していくことにもつながるでしょう。

　また，同様の発想によれば，教科の垣根を超えて共通に見出せる能力を目標として設定することも可能です。たとえば，マルザーノ（Marzano, R. J.）らは，教科領域を超えて当てはまり，学校外生活でも求められるような一般的な能力を，**内容スタンダード**[3]とは別に，表4.9.2のような５種類の「生涯学習スタンダード（lifelong learning standards）」として組織することを提唱しています。

② 長期的・継続的に子どもの育ちを見ていくための目標設定の方法

○発達的／長期的なルーブリック

　先にあげたような単元や教科を超えた能力を育てるには，長期的・継続的な取り組みをおこない，その連続的な深まりをとらえる工夫が必要です。その際，そうした能力の連続的発達過程の質的な転換点を探り当て，より長期的で一般的な変化を描き出す「発達的／長期的なル

表4.9.1　算数・数学に関する一般的ルーブリック

	方略，推理，手続き
初心者	■方略や手続きを用いた証拠が見られない。もしくは，問題解決に役立たない方略を用いている。 ■数学的推理をした証拠が見られない。 ■数学的手続きにおいて，あまりに多くの間違いをしているため，問題は解決されていない。
見習い	■部分的に有効な方略を用いているため，何とか解決に至るも，問題の十分な解決にはなっていない。 ■数学的推理をしたいくつかの証拠が見られる。 ■数学的手続きを完全には実行できていない。 ■いくつかの部分は正しいが，正解には至らない。
一人前	■問題の解決に導く方略を用いている。 ■効果的な数学的推理を用いている。 ■数学的手続きが用いられている。 ■すべての部分が正しく，正解に達している。
熟達者	■直接に解決に導く，とても効率的で洗練された方略を用いている。 ■洗練された複雑な推理を用いている。 ■正しく問題を解決し，解決結果を検証するのに，手続きを正確に応用している。 ■解法を検証し，その合理性を評価している。 ■数学的に妥当な意見と結合を作りだしている。

出所：http://www.exemplars.com/rubrics/math-rubric.html

表4.9.2 「生涯学習スタンダード」の内容

① 「複雑な思考についてのスタンダード」

「比較」「帰納的推論」「意思決定」「問題解決」などの思考方法を効果的に使えるようになること。

② 「情報処理についてのスタンダード」

さまざまな情報源から情報を収集し，効果的に解釈・活用できるようになること。

③ 「効果的なコミュニケーションについてのスタンダード」

自分の考えや学んだことを，いろんな聴衆に対して，多様な方法を用いて効果的に伝えられるようになること。

④ 「協働／協同についてのスタンダード」

グループで作業をする上で必要な力を身につけること。

⑤ 「精神の習慣についてのスタンダード」

批判的に反省的に思考する態度など，生産的な心の習慣を身につけること。

出所：Marzano, Pickering, & McTighe（1993）の内容をもとに筆者作成。

表4.9.3 「運動」概念の理解に関する発達的ルーブリック

第2学年の終わりまでに児童たちは次のことを知るべきである。

■物体は，真っ直ぐに，ジグザグに，円を描いて，前後に，速く遅くというように，多くの異なった動き方をする。
■動いているものの動き方を変える方法は，それを押したり引いたりすることだ。
■音を出す物体は振動している。

第5学年の終わりまでに児童たちは次のことを知るべきである。

■運動の速さや方向の変化は，力によって引き起こされる。力が大きければ大きいほど，運動の変化は大きくなるだろう。物体が重ければ重いほど，加えられた力の影響は小さくなるだろう。
■物体の動く速さは非常に異なる。とてもゆっくり動き，その道のりに長い時間がかかる物体もあれば，人が見ることすらできないくらいに速く動く物体もある。

…〔以下省略〕…

出所：American Association for the Advancement of Science, *Benchmarks for Science Literacy*（Oxford University Press, 1993）の内容をもとに筆者作成。

ーブリック（developmental/longitudinal rubric）」として設定していくことは有効な方法です。すなわち，異なる単元，異なる教科での子どもの学びを，同じルーブリックを用いてくり返し評価していくわけです。

この発想は，一般的な認識や探究の方法に限ったものではなく，教科の基本概念についても当てはまります。表4.9.3に示すように，「運動」という物理学上の基本概念は，学年を経るごとに，その意味を豊かで緻密なものにしていきます。技能や思考方法の発達と同様，知識・概念の理解も，要素を段階的につけくわえていく過程でなく，より素朴な全体からより洗練された全体への連続的な過程としてとらえられています。

◯学年幅のあるルーブリックの意義

また，表4.9.3で注目すべきは，ルーブリックの到達レベルに対応する学年段階に幅があることです（幼稚園～第2学年，第3学年～第5学年，第6学年～第8学年，第9学年～第12学年）。つまり，数年かけて一つの到達レベルに達すればよいとされているのです。各単元，各学年でこれだけは確実に習得させようと短い時間軸で考えるのでなく，仮にある単元で十分に理解できなくても，後続の単元で学び直すなかでゆっくりと理解していけばよい，と長い時間軸で考え持続的に指導していくわけです。この発想は，基本概念を軸にしたカリキュラムの再構成，学び直しを通した基本概念の連続的発達を描き出すルーブリックの設定，そして**ポートフォリオ**などによってそれぞれの子どもの到達状況を記録し教師間で引き継ぐ仕組みの確立など，新たな教育システムのあり方を暗示しているといえるでしょう。 （石井英真）

▷4 ポートフォリオ
⇒VII-15参照。

【参考文献】

西岡加名恵『教科と総合に活かすポートフォリオ評価法──新たな評価基準の創出に向けて』図書文化，2003年。

石井英真『再増補版・現代アメリカにおける学力形成論の展開──スタンダードに基づくカリキュラムの設計』東信堂，2020年。

Wiggins, G., *Educative Assessment: Designing Assessments to Inform and Improve Student Performance*, Jossey-Bass, 1998.

Marzano, R. J., Pickering, D. J., & McTighe, J., *Assessing Student Outcomes: Performance Assessment Using the Dimensions of Learning Model*, ASCD, 1993.

「資質・能力」の評価

▷1　2014年3月に出された「育成すべき資質・能力を踏まえた教育目標・内容と評価の在り方に関する検討会」の論点整理において、下記のような項目で学習指導要領の構成を整理し、内容のみならず、非認知的なものも含めた教科横断的な汎用的スキルといった「資質・能力」も明確化し、系統立てて指導したり評価したりしていくことが提起されるなど、カリキュラム開発とその評価において、内容ベースからコンピテンシー・ベースへのシフトが進められてきた。ア）教科等を横断する汎用的なスキル（コンピテンシー）等に関わるもの（①汎用的なスキル等としては、例えば、問題解決、論理的思考、コミュニケーション、意欲など、②メタ認知（自己調整や内省、批判的思考等を可能にするもの））、イ）教科等の本質に関わるもの（教科等ならではの見方・考え方など）（例：「エネルギーとは何か。電気とは何か。どのような性質を持っているのか」のような教科等の本質に関わる問いに答えるためのものの見方・考え方、処理や表現の方法など）、ウ）教科等に固有の知識や個別スキルに関するもの（例：「乾電池」についての知識、「検流計」の使い方）。

▷2　キー・コンピテンシーは PISA の背景となっ

1 「資質・能力」ベースのカリキュラム改革の背景

　2017年版学習指導要領では、内容ベースから資質・能力ベースへのカリキュラム改革がめざされています。それは、先進諸国で共通に展開している「コンピテンシー・ベースの改革」の日本版とみることができます。多くの先進諸国のナショナル・カリキュラムやスタンダード（共通教育目標）において、教科の知識・技能に加えて、教科固有、あるいは教科横断的な能力（汎用的スキル）を明確化する動きがみられます。そこでは、批判的思考、意思決定、問題解決、自己調整といった高次の認知的スキルに加えて、コミュニケーションと協働といった社会的スキル、さらに協働的な知識構築・問題解決にメディアやテクノロジーを活用するスキルなどが挙げられています。

　一般に「コンピテンシー」とは、職業上の実力や人生における成功を予測する、社会的スキルや動機や人格特性も含めた包括的な能力を指します。それは、「何を知っているか」ではなく、実際の問題状況で「何ができるか」を問うものといえます。たとえば、OECD の DeSeCo プロジェクトが示した「キー・コンピテンシー（key competency）」は、①相互作用的に道具を用いる力、②社会的に異質な集団で交流する力、③自律的に活動する力の三つで構成されています。コンピテンシー・ベースのカリキュラムをめざすということは、社会が求める「実力」との関係で、学校の役割を、学校で育てる「学力」の中身を問い直すことを意味します。これまでの「学力」概念が、内容に即した認知的能力を軸に捉えられがちであったのに対して、「資質・能力」という言葉を使うことで、「実力」を構成する中心的な要素である非認知的要素も含め、包括的で全人的な育ちを学校で追求していこうとしているわけです。また、労働や社会生活の知性化や流動化が進む中で、「コンピテンシー」概念は、特定の職業や専門分野に固有のものというより、教科・領域横断的で汎用的なものを中心に捉えられる傾向にあります。

　コンピテンシー・ベースの改革については、社会の要求が、企業社会からの人材育成要求や教育の効率性・経済性要求に矮小化されがちで、現状適応主義や学校教育全体の直線的なキャリア教育化に陥りがちです。経済の論理の下で軽視されがちな民主主義や市民形成の視点を重視することで、また、「子ども期」に固有の価値を尊重し、人間らしく育つための手間や回り道も大切にする

ことで，子どもたち世代の未来社会を創造する自由と主体性の基盤を形成する人間教育を実現していくことが求められます。さらに日本の「資質・能力」ベースの改革については，「資質」概念が，道徳教育の強調や教育の保守化の動きと結びついて，画一的な教化（価値の注入）を強めることへの危惧もあります。

② 資質・能力の三つの柱

　各教科の授業で，また学校教育全体で，そうした汎用的で非認知的なものを含む資質・能力をどう意識的に育てていくのかが問われています。学習指導要領の2017年改訂に向けた議論においては，教科横断的で汎用的な資質・能力をより意識的・直接的に育成すべく，学習指導要領のレベルで，各教科の知識・技能（例：一次関数，二次関数など）や思考の方法（例：関数的な見方，数学的活動など）に加えて，汎用的スキル（例：問題解決，批判的思考，コミュニケーション，メタ認知など）を明示しようとする動きもみられました。

　最終的には，学習指導要領の総則において，汎用的スキルは明示されず，各学校において各教科等の特質を生かし，教科等横断的な視点から教育課程の編成を図ることが強調されるとともに，資質・能力の三つの柱（「何を理解しているか，何ができるか（生きて働く「知識・技能」の習得）」「理解していること・できることをどう使うか（未知の状況にも対応できる「思考力・判断力・表現力等」の育成）」「どのように社会・世界と関わり，よりよい人生を送るか（学びを人生や社会に生かそうとする「学びに向かう力・人間性等」の涵養）」）で，各教科や領域の目標を整理してカリキュラムに横串を通す形になりました。

③ 新3観点をどう捉えるか

　2019年版指導要録における観点別評価の観点も，三つの柱に対応する形で，「知識・技能」「思考・判断・表現」「主体的に学習に取り組む態度」の3観点に改められました。新たな3観点による評価のあり方については，「知識・技能」において，事実的で断片的な知識の暗記再生だけでなく概念理解を重視すること，「主体的に学習に取り組む態度」を授業態度ではなくメタ認知的な自己調整として捉えなおし，知識・技能や思考・判断・表現と切り離さずに評価することなどが示されています。すべての観点において，思考・判断・表現的な側面が強まったように見えますが，特に教科学習において，そこでめざされている学力像を捉え，評価方法へと具体化していく上で，学力の三層構造を念頭において考えてみるとよいでしょう。

◯学力・学習の質的レベル

　教科の学力の質は下記の三つのレベルで捉えることができます。個別の知識・技能の習得状況を問う「知っている・できる」レベル（例：三権分立の三権を答えられる）であれば，穴埋め問題や選択式の問題など，客観テストで評価

ている枠組みで，PISA は①の要素の一部を評価するものとされている。XⅢ-11 も参照。

▷3　本田由紀『教育は何を評価してきたのか』岩波書店，2020年などを参照。

▷4　指導要録の3観点については VII-1，IX-1 参照。

表4.10.1　学校で育成する資質・能力の要素の全体像を捉える枠組み

能力・学習活動の階層レベル（カリキュラムの構造）		資質・能力の要素（目標の柱）			
		知識	スキル		情意（関心・意欲・態度・人格特性）
			認知的スキル	社会的スキル	
教科学習（教科等の枠づけの中での学習）	知識の獲得と定着（知っている・できる）	事実的知識、技能（個別的スキル）	記憶と再生、機械的実行と自動化	学び合い、知識の共同構築	達成による自己効力感
	知識の意味理解と洗練（わかる）	概念的知識、方略（複合的プロセス）	解釈、関連付け、構造化、比較・分類、帰納的・演繹的推論		内容の価値に即した内発的動機、教科への関心・意欲
	知識の有意味な使用と創造（使える）	見方・考え方（原理と一般化、方法論）を軸とした領域固有の知識の複合体	知的問題解決、意思決定、仮説的推論を含む証明・実験・調査、知やモノの創発、美的表現（批判的思考や創造的思考が関わる）	プロジェクトベースの対話（コミュニケーション）と協働	活動の社会的レリバンス（生活との関連性）に即した内発的動機、教科観・教科学習観（知的性向・態度・思考の習慣）
総合学習／特別活動（学習の枠づけ自体を学習者たちが決定・再構成する学習）	自律的な課題設定と探究（メタ認知システム）	思想・見識、世界観と自己像	自律的な課題設定、持続的な探究、情報収集・処理、自己評価		自己の思い・生活意欲（切実性）に根差した内発的動機、志やキャリア意識の形成
	社会関係の自治的組織化と再構成（行為システム）	人と人との関わりや所属する共同体・文化についての意識、共同体の運営や自治に関する方法論	生活問題の解決、イベント・企画の立案、社会問題の解決への関与・参画	人間関係と交わり（チームワーク）、ルールと分業、リーダーシップとマネジメント、争いの処理・合意形成、学びの場や共同体の自主的組織化と再構成	社会的責任や倫理意識に根差した内発的動機、道徳的価値観・立場性の確立

※社会的スキルと情意の欄でレベルの区分が点線になっているのは、知識や認知的スキルに比べてレベルごとの対応関係が緩やかであることを示している。

※網かけ部分が、それぞれの能力・学習活動のレベルにおいて、カリキュラムに明示され中心的に意識されるべき目標の要素。

※認知的・社会的スキルの中身については、学校ごとに具体化すべきであり、学習指導要領等で示すとしても参考資料とすべきだろう。情意領域については、評定の対象というより、形成的評価やカリキュラム評価の対象とすべきであろう。

参考文献

安彦忠彦『「コンピテンシー・ベース」を超える授業づくり』図書文化社、2014年。

石井英真『今求められる学力と学びとは』日本標準、2015年。

石井英真・西岡加名恵・田中耕治編『小学校　指導要録改訂のポイント』日本標準、2019年。

国立教育政策研究所『資質・能力（理論篇）』東洋館出版社、2016年。

松下佳代編著『〈新しい能力〉は教育を変えるか――学力・リテラシー・コンピテンシー』ミネルヴァ書房、2010年。

できます。しかし、概念の意味理解を問う「わかる」レベル（例：三権分立が確立していない場合、どのような問題が生じるのかを説明できる）については、知識同士のつながりとイメージが大事であり、ある概念について例を挙げて説明することを求めたり、頭のなかの構造やイメージを絵やマインドマップに表現させてみたり、適用問題を解かせたりするような機会がないと判断できません。さらに、実生活・実社会の文脈における知識・技能の総合的な活用力を問う「使える」レベル（例：三権分立という観点から見たときに、自国や他国の状況を解釈し問題点等を指摘できる）は、実際にやらせてみないと評価できません。そうして実際に思考を伴う実践をやらせてみてそれができる力（実力）を評価するのが、パフォーマンス評価です。

● 学校で育成すべき資質・能力の全体像

学校カリキュラム全体で育成すべき資質・能力の内実について、教科学習のみならず、「総合的な学習の時間」や特別活動も含め、階層性の側面に能力の要素の軸を加えてその全体像を整理したのが表4.10.1です。能力の質的レベルの違いに関わらず、学習活動は何らかの形で対象世界・他者・自己の三つの軸での対話を含んでいます。そして、そうした対話を繰り返す結果、何らかの認識内容（知識）、認識方法（スキル）が個人において形成され身についていきます。スキルは、対話の三つの軸（大きくは対象世界との認知的対話、他者・自己との社会的対話）に即して構造化できます。さらに、学習が行われている共同体の規範や文化に規定される形で、何らかの情意面での影響も受けます。表4.10.1では、それぞれの能力・学習活動の階層レベルごとに、主に関連する知識、スキル、情意（資質・能力の要素）の例を示しています。

習得型の学びで知識・技能を保障し、活用型の学びで思考力・判断力・表現力を育てるといった語りが繰り返されてきました。しかし、学力・学習の質的レベルをふまえると、「考える力を育てるかどうか」という問い方ではなく、「どの

レベルの考える力を育てるのか」という発想で考えていかねばならないことが見えてきます。そして，コンピテンシー・ベースのカリキュラム改革の名の下にカリキュラム上に能力を明示する必要性も，理解志向の思考ではなく活用志向の思考（問いと答えの間が長い）が重要性を増しているからなのです。

◯ 3観点の評価方法

これまでの観点別評価では，「知識・理解」「技能」について，断片的知識（「知っている・できる」レベル）を穴埋めや選択式などの客観テストで問い，「思考・判断・表現」については，主に概念の意味理解（「わかる」レベル）を，適用問題や記述式の問題で問うような定期テストが作成される一方で，「関心・意欲・態度」については，取り組み

表 4.10.2 従来の 4 観点の評価実践の傾向

能力・学習活動の階層レベル（カリキュラムの構造）	資質・能力の要素（目標の柱）			
	知識	スキル		情意（関心・意欲・態度・人格特性）
		認知的スキル	社会的スキル	
教科等の枠づけの中での学習	知識の獲得と定着（知っている・できる）	事実的知識，技能（個別的スキル）	記憶と再生，機械的実行と自動化		達成による自己効力感
	知識の意味理解と洗練（わかる）	概念的知識，方略（複合的プロセス）	解釈，関連付け，構造化，比較・分類，帰納的・演繹的推論	学び合い，知識の共同構築	内容の価値に即した内発的動機，教科への関心・意欲
	知識の有意味な使用と創造（使える）	見方・考え方（原理と一般化，方法論）を軸とした領域固有の知識の複合体	知的問題解決，意思決定，仮説的推論を含む証明・実験・調査，知やモノの創発，美的表現（批判的思考や創造的思考が深く関わる）	プロジェクトベースの対話（コミュニケーション）と協働	活動の社会的レリバンスに即した内発的動機，教科観・教科学習観（知的性向・態度・思考の習慣）

知識・理解　技能
思考・判断・表現
関心・意欲・態度

表 4.10.3 新しい評価実践の方向性

能力・学習活動の階層レベル（カリキュラムの構造）	資質・能力の要素（目標の柱）			
	知識	スキル		情意（関心・意欲・態度・人格特性）
		認知的スキル	社会的スキル	
教科等の枠づけの中での学習	知識の獲得と定着（知っている・できる）	事実的知識，技能（個別的スキル）	記憶と再生，機械的実行と自動化		達成による自己効力感
	知識の意味理解と洗練（わかる）	概念的知識，方略（複合的プロセス）	解釈，関連付け，構造化，比較・分類，帰納的・演繹的推論	学び合い，知識の共同構築	内容の価値に即した内発的動機，教科への関心・意欲
	知識の有意味な使用と創造（使える）	見方・考え方（原理と一般化，方法論）を軸とした領域固有の知識の複合体	知的問題解決，意思決定，仮説的推論を含む証明・実験・調査，知やモノの創発，美的表現（批判的思考や創造的思考が深く関わる）	プロジェクトベースの対話（コミュニケーション）と協働	活動の社会的レリバンスに即した内発的動機，教科観・教科学習観（知的性向・態度・思考の習慣）

知識・技能
思考・判断・表現
豊かなテスト
豊かなタスク
主体的に学習に取り組む態度

子どもたちの資質・能力が発揮され，それをめぐって豊かなコミュニケーションが自ずと生じる舞台としての，豊かなテストとタスク（子どもの学びを可視化するメディア）を設計する。

の積極性や努力度を問うべく，ノートまとめ，レポート，新聞の切り抜きのようなテスト以外の課題が課されてきたように思われます（表 4.10.2）。

資質・能力ベースの2017年版学習指導要領がめざすのは，「真正の学習（authentic learning）」（学校外や将来の生活で遭遇する本物の，あるいは本物のエッセンスを保持した活動）を通じて「使える」レベルの知識とスキルと情意を一体的に育成していくことです。2019年版指導要録の観点別評価では，「知識・技能」について，理解を伴って中心概念を習得することを重視して，「知っている・できる」レベルのみならず「わかる」レベルも含むようテスト問題を工夫することが，そして，「思考・判断・表現」については，「わかる」レベルの思考を問う問題に加え，**全国学力・学習状況調査のB問題**のように，「使える」レベルの思考を意識した記述式問題を盛り込んでいくこと，また，「主体的に学習に取り組む態度」も併せて評価できるような，問いと答えの間の長い思考を試すテスト以外の課題を工夫することが求められます（表 4.10.3）。

（石井英真）

▷ 5 全国学力・学習状況調査のB問題
⇒ XIII-11 参照。

11 # 「見方・考え方」の評価

① 「見方・考え方」とは何か

　学習指導要領の2017年改訂に際しては，「主体的・対話的で深い学び」（いわゆるアクティブ・ラーニング）を通して「資質・能力」を育成するという方針が打ち出されました。この方針については，グローバル化やICTの革新などの変化が激しい社会において必要とされる力を育成することが期待された半面，身につけさせるべき教科内容を保障できるのかという疑問の声も聞かれました。そのような問題を克服するために重視されているのが，「各教科等の特質に応じた物事を捉える視点や考え方」，いわゆる「見方・考え方」を育てることです。1

　学習指導要領改訂について議論した中央教育審議会に先だって設置された「育成すべき資質・能力を踏まえた教育目標・内容と評価の在り方に関する検討会」（以下，「検討会」と記す）の「論点整理【主なポイント】」（2014年）では，教科等ならではの「見方・考え方」について，「エネルギーとは何か。電気とは何か。どのような性質を持っているのか」のような「教科等の本質に関わる問いに答えるためのものの見方・考え方」という説明がなされていました。この説明が示すように，「検討会」の議論において「見方・考え方」は，教科等の「本質的な問い」に対応するものとして位置づけられていました。

② 「本質的な問い」・「永続的理解」とパフォーマンス課題

　このような「検討会」の提案の背景には，「逆向き設計」論の考え方がありました。「逆向き設計」論によると，各教科には，複数の単元で繰り返し問われるような，包括的な「本質的な問い」が存在しています。たとえば，「どのように書けば／話し合えばよいのか？」（国語・英語），「社会は，どのような要因で変わっていくのか？」（社会），「現実の問題を数学的に解決するには，どうすればよいのか？」（数学），「科学的に探究するには，どうすればよいのか？」（理科）といった問いです。「逆向き設計」論では，子ども自身に「本質的な問い」を問える力を身に付けさせることも目指されています。

　さらに，包括的な「本質的な問い」を単元の教材に適用させた単元ごとの「本質的な問い」に対応させて，パフォーマンス課題を用いることが提案されています。パフォーマンス課題とは，複数の知識・スキルを総合して使いこな

▷ 1　2017年版小学校学習指導要領では，「各教科等の特質に応じた見方・考え方を働かせながら，知識を相互に関連付けてより深く理解したり，情報を精査して考えを形成したり，問題を見いだして解決策を考えたり，思いや考えを基に創造したりすることに向かう過程を重視した学習の充実を図ること」と述べられている。

▷ 2　ウィギンズ，G.・マクタイ，J. 著，西岡加名恵訳『理解をもたらすカリキュラム設計』日本標準，2012年。原著の初版は1998年，増補第 2 版2005年。「逆向き設計」論では，単元や長期的な指導計画を設計する際に，「求められている結果（目標）」「承認できる証拠（評価方法）」「学習経験と指導（授業の進め方）」を三位一体のものとして考えることが提唱されている。

▷ 3　「知の構造」と評価方法・評価基準の対応
⇒Ⅵ-3 参照。

すことを求めるような課題であり，レポートなどの作品やプレゼンテーションなどの実演を求める課題があります[4]。包括的な「本質的な問い」に対応させて類似のパフォーマンス課題をカリキュラムに繰り返し取り入れることによって，各教科の中核に位置づくような「原理や一般化」に関する「永続的理解」（2017年版学習指導要領でいうところの「見方・考え方」）を身につけさせていくことが目指されています[5]。

　理科であれば，「身の回りの事象や自然現象は，どのような仕組みになっているのだろうか？　それについて，どのように探究すればよいのだろうか？」という包括的な「本質的な問い」に対して，「空気と水の性質を調べる実験をするには，どうすればよいのだろうか？」「固体の性質を調べる実験をするには，どうすればよいのだろうか？」といった単元の「本質的な問い」が設定できます。それぞれに対して，「空気と水の性質を調べる実験」「ものの溶け方を調べる実験」を計画・実施・報告するというパフォーマンス課題に取り組みます（図4.11.1）。そういった課題に繰り返し取り組むことで，「実験をするには，その実験の目的を明らかにし，目的に合った実験方法を選び，条件制御などに気をつけつつ，実験を計画する必要がある。さらに，データを正確に記録し，結果に基づいて考察することが重要である」といった「永続的理解」（「見方・考え方」）が身に付くと考えられます。さらに，子どもの実験の様子や記録を用いて，ルーブリックを作ることで，理解の深まり（「見方・考え方」の成長）を具体的に捉えることができるでしょう[6]。

　　　　　　　　　　　　　　　　　　　　　　　　　　　（西岡加名恵）

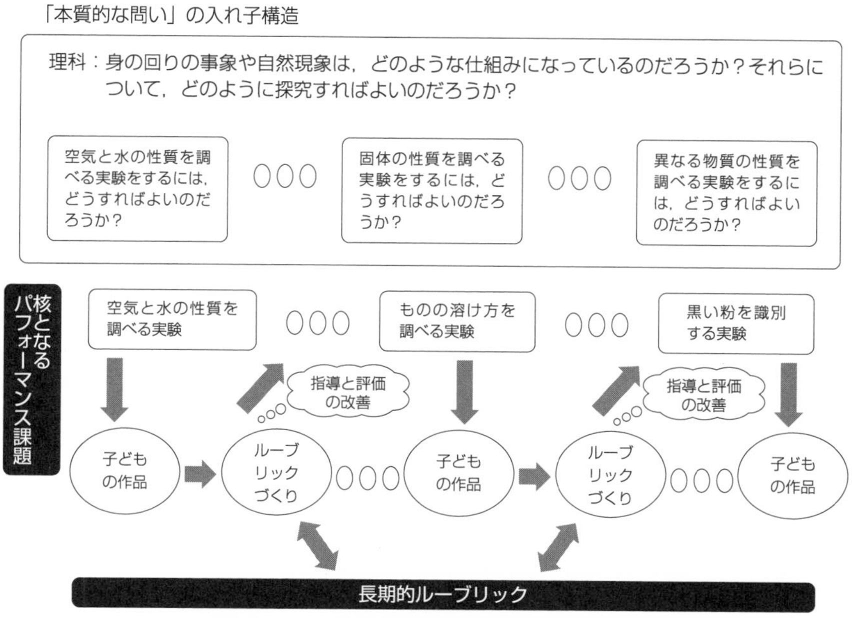

▷4　パフォーマンス課題
⇒VII-11 参照。

▷5　「永続的理解」については「本質的な問い」に対応する形で文章化しておくことによって，どの概念について，どんな複雑なプロセスを発揮できるような理解を想定して指導するのかが明確になる。ただし，中央教育審議会での議論の過程で「見方・考え方」という言葉は，多少，解釈し直された。これにより，学習指導要領解説においては，教科によっては「見方・考え方」がキーワードの形で示されているものもある。

▷6　ルーブリック作りの方法については，VI-4 参照。なお，図4.11.1にある「長期的ルーブリック」とは，単元を超えた長期にわたる成長を描き出すようなルーブリックである。

「本質的な問い」の入れ子構造

図4.11.1　「逆向き設計」論に基づくカリキュラムの構造（理科の場合）

出所：西岡加名恵「2017年改訂学習指導要領とパフォーマンス評価」西岡加名恵・石井英真編著『教科の「深い学び」を実現するパフォーマンス評価──「見方・考え方」をどう育てるか』日本標準，2019年，17頁。

参考文献
　西岡加名恵『教科と総合学習のカリキュラム設計──パフォーマンス評価をどう活かすか』図書文化，2016年。
　西岡加名恵・石井英真編著『教科の「深い学び」を実現するパフォーマンス評価──「見方・考え方」をどう育てるか』日本標準，2019年。

指導と評価の一体化

① 指導の改善に活かす形成的評価

指導に活かす評価について考えるとき，「指導と評価の一体化」ということがよくいわれます。たとえば，2000年12月4日に出された文部省教育課程審議会答申「児童生徒の学習と教育課程の実施状況の評価の在り方について」（以下「答申」）では次のように述べられています。「学校の評価活動は，計画，実践，評価という一連の活動が繰り返されながら，児童生徒のよりよい成長を目指した指導が展開されている。すなわち，指導と評価とは別物ではなく，評価の結果によって後の指導を改善し，さらに新しい指導の成果を再度評価するという，指導に生かす評価を充実させることが重要である（いわゆる指導と評価の一体化）」（第1章第2節3（1））。これは，評価のための評価に終わらせず，指導の改善のために評価活動をおこなうことを強調するものです。▶1

同答申では続けて次のようなことも述べられています。「評価は学習の結果に対して行うだけでなく，学習指導の過程における評価の工夫を一層進めることが大切である」（同上）。これは，成績づけのために最終結果だけ評価するのではなく，指導の改善につなげられるように学習指導の過程で評価すること（**形成的評価** ▶2）を強調するものです。

このように，日本の教育課程では，指導の改善に活かす形成的評価の役割が「指導と評価の一体化」という言葉で強調されているのです。

② 本来の教育評価

このようなことが強調された背景には，評価が子どもの能力の値踏みに陥っていて，指導のために機能していないという状況がありました。評価がもっぱら「できる子」と「できない子」を選別するために機能してしまっていて，評価やテストに対しては否定的なイメージばかりがつきまとっていたのです。

ただ，ここで（教育）評価としてイメージされていたものは，実は「評定（成績づけ）」であって，本来の教育評価ではありません。ここで評定とは，「子どもたちの様々な活動に対して，順序をつけたり，得点を与えるなどして，よしあしを判定する行為」▶3 のことです。つまり，「教育評価」という名のもとに評定ばかりがおこなわれていたということです。

とはいえ，それまでの教師の営みに教育評価がなかったわけではありません。

▶1　これは「目標に準拠した評価」が全面採用された2001年指導要録改訂時に改めて強調されたものであるが，それ以後もこの点の強調は変わらず，2019年指導要録改訂に際しては，国立教育政策研究所教育課程研究センターから『「指導と評価の一体化」のための学習評価に関する参考資料』と題する指導資料が全教科・領域で公開されるまでに至っている。

▶2　形成的評価
⇒ Ⅰ-4 参照。

▶3　田中耕治『学力と評価の"今"を読みとく——学力保障のための評価論入門』日本標準，2004年，103頁。

たとえば，ある特定の目標に向かって活動する子どもを教師が指導するとき，教師の対応の仕方には何らかの規準が働いているものです。また，教師は子どもたちの活動の状況を見て，次の指導過程を改善・修正していくわけですが，そこにも何らかの規準が働いています。さらに，単元終了後，自分の指導過程を反省するときにも，何らかの規準が働いています。これら規準にもとづく行為はまさに教育評価で，指導と一体化したものです。評価行為として意識されていなかっただけなのです。

「指導と評価の一体化」を前提とする本来の教育評価は，日常の教育活動のなかにすでに埋め込まれていたものですが，それを自覚的に実施することが重要なのです。

③ 実践上の課題

ところで，「指導と評価の一体化」の強調にともなって，教育現場では特異ともいえる状況が見られるようになってきました。それは，とにかく学習途中での評価を細かく何度も実施しようとする動きです。

2000年ごろから，評価計画を明確に位置づけた指導案が多く見られるようになりました。また，子どもたち一人ひとりの学習活動をきめ細かく把握していこうとする取り組みも目立つようになりました。このこと自体は，歓迎すべきことでしょう。しかし，実際の実践を見てみると，せっかくおこなった評価活動が指導の改善に活かされていなかったり，形成的評価として指導の改善・修正のために**フィードバック**されるはずの評価情報が評定の素材に使われていたりしています。きびしく表現しますと，形成的でない細かな途中評価を多く設定し，その積み上げを総括的評価とするという，奇妙な評価行動が生まれているのです。「指導と評価の一体化」ということばの強調が生み出した評価概念の混乱といえるでしょう。早急に点検が必要です。

また，「指導と評価の一体化」というと，教師の指導に焦点が行きがちになってしまいますが，評価は活動の改善・修正に寄与するもので，その活動には当然，子どもの学習活動も含まれます。したがって，子どもの学習活動と評価が一体となっていることも重要です。その評価活動により子どもの学習活動がどう改善されたかという視点から，教師の指導の改善・修正を図ることも必要なのです。

さらに，教育活動は，教師だけでなく，子どもや保護者も主体となっておこなわれるものです。したがって，お互いが協力して活動を進められるよう，評価の方法や規準などについても，通知票や**ポートフォリオ**を通じて，共通理解を図っておくことが必要です。そうすることで，「一体化」を教師だけの取り組みに終わらせずに，よりオープンにそれゆえに客観的な取り組みにしていけるのです。

（遠藤貴広）

▷4　フィードバック
⇒V-4 参照。

▷5　ポートフォリオ
⇒VII-15 参照。

（参考文献）
　天野正輝『カリキュラムと教育評価の探究』文化書房博文社，2001年。

素朴概念と教育評価

① 構成主義的学習観

　子どもは，教師に教わる前から何らかの知識や概念をもっているものです。そして，その知識や概念にもとづいて，自分なりの解釈や説明をおこなっています。したがって，教師が何かを提示しても，それをそのまま受け入れるわけではありません。自分がもっている知識や概念に合うように組みかえているのです。もし提示されたものが自分の解釈や説明に合わなければ，無視することもあります。

　これは，子どもの頭のなかは真っ白で，そこに「科学的な」知識を詰め込んでいかなければならないとする学習観とはまったく異なるもので，「構成主義（constructivism）」とよばれます。構成主義的学習観にもとづくと，子どもがすでにもっている知識や概念をどう組みかえていくかが，研究・実践上の中心課題となります。

② 素朴概念

　子どもが日常経験にもとづいて築き上げた「自分なりの」概念を「素朴概念（naive concept）」とよぶことがあります。たとえば，「物が燃えると軽くなる」，「電流が電池の＋極と－極から出て衝突するから豆電球がつく」，「昼と夜ではロウソクの光が届く範囲は異なる」といったものです。

　子どもの素朴概念は，科学的概念からすると誤概念となりますが，自分の日常経験から理論化されたものだけに，たいへん強固なものです。授業で科学的概念を身につけたかに見えても，それは次第に忘れ去られ，結局，素朴概念が復帰してしまうということはよくあります。

③ 素朴概念の変容を評価対象に

　強固な素朴概念を組みかえていくことを学習とするなら，その評価も素朴概念の組みかえのプロセスを対象としたものでなければなりません。

　まず，**診断的評価**として，学習前に子どもがどのような素朴概念を抱いているか把握しておくことが重要です。もっている素朴概念次第で，学び方はまったく違ってくるからです。調査問題としては図5.2.1のようなものが考案されています。

　次に，素朴概念と矛盾する科学的概念に裏づけられた事象が提示されること

▷　診断的評価
⇨ Ⅰ-4 参照。

これはテストではありませんから、あなたの思っているとおりに書いて下さい。

___年 ___組 番号___ 名前_____ 男・⑨

【問　題】

　下の図のように、普通の糸を結びつけた重りを天井からぶら下げました。今、他のところには手をふれず、このまま糸Bのはしだけを手でまっすぐ下向きに引っぱって、糸Bをきりたいと思います。糸Bだけをきるにはどうしたらよいでしょうか。それとも、どんなふうにしても、きることは無理でしょうか。

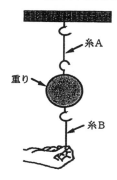

糸A

重り

糸B

　次の①〜⑤の中から、あなたがもっともよいと考えるものを一つえらびましょう。
　①〜⑤にないときは、⑥にあなたの考えを書きましょう。

　　①　ゆっくり、だんだん力を強くしながら引っぱる。
　　②　すばやく、強い力で引っぱる。
　　③　どう引っぱっても糸Aがきれる。
　　④　どう引っぱっても糸Bがきれる。
　　⑤　どう引っぱっても糸A、Bはいっしょにきれる。
　　⑥　その他：あなたの考えを書きましょう。

（　　　　　　　　　　　　　　　　　　　）

答え	えらんだわけを書きましょう。
②	私が思うに、よくテーブルクロスを引きぬくヤツがあるけど、これもテーブルクロスぬきみたいにすばやく強くやれば、糸Bだけが切れると思う。テーブルクロスぬきさでも、ゆっくり弱い力で引きぬくと、上にあるグラスや、皿が音を立てて羽たおれるように、糸もゆっくり弱い力でひっぱると糸Aまでも切れると思うからやっぱり②がいいと思う。

図5.2.1　子どもの既有の知識や考えを調査する問題

出所：堀，2003年，63頁。

で、その子にどのような葛藤が引き起こされるのか、具体的に把握する必要があります。葛藤の様相により、以後の指導方法が変わってくるからです。

　さらに、学習後、素朴概念がどのように組みかえられたか、子どもの自己評価を通して確認しておかなければなりません。自分の素朴概念の問題点を自覚した上で、それを意図的に組みかえるということをしないと、授業で提示された科学的概念も容易に剝落してしまうからです。このように教育評価の考えかたに対しては、子どもの学習や認知に関する理論（の変化）が大きく影響を与えています。

（遠藤貴広）

（参考文献）
　米国学術研究推進会議編著，森敏昭・秋田喜代美監訳『授業を変える』北大路書房，2002年。
　堀哲夫『学びの意味を育てる理科の教育評価——指導と評価を一体化した具体的方法とその実践』東洋館出版，2003年。
　稲垣佳世子・波多野誼余夫『子どもの概念発達と変化——素朴生物学をめぐって』共立出版，2005年。
　ソーヤー，R. K. 編，森敏昭・秋田喜代美・大島純・白水始監訳，望月俊男・益川弘如編訳『学習科学ハンドブック 第二版 第1巻——基礎／方法論』北大路書房，2018年。

カルテと座席表

1　子ども一人ひとりを大事にした実践

　「子ども一人ひとりを生かした授業を」とよくいわれます。しかし，それを実際どう実現したらいいか，その具体的な手立てを考え出すことは容易なことではありません。

　この課題に長年にわたってとりくんできた学校があります。静岡市立安東小学校です。同校は，**上田薫**の指導のもと，「カルテと座席表」にもとづいて，子ども一人ひとりを大事にした授業研究を展開し，その手法は今日多くの学校に普及しています。

2　カルテ

　個々の子どもについて予測と違ったものを発見したとき（「おやっ！」と思ったとき），そのことをメモしている教師は多くいると思います。そのメモを安東小学校では「カルテ」とよんで，継続的に蓄積しています（図5.3.1）。

　一般に「カルテ」といえば，医師の診断記録簿のことを指します。医師はカルテに，病気の症状を記録し，それに対し所見を書き，処方を考えます。同様に，教師は「カルテ」に，子どもの表れを記録し，それに対し解釈を加え，次の手立てを講ずるのです。

　この「カルテ」をつなぎ合わせて見ることにより，子どもが変化していく様子をとらえることができるといいます。たとえば，図5.3.1の「カルテ」から，担当教師は，S男がだんだん学校生活に慣れて自信を持てるようになったことを察知し，これから算数の授業で活躍しそうなS男の姿を想像することができるというのです。

3　座席表

　数個の「カルテ」をつなぎ合わせることで，子どもの表れを縦断的に把握することはできます。しかし，これだけでは，クラス全体とのかかわりのなかで一人ひとりの子どもを把握することはできません。

▷　**上田薫**（1920-2019）戦後初期社会科設立の中心メンバーで，1958年に「社会科の初志をつらぬく会」を結成。元都留文科大学学長。『上田薫著作集』（黎明書房，1992-1994年）がある。

4/15　（国）「い」のつく言葉を順番に言う場面で，「ぼくはいわなくてもいい」と言って，目をそらしてしまう。
＊みんなと一緒に学習していて面白くなさそうだ。何が，S男の表情を暗くさせているのか。
4/23　「ひらがながうまく書けない」と泣き続けているK子の鞄の中に荷物を詰めてあげる。
＊友だちの面倒をみることのできる優しい面がある。
5/14　（算）手をあげ「いくつといくつ」の答えを黒板に書きに出てくる。
＊数値的なものには，自信をもって答えることができる子なのかな。

図5.3.1　「カルテ」の例

出所：上田薫・静岡市立安東小学校，1999年，22頁。

第５学年　算数科座席表授業案

【12時間扱い，本時は第８時】

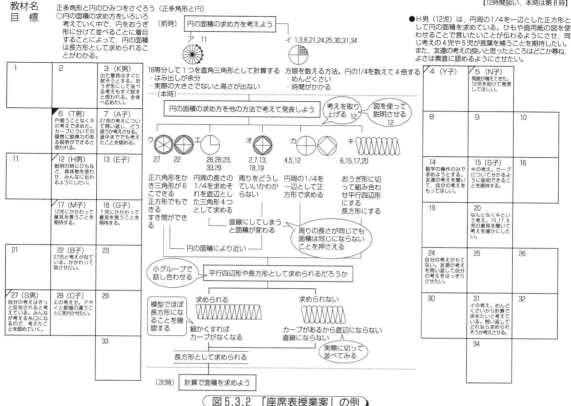

図 5.3.2　「座席表授業案」の例

出所：上田薫・静岡市立安東小学校，1999 年，106-107 頁。

　安東小学校では，ある時点で教師が，それまでの「カルテ」をつないで，子どもをとらえなおし，その子どもの全体的な把握や願いや手立てを，「座席表」に書き込みます。これにより，クラス全体とのかかわりのなかで子ども一人ひとりを活かした指導を計画することがねらわれています。

　「座席表」と本時の展開を１枚の紙面に書き表した「座席表授業案」も広く普及しています（図5.3.2）。１時間の授業を構想するときに使われるものですが，本時の展開だけのものと比べると，一人ひとりの子どもの存在を強く意識した授業案となります。

　「座席表」はさらに，授業記録の道具としても広く利用されています。つまり，「白紙座席表」に一人ひとりの子どもの発言や気になる行動を記録し，それを「カルテ」や「座席表」や単元計画（安東小学校では「全体のけしき」）と照合しながら，その授業の反省・検討をおこなうのです。

　上田は，生きた文脈から切断された「評価の断片化」と，結果主義に象徴される「点数評価の矛盾」を批判し，子どもたちの個性をとらえる方法として，「カルテ」や「座席表」を提起しています。そこで，人間をその内なる関係によって規定しようとする内的評価の視点を重視し，それを蓄積することで，その子の個的全体性に迫ろうとしたのです。

（遠藤貴広）

参考文献

　上田薫『学力と授業』黎明書房，1988年。

　上田薫・静岡市立安東小学校『子どもも人間であることを保証せよ――個に迫る座席表授業案』明治図書，1988年。

　上田薫・静岡市立安東小学校『個に迫る授業』明治図書，1994年。

　上田薫・静岡市立安東小学校『安東小発 個を見つめる授業』明治図書，1999年。

　上田薫・静岡市立安東小学校『個が深まる学び――安東小学校の挑戦』明治図書，2005年。

　武藤文夫『安東小学校の実践に学ぶ――カルテと座席表の22年』黎明書房，1989年。

フィードバック

 ## 1　フィードバックとは

　評価は，フィードバック情報を得るためにおこなわれるものであるといわれます。これは，裏を返せば，フィードバック情報が得られないようなものは評価としてあまり意味がないということです。

　「フィードバック（feedback）」とは，もともと，工学における制御理論の基本概念で，あるシステムにおいて出力の情報を何らかのかたちで入力側に戻すことです。「帰還」と訳されることもあります。これを人の行動に当てはめて，「効果的な行動を実現するために，自分の行動がもたらした結果をデータとして取り込み（フィードし），次のより適切な行動のために活用するシステム」をフィードバックとよぶのが教育評価では一般的です。

2　マスタリー・ラーニングとフィードバック

　教育評価の分野でフィードバックの重要性が強調される契機となったのが，ブルーム（Bloom, B. S.）らが主導した「マスタリー・ラーニング（mastery learning）」です。マスタリー・ラーニングは，すべての子どもにたしかな学力を保障することを主張するもので，多くの場合「完全習得学習」と訳されます。

　マスタリー・ラーニングにおいては，教育目標が明確化・系統化され，教師はその目標に向かって子どもにさまざまな働きかけを計画し，実行します。その過程で，子どもたちがどの程度理解しているのか評価し，その評価情報が，教師の指導と子どもたちの学習活動の改善・修正のためにフィードバックされるのです。

　このように，教育評価の分野では，マスタリー・ラーニングにおいて教育評価の役割を明確にするために，フィードバック概念が強調されるようになりました。

3　評価の機能とフィードバック

　評価活動によって得られた情報をフィードバックする仕方はさまざまです。というよりも，得られた情報をどうフィードバックするかで，評価の仕方は変わってきます。したがって，実施しようとしている評価活動が，どのようなフィードバックを予定しているものなのか，意識しておく必要があります。以下，

「診断的評価」「形成的評価」「総括的評価」という三つの**教育評価の機能**それ▷1　教育評価の機能
⇒ I-4 参照。ぞれがどのようなフィードバックを予定しているものなのか見てみましょう。

◯ 診断的評価とフィードバック

　診断的評価は，学習開始時に，その学習の前提となる学力や生活経験の実態を把握するためにおこなわれる評価です。そこで得られた情報は，その学習の目標作りや指導計画にフィードバックされます。というのも，既有知識の再構成を「学習」と考える構成主義的学習観においては，学習前に子どもがどのような知識をもっているか把握し，その知識を学習によってどう組みかえるかを構想することが指導計画に必要となるからです。

◯ 形成的評価とフィードバック

　形成的評価は，単元の途中，授業がねらい通り展開しているかどうかを評価するものです。これは，指導計画の改善・修正に寄与するもので，成績づけには用いられません。したがって，毎時間小テストをしてその点数をもとに成績づけをおこなう，というようなことは形成的評価としては認められません。重要なのは，指導計画の改善・修正に寄与するかどうかで，そのために効果的なフィードバック情報を与えられる評価方法であるなら，小テストである必要もないし，毎時間実施する必要もないのです。

◯ 総括的評価とフィードバック

　総括的評価は主に単元終了時や学期末・学年末におこなわれます。それは，教師にとっては実践を反省するために，子どもにとってはどれだけ学習目標を実現できたかをたしかめるためにフィードバックされます。また，この総括的評価にもとづいて成績づけもおこなわれます。

　最近，形成的評価の役割が強調されるようになって，総括的評価の役割が軽視されがちになってきました。「結果の評価」より「プロセスの評価」が強調されるからでしょう。しかし，ここで注意しなければならないのは，プロセスで評価するのは形成的評価ですが，プロセスを評価するという役割は総括的評価も担っているということです。その単元全体のプロセスとそこで得られた成果を評価しフィードバックするという役割を担っているという点で，総括的評価も軽視できないのです。総括的評価は，単元の目標をもっとも直接的に反映したものです。総括的評価の計画を疎かにすると，単元の目標が徐々に曖昧になり，フィードバックの方向性も見失われやすくなってしまうのです。

▷2　ルーブリック（評価指標）
⇒ IV-8 参照。

　この点に関して注目されるのが，「**ルーブリック（評価指標）**」です。単元終了後どうなっていてほしいかをイメージし，何をもって良しとするかをルーブリックとして示しておくことで，教師も子どもも，どういう視点で活動を点検・確認し，どういう方向で改善・修正していけばいいか，つまり，どうフィードバックしたらいいか，共通理解しやすくなります。

（遠藤貴広）

（参考文献）
　田中耕治「学習成果をどうフィードバックするか」『学力と評価の"今"を読みとく——学力保障のための評価論入門』三学出版，2004年。

子どもの自己評価

① 自己学習のために

　学習は，学校を卒業したら，終わるものではありません。生涯にわたって続けられるものです。そこには特定の教師がいるとは限りません。最終的には，自分一人ででもできるようにならなければならないものです。

　同じことが評価についてもいえます。学習には何らかの評価行為がともなうといわれます。自分で学習を続けるからには，それにともなう評価も自分でできなければなりません。自己評価能力の育成が求められる理由です。

② 従来の自己評価の問題点

　教育に自己評価能力の育成を求める主張はかなり前からありました。しかし，教育現場で実際におこなわれてきた自己評価を見てみると，いくつかの問題点もあります。

　これまで多くやられてきた自己評価の形式に，次のようなものがあります。それは，「今日の授業はどうでしたか？」と尋ねて，「よくできた」，「おもしろかった」，「がんばった」などと答えさせるものです。

　こうした自己評価は，教師がその日の授業の印象を知る材料にはなるかもしれません。しかし，ただ漠然と感想を書くだけの評価では，次にどう改善していったらいいかという**フィードバック**[1]情報を得ることが，子どもにも教師にもできません。自己評価とは，自分の活動を点検・確認し，改善・調整していくことです。改善の指針を得るために，自分の学習活動の実態を具体的に把握することが自己評価には必要です。

③ メタ認知的活動

　自分の活動を点検・確認し，改善・調整していくという自己評価活動は，「メタ認知的活動 (meta-cognitive activity)」[2]としても説明されます。

　「メタ認知 (metacognition)」とは，自分が認知する過程をもう一段上から見つめ直すことで，自己学習の中核となるものです。メタ認知は，「メタ認知的知識 (meta-cognitive knowledge)」とよばれる認知についての知識と，「メタ認知的活動」とよばれる認知を統制する過程に分けられ，メタ認知的活動については図 5.5.1 のモデルが考えられています。

▷1　フィードバック
⇒Ⅴ-4 参照。

▷2　「メタ (meta)」とは，「超える」という意味。

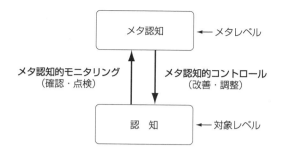

図5.5.1 メタ認知的活動のモデル

出所：三宮真智子「思考におけるメタ認知と注意」市川伸一編『認知心理学4　思考』
（東京大学出版会，1996年，161頁）に一部加筆。

人は，メタ認知的モニタリングとして，自分の認知過程を確認・点検し，そして，モニターした結果にもとづき，メタ認知的コントロールとして，自分の認知活動を改善・調整していきます。このメタ認知的活動が，自己評価活動の中核となります[3]。

④ 他者評価と評価規準も不可欠

メタ認知という高次の認知活動は，大人にも難しいものです。そこで，適切なメタ認知をおこなうために，自分の認知活動を他者にモニターしてもらうことが有効な手立てとなります。他者評価によって自己評価が吟味にかけられることで，さらに上質の自己評価が望めるのです。妥当な他者評価なしに健全な自己評価は実現しません。

自己評価には，また，**評価規準**[4]も必要です。それは，メタ認知的モニタリングにおける確認・点検の視点となり，メタ認知的コントロールにおける改善・調整の方向を示すものとなります。評価規準がないと，子どもはどういった方向で自己評価していったらいいかわかりません。他者評価も，どういう方向で学習を進めていったらいいか共通理解が得られていないと，自己評価について吟味のかけようがありません。もちろん，他者評価では得られないフィードバック情報を受け入れる余地は残しておかなければなりませんが，どういう方向で活動を進めていったらいいかを知るための規準は明確でなければなりません。

とはいえ，いくら明確な規準があっても，自己評価の対象そのものが漠然としたものでは，評価はできません。そこで，自己評価の対象を可視化しておくことも重要です。たとえば，学習前後での認識の変容を自己評価によって把握しようと思えば，その学習の過程を目に見えるような形で具体的に表現しておかなければなりません。このとき役立つ評価ツールが**ポートフォリオ**[5]です。学習の過程で蓄積した具体物を参照しながら，自己の変容を可視的にとらえることが重要なのです。

（遠藤貴広）

▷3　メタ認知については，三宮真智子『メタ認知で"学ぶ力"を高める──認知心理学が解き明かす効果的学習法』（北大路書房，2018年）なども参照のこと。

▷4　評価規準
⇒[II-6]参照。

▷5　ポートフォリオ
⇒[VII-15]参照。

（参考文献）
　安彦忠彦『自己評価──「自己教育論」を超えて』図書文化，1987年。
　中島雅子『自己評価による授業改善──OPPAを活用して』東洋館出版社，2019年。

自己評価シート

1 自己評価の指針を得るために

　いきなり「自己評価してみなさい」と言われて，適切に自己評価ができる子どもは少ないでしょう。最初のうちは，どうやって自己評価したらいいか，指針が必要です。

　子どもに自己評価をさせるとき，教育現場ではよく「自己評価シート」が用いられます。それは，指示に従って記入していけば自己評価ができるよう工夫されたシートです。どうやって自己評価したらいいか，その指針を与えてくれるものです。

2 どのような自己評価シートが必要か

　自己評価シートが自己評価の指針を与えてくれるということは，裏を返せば，自己評価シートが子どもの自己評価ないしは学習の仕方を大きく規定するということです。「今日の授業はどうでしたか」といった漠然とした印象を尋ねるような自己評価シートだと，子どもはその日の授業の漠然とした印象しか考えられません。自分の学習活動の実態を具体的に把握するためには，活動の実態を具体的に点検できるような自己評価シートが必要です。

　図5.6.1は，評価基準表を用いた自己評価シートの例です。ここで，評価規準は，学習活動を振り返るための視点になります。これにより，どのような視点で自分の学習活動を点検・確認し，改善・修正していけばいいかが明確になります。これが学習の指針になっていくのです。

　図5.6.2は，学習による認識の変容を意識した自己評価シートの例です。これは，1枚の用紙のなかで，同一の問題を利用して，自己の認識の変容を可視的なかたちで自己評価させようとするもので，これにより，学ぶ意味を自覚することができるようになります。

　どのような自己評価シートで，どのように自己評価するかで，その後の学習の展開は大きく変わってきます。次にどのような学習の展開を期待し，そのためにどのような振り返りが必要か，よく吟味した上で自己評価シートを設計しなければなりません。ここであげた自己評価シートを参考にして，自分のクラスの子どもたちや教える教科の特性にあった自己評価シートを考案してみましょう。

（遠藤貴広）

期末後の評価

評　価　用　紙
みなさんのこれまでの学習を下の評価規準にそって評価して下さい。　　　　　（　2　）組　氏名（　　K.T　　）

1、それぞれの評価規準のⒶ、Ⓑ、Ⓒの文章をよく読んで下さい。（レベルはⒸからⒶへ上がる）
2、自分のポートフォリオを見直しながら、学習した内容がどの規準のどのレベルにあたるかを判断して下さい。
3、あてはまると思うレベルのⒶ、Ⓑ、Ⓒに〇をつけてください。そして、証拠となる学習物の月日や題名を（　　　　　　）に記入して下さい。下の余白にはその理由を記入して下さい。

	関心・意欲	資料活用	すじみち	知識・理解	自己の振り返り	友達を参考にする
目標の説明	学習中や学習後も新しいことを知りたいと思ったり、「はてな？」と考えることができる。	資料（証拠）についてとことん探している。その証拠を使って答えをわかりやすく説明することができる。	事実関係や結びつきについて、友達や先生が納得するような説明を考えることができる。	学習したことがらについて覚えていて、役立て方を考えることができる。	授業中の自分の態度を反省メモで振り返り自分を高めようとしている。	友達の調べ方や発表について知ろうという気持ちを持ち、良いことは自分にも取り入れることができる。
各レベルの内容	Ⓐ調べたことをもとに自分の考えを明らかにでき、さらに新しい課題を見つけることができる。	Ⓐ自分の考えを説明するために自分で資料を見つけたり、加工したりすることができる。	Ⓐ事実関係や結びつきについてすじみちを立て、だれもがわかるような説明ができる。	Ⓐ学習したことがらのほとんどについて自分の言葉で説明できる。	Ⓐ反省メモに自分の学習の良いところや悪いところをたくさん記入し定期的に読み返して、自分の伸びを説明できる。	Ⓐ友達の発表について良いところを見つけるだけでなく、良い点を自分の内容に加えたり、修正したりすることができる。
	Ⓑ課題の中から自分なりの疑問点を探し、調べることができる。	Ⓑ自分の考えを説明するための資料（証拠）を見つけることができる。	Ⓑある程度の事実関係や結びつきについて説明ができる	Ⓑ学んだ内容の意味を大部分は理解している。	Ⓑ反省メモに自分の良いところや悪いところを記入し残すことができる。	Ⓑ友達の発表について自分との違いや自分では気づかなかったところを見つけることができる。
	Ⓒ与えられた課題については調べることができる。	Ⓒ与えられた資料を使ってなんとか説明ができる。	Ⓒ説明はできないが、事実関係について考えようとしている。	Ⓒ覚えようと努力する姿勢が見られる。	Ⓒ反時間ではないが、反省メモの用紙は残っている。	Ⓒ友達の発表を静かに聞いたり文章に目を通すことができる。
証拠や見出しや感想等の学習物の日月日	〔5月9日　資本主義の問題点〕　資本主義の問題点の中から、イギリスのせんい工場で働く児童のことについて調べたし、自分の気持ちも書いてあるから…？	〔6/29　関東地方等の野菜〕　全国の表の中から、関東地方のことだけをぬきだしている。加工している。分かりやすく表にして書いてある…？	〔6/5　琵琶湖に〕　琵琶湖についてのあるていどの説明から、問題点→問題の解決法の順に分かりやすく、自分なりに調べてあるから	〔5/16　アメリカ（リンカーン）の選択は正しいのか？〕　アメリカのことについて自分なりに調べて、自分の言葉で説明してあるから。	〔5/16　アメリカの選択は正しかったか？〕　反省メモに、自分の思い出所を書いて、これからどうするかが書いてあるから。	〔6/5　琵琶湖について〕　「琵琶湖とは、関西にとってなんですか？」について自分の意見にみんなの発表をつけ加えてるから。

出所：安藤輝次『絶対評価と連動する発展的な学習』黎明書房，2004 年，140 頁。

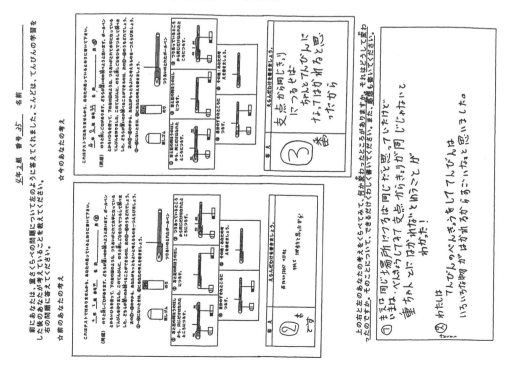

図5.6.2　学習による認識の変容を意識した自己評価の例

出所：堀哲夫『学びの意味を育てる理科の教育評価――指導と評価を一体化した具体的方法とその実践』東洋館出版，2004 年，96-97 頁。

教育評価への子どもの参加

① 目標設定の主体は誰か

▷1　子どもの自己評価
⇒ Ⅴ-5 参照。

「子ども主体の教育を」ということがよくいわれます。さて，子どもは何の主体なのでしょうか。

教育評価で子ども主体といえば，**子どもの自己評価**[1]がすぐに思い出されるでしょう。学習の主体が子どもにあるなら，それにともなう評価の主体も基本的には子どもになければならない，ということです。

しかし，子どもによる自己評価がおこなわれても，それだけで子ども主体が実現されたといえるでしょうか。というのも，いくら子どもが主体となって評価活動をおこなったとしても，その評価の規準が教師によって押しつけられたものであれば，結局，教師によって決められたことを評価させられているだけ，ということになってしまうからです。

評価の規準は，目標から引き出されるものです。ここでは，目標設定の主体も子どもでなくていいのか，ということが論点となります。

② 目標設定における「代行」と「参加」

▷2　子どもの権利条約
人間としての子どもの人権を国家が保障することを明記した国際条約で，1989年に国連で採択された。日本は1994年に批准し，158番目の締約国となった。

▷3　教育目標設定の論理を，「代行」説から「参加」説への転換のなかで論じたものに，田中耕治「教育目標設定の論理──『代行』と『参加』のあいだ」（『指導要録の改訂と学力問題──学力評価論の直面する課題』三学出版，2002年）がある。

一般に，学習の目標やその評価規準は，教師によって決められることが多いです。このことについては，「代行」という言葉で説明されることがあります。すなわち，目標も本来は学習主体である子どもが設定すべきだが，子どもは未熟でそれができないので，専門的な知識を有している教師が代行しておこなう，という発想です。もちろん，代行である以上，最終的には本来の主体である子どもに移行していくことが求められます。

この「代行」説は，一見問題なさそうに見えます。しかし，日本も批准している「**子どもの権利条約**」[2]の理念が理解されるなかで，次第に「代行」説の問題点が浮き彫りになっていきます。それは，子ども観の相違によるものです。

「代行」説では，子どもは未熟な存在とされ，子どもができないことは教師が代行することになります。ただし，そこには，「代行」という名のもとに教師がいつまでも目標を占有し続けてしまう危険がともないます。

これに対し，「子どもの権利条約」では，子どもを単なる保護の対象とは見ません。大人と同様，公共社会の構成員としての権利を有する主体として，その存在が認められています。それは，権利実現の過程に子どもが参加すること

を促すものです。したがって，教育過程の重要な側面である目標設定において
も，子どもの参加を保障する必要が出てきます（「参加」説[3]）。

とはいえ，発達途上の子どもに参加を強要することは，自己責任の一方的な
押し付けにつながりかねません。そこで，どのような参加が可能か，その子の
発達段階等をふまえて検討する作業が必要となります。

③ ポートフォリオ評価法における子ども参加

教育評価への子ども参加については，**ポートフォリオ評価法**[4]の提起によって
具体的なものになったといわれます[5]。それは，とくに**ポートフォリオ検討会**[6]に
おいて顕著に表れます。

ポートフォリオ検討会は，ポートフォリオに蓄積されている具体的な作品を
素材に，子どもが教師とともにそれまでの学習を振り返って，そのときの状態
を確認・点検し，その後の目標設定をおこなう場です。そこでは，子どもの評
価規準と教師の評価規準のすり合わせがおこなわれます。

ポートフォリオ検討会は，その対話の進めかた（教師と子どものどちらが主導
権をとるか）の違いから，①教師によって主導されるもの，②教師と子どもが
対話するなかでその後の展開を柔軟に考えていくもの，③子どもによって主導
されるもの，の三つに分けられますが[7]，対話により作品の評価に子どもの意見
が反映されるという点では共通しています。

たとえば，作品の見方についてお互いの矛盾が明らかになった場合，対話に
よって調整が図られます。そこでは，教師が設定した評価規準について，子ど
もにきちんと説明することが求められます。そして，子どもも納得したうえで，
次の目標設定がおこなわれます。子どもには，納得できるまで説明を求める権
利が保障されています。

たしかに，子どもにいきなり「目標作りに参加しなさい」といってできるも
のではありません。しかし，ポートフォリオ検討会で見られるように，具体的
な作品を素材に対話をしていくというかたちであれば，多くの子どもにとって
参加しやすいものとなるのです。

ポートフォリオ評価法においては，教育目標や評価規準は子どもと共同で練
り上げる，というのが基本です。評価行為に子どもが参加してくることで，教
師による独善的な評価は，認められなくなります。子どもが納得できない評価
は，ただちに矛盾となってポートフォリオ検討会で指摘されるからです。「評
価行為こそ教師の権威を保つ伝家の宝刀」といった悪しき評価観は，もはや過
去の遺物となります。不適切な目標や評価規準に対しては，子どもをはじめと
する評価参加者が堂々と修正を要求していく時代が到来しているのです[8]。

（遠藤貴広）

▷4　ポートフォリオ評価
法
⇒VII-15 参照。

▷5　ポートフォリオ評価
法を，教育評価への子ども
参加の契機とする見方につ
いては，西岡加名恵「教育
評価への子ども参加──ポ
ートフォリオ評価法」（日
本教育方法学会編『子ども
参加の学校と授業改革（教
育方法31）』図書文化，
2002年）を参照のこと。

▷6　ポートフォリオ検討
会
⇒VII-16 参照。

▷7　西岡加名恵『教科と
総合に活かすポートフォリ
オ評価法──新たな評価基
準の創出に向けて』図書文
化，2003年，68-69頁。

▷8　なお，2019年3月29
日に文部科学省初等中等教
育局長から出された「小学
校，中学校，高等学校及び
特別支援学校等における児
童生徒の学習評価及び指導
要録の改善等について（通
知）」において「学習評価
の方針を事前に児童生徒と
共有する場面を必要に応じ
て設けること」の重要性が
強調されているが，これも
教育評価への子どもの参加
を促す方針となる。

参考文献
遠藤貴広「コミュニケー
ションとしての評価」田中
耕治編集代表『評価と授業
をつなぐ手法と実践』ぎょ
うせい，2020年，第12章，
141-154頁。
中内敏夫『「教室」をひ
らく──新・教育原論（中
内敏夫著作集Ⅰ）』藤原書
店，1999年。

8　学習のための評価

1　形成的評価への関心

　2005年に OECD は，『*Formative Assessment : Improving Learning in Secondary Classroom*』という著作を刊行しました。その中で OECD は形成的評価を「生徒の達成度を向上させる最も効果的な戦略の１つである」と論じています。また，メタ分析研究の著書として世界的に注目を集めたハッティ（Hattie, J.）の『*Visible Learning*』（2009）においても，教師による形成的評価は効果量0.9と算出されており，非常に高い効果をもたらしうる働きかけであることが示唆されています。このように，形成的評価は学力向上のための効果的な教育方法として，今日，世界的に関心を集めています。

　こうした形成的評価への関心を支えてきたのが，近年の欧米での形成的評価研究の進展です。特にイギリスで生まれた「学習のための評価（Assessment for Learning）」という考え方は，学習者の学習改善の視点から形成的評価を見直すことを提起することで，その理論的発展を促すものでした。

2　学習のための評価

　「学習のための評価」は，イギリスの教育学者ブラック（Black, P.）やウィリアム（William, D.）らを中心とした ARG（Assessment Reform Group）によって1990年代後半に提唱されました。「評価情報を指導の改善に役立てる」，あるいは「評価情報にもとづいて指導を行う」という言葉に典型的に表されるように，従来の形成的評価の目的は，教師が自らの指導をふり返り，改善するための情報を提供することにありました。

　この形成的評価の目的は，現在も評価の重要な役割と言えます。しかし，教師が指導改善を行えば，学習者である子どもたちの学習が改善されるわけでは必ずしもありません。指導が改善されたけれども，子どもたちの学習は改善されないこともあります。ARG による「学習のための評価」は，従来の形成的評価が持つ「指導改善＝学習改善」という構図を問い直し，「指導改善≠学習改善」という前提から形成的評価を再構築しようとするものでした。

　「学習のための評価」が，指導改善から学習改善へと力点を移そうとしている理由は，近年の学習論，特に構成主義の学習論が切り拓いてきた知見によるところが大きいと考えられます。構成主義の学習観とは，学習を学習者自身が

▷ 1　OECD 教育研究革新センター編著，有本昌弘監訳『形成的アセスメントと学力——人格形成のための対話型学習をめざして』明石書店，2008年。

▷ 2　ハッティ，J. 著，山森光陽訳『教育の効果——メタ分析による学力に影響を与える要因の効果の可視化』図書文化社，2018年。

▷ 3　Assessment Reform Group, *Assessment for Learning: Beyond the Black Box*, University of Cambridge School of Education, 1999.

主体的に知識を構成したり，メンタル・モデルを構成することで，世界を意味
づける行為と捉える学習観です。つまり，構成主義の学習観とは，学習者の主
体性を何よりも強調するのです。[4]

▷4　III-4 も参照。

　こうした構成主義の学習観に裏付けられた評価研究の進展が「学習のための
評価」を生み出しました。例えば，ARGのメンバーでもあるギップス
（Gipps, C.）らは，評価情報を子どもたちがどのように受けとめているのかを
調査しています。ギップスらによると，教師から提供された評価結果やフィー
ドバックを子どもたちは必ずしも学習支援として受け止めるわけではありませ
ん。「正しい答え」や「間違い」の指摘が，特に低学力の子どもたちには自ら
の「学習能力の不足」を示す情報として受け止められることもあると指摘して
います。[5]

▷5　Gipps, C., & Tunstall, P., Teacher feedback to young children in formative assessment: A typology, *British Educational Research Journal*, vol. 22, no. 4, 1996.

　こうした研究から「学習のための評価」では，教師からの学習改善の要求に
対して子どもたちを受動的な存在として見なすのは誤りであると考えられてい
ます。学習の主体は学習者であり，学習者自身が学習をふり返り，改善の見通
しを持てるような評価活動であってこそ，評価は学習改善に結びつくのです。
そのため，「学習のための評価」では，教師から学習者である子どもたちへの
フィードバック，すなわち評価結果の伝え方が非常に大切とされています。

　例えば，形成的評価の結果を，点数や5段階評価などの数値や記号で子ども
たちに伝えた場合，それは「学習能力の不足」を示す情報として受け止められ，
学習意欲の低下を導き，学習改善に結びつかない可能性があります。評価が学
習改善の機能を果たすためには，子どもたちがつまずいている時に即座にフィー
ドバックが行われること，子どもたちが理解でき，学習を改善する手がかり
が示されるフィードバックが行われることが重要なのです。評価から得られた
情報をどのように子どもたちと共有するかが，評価を「学習のための評価」と
して機能させるための鍵となるのです。

③ 学習としての評価

　「学習のための評価」から，近年，評価活動を学習活動と捉える「学習とし
ての評価（Assessment as Learning）」という新しい評価の考え方も登場してい
ます。これまで評価活動の主体は教師であり，学習者である子どもたちは評価
を受ける客体でした。しかし，たとえば評価基準を理解することで，子どもた
ち自身が単元でどのような学習が求められているのかを見通せるようになるよ
うに，評価活動そのものが学習活動となりえることが指摘されています。

　学習の場として「評価活動」を位置づけ，そこへ子どもたちを主体的に参加
させていく。こうした「学習としての評価」という考え方は，形成的評価論や
「学習のための評価」を新たに発展させるものとして注目されています。

（二宮衆一）

参考文献
西岡加名恵・石井英真・田中耕治編著『新しい教育評価入門——人を育てる評価のために』有斐閣，2015年の第2章「教育評価の機能」を参照。

9　自己調整学習

▷1　Zimmerman, B. J., "Becoming a self-regulated learner: Which are the key subprocesses?" *Contemporary Educational Psychology*, Vol. 11, No. 4, 1986, p. 308. 望月俊男「自己調整学習」大島純・千代西尾祐司編『学習科学ガイドブック――主体的・対話的で深い学びに導く』北大路書房，2019年，55頁も参照した。

▷2　自己効力感（self-efficacy）
バンデューラ（Bandura, A.）によって提起された「期待」に関する概念で，ある結果を生み出すために必要な行動をどの程度うまくできるかという確信のこと。伊藤崇達「自ら学ぶ力を支えるもの」森敏昭・青木多寿子・淵上克義編『よくわかる学校教育心理学』ミネルヴァ書房，2010年，116頁。

▷3　自己調整の三つの要素の説明は，Zimmerman, op. cit., p. 308および伊藤，前掲論文，116頁を参照。

▷4　望月，前掲論文，55頁。

▷5　ジマーマン, B. J.「目標設定――学習の自己調整の基本的能動的源」シャンク, D. H.・ジマーマン, B. J. 編著，塚野州一編訳『自己調整学習と動機づけ』北大路書房，2009年，232頁。

▷6　ポートフォリオ評価法⇒[VII-15]参照。

▷7　ポートフォリオ評価法と自己調整については，望月俊男「メタ認知と自己調

1　自己調整学習とは

「自己調整」とは，「学習者がメタ認知，動機づけ，行動において，能動的に自分自身の学習過程に関与していること」とされています。メタ認知とは，学習者が，学習過程の様々な段階で計画を立てたり，学習の進み具合を自己評価したりすることを指します。動機づけとは，たとえば学習に取り組む際に，高い**自己効力感**や自律性をもっているかどうかといったことを指します。行動とは，学習を最適なものにする社会的・物理的な環境を選択したり，自ら作り出したりすることを指します。このように，自分で計画や環境を調整しながら能動的に学習を進めることを自己調整学習（self-regulated learning）と呼びます。自己調整学習では，何をどこまで学習するか，学習の進め方はどうするかなどを自分で調整・決定できるようにし，学習者の主体性を促すことが大切とされます。社会に出てからも自ら学び続けていく子どもたちを育てるために，自己調整学習の視点を取り入れた指導は重要になると考えられます。

　自己調整学習のプロセスには，「予見」「遂行」「自己内省」の三つの段階があるとされています（図5.9.1）。まず，予見段階では，学習の目標を設定したり，学習の進め方を考えたりします。この段階においては，「この課題をやってみたい」と興味を持っているかどうか，「自分にはこの課題ができるだろう」と肯定的な見通しを持っているかどうかといったことが影響します。次に，遂行段階では，学習課題に集中して取り組んだり，自分の学習の進み具合についてモニタリングしたりしながら学習を進めます。最後に，自己内省段階では，目標をもとに自分の学習状況について自己評価するとともに，学習の成果（成功や失敗）が生じたのはどうしてかを考えます。この自己内省は，次の予見段階につながっていきます。このように，「予見」「遂行」「自己内省」の三つの段階を循環しながら，自律的に学習を進めていきます。

図5.9.1　自己調整学習のプロセス

出所：ジマーマン, 2009年, 232頁より簡略化して作成。

2　自己調整学習における自己評価の重要性

　自己調整学習のサイクルにおいて，どの程度上手く学習できたのかを省察する自己内省（自己評価）は，一つの重要なプロセスとなっています。しか

しながら，自分で立てた目標や計画に対して「自分は上手く学習できているか」，「その原因は何か（原因帰属）」を適切に判断することは難しいものです。たとえば，数学の問題を解けなかった生徒が，本当は問題の難易度が高すぎた（目標を高く設定しすぎた）ことが要因であったのに，「私には数学を理解する能力がない」と決めつけてしまうかもしれません。あるいは，目指していたほど英語の文章を読めるようにならなかった生徒が，「たくさん時間をかけて勉強したからこれでいいか」と満足してしまうかもしれません。そのため教師には，生徒たち自身による決定や主体性を尊重しつつも，自分の学習の進み具合を判断するより適切な基準を見出せるように支援することが求められます。

③ 自己調整を促す指導と評価

　自己調整を促す指導のためには，生徒の作品や教師の指導の記録を蓄積していくポートフォリオを用いた，**ポートフォリオ評価法**が有効であると考えられています[6]。中でも，教師や仲間と一緒に自分の学習過程を振り返り，次の目標や計画を話し合う**ポートフォリオ検討会**[8]は，生徒たちの自己調整（とくに自己内省と予見）を促す場となるでしょう。教師と生徒が共同して次の目標を立てたり，生徒同士でお互いの学習の様子についてコメントし合ったりすることによって，自己調整学習の力が身につくことが期待されます。

　教師がかかわりながら生徒たちの自己調整を促すためには，教師と生徒が共同で評価基準を作っていく**基準創出型ポートフォリオ**[9]を用いるのがよいでしょう。また，ポートフォリオ検討会においては，教師は生徒たちから主導権を奪わないようにしつつ，生徒たちの設定する目標や計画を尊重することが大切です。このような基準創出型ポートフォリオの活用は，生徒たちが自分の問いを探究する総合学習に適しているものです。

　他方，教科指導においても，自己調整にかかわるスキルを育てることが求められています。たとえば，2019年改訂指導要録における観点別学習状況の評価の「主体的に学習に取り組む態度」では，その一つの側面として「自らの学習を調整しようとしている側面」[10]が示されています。ただし，とくに教科指導では，「学習の計画を立てる」「工夫してノートを取る」といった自己調整の側面を重視するあまり，肝心の各教科の内容理解が疎かにならないように注意する必要があります[11]。そこで，**パフォーマンス課題**[12]と**ルーブリック**[13]を用いて，学習に見通しを持たせたり，自己評価によって自分のレベルを把握させたりする方法が考えられます。また，**一枚ポートフォリオ**[14]を用い，日々の学習の成果に即して，自己評価やメタ認知の機会を取り入れる方法が考えられます。これらの方法を用いながら，教科内容の理解の深まりに即して自己調整学習の力を育てることが大切といえるでしょう。

（徳島祐彌）

▷8　**ポートフォリオ検討会**
⇒VII-16 参照。

▷9　**基準創出型ポートフォリオ**
⇒VII-15 参照。

▷10　中央教育審議会初等中等教育分科会教育課程部会「児童生徒の学習評価の在り方について（報告）平成31年 1 月21日」11頁。
https://www.mext.go.jp/b_menu/houdou/31/01/__icsFiles/afieldfile/2019/01/21/1412838_1_1.pdf
（2020年 8 月31日確認）

▷11　この点は，「主体的に学習に取り組む態度」の評価について，「知識・技能」や「思考・判断・表現」の観点と切り離して評価することが適切ではないとされていることと関連している。IX-5 も参照。

▷12　**パフォーマンス課題**
⇒VII-11 参照。

▷13　**ルーブリック**
⇒IV-8 参照。

▷14　**一枚ポートフォリオ評価（OPPA）**
教師のねらいとする授業の成果を，学習者が一枚の用紙の中に学習前・中・後の履歴として記録し，その全体を学習者自身が自己評価する方法。堀哲夫『一枚ポートフォリオ評価OPPA──一枚の用紙の可能性（新訂）』東洋館出版社，2019年。

（整を促すには」大島・千代西尾編，前掲書，142-144頁。

参考文献

　自己調整学習研究会編『自己調整学習──理論と実践の新たな展開へ』北大路書房，2012年。
　稲垣忠編著『教育の方法と技術──主体的・対話的で深い学びをつくるインストラクショナルデザイン』北大路書房，2019年。

「主体的・対話的で深い学び（アクティブ・ラーニング）」と評価

 　学習指導要領改訂の考え方

　2000年代に入ってから，先進諸国を中心に教育目標が内容ベースから資質・能力ベースに移行する動きが見られます。2017年版学習指導要領においても，育成すべき資質・能力が三つの柱（「生きて働く知識・技能の習得」「未知の状況にも対応できる思考力・判断力・表現力等の育成」「学びを人生や社会に生かそうとする学びに向かう力・人間性等の涵養」）でとらえられ，この三つの柱にもとづいて，各教科・領域の目標が整理されています。

　これらの目標を達成するために，授業改善の視点として打ち出されたものが「主体的・対話的で深い学び（アクティブ・ラーニング）」です。「主体的な学び」とは，「学ぶことに興味や関心を持ち，自己のキャリア形成の方向性と関連付けながら，見通しを持って粘り強く取り組み，自己の学習活動を振り返って次につなげる」学びを指します。「対話的な学び」とは，「子供同士の協働，教職員や地域の人との対話，先哲の考え方を手掛かりに考えること等を通じ，自己の考えを広げ深める」学びを指します。「深い学び」とは，「習得・活用・探究という学びの過程の中で，各教科等の特質に応じた「見方・考え方」を働かせながら，知識を相互に関連付けてより深く理解したり，情報を精査して考えを形成したり，問題を見いだして解決策を考えたり，思いや考えを基に創造したりすることに向かう」学びを指しています。

2　「アクティブ・ラーニング」ブーム

　2017年版学習指導要領では，「アクティブ・ラーニング」という表記は使われていません。「解説」のなかで，「主体的・対話的で深い学び」の直後に括弧つきで「（アクティブ・ラーニングの視点）」と書かれている程度です。「アクティブ・ラーニング」をめぐる紆余曲折を経て，「主体的・対話的で深い学び」が前面に押し出されることになったのです。

　「アクティブ・ラーニング」は，2010年前後から，従来の大学教育で主流だった一方向的な知識伝達型講義中心の受動的な学習から能動的な学習へと質的転換を図るために提起されて広まりました。その後，「課題の発見と解決に向けて，主体的または協働的に学ぶ学習」を意味する言葉として，初等・中等教育にも拡張して取り入れられてからは，普及に拍車がかかり，教育界を中心に

▶1　中央教育審議会「幼稚園，小学校，中学校，高等学校及び特別支援学校の学習指導要領等の改善及び必要な方策等について（答申）」2016年12月。

▶2　小針誠『アクティブラーニング──学校教育の理想と現実』講談社，2018年では，「アクティブ・ラーニング」や「主体的・対話的で深い学び」が教育政策として提起・導入された経緯が概観されている。

「アクティブ・ラーニング」ブームとも言うべき状況が生み出されました。

「アクティブ・ラーニング」という言葉の普及とともに，その言葉の意味が体験や活動を取り入れた特定の型や学習方法として理解されていきます。その結果，特定の型や学習方法を採用すること自体が目的とみなされたり，「活動あって学びなし」といった活動主義に陥ることが懸念されたりするようになり，文部科学省からも「アクティブ・ラーニング」が特定の型や学習方法ではなく授業改善の視点であることが度々強調されることになりました。こうした動きに合わせて，「アクティブ・ラーニング」自体も後方に退き，その代わりとして「主体的・対話的で深い学び」が打ち出されることになったのです。

❸ 「主体的・対話的で深い学び」と評価

このような経緯を踏まえると，「アクティブ・ラーニング」から「主体的・対話的で深い学び」への転換においては，主体的・協働的（もしくは対話的）に「深い学び」が加えられていること，さらには，「主体的・対話的で深い学び」は，評価対象ではなく，授業改善の視点であるということを押さえておくことが肝心と言えるでしょう。

◯ 「深い学び」の実現

学習活動は，自己との関係・他者との関係・対象世界との関係という三つの軸でとらえることができます。「主体的・対話的で深い学び」を，これらの三軸に対応させると，「自己を見つめる主体的な学び」，「他者との対話的・協働的な学び」，「対象世界との深い学び」として，とらえ直すことになります。つまり，自己や他者に向かい合うだけではなく，対象世界とも向き合うことが求められているのです。「主体的・対話的な学び」を形骸化させないためには，教科固有の視点やものごとのとらえ方となる「見方・考え方」を通じて，「深い学び」の実現を同時に図っていく必要があるということです。

◯ 授業改善の視点としての「主体的・対話的で深い学び」

「主体的・対話的で深い学び」自体は達成すべき目的ではなく，教育目標・目的を達成するための授業改善の視点を提供する手段，いわば，授業・教育実践を評価するための眼鏡にすぎません。毎回の授業で，三つの視点すべてを採り入れようとするのではなく，教育目標・目的との関わりのなかで，さらに，授業や単元の特徴に合わせて，軽重の差をつけながら採り入れていくことが求められています。

ただし，教育目標・目的を達成するための手段として，一方向的に単に選択されるものというわけでもありません。「主体的・対話的で深い学び」を通して，どのような資質・能力を育てるのかを問うことによって，既存の教育目標・目的を問い直すこともまた可能になるでしょう。

（本宮裕示郎）

▷3 佐藤学「学びの対話的実践へ」佐伯胖・藤田英典・佐藤学編『学びへの誘い（シリーズ学びと文化①）』東京大学出版会，1995年。

【参考文献】

石井英真『授業づくりの深め方──「よい授業」をデザインするための5つのツボ』ミネルヴァ書房，2020年。

大島純・千代西尾祐司編『学習科学ハンドブック──主体的・対話的で深い学びに導く』北大路書房，2019年。

グループ・ディダクティカ編『深い学びを紡ぎだす──教科と子どもの視点から』勁草書房，2019年。

松下佳代・京都大学高等教育研究開発推進センター編『ディープ・アクティブラーニング──大学授業を深化させるために』勁草書房，2015年。

松下佳代・石井英真編著『アクティブラーニングの評価』東信堂，2016年。

溝上慎一『アクティブラーニングと教授学習パラダイムの転換』東信堂，2014年。

尺度

① 尺度の水準

　評価は，まず実態を把握し，そのうえで良し悪しを判断するという営みです。実態を把握する際には，何らかの尺度を用いた測定がおこなわれています。自然科学で扱われる量は客観的にとらえられるものであるのに対し，社会科学で扱われる量は多くの場合目に見えないものであるために，観察可能な外的なものに客観化する操作が必要になるという難しさがあります。

　心理学の分野では，尺度を次の四つの水準に区別してきました。◁1

○ 名義尺度 (nominal scale)

　名義尺度は，もっとも低水準の尺度です。これは，分類と数え上げの操作に用いられます。たとえば，学校におけるクラス分けにおいて，「1組」「2組」「3組」という分類をするのがこれにあたります。この場合，1，2といった数字は，量的な大きさではなく，異なるカテゴリーを表すレッテルにすぎません。

○ 順序尺度 (ordinal scale)

　順序尺度は，名義尺度よりも1ランク水準が上の尺度です。これは，測定対象を，ある一つの側面（特性・次元）から順序づけるものです。たとえば気象庁による震度は，人体の感覚および建造物への影響にもとづいて，「1微震」「2軽震」「3弱震」「4中震」「5強震」「6烈震」「7激震」の7段階で分類されています。このように順序尺度の場合，順序性がはっきりしています。しかし，カテゴリー間の間隔が等しいわけではないので，「震度5は震度4よりも震度1大きい」とか，「震度4は震度2の2倍強い」ということはできません。

○ 間隔尺度 (interval scale)

　間隔尺度は，順序尺度よりもさらに水準が上の尺度です。間隔尺度は，測定値間の数値の差の大きさが，測定対象の量の大きさに対応するものです。たとえば摂氏温度計の場合，氷の融点と水の沸点とにおける水銀柱の高さの100分の1を単位としています。したがって，気温18℃は15℃よりも，5℃は2℃よりも，それぞれ3度高いと言えます。しかし，20℃は10℃の2倍暖かいとはいえません。なぜなら，0℃は，絶対零度（マイナス273℃）から数えれば273℃の温度があるためです。

○ 比尺度 (ratio scale)

　比尺度は，もっとも高水準の尺度です。比尺度は，普遍的な単位をもつばか

▷1　足立自朗「教育評価にかかわる若干の概念の検討」日本教育学会『教育学研究』第43巻第2号，1976年，102-112頁。
　森敏昭「尺度の水準」森敏昭・秋田喜代美編『教育評価——重要用語300の基礎知識』明治図書，2000年，270頁。

りでなく，絶対的な原点（絶対零点）をもちます。比尺度の例としては，メートル法にもとづくモノサシやグラム秤があります。たとえば，15 cm と 5 cm の比は，3 cm と 1 cm の比と

表 6.1.1　4種類の尺度に適用される統計量

比尺度	変動係数
間隔尺度	平均，標準偏差，積率相関係数
順序尺度	中央値，分位数，順位相関係数
名義尺度	度数，最頻値，コンティンジェンシー係数

出所：足立，1976，22頁より作成。

等しくなります。このように，この尺度においては，一組の値の比と，別の一組の値の比を等しくすることができます。

　なお，表6.1.1は，四つの尺度に対し適用できる統計量をまとめたものです。表6.1.1において，より上位の尺度に適用される統計量は，より下位の尺度には適用できません。つまり，間隔尺度や比尺度においては平均値を求めることができますが，名義尺度や順序尺度で平均値を求めることはできません。

❷　学力評価における尺度をめぐる論点

　さて，学力評価の難しさは，学力という目に見えない存在を測定の対象としている点にあります。そこで学力評価においては，筆記試験などを用いて測定をおこなおうとします。このとき，次の2点に注意が必要です。[2]

　第一に，筆記試験において得られる点数は，本質的には名義尺度にとどまります。仮に1問10点で10問の筆記試験があったとしましょう。この時に得られる得点は，比尺度ではありません。なぜなら0点を取ったとしても，学力が無だとはいえないからです。次に，間隔尺度でもありません。なぜなら，子どもAがある筆記試験で60点を取り，子どもBが50点を取った場合でも，各問題に配点された10点に共通の単位は存在しないため，子どもAは子どもBより10点だけ学力が高いとはいえないからです。実は順序尺度ですらありません。なぜなら，問題の難易度に応じて配点を変えた場合，子どもAと子どもBの得点の順位は逆転してしまうかもしれないからです。

　第二に，学力は多元的なものであり，筆記試験で評価できる学力の種類は限定されます。したがって，正確に学力を評価しようと思えば，さまざまな種類の評価方法を組みあわせ，多元的に評価する必要があります。[3] 多元的に評価された結果をどうしても一元的に得点化せざるをえない場合は，重要度に応じて傾斜配点をおこなうなどのルールを定める必要があるでしょう。

　このように学力評価において数値化をおこなうことは困難であり，その数値化を絶対視することはあやまりです。しかしながら，そのような数値が全く学力の様相を示さないともいいきれないことも経験上明らかです。また，選抜などの文脈においては，便宜的な価値もあります。数値化の限界を自覚しつつ，より妥当な尺度を考案していく必要があるでしょう。[4]

（西岡加名恵）

▷2　足立，前掲論文を参照。

▷3　⇒ VII-1 参照。

▷4　ルーブリック（IV-8，VI-4参照）は複数の評価者の主観をつきあわせることによって，名義尺度を順序尺度，さらには間隔尺度に高めようとする試みだといえるだろう。

妥当性と信頼性

1　評価を評価する必要性

　教育評価をおこなうにあたっては，評価のあり方そのものを評価する視点も必要です。誤った評価結果をもとに判断すれば当然判断を誤るからであり，また評価という行為そのものが弊害をもたらす危険性もあるからです。評価を評価する観点としては，次のようなものがあげられます。

- ● 妥当性（validity），カリキュラム適合性（curriculum fidelity）
- ● 信頼性（reliability），比較可能性（comparability）
- ● 公正性（equity）
- ● 実行可能性（feasibility, manageability）▷1

　ここでは，評価方法を評価する基準として伝統的に議論されてきた妥当性・信頼性という二つの概念に焦点をあてましょう。

2　妥当性

　妥当性とは，「ある評価の方法がどの程度当初意図した内容の評価にかなっているか」▷2を問うものです。つまり，「評価したいものを本当に評価しているか」を問う概念です。

　妥当性の定義をめぐっては諸説が生まれてきましたが，現在では構成概念妥当性（construct validity）として解釈されるのが通常です。構成概念とは，「現象の背後にある技能や属性をさす用語」▷3であり，直接的には観察できないために，観察可能な事象から理論的に構成した概念です。したがって，構成概念妥当性とは，テストが測定をめざそうとしている概念について，実際のデータによって実証されるかどうかで妥当性の有無をみようとする考え方です。たとえば，「読むこと」に含まれる構成概念としては，音読と黙読の両方での正確さ，滑らかさ，文章の解釈，読書への関心といったことが考えられます。「読むこと」について評価しようと思えば，こういったそれぞれの側面を評価しなくてはなりません。

　ただし，実際の評価場面では，大学の卒業論文のように，複合的な構成概念を扱う場合もあります。そのような場合には，個々の能力に分解しないで特定の複合的な達成として，そのものを評価するほうが適切でしょう。このとき，発揮された能力の転移可能性について判断できるようにするためには，評価の

▷1　ウィギンズは feasibility　の語を用いている（Wiggins, G., *Educative Assessment: Designing Assessment to Inform and Improve Student Performance*, Jossey‐Bass Publishers, 1998, p. 119.）のに対し，ギップスは manageability の語を用いている（ギップス, C. 著, 鈴木秀幸訳『新しい評価を求めて──テスト教育の終焉』論創社，2001年，158頁）。

▷2　ギップス，前掲書，3頁。

▷3　ギップス，同上書，8頁。

コンテクスト（文脈）に関して詳述することが大切です。以上の議論をふまえたうえで，ギップス（Gipps, C.）は，これまでの妥当性を発展させた指標として，**カリキュラム適合性**[4]を提案しています。

③　信頼性

　一方，信頼性とは，「テストが測定しようとしている技能や達成事項をどの程度正確に測定しているか」[5]を問うものです。つまり，評価結果の精度や安定性を問う概念だといえるでしょう。

　信頼性には，次の二つがあります。

○テストの信頼性

　テストの信頼性とは，評価が２回実施されても，同じかまたは似たような結果を示すかどうかを問うものです。テストの信頼性を高めるためには，課題の示しかたや測定手続，被験者の状態などをコントロールすることによって，誤差を小さくする必要があります。

○テストの採点の一貫性

　テストの採点の一貫性には，評価者が異なっても，同じかもしくは類似した採点が出るかを問う評価者間信頼性と，同じ評価者が一人の子どもを２回評価しても同じような採点が出るかを問う評価者内信頼性があります。

　なお，ギップスは，教育評価の分野で信頼性を発展させた概念として，**比較可能性**[6]を提案しています。

④　評価法と妥当性・信頼性

　妥当性・信頼性の概念については，評価方法との対応で理解しておくことが大切です。**客観テスト**[7]は，信頼性の高い評価方法として肯定的に評価されてきましたが，その妥当性については疑問も投げかけられます。たとえば，センター試験（客観テスト）の成績と東北大学の二次試験との相関を調べたところ，外国語については高い相関が見られるのに対し，数学については相関がきわめて低かったことが報告されています。「計算力があれば点数を稼げるセンター試験」では「数学力が測れない」との分析がなされています。[8]

　一方，近年登場している「**真正の評価**」[9]は，信頼性を多少不問にしても，妥当性を確保することが重要だという考えにもとづいています。たとえば，運転免許を取るには，路上検定を受けることが必要です。路上検定では，偶然の要素に成否が作用されることもあります（信頼性が低い）。しかし，実際の道路を安全に運転できるかどうかを評価せずに免許を与えるのは不合理でしょう（妥当性に着目）。学力評価においても，実際に使いこなせる学力を評価するという点で妥当性が確保されているかを検討する視点が必要です。

（西岡加名恵）

> 4　カリキュラム適合性
> ⇒ VI- 3 参照。

> 5　ギップス，前掲書，94頁。

> 6　比較可能性
> ギップス，前掲書，241頁。ただし，鈴木訳では「評価の統一性」となっている。
> ⇒ VI- 4 参照。

> 7　客観テスト
> ⇒ VII- 2 参照。

> 8　森田康夫（日本数学会理事長・東北大学教授）による調査（「朝日新聞（日刊）」2004年6月13日）。

> 9　真正の評価
> ⇒ III- 4 参照。

3　カリキュラム適合性

❶　カリキュラム適合性とは何か

　教育評価をおこなううえでは，個々の評価方法の妥当性・信頼性を検討することと同時に，カリキュラム全体において設定されている目標に，評価が対応しているかどうかを点検することが必要です。そこで，ギップス（Gipps, C.）は，妥当性から発展した概念として，カリキュラム適合性（curriculum fidelity）を提案しています。カリキュラム適合性とは，「構成概念，領域，またはカリキュラムが明確に規定され，評価がカリキュラム全体（各領域でなくても）をカバーしていること[1]」を意味しています。

　近年の教育評価研究では，評価方法の種類と評価できる学力の種類との間に対応関係があることが指摘されています。「筆記による評価」，とりわけ「選択回答式（客観テスト式）の問題」は，幅広い知識が身についているかどうかを評価するには適しています。しかし，知識やスキルを現実の文脈で活用する力（つまり思考力・判断力・表現力といった「高次の学力」）を評価するには，完成作品や実演を評価する「パフォーマンス評価」を用いる必要があります。「パフォーマンス評価」の代表的な評価方法が，**パフォーマンス課題**です。[2]

　現実には，「高次の学力」が目標として掲げられていても，それに対応する評価方法が用いられていないということがあります。カリキュラム全体で設定されている目標と対応する評価方法を選び，**学力評価計画**を立てることが求められています。[3]

❷　学力評価計画の立て方

　では，カリキュラム適合性を高めるために，どのように学力評価計画を立てればいいのでしょうか。

◯　「逆向き設計」の発想

　まず確認しておくべきことは，学力評価計画を，カリキュラムを実施した後で立てるのではなく，カリキュラムを設計する際に立てておくことが必要だという点です。つまり，目標を設定するとき，同時に対応する評価方法を考えるのです。このようなカリキュラム設計のおこない方は，教育によって最終的にもたらされる成果から遡って教育を設計する点，また通常，指導がおこなわれた後で考えられがちな評価を先に構想する点から，「逆向き設計」とよばれています。[4]

▷1　ギップス, C. 著，鈴木秀幸訳『新しい評価を求めて——テスト教育の終焉』論創社，2001年，241頁。

▷2　パフォーマンス課題
⇒Ⅶ-11 参照。

▷3　学力評価計画
⇒Ⅹ-5 参照。

▷4　ウィギンズ, G.・マクタイ, J. 著，西岡加名恵訳『理解をもたらすカリキュラム設計——「逆向き設計」の理論と方法』日本標準，2012年。Ⅳ-11 も参照。

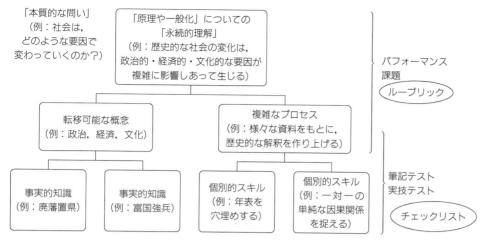

出所：「逆向き設計」論に基づき筆者作成。西岡加名恵「教科のカリキュラムづくり」田村知子・村川雅弘・吉冨芳正・西岡加名恵編著『カリキュラムマネジメント・ハンドブック』ぎょうせい，2016年，99頁。

　「逆向き設計」をおこなう際には，子どもたちが現実の文脈のなかで使いこなせるようになるぐらいに深く扱うべき知識とスキルを，目標設定において絞り込むことが重要です。「知」は一定の階層構造をもっており，汎用性が高い概念や原理などは個々の事実よりも上位に位置づいています。図6.3.1は，そのような「知の構造」を図示したものです。

　カリキュラム設計にあたっては，教えるべき「知」のうちどれが「事実的知識」「個別的スキル」にあたり，何が「転移可能な概念」「複雑なプロセス」「原理と一般化」なのかを明らかにする必要があります。さらに，子どもたちが概念やプロセス，原理などを理解したかどうかを確認するには，どのような評価方法にとりくませればよいかを考えます。評価方法を具体化することによって，目標もより明確になることでしょう。

◯パフォーマンス課題の工夫

　パフォーマンス課題には時間もかかるため，必ずしも毎単元で用いる必要はありません。しかし，重要な目標に対応する課題については，類似のものを単元を越えて繰り返し与え，徐々に子どもたちの学力を伸ばすことが有効でしょう。[5]たとえば，歴史科において時代ごとの社会の構造の変化をとらえさせるためには，「二つの時代を比較し，社会がどのように変化したか，教科書と資料集を使って論じなさい」という課題を，複数の単元で与える必要があります。そのように「繰り返す課題」を与える場合，最初は教師が手本を見せつつ，丁寧に手順を確認しながら課題にとりくませます。次に，評価基準を確認しつつ，少し自律的に課題にとりくませます。最後に，完全に自律的に課題にとりくませ，子どもたちに身についた実力を確認し，**総括的評価**[6]とするのです。

（西岡加名恵）

▷5　三藤あさみ・西岡加名恵『パフォーマンス評価にどう取り組むか──中学校社会科のカリキュラムと授業づくり』（日本標準，2010年）を参照。

▷6　総括的評価
⇒ I-4 参照。

（参考文献）
　西岡加名恵『教科と総合学習のカリキュラム設計──パフォーマンス評価をどう活かすか』図書文化，2016年。
　西岡加名恵・石井英真編著『教科の「深い学び」を実現するパフォーマンス評価──「見方・考え方」をどう育てるか』日本標準，2019年。

比較可能性とモデレーション

▷1　ギップス, C. 著, 鈴木秀幸訳『新しい評価を求めて——テスト教育の終焉』論争社, 2001年, 241頁。なお, 鈴木訳では, 「評価の統一性」。

▷2　ハイ・ステイクスな評価
⇒ Ⅻ-2 参照。

▷3　詳しくは, ギップス, 前掲書 (100-105頁), 及び Lambert, D., & Lines, D., *Understanding Assessment: Purposes, Perceptions, Practice.* (Routledge Falmer, 2000, pp. 42-66) を参照のこと。

▷4　特定の評価が与えられる典型的なパフォーマンスを例示した作品例は, アンカー (anchor) とよばれることもある。

▷5　自由記述問題
⇒ Ⅶ-3 参照。

▷6　パフォーマンス課題
⇒ Ⅶ-11 参照。

▷7　ルーブリック
⇒ Ⅳ-8 参照。

1　比較可能性とは何か

比較可能性 (comparability) とは, 複数の評価者間で評価基準を共通理解し, 同じ採点規則に従うことなどによって, 評価の一貫性が確保されているかを検討する視点です。比較可能性は, 従来議論されてきた信頼性の概念を発展させたものとして, ギップス (Gipps, C.) によって提唱されました。

学校において, すべての子どもたちに一定の学力を保障するためには, その学力の評価において比較可能性が確保されていなくてはなりません。また, 入試などの**ハイ・ステイクスな評価**においては, とくに比較可能性が問われます。たとえば同等の学力をもつと考えられる子どもの内申点が, 教師や学校によって高かったり低かったりすれば, 選抜は不公正なものとなるでしょう。

2　モデレーション

比較可能性を高めるための手法を, モデレーション (moderation：調整) といいます。モデレーションは, 評価過程を統一する方法と評価結果を統一する方法とに大きく分類できますが, 評価の過程を統一する方法の方が有効です。複数の評価者が, 評価過程・評価結果を統一するために一堂に会して話しあうことは, グループ・モデレーションとよばれています。モデレーションの具体的な進め方としては, 次のような手法があります。

○明確な評価基準の策定と作品例の提供

評価の一貫性を高めるためには, まず評価基準を明確にする必要があります。評価基準の共通理解を図るうえでは, 作品例を添付することがもっとも有効です。○か×で採点できる問題の場合は, どの範囲の回答を○と評価できるのかについて, 明示しなくてはなりません。一方, **自由記述問題**や**パフォーマンス課題**を用いた場合, 成功の度合いに幅があります。その場合は**ルーブリック**を作成する必要があります。

○評価者への訓練

採点にとりかかる前に, 評価にとりくむ評価者に研修などをおこないます。その際, 実際に同じサンプルを採点してみて, 評価者間で評価が統一されているかどうかを調べ, 必要な修正を加えるという作業をおこなうことが有効です。

あるグループに実施したテストの回答用紙すべてを複数の評価者がそれぞれ

採点した場合，評価者によって，子どもの順位は変わらないのに，全員の得点が上下することがあります。その場合は，特定の評価者が高い点数をつける傾向，あるいは低い点数をつける傾向をとりのぞきます。また順位が入れ替わる場合は，それぞれが念頭においている評価の観点が異なっていると考えられるので，その点での統一を図ります。

❍ 統計的手法

多人数分の回答用紙を分担して採点した場合，評価者によって，特定の点数を獲得した子どもの割合が大きく違わないかを統計によって点検し，違う場合は抽出調査によって原因を調査します。

❍ 査察

評価に対し責任をもつ機関などが，評価者による評価を抽出調査します。指示された通りに採点がおこなわれているか，評価された子どものパフォーマンスが与えられた得点において求められる条件を満たしているものであるか，といった点が点検されます。

❍ 被評価者によるアピール

評価結果に納得できない被評価者が異議申し立てをおこなった場合，採点を再点検します。

❍ 機関レベルの認定

特定の資格などを付与する責任をもっている組織が，ある学校や機関などについて，適切な教育課程を提供し，かつ関連する評価を実施していると認定するものです。当該の学校や機関に対して，指導の内容や教材，評価の過程などの調査がおこなわれます。

❍ 本質的なモデレーション

評価者が共同で試験と評価基準を作成し，チームで採点する方法です。評価過程を完全に統一できれば，評価結果を統一する必要はなくなります。評価基準の共通理解を図る上でもっとも有効なのは，数人の評価者が共同でルーブリックをつくる方法です（表6.4.1）。

（西岡加名恵）

表6.4.1　数人が共同でルーブリックを作成する方法	
① 子どものパフォーマンス（作品）を多数集める。 ② 何段階で採点するか，またどの観点で評価するかについて，評価者間で合意する。 ③ お互いの採点がわからないように工夫して（たとえば採点を作品の裏に付箋で貼りつける），それぞれの観点について全員が全作品を採点する。 ④ 同じ点数がついた作品に共通して見られる特徴を記述し，記述語を作成する。 ⑤ 意見が分かれた作品について再評価をおこなう。	③の様子  ④の様子 

出所：梅澤実・西岡加名恵ほか『ポートフォリオ評価法を用いたルーブリックの開発』（鳴門教育大学教育研究支援プロジェクト経費研究報告書，2003年）をもとに作成。

公正性と実行可能性

 公正性

　評価を評価する視点としては，評価が公正なものとなっているかを問うことも重要です。公正性（equity）は，評価の倫理的側面を扱うものです。公正性にかかわっては，さらに次の四つの視点をあげることができます。

◯平等性

　公正性にかかわっては，第一に，異なる社会的集団間の平等が問われます。つまり，その評価方法が，経済的な階層，性別，人種や民族的な出自，障害などにかかわらず，公平であるかが問われなくてはなりません。

　学力を効果的に示す機会を平等に与えるためには，まず評価の形式・内容・方法を検討する必要があります。たとえば，問題・課題づくりにあたって，それが読む力を評価対象としていないのであれば，読む力が不十分な子どもでも理解できる問題や課題になっているかどうかの点検が求められます。

　そもそも何が学力と見なされるかは，社会において多元的・複合的に存在する文化のどの部分に教育が依拠するかによるものです。教育内容の選定にあたっても，より公正な社会をかたちづくるために選ぶという視点が求められます。たとえば歴史において，マジョリティの歴史の知識だけが評価対象となるのでは，マイノリティの子どもにとって不利になります。

◯結果的妥当性 (consequential validity)[1]

　評価の結果的妥当性とは，ある評価の使用によって，教育がどのような影響を受けるのかを見る視点から**妥当性**[2]を検討するものです。

　たとえば，客観テストによって統一学力テストをおこない，学校毎に試験の成績を公表し，その結果にもとづいて保護者に学校選択をおこなわせたり，好成績を収めている学校へ追加の予算配分をおこなったりという政策がおこなわれたとします。客観テストが**ハイ・ステイクスな評価**[3]となるため，教師たちは客観テストに向けた準備に指導の重点を置かざるをえなくなることでしょう。しかし，客観テストによって評価できる学力は偏っているため，これでは結果的に**カリキュラム適合性**[4]が確保できなくなります。このような事例は，結果的妥当性が損なわれた典型例といえます。

　その他，アメリカにおいて黒人差別がおこなわれていた時代には，白人と黒人の間に生じたテスト結果の相違は，環境条件の相違によるものであるにもか

▷1　ギップス，C. 著，鈴木秀幸訳『新しい評価を求めて――テスト教育の終焉』論創社，2001年，201-204頁。なお，鈴木訳では，「結果妥当性」。

▷2　妥当性
⇒Ⅵ-2参照。

▷3　ハイ・ステイクスな評価
⇒Ⅻ-2参照。

▷4　カリキュラム適合性
⇒Ⅵ-3参照。

かわらず，生得的能力の相違として説明され，差別が正当化されたこともありました。これも結果的妥当性が損なわれた例でしょう。

●条件の明瞭さ

評価においては，その評価がどのような条件下でおこなわれるのか，とりわけ評価に向けた指導や準備がどの程度認められるのかも，大切な論点です。旧来のテストでは，どのような問題が出されるのかについては秘密にされるべきだと考えるのが通常でした。なぜなら，そもそも伝統的な精神測定学は，能力を固定的なものとしてとらえていたからでした。一方「**真正の評価**」論は，この論点に関してまったく異なる発想に立っています。「真正の評価」は，まず子どもに上手になって欲しいパフォーマンスを決定し，そのパフォーマンスにあった評価を考えます。そもそも教育評価の立場では，子どものパフォーマンスは学習の文脈と動機づけに立脚するものであり，本質的に相互作用をともない，柔軟性をもつものだととらえられます。したがって，パフォーマンスにもとづく評価においては，子どものもっとも優れたパフォーマンスを引き出すべきだとされ，その準備も積極的に認められるのです。

●公表と承認の原則

最後に，公正な評価をおこなうためには，明瞭な評価基準が設定されて公表され，社会的に承認される必要があります。これは，評価基準が妥当であるかどうかを公開で討論するうえで必要であるだけでなく，明確な目的意識を与えることによって子どもたちの動機づけを高める点でも意義が大きいものです。評価基準を明示することは，どの子どもでも基準に達すれば認められる権利を与えることでもあります。

なお評価基準は，評価がおこなわれる前に教師や子どもたちにも明示されなくてはなりません。単に公表されるだけでなく，教師や子どもたちが実際にその評価基準を使いこなせるように，訓練したり指導したりすることも重要です。

② 実行可能性

評価方法の選定にあたっては，実行可能性（feasibility）を検討することも必要です。実行可能性とは，入手可能な資源と時間の限度内で，評価対象としなくてはならない人数の子どもたちを評価できるかどうかを検討する視点です。

子どもの学力を評価するにあたっては，一人ひとりの子どもにじっくり時間をかけることが理想です。しかし，現実には，ゆっくり時間をかけて少人数の子どもたちを評価できる場合もあれば，多人数の子どもたちを短時間で評価しなくてはならない場合もあります。実践家は，与えられた条件のもと可能な範囲で最善の方法を選ばざるをえません。ただし，同時に，より効率的な評価方法を開発することや，より良い評価をおこなううえでの条件整備を進めることも大切でしょう。

（西岡加名恵）

▷5　真正の評価
⇒Ⅲ-4 参照。

▷6　Wiggins, G., "Testing to the (Authentic) Test", *Education Leadership*, Vol. 46, No. 7, 1989, pp. 41-47.

▷7　ギップス，前掲書，229頁。

学力評価の方法の分類

 「筆記による評価」と「実演による評価」

▷1　西岡加名恵「教育評価の方法」田中耕治編著『新しい教育評価の理論と方法』第1巻，日本標準，2002年，33-97頁。

▷2　「客観テスト」(objective test) が保障する客観性は採点の部分のみであるため，ここでは「選択回答式」(selected-response assessment) という語を用いている。

　現在では，学力を評価するためにさまざまな方法が用いられています。図7.1.1は，学力評価の方法を分類したものです。この図においては，評価方法を単純なものから複雑なものまで並べるとともに，筆記による評価と実演による評価を整理しています。

　筆記による評価の最も単純なものは，選択回答式（客観テスト式）の問題です。これは，○か×かで採点できる種類の問題です。もう少し複雑なものは，自由記述式の問題です。

　パフォーマンス課題は，リアルな文脈（あるいはシミュレーションの文脈）において，知識やスキルを総合して使いこなすことを求めるような課題です。そこでは，レポートや絵画などの完成作品（product）や，スピーチや実験のプロセスといった実演（狭義の performance）が評価されます。

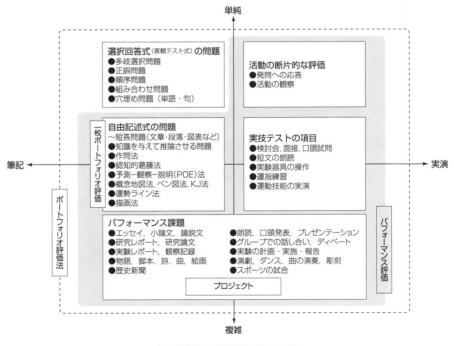

図7.1.1　評価方法の分類

出所：西岡加名恵『教科と総合学習のカリキュラム設計——パフォーマンス評価をどう活かすか』図書文化，2016年，83頁。

実演による評価のやや単純なものは，実技テストです。たとえば，一連の実験を計画・実施・報告することを求めるのがパフォーマンス課題とすれば，実技テストはガスバーナーの操作など，単一の技能を評価する方法と言えるでしょう。

実演による評価の最も単純なものが，活動の断片的な評価です。発問に対する応答を評価するといったものが考えられます。

② パフォーマンス評価

1980年代のアメリカにおいて登場した**パフォーマンス評価**は，次の三つの考え方がセットになった評価の立場を示す用語だと考えられます。

①学校で保障すべき学力には，知識・技能を再生する力だけでなく，文脈において知識・技能を活用する力が含まれている。

②そのような学力を保障するためには，実際に知識や技能を活用することを求めるようなパフォーマンス評価の方法を用いる必要がある。

③パフォーマンス評価の方法を用いる際には，評価基準としてルーブリック（評価指標）を使用することが求められる。

パフォーマンス評価は，選択回答式（客観テスト式）の問題に対する批判から登場した考え方であるため，選択回答式以外の評価方法はすべてパフォーマンス評価の方法と捉えることができます。

なお，**ポートフォリオ評価法**もパフォーマンス評価の方法の一つですが，選択回答式（客観テスト式）の筆記テストを収録する場合があるため，図7.1.1ではすべての評価方法を破線で囲む形で示しています。

③ 指導要録における観点との対応

2019年版指導要録においては，2017年版学習指導要領の学力像を踏まえ，観点別学習状況欄の観点を「知識・技能」，「思考・判断・表現」，「主体的に学習に取り組む態度」という3観点に整理する方針が採られています。「目標に準拠した評価」を行うには，各観点の内実を明らかにしたうえで，対応する評価方法を明確にするような**学力評価計画**を立てることが必要です。

たとえば，観点「知識・技能」については，従来通り，筆記テストや実技テストで評価できると考えられます。一方，観点「思考・判断・表現」・「主体的に学習に取り組む態度」の評価については，パフォーマンス評価の方法を用いることが求められます。中でもパフォーマンス課題には，注目する価値があるでしょう。観点「主体的に学習に取り組む態度」については，パフォーマンス課題の中でも特に発展的なもの（生活との結び付きを考えさせるような課題や，複数の単元の内容を総合させる課題）で評価することにすれば，観点「思考・判断・表現」との区別も明瞭になることでしょう。

(西岡加名恵)

▷3 中央教育審議会「幼稚園，小学校，中学校，高等学校及び特別支援学校の学習指導要領等の改善及び必要な方策等について（答申）」（2016年12月21日）では，「資質・能力のバランスのとれた学習評価」を行っていくためにパフォーマンス評価が推奨されている。

▷4 パフォーマンス評価
⇒ VII-11 参照。

▷5 ポートフォリオ評価法
⇒ VII-15 参照。

▷6 「一枚ポートフォリオ評価」は，ポートフォリオ評価法に着想を得て，日本で独自に考案されたものである。詳細は，堀哲夫『一枚ポートフォリオ評価小学校編──子どもの成長が教師に見える』（日本標準，2006年）などを参照。V-9 も参照。

▷7 「小学校，中学校，高等学校及び特別支援学校等における児童生徒の学習評価及び指導要録の改善等について（通知）」（2019年3月29日）。指導要録の観点別評価については，IX-1，IX-4，IX-5 参照。

▷8 学力評価計画
⇒ X-5 参照。

2　客観テスト

① 客観テストの長所

　客観テストとは，文字通り「客観性」を志向した問題形式のテストです。後述するように，客観テストにはいくつかの形式がありますが，どれも解答者の主観性や恣意性，ときには独創性などがなるべく入り込む余地のないように配慮された問題形式となります。そのために，採点が客観的であり，**評価の公正性**を担保できるという点がこの評価法の第一の長所となるわけです。また，文章記述式や描画式といった**自由記述（式）問題**では文字や構図の巧拙が評価者の判断に影響を及ぼしたり，また，自由記述であるがゆえに表現力の乏しさからかえって十全に本来の力を発揮できなかったり，といった短所があります。客観テストでは，評価者は解答以外の他の要素に影響を受ける可能性は低いし，解答者にとっても解答作成上の困難は極めて小さいといえます。自由記述の問題よりも，限られた時間のなかでは，数多くの問題が出題できるという利点もあります。このことにより，子どもたちの学力を細分化して多面的に把握することも可能になります。

　技術面では，採点の効率化を図るため，マークシートなどを用いてコンピューターによる採点などが開発されており，すでに入学試験や大学入試センター試験などで導入され，一度に大量の解答者に対応できるようになっています。これも客観テストならではの特徴です。また，客観テストにおいては，各問題に対する得点の配当が容易であり，得点化したかたちでの**フィードバック**や報告が必要な場合にも適した方法であるといえます。

② 客観テストの短所

　では，一方で，客観テストの短所についてはどうでしょうか。その前に，教育評価の機能を振り返っておく必要があります。教育評価は，学習者である子ども自身が自らの学びを振り返り，次なる課題を自覚化していく行為を励ますものであり，また評価者である教師にとってはカリキュラムや指導方法を絶えず再構成していくための契機となるものです。この意味において，評価は指導機能と一体化しているのであって，決して子どもの学びの軌跡を何らかの記号や数字で「値踏み」する行為ではありません。このような教育評価のもつ指導機能に注目すると，客観テストはその実践場面での適用にかなり慎重でなけれ

▷1　評価の公正性
⇒Ⅵ-5 参照。

▷2　自由記述（式）問題
⇒Ⅶ-3 参照。

▷3　フィードバック
⇒Ⅴ-4 参照。

ばならない点がいくつも浮かび上がってきます。

◯ 点数化の問題

　まず，数多くの問題が作成でき，それゆえに学力を細分化して多角的に分析することが可能であるという点について考えてみると，評価者はついつい配当された点数を合計し，たとえば100点満点中85点とかいう具合に「総合点」を強調してしまう傾向があるのではないでしょうか。元来は，未到達な側面を発見し，次の教育活動の改善に活かしていく必要があるにもかかわらず，やはり「値踏み」に近い機能をもたせてしまってはいないでしょうか。子どもにとっても合計点である85点という数字のインパクトのために，分析的に反省する契機が保障されているとはいいがたいのではないでしょうか。同時に客観テストにおいては，偶然による正解も少なからず起こりうるわけで，その妥当性もさることながら，「得点」という数字にのみひきずられてますます学力を分析的に見ることが弱くなります。この点については，評価の指導機能が十全に果たされているとはいえず，むしろ選抜を意識した外部証明機能のほうが子どもたちに内面化されていく危険性をはらんでいるといえます。

◯ 主観性，妥当性の問題

　皮肉なことですが，客観テストにも「主観性」の問題がつきまといます。それは，採点の公正性とは裏腹に，そもそも出題のあり方がどれだけ「客観」的かということです。後述する多肢選択法の選択項目はどれだけ客観性が保持されているでしょうか。形式は客観的でも，出題の中身まで検討して客観性が保証されなければそこで得られる評価の**妥当性**が疑われます。また，出題が日常の教育活動とどれだけ一貫性をもっているかということも妥当性をはかるうえで重要な問題です。たとえば，授業で一度も扱わなかったような知識事項を選択肢のなかに含ませるということ自体が目標・評価の一貫性からしても望ましからざることですが，いわゆる「消去法」でいけば正解にたどりつくのであるということを出題の意図にしたのならば，ますます「技術主義」の誇りをまぬかれえない出題であろうと思われます。

▷4　妥当性
⇒[VI-2]参照。

◯ 形式主義，技術主義の問題

　さらに，客観テストの出題があまりに形式主義・技術主義に陥ると，より深刻な問題が生まれます。それは，教師の伝えたいあるいは形成を期待したい教科観とは裏腹に，子どもの側に客観テストの形式を基盤にした教科観が育ってしまうという問題です。たとえば，教師が「国家・社会及び文化の発展や人々の生活の向上に尽くした歴史上の人物と現在に伝わる文化遺産を，その時代や地域との関連において理解させ，尊重する態度を育て」（1998年版『中学校学習指導要領』より）たいという目標をもっていても，（子どもにとって重要局面での）客観テストでは，年代順の並べ替えや歴史用語の単純再生を問われ続けていれば，子どもはどのような「社会科歴史的分野」観を形成していくことにな

るでしょうか。「歴史は年代を暗記すれば何とかなる科目だ」とか「要は暗記教科だ」という教科観が形成されてしまいます（もちろん，どのような授業を展開するかも教科観形成には重要ですが，とりわけ「テスト」のもつインパクトは無視できません）。これでは，客観テスト慣れしたことによる悪弊といえる「断片的知識」習得に満足させてしまいますし，教師がカリキュラムに託したメッセージは結果として伝わらないという事態が繰り返されてしまいます。

　以上のように，客観テストは長所とともに短所ももっています。どのような評価場面でどのような客観テストを用いるのが適切かということも絶えずあわせて考えていく必要があるといえます。

❸ 客観テストの具体例

　客観テストには，与えられたものを吟味して正しいかどうか，知っていることと一致しているかどうかを判断するテスト形式と，子どもが学習した内容を再生し表現するテスト形式とがあります。「正誤法」，「多肢選択法」，「組合せ法」は前者に，「単純再生法」，「完成法（空欄補充法）」，「並べ替え法」などは後者に入ります（ときには明確に分類できない複合的特徴を有している問題もあります）。

○ 正誤法

　文字通り，「正」か「誤」か，「真」か「偽」かを問う問題です。解答の形式は，問題のあとに○か×を記入させたり，正しいものあるいは誤っているものを選ばせたりするのが一般的です。多肢選択法ほどには選択肢が用意できない場合に有効であり，まだ発達段階の低い子どもたちに対しておこなわれることが多くあります。ただし，偶然による正解を招きやすく，どこまで実態に即しているかどうかは少ない問題数でははかりかねるという難点もあります。

○ 多肢選択法

　選択肢の数や種類が2方向だけの正誤法よりも増えるために，やや複雑度が増します。たとえば選択肢間で，相互の比較をおこなう場合や，ある程度の推論能力を要する場合もあります。その意味で，客観テストのなかでは使用頻度の高い形式です。

　比較や分別の力が大いに影響を与えるものの，自発的な解答を期待するものではないので，解答者を受動的な態度にするものであるといえます。また，出題については，誤答を含ませるわけですから，正誤法よりも煩雑であり，ここに出題者の主観性が入り込む可能性があります。子どもたちをつまずかせるためだけの「落とし穴」のような出題ばかりに終始すると，テストを受ける側を，いわゆるテスト攻略の技術を高めることに向かわしめてしまうことにもなりかねませんから，問いの意図をもともとの授業内容に則したものにすることを心がけなければなりません。

○組合せ法

二つの事象間で（何らかの意味で）関連するもの同士を結合させる形式の問題です。各群の項目が不揃いにならないことや，関連性がなるべく明確であるような出題をおこなう必要があります。また，同一項目数の組合せでは，最後の組合せが自動結合されてしまうので，たとえば表7.2.1のように項目数を変える工夫もされています。

表7.2.1　組合せ法の具体例

三権分立の三権とは次の①〜③のことをいいます。それぞれを担当するのは右のどれにあたるか。線で結びなさい。
①司法権・　　　・ア　内閣
②立法権・　　　・イ　裁判所
③行政権・　　　・ウ　天皇
　　　　　　　　・エ　国会
　　　　　　　　・オ　国民

出所：（財）応用教育研究所編『2003年改訂版　教育評価法概説』2003年，60頁。

○単純再生法

単純再生法は，たとえば「アメリカ大陸を1492年に発見したのは誰ですか」や「325＋878＝」といったような，明白な事実や操作について直接的にたずねる方法です。正解が限定されない限りは客観テストとしての客観性が保持できなくなるので，出題の文言などは誤解のないように配慮する必要があります。ただし，この方法の乱用は，知識詰め込み主義に子どもたちを向かわせてしまうことになる危険性があるので，問う内容も，瑣末な知識事項ではなくその単元でのキー概念となるようなものの確認であるべきです。

○完成法（空欄補充法）

完成法は，単純再生法の複雑な形式であり，理解力や関係把握力が求められる場合がよくあります。語学を中心とした教科でもよく見受けられる形式です。ただし，空欄を多用してしまうと，相互の関係から空欄を推定し補充していくという関係把握の力が発揮できなくなる可能性があるので，むやみに空欄は増やすべきではありません。また，文章への補充をおこなう形式の場合は，その文自体が判読可能なようにしておく必要があります。空欄に補充する用語は，再生法を用いてもいいでしょうし，多肢選択法の形式をとることもできます。

○並べ替え法

いくつかの知識項目をランダムに並べて，大小順・年代順・展開順などの規準を設けて再配置させる形式の問題です。この形式の問題では，たとえば年代を丸暗記することを意図しないで，歴史の一般法則を獲得していることが問えるような配慮が必要です。テスト場面のみならず日常の授業のなかでもそのメッセージについては伝えておく必要があるでしょう。また英語科における整序問題などもこの範疇に入ります。

以上のようにいくつかの客観テストの形式が開発されてきており，また選抜システムのなかで次々と消費されては新形式のものが編み出されるという風潮があります。しかしながら，客観テストの意義と限界を自覚化した上で用いないと，教育活動がテストによって裏切られていく関係にあっては，それは望ましい状態であるとはいえません。

（藤本和久）

参考文献

橋本重治『教師自作テストのつくり方』図書文化，1982年。

自由記述問題の工夫

▷1　客観テスト
⇒Ⅶ-2 参照。

① 自由記述問題の特徴

　客観テストは，与えられた解答群のなかから選んだり，結びつけたり，あるいは知識事項のみを空欄補充したりなどと，解答者にとって自由度は極めて低いかわりに，評価者にとっては正誤の把握がしやすいという特徴があります。自由記述式の問題は解答者の自由度は比較的高く，得点化するのには不向きなオープンエンドな力の発揮が確かめられるものの，評価者にとっては正誤の判断がつきにくいという特徴があります。したがって，明確な「解答」が用意されている場合，あるいはそうでない場合など，学力のレベルや評価の観点によって方法を適切に選択する必要があります。

　自由記述式の問題では，知識や概念相互の関係を子ども自身がどのようにとらえているか，教師が授業で伝えたかった一連の概念が子どもにはどのように受け止められたのか，あるいは，その内容に対して子どもがどれだけ意欲や関心をもってのぞんでいるかなどが把握できます。客観テストがそうであるように，自由記述式の問題も「自由」とはいえ，ある程度の「形式」があるわけですから，その「形式」に親しんでいないと正当に評価されえないという面もあります。この点は，評価方法の工夫により，形式そのものがもつバリアをできるだけ低くするという評価者側の努力が求められているといえます。逆に形式に慣れるような「訓練」をおこなってしまうと，いわゆる「テスト反応力」を子どもたちは内面化してしまい技術主義に陥ってしまう可能性もあるので注意が必要です。ここではいくつか工夫された自由記述問題を紹介していきます。

② 自由記述問題のいくつかの種類

　自由記述式の問題にはいくつかの種類があります。
◯文章による自由記述問題
　まず一つ目は，「文章」による自由記述問題です。とりわけ，「短文」による解答が求められる形式が一般的です。そのなかには，資料や史料あるいは知識・用語などが提示されて短文でその解釈や要約，推論を記述するものや，それらをふまえて「自由に」記述を展開するものなどがあります。たとえば，「享保の改革について，財政政策に注目し，新たに導入された制度を三つ挙げて，その特徴を説明しなさい」という問題は前者になり，「『四面楚歌』という

故事成語を使って短文をつくりましょう」という問題は後者になります。この種の自由記述問題で留意しなければならないのは，文章形式であれば何でもよいというのではなく，知識を与えて推論させたり，子どもなりに既有知識を動員したりするという機会が保障されなければ，客観テストの「空欄補充」と何ら違いがなくなってしまうという点です。また，評価する着眼点も，推論の深まりや知識相互の関係づけの方法などでなければなりません。

　文章による自由記述課題としては「論文体テスト」もあります。分量は，テーマや子どもの発達段階や表現力に依存しますが，短文による記述よりもいっそう自由度が増します。論文体テストの場合，内容とは別に論文そのものの体裁や精度なども評価の観点に入る可能性があります。論文体テストをおこなう際には，内容とはかけはなれた「形式」だけが重視されないよう注意しましょう。学習内容を子どもなりにどのように理解しているかを文章記述で把握する方法として「作問法」もあります。また，子どもたちに矛盾した状況や困難な状況に直面させて，その解決法を探らせて記述させる「認知的葛藤法」も自由記述式の問題に入ります。自らの予測を明確にし，観察した結果，その予測との矛盾や齟齬を説明する「POE 法」もあります。

○ 描画による自由記述問題

　以上のような文章による自由記述は，個々人の文章表現力が大きく反映されるので，評価する側もそれに影響される可能性があります。推論や関係把握は十分であるにもかかわらず，文章という形式によってその力が発揮されないのです。そこで，二つ目に分類されるのは，広義の「描画」による表現という自由記述問題になります。その代表的なものに，「概念地図法」，「ベン図法」，「KJ 法」，「運勢ライン法」，「描画法」などがあります。どれも，単に教師による評価法として意味があるだけではなく，個人の学びのなかでの概念整理や課題発掘にとっても有効な方法ばかりです。つまり，自己評価としても使えるものばかりです。与えられた課題に答えるなかで，なかなか全体像が把握しにくい，また跡づけが困難な文章記述よりも，視覚的にとらえうる描画による表現のほうが，自らの学びを振り返るのに適しているといえます。ただし，二次元の平面による表現ですから，その限界は自覚しておかなければなりません。

　文章によるもの，描画によるもの，いずれにしても，評価者は，「子どもに聞く」というスタンスが重要です。なぜ，そのように表現・記述したのかを，「作品」から判断するだけでは不十分ですし，ときには把握や判断を誤ることもあるでしょう。評価規準や「標準」からすれば，適切とはいえなくても，子どもなりの論理や意味を有していることが少なからずあり，そこにこそカリキュラムや授業実践の改善の余地があるのです。自由記述問題の醍醐味は，むしろ書かれたもの・描かれたものをもとにして子どもと対話をおこない，子どもを知り，カリキュラムをつくりかえていくということにあります。（藤本和久）

▷2 作問法 ⇒VII-4 参照。

▷3 認知的葛藤法 ⇒VII-5 参照。

▷4 POE 法 ⇒VII-6 参照。

▷5 概念地図法 ⇒VII-7 参照。

▷6 ベン図法 ⇒VII-8 参照。

▷7 KJ 法 ⇒VII-9 参照。

▷8 運勢ライン法
運勢ライン法とは，小説・詩や楽曲，歴史的展開などにおける各変数（勢力変化・心情の高まりなど）の変化をグラフ化させるものである。

▷9 描画法 ⇒VII-10 参照。

参考文献
　ホワイト，R.・ガンストン，R. 著，中山迅・稲垣成哲監訳『子どもの学びを探る』東洋館出版社，1995年。

4 作問法

 問いをつくることの意味

　問いには，いくつかの種類があります。オープンエンドなものや答えが明確なもの，また日常的なものや歴史的・人類的なもの，利那的な関心からうまれるものや，特定の個人や集団にとって切実なものといった具合に多種多様です。さらに，それは，だれがどのような状況で発するかによっても意味は異なってきます。

　「1000円をもって文房具店にいき，450円使った。残金はいくらになるだろうか」という問いがあります。「答え」を知らない状況でこの問いを発すれば，それは筋道を立てて解決しようという出発点になるわけですが，「答え」を知りつつこの問いを発する場合はどうでしょうか。よく「出題者」とよばれますが，教室場面においては，教師がその立場になります。教師は結論を知りつつ，問いを発します。それに促されて子どもが解決にとりくみはじめるという構図をもっています。もちろん，教師は筋道を含んだ解答を熟知した上で，問いを作成しています（もちろん，子どもの発達段階や状況などを考慮に入れて問いの質も変容するので，内容理解だけに依存して作問しているわけではありませんが）。逆にいえば，このような問いの方法は，内容を熟知していないと作成できないともいえます。[1]

　この点に着目し，逆転的に発想して生み出された評価方法が作問法です。もともと教師が教材研究やテスト作成のなかで日常的におこなっていた作問を，子どもを「出題者」として位置づけるわけです。そのことによって，どれくらい内容の意味を理解しているのか，あるいは暗記や操作だけにとりくんでいる（いた）のかなどを知りうるのです。子どもによってつくられた問題を教師はどのように解釈し，評価するのかということだけでなく，どのようにそれを授業場面で活用していくかということも直截的に構想できる方法であるといえます。

 作問法の具体例

　図7.4.1は，大学生に対してかけ算の作問を求めたものを分類したものです。
　作問するのは意外と困難をともなうということがわかるでしょうし，またこの結果から，かけ算の意味をどのように理解しているかということがわかるで

▷1　質問と発問のちがい
質問は，わからない人がわかっているだろうと考えられる人に問いをおこなうこと。発問は，わかっている人がわかっていないと考えられる人に問いをおこなうこと。吉本均『授業成立入門』（明治図書，1985年）参照。

1あたり量×いくつ分＝全体量 <正比例型>	79人 （49％）	自動車が8台あります。タイヤはいくつですか。 1日肉4kgを食べ，8日間食べ続けたら全部で 何kg食べたことになるのか。
いくつ分×1あたり量＝全体量	46人 （29％）	4人の子どもがいます。みんなに8個ずつあめ 玉をあげるには，あめ玉はいくつ必要ですか。
面積<直積型>	3人 （2％）	たて4mよこ8mの板の面積はいくらですか。
倍<倍比率型>	3人 （2％）	あたり馬券は8倍だった。4枚買ったので，何倍 になるか。
累加<累加型>	4人 （3％）	4人の子どもがいます。全員8才です。全員の年 を合わせると何才になりますか。
誤答・無答	24人 （15％）	

図7.4.1　4×8＝32という計算で答えを出すようなお話をつくりなさい

出所：田中耕治『学力評価入門』法政出版，1996年，34頁（体裁は筆者が一部改めた）。

しょう。たとえば，年齢の総和をかけ算を用いて出す意味は何でしょうか？かけ算が意味としてではなく，操作として伝わってしまっていることがうかがえます。1日に肉を4kg食べることも8日間食べ続けることも日常性からかなり遊離した問いです。このように，作問法を用いると，獲得した学力の質までもが明るみになるので，教師にとっては授業がどのように伝わったのか，それは狙い通りであったのかなどをかなりリアルに把握することができます。

　興味深い例としては，とある小学校2年生でとりくまれた3桁の引き算の授業後におこなわれた問題づくりがあります。[▷2] プリントの表面には子どもたちの生活に根ざした問題がつくられ，裏面には子どもたち自身の解法が示されています。またこの問題は友だちとも交流しあっています。作問法は教師による評価や自己評価だけでなく子どもたち同士の相互評価にも効果があり，さらに共同的な学びを創っていく契機にもなっているのです。既製の問題集ではなく，子どもたち自身が問題集をつくっていく，これ自体が「カリキュラム評価」にも資することでしょう。

③　オープンエンドな作問法

　作問法は必ずしも明確な答えがあるものばかりに限定されません。教師にも解答がないような共同探求的な問いが子どもから発せられたとき，その問いにはそれまでの学びの蓄積が反映されているわけです。総合的な学習や教科学習のなかで，既習内容を超えるような問いが発せられたとき，そこに次の課題が見出されたり，ときには誤解が明らかになったりしますが，そこで教師や仲間と交わされる対話自体が評価の意味を有しているといえるでしょう。

　子どもなりに「問いをもつ力」を育てていくという作問法は，子どもの自律的な学びを保障するという目的に適った評価方法であるといえます。

（藤本和久）

▷2　入沢雅代「考えることの楽しさ・みんなとわかっていく楽しさを」『生活教育』664号，星林社，2004年。

参考文献

　坪田耕三『いきいき算数　子どもの問題づくり』国土社，1987年。

認知的葛藤法

 発達の契機としての認知的葛藤

　知識の成立や発達はどのような契機でおこると考えられているのでしょうか。一般的には，環境や認識対象との相互作用を人間の認識活動であるととらえることによって，知識は成立し発達すると考えられています。ピアジェ（Piaget, J.）やヴィゴツキー（Vygotsky, L. S.）などは，人間の認識活動の発達を環境との相互作用ととらえた代表的人物であり，そもそも「学び」は環境との相互作用による経験の再構成にほかならないと考えたデューイ（Dewey, J.）も同じ弁証法的枠組みをもっていたといえます。

　では，その相互作用の内実はどのように説明できるのでしょうか。子ども一人ひとりが対象と対峙するのか，あるいは社会的活動の文脈のなかで（対人関係のなかで）対象と出会うのか，いずれにせよ，自己の既有知識や**素朴概念**が，新たな事象（認識対象）と矛盾することが自覚化され吟味されるということが大切です。そこで，これまでの経験や知識では説明できないという認知的葛藤がおこり，つまり「ゆさぶり」をうけることで，より高次な概念への調整・更新がおこなわれていくと考えられています。ときには，このことを「概念くだき」とよび，それによる認知的発達を期待する方法が認知的葛藤法です。

> ▷1　素朴概念
> ⇒Ⅴ-2 参照。

 教育方法としての認知的葛藤法と教育評価としての認知的葛藤

　既有知識や素朴概念を科学的概念へと組み換えていくための認知的葛藤法は，有効な学びの方法であると同時に，教育評価の方法としても有効性をもっています。もちろん，**形成的評価**の場面においては，この両者は明確に区別しがたいときもあります。とりわけこの認知的葛藤法のありようは，指導と評価がまさに一体化したものであるといえるからです。

> ▷2　形成的評価
> ⇒Ⅰ-4 参照。

　認知的葛藤は，とくに「方法」として仕掛けられずとも，日常的に私たちは経験しており，そのたびに概念や知識を更新していっているわけですが，それを意図的に子どもたちに経験させようというのが，教育方法としての認知的葛藤法であるといえます。それに対して，教育評価における認知的葛藤法は，教師が子どもの既有知識や素朴概念をある程度把握するのにも活用できますし，授業における葛藤場面や飛躍場面を子どもたちがどれだけ内面化してくれているかを把握するのにも活用できます。

教育評価の文脈で認知的葛藤法を用いる場合，留意すべきことは，ただ認知的葛藤を紙の上でおこさせて，それがどれだけ調整されているかを見るというだけでは不十分です。なぜなら，認知的葛藤がおこるとき，新たな概念に対してどのような既有の概念が対峙しているのかというのは，子ども一人ひとりの学びの履歴や生活文脈，さらには発達段階などさまざまなものに規定されて，きわめてダイナミックに個性的に展開されるからです。したがって，紙の上で展開された葛藤の調整に対して，教師は子どもにその内容を深く聞くことが肝要です。

③　認知的葛藤法の具体例

認知的葛藤法によるテストにはいくつかの方法があります。まず，子どもがどのような素朴概念を生活文脈のなかで身につけているかということが，ある程度予測できる場合は，それにゆさぶりをかけるようなかたちで問いを発するということができます。この方法は，**POE 法**[3]ともよく似ています。

この問題は，子どもが生活経験上，水が氷になる場合を見ているから②を選ぶ可能性が高いであろうという前提のもとで問いを発し，実際に実験や観察を通じて認知的葛藤を引き起こしていこうというものです。もちろんなぜそう考えたのかも必ず子どもたちに聞いたり，子どもたち同士で議論させたりすることは必要です。素朴概念をいかに組み換えるかという修正ストラテジー研究[4]や，**仮説実験授業**[5]などの実践でとりあげられる方法です。

他方，素朴概念や既有知識とは別に，評価場面において子どもたちに認知的葛藤を引き起こし，その調整化を期待する問題もあります。

0で割れないことを知る契機として，あるいは授業場面で議論がまきおこる契機として，この方法は活用できます。認知的葛藤がおこる場面においてこそ，教師の丁寧な指導が要求されます。ですから教材研究の工夫の一環（指導案づくりにおける発問を考えるときや板書を計画するときなど）としても認知的葛藤法の方法を念頭においておくことは重要であるといえます。

（藤本和久）

> 3　POE 法
> ⇒VII-6 参照。

> 4　修正ストラテジー研究については，細谷純『教科学習の心理学』中央法規，1996年を参照。

> 5　仮説実験授業
> 1963年に板倉聖宣によって提唱された科学教育の方法。「問題→予想→討論→実験」という授業サイクルを提案した。板倉聖宣『未来の科学教育』（国土社，1990年）参照。

同じ物質の同じ重さの液体と固体とではどちらが体積が大きいですか。次の①～⑤からひとつ選び番号に○をつけなさい。

① 液体のほうが体積は大きい

② 固体のほうが体積は大きい

③ 一部を除いて液体のほうが大きい

④ 一部を除いて固体のほうが大きい

⑤ どちらも同じ体積

（参考文献）

オズボーン，R.・フライバーク，P.　編，森本信也・堀哲夫訳『子ども達はいかに科学理論を構成するか』東洋館出版社，1988年。

かずみさんは，つぎのように考えましたが，おかしな結果になってしまいました。みなさんはどう考えますか？

$$5 \times 0 = 0, \quad 3 \times 0 = 0$$
$$だから 5 \times 0 = 3 \times 0$$
$$逆に両方の辺を0でわって$$
$$5 = 3 （あれれ？？）$$

POE 法

① POE の流れ

　P は予測（Prediction），O は観察（Observation），E は説明（Explanation）を意味します。つまり，「予測─観察─説明」法です。子どもたちは，まず，起こりうる結果を予測しなければなりません。しかも，ただ当て推量に予測するだけではなく，それを正当化し説得力をもたせなくてはなりませんし，自分自身も納得できるものになっている必要があります。次に，実際に起こっていることをしっかり観察し，何が起こっているのかを子どもたち自身が述べたり記録したりします。そして最後に，最初に予測したことと，観察した結果との間に生じている矛盾や齟齬を調整し，説明することが求められます。

② POE 法の具体例

　ホワイト（White, R.）とガンストン（Gunstone, R.）は，大学の物理学コースの授業において図 7.6.1 のような POE 課題を実施しました。同じ大きさで重さがまったく違う二つのボールを落下させるものです。

　物理学コースの大学生たちですら，重いものが早く落下すると予測しています。これは，科学的法則や真理からすれば，必ずしも正しい説明とはいえませんが，十分正当化して主張できる「**素朴概念**」を有していることをあらわしています。しかも，興味深いのは，ほぼ同時に接地する現象を目の当たりにしても，なお，空気抵抗の問題にこだわり，予測から発生する矛盾の根本的な解消

> ▷1　素朴概念
> ⇒ⅤⅤ-2 参照。

予測：☑砲丸が最初
　　　□ゴムボールが最初
　　　□同時に到達
予測の理由：
　　　─空気抵抗が小さいから
　　　─より重いから
観察：
　　　ほとんど同じで，同時に到達したように思えた。
　　　（私は，ほんの一瞬，砲丸の方が早く到達したと思いたい。）
（もし必要なら）予測と観察の調和：
　　　同じサイズ→同じ空気抵抗

図 7.6.1　約 2 m の高さから二つのボールを落下させる「POE」課題への回答

出所：ホワイト，R.・ガンストン，R. 著，中山迅・稲垣成哲監訳『子どもの学びを探る』東洋館出版社，1995 年，67 頁。

には至っていません。

　このように，POE 法を用いることによって，子どもたちが有している「素朴概念」を明らかにしたり（またその概念の強固さを浮き彫りにしたり），どのような知識を適用しようとしているかというこれまでの学習の道筋を明らかにしたりすることができます。

　授業を構想する教師にしてみれば，POE 法によって得た結果から，どのように「素朴概念」を修正していく方略をたてるか，単なる教科書的知識の復誦にとどまらない思考を期待するにはどうすればよいかなどをとらえる，まさに導入前の「**診断的評価**」になっています。学習者である子どもにしてみても，予測が外れたり，また予測はあっていてもその正当化の仕方が他の学習者と異なっていることを経験したりすることで，自らの有している概念や理解の仕方がゆさぶられる実感をもつことでしょう。POE 法はこのように，子どもの学びに迫るうえで，つまり教育評価をおこなう上で，有効な手段であるといえます。

▷2　診断的評価
⇒ I - 4 参照。

3　POE 法の適用と解釈の拡張

　POE 法は，たしかに理科教育の場面での適用が一般的であるように思われます。しかし，実際に視覚的に観察できるものだけに適用可能なのではなく，資料・史料の解釈課題や小説の読解（たとえば，ストーリーの展開や結末を予測させる，など）にも拡張が可能です。また，予測は上記の例のような選択肢だけではなく，自由記述でもかまいません。POE 法は，上で述べたように「診断的評価」として機能するだけではなく，授業による到達度を確認するためにももちろん使えます。

　POE 法を別の側面から検討してみると，これは評価の一つの方法であると同時に，授業づくりの指針をあらわしていることもわかります。たとえば，仮説実験授業で積み重ねられてきた実践は，まさにこの POE 法の一つの形式であるといえます。POE 法は，教師にとって，子どもたちが「意外にも」有している素朴概念を浮き彫りにし，授業の設計に修正の必要性を自覚化させるという効果があります。さらには，POE 課題の蓄積によりわかってきたことから，子ども自身に自らの素朴概念と科学概念との矛盾を自覚させやすい「仕掛け」を用意していくという授業づくりの発想をもつことも重要です。

　POE 法を評価の方法としてのみとらえると，子どもたち個々人の理解に迫るだけになりますが，授業実践の流れで見てみると，予測を選んだり述べたりする段階では，子ども集団における学びあいや教えあいが期待できますし，説明の段階では，矛盾の調和の方法や解釈の多様性が期待でき，授業が豊かになります。

（藤本和久）

参考文献
　庄司和晃『仮説実験授業』国土社，1965年。
　津幡道夫編『子どもたちは自然をどのようにとらえているか』東洋館出版社，1993年。

概念地図法

1 概念地図の例

　概念地図（concept map）とは，事物間，知識間，人物間などの間に成り立つ関係について，子どもたちがどのように理解しているかを知る手段です。

　図7.7.1は，その概念地図の例です。

　子どもたちが概念をどのように所有しているか，またどのように関係づけているかを探るときは文章表現を軸とする論文形式のテストをおこなうことが一般的でした。しかし，論文形式の方法では子どもの語彙力や表現力などに規定されてしまい，教師が適切にその力を把握することは困難であったといえます。そこで，子どもたちが把握しているものを視覚的にとらえる方法の一つとしてこの概念地図法が有効性をもつわけです。この図に示されたいくつかのキーワード「土壌」，「雨」，「雲」などの関係を論文形式で表現するのは困難でも，相互の位置取りを考え，それを矢印等でつなぎ，その関係の説明を付していくとなると，作図をおこなっている子ども自身も自らの理解をとらえやすくなります。とくに，相互の関係が重層的であったり，複数の概念が立体的に関係していたりするときには，概念地図法の方がはるかに整理しやすくなります。

2 「診断的評価」や「課題設定」としての利用

▷1　診断的評価
⇒ Ⅰ-4 参照。

　概念整理にとって有効な概念地図法は，ある教育内容を学びはじめるにあたって，子どもたちにはどれだけの既有の知識があるのか，またその関係はどうとらえているのかを知りうる重要な「**診断的****評価**」の手段にもなりえます。授業構想をおこなう教師も自らの概念地図法をあらかじめ作成しておくと，それと子どもたちが事前に作成した概念地図とを比べるなどして，概念の提示の方法を見直したり，教材を工夫したりする契機もうまれやすくなります。

　また，この方法は，たとえば「総合的な学習の時間」などのテーマや課題を設定す

図 7.7.1　概念地図の例

出所：ホワイト，R.・ガンストン，R. 著，中山迅・稲垣成哲監訳『子どもの学びを探る』東洋館出版社，1995年，33頁。

る際にも有効です。子どもたちには「木の幹」図や「クモの巣」図などという名前で提示し，たとえば「食」についてのキーワードを次々と提案してもらい，それら相互の関係の説明や拡張の可能性を探っていくなかで，個人やグループが問題意識を練り上げていくことになります。その意味では，大学生がとりくむ論文やレポート，あるいはプレゼンテーションのための構想を整理するのにも役立つことでしょう。

　このように，提示された（あるいは既有の）概念を整理したり，課題発見のために連想をおこなったりすることができるという利点が概念地図法にはあります。ただし，そのためにはある程度の作図の経験が積み重ねられないうちは貧弱なものしか作成されないということもおこりえます。また，概念地図が複雑化しなかったり，深まりが見られなかったりする場合は，その教育内容に対する意欲の無さや，単なる暗記で知識を所有していることに満足しているということがあるかもしれません。概念地図法を用いると，このような子どもの学習意欲や学習に対する構えの一端も浮き彫りにされてくる可能性があります。

❸ 「自己評価」・「相互評価」を励ます方法として

　概念地図法の有用性は，事前の理解の把握だけにとどまりません。たとえば，まったく同じキーワードを用いて，ある教育内容を学ぶ前と学んだ後とで2回作図にとりくむと，子どもたち自身がどれだけ自らの理解が深まったかが確認できます。このとき，2枚の概念地図は明確な成長・発達の記録ともなります。堀哲夫が取り組んでいる「**一枚ポートフォリオ法**」はその具体例です。また，授業を経ても，どうしてもつながらない関係がある場合，それが次の課題を示唆することになり，目標を自覚化しやすくなります。

　概念地図という一種の「描画」課題を通じて，個性的な自らの理解のあり方を表現でき，その再構成そのものが自己評価の行為と重なっているわけです。また，他の学習者の概念地図と交流しあうことによって，他者の理解の異質性を知り，逆に自らの理解をとらえ直すという相互評価もおこなえます。「評価場面」において，と限定的に用いるという発想だけでなく，授業そのものを豊かにしていく手段としても位置づけることができるでしょう。

　単に知識を問うだけの筆記テストや，かなりの表現力を要求される論文テストなどとは異なり，概念地図法には規格化された「答え」があるものではありません。子ども一人ひとりの個性的理解がまさに表現されているわけであり，得点化を急いだりしてはいけません。ただし，概念間のリンクの数や有意味性，重層的な関係の自覚化などを，教師は評価規準としてもっておく必要はあるでしょうし，それを子どもとの対話のなかで共有していくことはなされなければならないでしょう。

（藤本和久）

▷2　一枚ポートフォリオ法
⇒ V-9 参照。堀哲夫『学びの意味を育てる理科の教育評価』（東洋館出版社，2003年）も参照のこと。

（参考文献）
　ノヴァック，J. D.・ゴーウィン，D. B. 著，福岡敏行・弓野憲一監訳『子どもが学ぶ新しい学習法──概念地図法によるメタ学習』東洋館出版社，1992年。

8 ベン図法

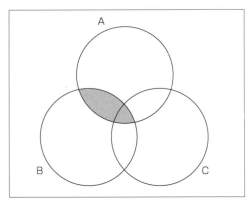

図7.8.1　ベン図

▷1　概念地図法
⇒ Ⅶ-7 参照。

1 ベン図とは

　ベン図（venn diagrams）とは，図7.8.1のように，集合の交わり・補集合（ある事象にふくまれない集合）などの関係を，閉曲線を用いて図に表したものです。数学や論理学で一般的に用いられます。たとえば網をかけた交わりの部分は，事象Ａと事象Ｂの両方の特徴を兼ね備えているものの集合となります。

2 ベン図法を教育評価に応用する

　概念相互の包含関係や分類上の妥当性などを視覚的に確認できるという特性によって，教育評価の一方法としても応用可能です。**概念地図法**は，概念相互の関係を整理したり意味づけたり，また新たな概念を連想したりすることに役立ちますが，ベン図法では，与えられた諸概念の包含関係を明示するのに役立ちます。とくに，物の集合につけられたラベルである名詞の多層性や排他性などを正確に理解しているかどうかを把握することができます。

　たとえば，ホワイト（White, R.）とガンストン（Gunstone, R.）がおこなった調査において，「詩」，「韻文」，「五行戯詩」の三つの用語をベン図に表すことを17歳の文学クラス生に要求した課題があります。図7.8.2をみると，2者が異なった回答を示していることがわかります。どちらが間違っているというわけではなく，どちらにもそれぞれのベン図を擁護する根拠があり，その意図を面接やプレゼンテーションなどを通じて説明し，交流しあうことが大切です。

　この例は，いくつかの概念が与えられて，相互の包含関係を示すことで，子どもたちの概念理解を把握しようとするものですが，逆に包含関係を示しておいて，具体的な要素がどこの領域に位置するかということを問うことも考えられます。

　図7.8.3は，動物に関するベン図です。哺乳類・魚類・海に住む動物の3者が動物全体のなかに位置づけられています。もし，これ自体を作図することを目的にしたとしても，たとえば，「クジラ」は魚であると「誤解」している子どもには，「哺乳類」と「海に住む動物」に交わりがないベン図を描くことが見受けられることでしょう。一方で，この図をあらかじめ設定して「クジラ」

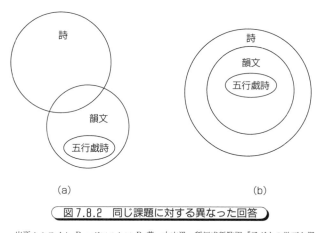

図 7.8.2　同じ課題に対する異なった回答

出所：ホワイト，R.・ガンストン，R. 著，中山迅・稲垣成哲監訳『子どもの学びを探る』東洋館出版社，1995 年，159 頁。

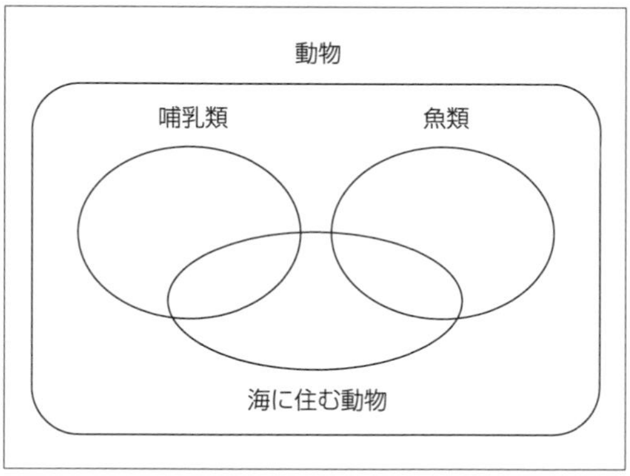

図 7.8.3　ベン図例

出所：田中耕治編著『新しい教育評価の理論と方法 [Ⅰ] 理論編』日本標準，2002 年，62 頁。

はどこの領域に入るのかを試みることでも同じ「誤解」が見出せます。

　診断的評価としてベン図法を用いるならば，いくつかの概念を提示しておいて，できるだけ自由描画方式で子どもがとりくむ機会を設けたほうが効果的でしょう。その際，同次元の概念だけでなく，多様なレベルの概念を提示したり，新たな概念を加えることを認めたりするなどの工夫も可能です。

　ベン図法を，得点化したい場合は，個人の価値観の相違が反映されないような諸概念の提示をおこなうべきです。たとえば，「参議院議員・衆議院議員・国務大臣の構成員」や「整数・素数・分数」などは表現の仕方がほぼ限定・確定されてくるものであり，得点化も可能でしょう。

3　ベン図法を用いる際の留意点

　ベン図法を用いるための留意点は，まず子どもたち自身がベン図の描き方にある程度なじんでいなければならないということです。概念地図法のように，相互がどのような関係であろうが，繋いで説明を付していくだけではなく，包含関係を示す図であるので，重なりの意味や立体性についても考慮することを子どもが理解しておく必要があります。単に，評価法としての適用だけではなく，学習者である子どもにとっては，自らの課題を整理したりする場合に用いる重要なツールとしても機能するので，より洗練したベン図の描き方を指導することも視野に入れる必要があるでしょう。ただし，一般には二次元の平面図で表現することになるので，立体的な関係や多元的な関係をとらえるときには必ずしも適しているとはいえないという面もあります。また，ベン図それ自体が，数学科等で学習する内容となっているので，取り扱いについては，その指導内容もふまえたうえで誤解を招かないよう留意する必要もあるでしょう。

（藤本和久）

▷2　診断的評価
⇨ Ⅰ-4 参照。

9 KJ法

① 発想法としてのKJ法

　KJ法とは，文化人類学者の川喜田二郎が，その著書『発想法──創造性開発のために』（中公新書，1967年）で野外科学の必要性を論じるなかで，その方法として提案したものです。野外で観察した複雑で多種多様なデータをいかに整理するのか，またそのデータ自体の相互関係から創造的にまとめていくにはどうしたらよいのかという課題を解決する有効な方法としてKJ法を生み出しました。KJとは，川喜田二郎のイニシャルから本人により命名されたものですが，いまでは企業や教育の世界で普及しています。

KJ法の具体的手続き

○ KJ法のために用意するもの
　黒鉛筆またはペン・赤や青などの色鉛筆・クリップ多数・輪ゴム多数・名刺大の紙片多数・図解用のコピー用紙・文書を書くための原稿用紙・できるだけ大きな天板の机

○ KJ法の手順
①ラベルづくり
　解決すべき課題に関係している具体的な事象をできるだけ広い視野をもって収集します。その集めてきた数多くの事象を**ブレーンストーミング**[※1]をおこなって，上記の名刺大の紙片１枚につき一つの事象を文や単語で書き込んでいきます。これが第一段階のラベルづくりです。それぞれの項目にノートやパンチカードなどの番号を付しておくと，いつでも元資料に戻り参照することができる索引機能ももちます。

②グループ編成
　このようにして記録されたラベル紙片を広いスペースのテーブルなどにまるでカルタのようにひろげます。つぎにその内容でお互いに「親近感のある」紙片同士を，コロニーをつくるように一箇所に集めていきます。感覚的に集めたものをその後吟味して，その関係性を見つめ直します。そのうえで，再編成してから，そのグループにコピー用紙大の表札を与え，そのうえに集合させます。これが第二段階のグループ編成です。この要領で繰り返して，いくつかの表札つきのグルーピングをおこないます。このとき，どこのグループにも入らない

紙片があっても，無理にグルーピングを急いではいけません。どこにも入らないこと自体に意味がある場合があるからです。

③図解づくり・文章づくり

グループ編成後に，これを図解にもっていく方法を「KJ法A型」とよび，文章化していく方法を「KJ法B型」とよんでいます。そしてその両者を結合した方法を「KJ法AB型」とよんでいます。これはA型にしたがって図解したものにもとづいて文章化するというものです。

A型については表札を読みとっていくことで，グループ相互の関係を考えていきます。その過程で，まず各グループをどこに配置していくかも考えあわせなくてはなりません。空間配置を考えるだけでさまざまな発見もあり，全体像の構想にとって欠かせない作業であるといえます。配置が済むと，各グループを線で囲んで，いよいよ相互の関係を線などで示していきます。ここは，すでに事象が与えられた後の**概念地図法**と酷似しています。川喜田は，相互の関係をつなぐ記号として，とりあえず相関のあるものを「←→」で，明らかに対立関係にあるものを「>─<」，因果関係のあるものを「─→」で表すなど，さまざまな工夫をしてつくることをすすめています。図解化にあたっては，グループ編成時とは逆に，大グループから先に関連づけをおこなうのが効果的です。大分けのグループを先につくっておくと，索引の役割を果たしてくれるからです。これらをもとに移動可能な紙片でつくられた図解を別の用紙に清書します。そして文章づくりや口頭発表に活かすわけです。

▷2　概念地図法
⇒Ⅶ-7 参照。

④発表

出来上がった図解をもとに口頭発表をおこないます。

③ 教育実践への適用

学校教育目標を設定したり，教科における目標の構造分析に用いたり，教材研究をおこなったりとさまざまな場面で適用が可能でしょう。また，授業中の子どもの発言を記録し，それを整理することで子どもの思考過程とそれへの教師のアプローチの妥当性などを評価することも可能になります。つまり授業分析にも効力を発揮する方法であるといえます。このような適用はカリキュラム評価という教育評価の一つとしても活用できることを意味しています。

一方，子どもがこの方法を用いる場面を想定してみましょう。まず何よりも，KJ法のような概念整理法や発想法に方法として慣れる必要がありますが，総合的な学習の時間や社会科における調べ学習などで繰り返し用いることでなじんでいくことができるでしょう。プレゼンテーションをおこなったり，小論文や報告書を作成したりする場面でKJ法は有効性を発揮します。

学問の新たな方法として提案されたものであり，その意味で学校における探究的学習活動における手法として適用が可能であるといえます。　（藤本和久）

（参考文献）
梅棹忠夫『知的生産の技術』岩波新書，1969年。
川喜田二郎『野外科学の方法』中公新書，1973年。

10　描画法

▶1　論文体テスト
⇒ Ⅶ-3 参照。

▶2　POE法
⇒ Ⅶ-6 参照。

▶3　概念地図法
⇒ Ⅶ-7 参照。

▶4　ベン図法
⇒ Ⅶ-8 参照。

▶5　運勢ライン法
⇒ Ⅶ-3 参照。

 描画法の特徴

　描画法は，臨床心理学分野においては，行動にはあらわれない部分も含めて，被験者の深層心理を知ろうとする心理検査の投影法のひとつとしてよく知られています。被験者に対して，樹木を描かせることによって，心理検査をおこなう方法などは有名です。

　教育評価の文脈においては，深層心理を把握しようとするものではなく，子どもたちの学びやその理解に迫ろうとする方法として注目されています。心理分析をおこなうものではありませんが，子どもが描いたものを分析的に解釈する必要があります。

　子どもが文章で自由に記述したものをもとにおこなう「**論文体テスト**◀1」や**POE 法**◀2のような評価方法では，子どもによっては，文章表現力や文字の美醜が評価者の判断に影響を与えてしまう可能性がおおいにあります。つまり，子どもの理解度を文章記述というモードに変換して評価者の目に届くようにすることで，そのリアリティーを失い，適切に把握することができなくなる可能性があるのです。一方，描画により表現する方法においては，その制約はかなり解消されることになります。広義の描画法には，**概念地図法**◀3，**ベン図法**◀4，**運勢ライン法**◀5などが含まれますが，これらは，その形式性においても記号性においても一定の様式があり，それにしたがって子どもたちが描いていくという特徴があります。しかし，ここでとりあげる狭義の描画法は，そのような制約もほとんどありません。あるテーマのもとで，文字通り，自由に表現することが可能になります。その開放性のなかで，ほかの評価方法では教師が気づかなかったような子どもの理解の質を見出すこともできます。

2 **描画法の具体例**

　図7.10.1-1，2は，ホワイト（White, R.）とガンストン（Gunstone, R.）が大学の教員養成コースに所属する学生たちに「授業をしている教師」についての描画を求めたものです。図7.10.1-1はコースの初日に描かれたもので，図7.10.1-2は最終日に描かれたものです。教員養成コースの授業を通じて，学生たちが，教師という職業についての理解を変容させていっているのがわかります。図7.10.1-1では，教師は一方的な知の伝達者として子どもたちの前に立つ存在

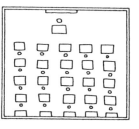

図7.10.1-1　初日に描かれた授業をしている教師

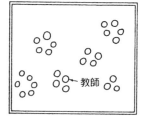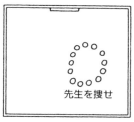

教師

先生を捜せ

図7.10.1-2　最後に描かれた授業をしている教師

出所：ホワイト，R.・ガンストン，R.著，中山迅・稲垣成哲監訳『子どもの学びを探る』東洋館出版社，1995年，127頁。

として描かれていますが，図7.10.1-2では教師は子どもの集団のなかに入り協力者というイメージに転換しているのがわかります。このことが授業者のねらいであったとすれば，この描画法により達成されていることがわかるでしょう。

　このように，イメージを具体的にもちうるだけに，教師にとっても子どもにとっても双方に理解のありようを知ることが可能になります。理科において**素朴概念**を掘りおこしたり（たとえば，電気がつくときの電流の流れを描いてもらうなど），国語科においてその解釈が「論争的な」小説の一場面を描いたりなど，「**診断的評価**」や，「**形成的評価**」として活用することで，授業場面を豊かにしたりすることもできます。

▷6　素朴概念
⇒ V-2 参照。

▷7　診断的評価，形成的評価
⇒ I-4 参照。

3 描画法における留意点

　描画法は，何も具体的な事物・事象だけを描くのに適しているだけではありません。「友情」といった抽象概念であっても描くことは可能です。こうすれば，子どもたちの「人間観」や「学校観」なども知りえますし，道徳の時間などにも応用可能であるといえます。

　心理検査がそうであるように，この描画法においても，ただ，描かれたものを教師が解釈をおこなうだけでは誤解がうまれやすくなります。また，学習者にはまったく意図されていない意味を描画に見出すようなこともおこりかねません。したがって，この描画法にとって重要なのは，その描画をもとに子どもの「語り」（絵を描いた本人の意図）を聞くということです。絵を描くこと自体よりも，描画をもとに教師やほかの子どもと対話をして，その意味を確認していくことの方がはるかに教育評価の文脈からして重要であるといえるでしょう。

（藤本和久）

参考文献
　堀哲夫編著『一枚ポートフォリオ評価』日本標準，2004年。

パフォーマンス評価：
パフォーマンス課題とそのつくりかた

 パフォーマンス評価とは何か

　パフォーマンス評価とはパフォーマンスに基づく評価です。ドリルによって知識やスキルをもっていると評価された学習者が，現実の場面では，それらを使って課題を遂行できない場合がよくあります。そこで，パフォーマンスに注目する必要があります。パフォーマンスとは，課題や手続きを実行して完成させることです。何かを成し遂げる能力は，特定の課題や文脈のなかで，知識やスキルを使って，自分自身の作品をつくり上げるプロセスや，そのなかでつくり上げた作品・表現によってのみ，評価することができます。

　パフォーマンス課題は，学習者のパフォーマンスの能力を，完成作品および口頭発表や実技の実演によって，評価しようとデザインされた課題です。パフォーマンス課題には次の三つの構成要素が含まれます。すなわち，①使われる知識やスキル，②特定の課題や文脈，③生み出された作品の三つです。

　パフォーマンス課題には次の二つのタイプがあります。レポートや小論文，詩や小説，ポスター，図表やグラフ，模型，絵画や彫刻などの完成作品のパフォーマンス課題と，口頭発表，ロールプレイ，演奏や演技，演劇，実験器具の操作など，その場で発表させるパフォーマンス課題の二つです。

2 パフォーマンス課題の作成手順

　パフォーマンス課題はどのような手順で作成されるでしょうか。次の資料は，アメリカ，アイオワ州の教師向けオンライン・ガイドに示された九つのステップです（表7.11.1）。

表7.11.1　パフォーマンス課題の作成手順

① 課題によって評価しようとする内容の基準を設定する。
② 比較，分析，問題解決，意思決定など課題が求めるスキルを設定する。
③ 州や学区の教育目標との整合性を確認する。
④ 課題，役割，聴衆，状況，作品，基準を含む問題の下書きをつくる。
⑤ 課題の遂行に必要な知識とそれを教える方法を確認する。
⑥ 真正性，妥当性，信頼性，発達段階などの観点から課題を見直す。
⑦ 課題の遂行に必要な素材や資料，道具や材料などを確認する。
⑧ ルーブリックやチェックシートなどにより評価基準をつくる。
⑨ 教師の観察，生徒の相互評価，自己評価など，評価者を確定する。

出所：http://www.aea267.k12.ia.us/cia/framework/tasks/writing/

手順の①と②において，まず評価の焦点となる知識とスキルを明確にすることがポイントです。単なる知識やスキルの有無を確かめるだけならば，パフォーマンス課題をつくる必要がないわけですから，永続的な理解を求める本質的な内容や**高次の思考**スキルをねらいとして明確にする必要があります。手順④はウィギンズ（Wiggins, G.）とマクタイ（McTighe, J.）が課題のシナリオづくりの枠組みツールとして示したものをベースにしています。⑥の手順にあるように，課題として設定される条件や文脈ができるだけ現実の状況に近いものとすることが重要です（真正性）。この点でよりよいものになるよう何度も見直しがされます。さらに手順⑧にあるように，課題の遂行の成功の度合いを評価するための**ルーブリック**をつくり，評価基準を明確にすることが重要です。

❸ パフォーマンス課題の具体例

表7.11.2は，加西市立下里小学校と京都市立衣笠中学校のパフォーマンス課題の具体例です。国語の例は，「説得力ある意見書を書くには，どうしたらよいのだろうか？」という「本質的な問い」を設定し，次の「永続的理解」を目標とする単元のパフォーマンス課題です。すなわち，①「はじめ・中・おわり」の構成にし，その中に「書き出し」「意見の提示」「事例」「反論」「結論」の要素をどのように入れるか，工夫する②読み手や聞き手に語りかけてともに考えさせたり，断定的な表現を利用して訴えかけたりするとよい，という永続的理解です。社会の例は「日本の民主主義（大正デモクラシー）は，どのように高まったのか（民主化とは何か。どうすれば民主主義の社会を築くことができるのか）。」という本質的な問いを中心とした単元のパフォーマンス課題です。詳細は省略しますが，調べ方とまとめ方の二つの点でルーブリックが作成されています。 （岸本　実）

▷1 **高次の思考**
因果関係を分析したり，複数の関係や構造を総合したり，政策や価値判断を評価したりするような複雑な思考のこと。

▷2 **ルーブリック**
生徒の作品の質を段階的に評価するための採点尺度表。各尺度には得点とかぎとなる特徴やパフォーマンスのレベルが示される。⇒Ⅳ-8参照。

▷3 西岡加名恵編著『「逆向き設計」で確かな学力を保障する』明治図書出版，2008年。

表7.11.2　パフォーマンス課題の具体例

「国連子ども会議の意見書」（6年国語）
　6年1組で，「国連子ども会議」を開くことになりました。あなたは「平和」について考え，自分たちにできることをみんなによびかけなければなりません。そのための説得ある意見書を作り上げてください。
〈振り返りの視点〉
①関心を引きつける書き出しか。　④反論する意見が書かれているか。
②具体例がくわしく分かりやすいか。　⑤結論が強く語られているか。
③つなぎ言葉が適切に使われているか。　⑥事実と意見が区別して書かれているか。
「大正時代の民主主義新聞」（中2社会）
　あなたは，大正時代の新聞記者です。大正デモクラシーについて特集記事を書きなさい。この時代にはどの程度民主主義が高まったといえるでしょうか。大正時代の出来事を取り上げ，次の三つの内容を採り入れて記事にまとめなさい。①どのような出来事だったか，その経過，②どうしてそれが民主主義の高まりといえるのか（どの程度民主主義が高まったといえるのか），③世界の動きとの比較。
〈ルーブリック〉
　調べ方とまとめかたについての4段階のルーブリック（詳細は省略）

出所：西岡，2008年，35，87頁。

（参考文献）
Wiggins, G., & McTighe, J., *Understanding by Design*（2nd Edition），Prentice Hall, 2005.
McTighe, J., & Wiggins, G., *Understanding by Design: Professional Development Workbook*, Association for Supervision and Curriculum Development, 2004.
西岡加名恵編著『「逆向き設計」で確かな学力を保障する』明治図書出版，2008年。
田中耕治編著『パフォーマンス評価』ぎょうせい，2011年。

12　プロジェクト

1　プロジェクトとは何か

▷1　パフォーマンス課題
⇨Ⅶ-11 参照。

　一定期間かけて，テーマについての調査をしてレポートをまとめたり，**パフォーマンス課題**[1]を遂行することで一つの作品を仕上げたりすることがプロジェクトです。集団でおこなうグループ・プロジェクトは，個々人の作品を仕上げる能力だけでなく，協同で事に当たることができるかどうかを評価する方法として活用されます。

　研究的なプロジェクトは，一定の期間において，テーマの設定，仮説の形成，研究計画の立案，データの収集と分析，結果のまとめと考察，発表という研究のプロセスを最初から最後まで経験し，それぞれのプロセスにおいても評価がおこなわれます。作品をビデオにまとめるビデオ・プロジェクトや，ウェブページにまとめるウェブ・プロジェクトなどマルチメディア・プロジェクトも有効な評価方法として多くのものが開発されています。宿題，小テスト，短期間のパフォーマンス課題，プロジェクトなど異なるタイプの評価法を組み合わせることにより，生徒の能力についてより妥当な判断を下すことができます。

2　ニューヨーク市の第8学年歴史のプロジェクト例

　表7.12.1の資料は，ニューヨーク市のサマースクールで，第8学年の生徒が，その年度終了時に，1年間に学んだテーマから題材を選び研究を進めていくように考案された社会科のプロジェクトです。まず，南北戦争から現在までの合衆国史から「女性の役割の変化」など自分が関心をもったテーマを選びます。そして，自分の疑問に答えるデータを収集し，仮説を立てて検証していき，その調査結果を考察して文章や図表にまとめます。最後に，そのレポートを発表し，ほかの参加者からの疑問に答えたり，結論を見直すというのが，このプロジェクトのおおよその流れです。詳しくは資料の①から⑰のような流れとなっています。

▷2　フィードバック
⇨Ⅴ-4 参照。

　このような流れのプロジェクトは，教師による評価と**フィードバック**[2]，自己評価，生徒同士の相互評価によって，より深められていきます。そこでの評価の観点は，次の3点です。①社会科の概念や理解が，文章，グラフ，地図，年表，模型，漫画，マルチメディアなど多様な方法で表現されているかどうか，②証拠の調査にもとづいて結論が導かれ，その結果が適切に表現され，伝えら

表7.12.1 ニューヨーク市第8学年歴史のプロジェクト

① 題材選び。南北戦争から現在までの合衆国史から，「合衆国史における女性の役割の変化」や「世界の警察，アメリカ」など，自分が関心をもったテーマを選び，追求したい問いを明確にする。

② **ブレーンストーミング**。生徒はこれにより探究心を高める。[3]

③ 知っていること，知りたいこと，学んだこと。これらをワークシートの表に書き込む。

④ 情報チャート。いつ，どこで，だれが，なにを，なぜという問いについての情報を整理する。

⑤ 教科書のまとめ。読んだ教科書のなかで，驚いた事実，新しく生まれた疑問，その疑問に答える手がかりとなりそうな新しい資料についてまとめる。

⑥ ウェビング（webbing）。一般的な概念やビッグ・アイデアから始めて，クモの巣状の**概念地図**をつくる。[4]

⑦ **ベン図**。概念や時代の共通点や差異を比較対照できる図を作成する。[5]

⑧ インターネット・図書館調査。インターネットや図書館の本を使って，題材についての情報源を探す。

⑨ 情報の収集と記録。問題，情報源，見つけた事実や情報を表に整理する。

⑩ 概念の複数の表現法。言語，図，表，グラフによって，概念の複数の表現法を学ぶ。

⑪ 読書。本からの情報を整理する。

⑫ インタビュー。インタビューによる情報を整理する。

⑬ 訪問。訪問・見学による情報を整理する。

⑭ 参考文献目録。情報源を整理する。

⑮ 結論・意見の弁護。意見の正しさを根拠にもとづいて主張する。

⑯ ノート法。発表からわかったこと，疑問点を整理するノート法を学ぶ。

⑰ ノート法。事実，問題，反応という三つの欄で整理してノートする。

出所：Board of Education of the City of New York, *Summer2000 Grade 8 Exit Project Guide: Social Studies.* 〈http://www.nycenet.edu/teachlearn/socialstudies/SSexit.pdf〉。この資料で示されたプロジェクトの流れを，筆者が整理した。

れているかどうか，そして，③結論について見直しがおこなわれ，教師や他の生徒からの意見に適切に反応できているかどうか，という3点です。

3 プロジェクト学習

　日本でも，鈴木敏恵が提唱する「プロジェクト学習」[6]は，評価の方法であるとともに，このようなプロジェクトを中心にカリキュラムやコースを構成したものということができます。プロジェクト学習の基本展開は，準備，テーマ・ゴール，計画，情報リサーチ，製作，プレゼンテーション，再構築，成長エントリーで，チームでゴールに向かうグループ・プロジェクトとされています。そして，プロジェクト学習を成功させるポイントは次の6点に整理されています。①テーマの意識化，②ゴールを明確に，③根拠ある情報，④社会を相手に，⑤ミッションを胸に！，⑥意志ある学び，です。また，このプロジェクト学習の評価方法として，**ポートフォリオ**[7]の活用が提唱されています。

（岸本　実）

▷3　ブレーンストーミング
⇒Ⅶ-9 参照。

▷4　概念地図
⇒Ⅶ-7 参照。

▷5　ベン図
⇒Ⅶ-8 参照。

▷6　鈴木敏恵『ポートフォリオでプロジェクト学習！──メディアリテラシー「ケータイ電話」』（教育同人社，2003年）など。また，http://www.toshie-suzuki.net にもその理念や実践例が豊富に紹介されている。

▷7　ポートフォリオ
⇒Ⅶ-15 参照。

13 日常的な評価

▷1　真正の評価
⇒ Ⅲ-4 参照。

1　日常的な評価の重要性

　教師は，わざわざ評価のために特別な場を設定しなくても，日々の指導や交流のなかで子どもたちの評価を行っています。「**真正の評価**」論においては，子どもの能力の発揮は，文脈と動機づけによって変動するものだと捉えられています。評価のために特殊な環境で行われるフォーマルな評価では子どもが緊張してしまうため，日常的な観察によるインフォーマルな評価の方が子どもの実力を把握するのに適しているとも考えられます。

　また，フォーマルな評価では筆記による評価が中心になりがちであることから，実演による評価をするには日常的な評価に位置づけることが現実的でしょう。特に口頭での表現を評価することは，考えることはできていても書くことが苦手な子どもの学力を評価するうえで重要です。

2　発問と応答，話し合いなどの観察

▷2　発問
⇒ Ⅶ-4 参照。森脇健夫「社会科発問論の展開」（柴田義松ほか編『社会科授業づくりの展開』日本標準，1994年，51-82頁）も参照。

　発問は，授業において最も一般的に用いられる指導法です。発問に対する子どもたちの応答や表情を観察することによって，教師は指導しながら評価をおこなっています。発問を効果的に用いるためには，授業を計画する際に，目標と子どもの実態に照らし合わせつつ，鍵となる発問を予め考えておかなくてはなりません。子どもたちの思考力を評価するためには，単に暗記された事実や情報を再生する発問だけでなく，さまざまな種類の推論を求める発問を投げかける必要があります。

▷3　杉浦正和・和井田清司編著『授業が変わるディベート術！──生徒が探究する授業をこうつくる』国土社，1998年。

　授業においては，教師が投げかけた発問からクラス討論へと発展することも多く見られます。また，グループ討論やディベートといった手法を取り入れることも考えられます。そのような話し合いの様子を観察することによって，個々の子どもの実態や子どもたちの集団としての質を評価することができます。

　話し合いの場面においては，板書において，子どもたちから出された問いや意見を分類するなどの整理をすることが，教師の重要な役割となります。板書によって子どもたちの思考を助けることができるとともに，板書をデジタル・カメラで写せば話し合いの良い記録となります。さらに，観察された様子を，**カルテ・座席表**の形で記録しておくと，指導と評価に一層役立つことでしょう。

▷4　カルテ・座席表
⇒ Ⅴ-3 参照。

③ 実技テストとパフォーマンス課題

　実技テストは，習得すべき技能を実際に使えるかどうかを試すものです。たとえば「特定の課題に関する調査（理科）」では，「メスシリンダーとスポイトを用いて，水を正確に量りとり，上皿天秤を用いて，溶かす前の水と食塩の重さと，溶かした後の水溶液の重さを比べることができるか」を見る問題が出題されています[5]。実際の授業においては，水溶液の単元における学習活動の中でメスシリンダーなどが正しく使えているかどうかを観察し，チェックリストを用いて記録する評価を行うこととなるでしょう。

　パフォーマンス課題についても，特に実演を評価するものについては，授業における学習活動と一体化する形で行われることが多いことでしょう。たとえば，グループでの話し合いの発言を個別に見て評価する場合は「活動の断片的な評価」ですが，グループで話し合う活動を一まとまりとしてその質を評価する場合はパフォーマンス課題だと捉えることができます[6]。授業においてプレゼンテーションなどの活動を行うことは，パフォーマンス課題による評価の場となるだけでなく，子どもたちがお互いのプレゼンテーションから学習する場としても位置づけることができます。内容や仕方について相互評価する場を持つことで，的確に自己評価する力を育てる指導も可能となることでしょう。

④ ノート・日記など

　もちろん，筆記による評価を日常的に行うことも可能です。ノートや日記の評価は，その典型例と言えるでしょう。ノートについては，板書を写させるだけでなく，文章についての解釈を書かせたり，調査の計画を立てさせたりする際にも用いることによって，推論する力や計画する力を評価する資料となります。

　大村はまは，ノートの代わりに「学習記録」を用いています。これは，日々の授業の記録やプリントを蓄積し，単元または学期ごとに表紙・目次などをつけて冊子をまとめるものです。大村は，「学習記録」について，「学んだことについて，学ばなかったことをも考えるために書くもの」，「心の中を文字にするもの」だと述べています[7]。

　評価したい学力に対応するワークシートを採りいれることも有意義でしょう。**構成主義的学習観**[8]の発想を生かして，子どもたちの**素朴概念**[9]を顕在化させるとともに，理解の変容を追うようなワークシートも提案されています[10]。

　最後に，日誌は学習の特定の側面について，日々記録を採っていくものであるのに対し，日記は日々の出来事や感想などを子どもが自由に記述していくものです。読書日誌や観察日誌は，子どもたちの学力を評価する重要な資料です。また，特に総合学習においては，子どもの興味や関心を探る際に日記が良い資料になったという声も聞かれます。

（西岡加名恵）

▷5　国立教育政策研究所「特定の課題に関する調査（理科）」の「調査結果」38-45頁（https://www.nier.go.jp/kaihatsu/tokutei_rika/index.htm）。

▷6　宮本浩子「6年生の国語科単元『生きる姿を見つめて～読書会をしよう～』――『学習の手引き』とルーブリックの活用」（宮本浩子ほか『総合と教科の確かな学力を育むポートフォリオ評価法　実践編――「対話」を通して思考力を鍛える！』日本標準，2004年）を参照。

▷7　大村はま『大村はま国語教室12――国語学習記録の指導』筑摩書房，1984年，75-76頁。

▷8　構成主義的学習観
⇒ III-4 参照。

▷9　素朴概念
⇒ V-2 参照。

▷10　堀哲夫『問題解決能力を育てる理科授業のストラテジー――素朴概念をふまえて』明治図書，1998年。同編著『一枚ポートフォリオ評価　理科――子どもと先生がつくる「学びのあしあと」』日本標準，2004年。

14　口頭試問と面接法

▷1　科挙
⇒Ⅻ-1 参照。

▷2　現在でも，西洋の伝統ある大学の入試では，口頭試問が重視されている。

▷3　口頭試問では，その「問い」の種類として，オープン・エンドな問いや「ゆさぶり発問」をおこなうことが可能であり，子どもたちの学力をより深く知ることができる。

　中国の「**科挙**」に代表されるように，東アジアでの「筆記試験（written examination）」に対して，西洋では中世の大学で学位授与の際に実施されていた「口頭試問（oral examination）」が発展しました。おそらく，そこには「紙」文化の有無とその普及度が影響していたといわれています。面接法（interview method）とは，この口頭試問を洗練したものと考えてよいでしょう。

1　口頭試問の意義と留意点

○口頭試問の意義
①問いの明示化

　まず何よりも，子どもたちに対して，質問の意味を明確に伝えることができます。もし，子どもたちが質問の意味を十分に理解できていないと判断した場合には，質問を繰り返したり，別のわかりやすい表現で言い直すことができます。筆記試験では，質問の意味を誤解して回答する場合が意外と多くあります。

②回答の明示化

　筆記試験の場合には，一般的にはその回答のチャンスは1回に限られ，その回答によってさまざまな能力や人格面を判断されます。それに対して，口頭試問の場合には，子どもたちに対して補助的な質問を投げかけることによって，子どもたちの回答の意味をより明確にできます。

③評価の直接性

　筆記試験の場合には，その子どもたちの読み書き能力を前提にしていることから，読み書き能力の水準によって，回答の水準が規定されることがおこります。口頭試問では，先の①と②の方略を駆使することで，読み書き能力に左右されず，さまざまな能力面や人格面を直接に評価することができます。

④評価の全体性

　入学試験に口頭試問が使われる場合には，筆記試験では判断できない受験生の教養や人格的な側面を把握することが期待されます。もちろん，その場合には，受験生のプライバシーや人権に配慮することはいうまでもありません。

○口頭試問の留意点

　まず，口頭試問をおこなうには，かなりの時間を必要とします。その時間の確保が可能かどうか，どの程度可能かを判断しなくてはなりません。

　次に，口頭試問には，問いや回答の明示化をはかるために，事前に質問の内

容や順序，その表現の仕方について計画・準備しておく必要があります。

　また，口頭試問にあたっては，子どもたちとのラポール（rapport：信頼関係）を大切にし，基本的には「聞き役」としての立場を堅持すべきです。

　さらには，評価の直接性や全体性を確保しつつ，できるだけ客観的で公正な評価がおこなわれなくてはなりません。

　以上の留意点がおろそかにされると，口頭試問は時間だけはかかるが，その結果は調査者のきわめて恣意的な評価になる危険性があることに注意しておきましょう。

❷ 三つの面接法

　ここでは，ホワイト（White, R.）とガンストン（Gunstone, R.）があげている三つの面接法を紹介してみましょう。

◯ 事例面接法

　ある特定の概念について，子どもたちがどの程度理解しているのかを調べる方法で，特定の概念が適用可能な事例を適切に判断できるか，自らの判断について説明できるかを調べるものです。たとえば，「植物」にかんする理解を調べるために，にんじん・草・樫の木・種の描画を見せて，どれが植物にあたるのかを語らせるという方法です。

◯ 事象面接法

　ある現象を説明させる方法です。たとえば，「力」という事象にかんする理解度を調べるために，空中に飛ばしたゴルフボールに力が働いているかを問い，働いていると答えた場合には，それはどうしてか，どんな種類の力か，どのように作用しているのかを重ねて問うていきます。また，働いていないと答えた場合には，ボールに何が起こるか，ずっと飛び続けるのかと問うていくことになります。

◯ 概念についての面接法

　概念理解とは，知識のさまざまな要素が結合して，あるまとまりをつけていることであって，この面接法では，そのまとまりを探るために，命題・イメージ・エピソードなどを引き出す問いを投げかけます。たとえば，「ゴムの木」について調べる場合，「ゴムの木について何か話すことができますか」「どんな映像が心に浮かびますか」「どんな経験をもっていますか」と問い，知識の広がりや事実との一致度，応答の一貫性などについて評価していきます。

　日本における口頭試問は，その伝統が浅いためか，短時間で事務的におこなわれたり，印象批評的な内容になる場合が多いように思われます。口頭試問を実施する際の留意点をおさえた上で，面接法で示した的確な問いを出すことで，その有効性を高めていく必要があるでしょう。

（田中耕治）

▷4　調査者の好悪や子どもたちの性格特性に左右されないことが重要である。

▷5　ホワイト, R.・ガンストン, R. 著，中山迅・稲垣成哲監訳『子どもの学びを探る』東洋館出版社，1995年。

ポートフォリオ評価法

① ポートフォリオ評価法とは何か

　学習において，自分はどのようなことに努力しているか，どこがどのように成長したか，何を達成したかなどについての証拠となるものを，目的，目標，**規準と基準**[1]に照らして，系統的・継続的に収集したものを**ポートフォリオ**[2]といいます。子どもは教師と協同して，自己の成長の証拠となるものを収集していきます。ポートフォリオに収められるのは，①学習の成果としての作品や学習のプロセスを示す作業メモ，②子どもの自己評価，③教師による指導と評価の記録などの三つです。ポートフォリオに収められた収集物にもとづいて，教師や子どもが，子どもの成長を評価する方法が，ポートフォリオ評価法です。

② ポートフォリオの基礎にある理念

　ポートフォリオ評価法の基礎には，真正の評価論と構成主義の学習観があります。真正の評価論とは，できるだけ現実の世界に近いリアルな課題にとりくませるなかで子どもを評価するという考え方です。また，構成主義とは，子どもたちを，環境との相互作用のなかで自分の経験にかんして個人的な理解や意味を構成していく能動的な学習主体としてみなす立場です。学習によって新しい考えを獲得していくプロセスは，白紙の状態に書き込まれていくというものではなく，以前にもっていた考えや経験と，新しく経験したことを，比べながら成立していくプロセスです。したがって，教師は，児童が何をすでに知り，理解しているかを把握し，子どもと相互作用しながら，子どもが学びのなかで実際にどのような理解を構成していきつつあるかに焦点を当てる必要があります[3]。

③ ポートフォリオの活用法

　第一に，ポートフォリオは，子どもが自己の成長を記録するためのものです。そこで自分の努力や成長，達成の証拠としてさまざまな作品を集めます。ポートフォリオに収める作品を選ぶなかで，子どもは自己評価力を伸ばしていきます。このように自分自身の学習の評価に参加することを可能にする方法は，ポートフォリオ評価法以外にはあまりありません。

　第二に，また，学習のプロセスや結果として生み出された作品についての自

▷1　**規準と基準**
⇒Ⅱ-6 参照。

▷2　**ポートフォリオ**
もともと「紙ばさみ」（ファイル）を指す言葉である。画家や建築家が自分の作品などを綴じ込んでおいて，顧客との契約の際に自分をアピールするために用いられていたものである。

▷3　シャクリー，B. D. ほか著，田中耕治監訳『ポートフォリオをデザインする』ミネルヴァ書房，2001年，6，11頁。

己評価の記録もポートフォリオには収められます。ポートフォリオつくりを通して，子どもたちは，自分の作品を通して学習を振り返り，次の見通しをもつことができます。教師は，継続的な学習への子どもたちの参加を促し，そのプロセスに沿って評価することができます。そして，そのなかでの子どもの意欲，関心，態度，要求についての情報や，個人内での成長を評価することができます。

第三に，教師の指導と評価の記録が収められます。また，教師だけでなく，子どもの相互評価や保護者や地域の人の評価をポートフォリオに加えることができますから，評価が多面的でより豊かなものとなります。それによって，保護者には子どもの成長の具体的な証拠を提供することができますし，卒業した学校から，進学した学校に子どもの学びの記録を具体的に引き継ぐことが可能となります。

④ ポートフォリオの所有権

ポートフォリオは誰のものか，誰が作品の決定権をもち，誰が評価の規準と基準を設定するか，すなわち，ポートフォリオの所有権（ownership）が問題となります。学習を子ども自身のものにするためには，子どものポートフォリオの所有権を尊重することが重要ですが，目的や内容として収めるものに応じて，教師と生徒の所有権のバランスが問題となります。西岡加名恵は，所有権の観点からポートフォリオを次の三つのタイプに分類しています。①基準準拠型ポートフォリオ。これはあらかじめ決められた評価基準を教師が提示するものです。教育目標を学問の系統性に即して設計する学問中心主義の立場を基礎にもつもので，教科教育の領域に適しています。②基準創出型ポートフォリオ。これは，教師と子どもが共同で，交渉しあいながら評価基準を創っていくものです。総合学習の領域に適しています。③最良作品集ポートフォリオ。これは子ども自身が自己アピールするために自分で評価基準を設定し，作品を選択し，編集していくものです。子どもが自分の生活を自分でとらえなおす道具としてポートフォリオを活用するもので，子ども中心のカリキュラムに適しています。

⑤ ポートフォリオ評価の進めかた

ポートフォリオ評価は，およそ次の四つの段階で進められます。①子どもたちにポートフォリオの紹介をして，目標や基準を確認します。②目標と基準に照らして作品を収集し，選択していきます。単なる学習ファイルとの違いは，振り返って取捨選択するところにあります。③自分の学習のプロセスと結果について振り返り，**メタ認知**していきます。反省の段階です。④教師と子どもの対話を中心とした**検討会**をもちます。子ども主導で親などを招待するような検討会も企画されます。

（岸本　実）

▷4　西岡加名恵『教科と総合に活かすポートフォリオ評価法』図書文化，2003年，67頁。

▷5　ポートフォリオの種類や分類にはほかにたとえば次のようなものがある。学習のプロセスのなかで生み出された作品を随時集めるワーキング・ポートフォリオと，そこから作品を取捨選択し編集し直したパーマネント・ポートフォリオ。とくにプレゼンテーションのためによい作品を選んで編集したものをショーケース・ポートフォリオともよぶ。そのほか，評価のためのレポートや課題を集めた評価ポートフォリオ，自己紹介のための個人ポートフォリオ，ウェブ上やCD-ROMに収められた電子ポートフォリオ，教師評価のための教師ポートフォリオなどがある。

▷6　メタ認知
思考や判断など自己の認知のプロセスについて，考えたり判断したりという認知作用をメタ認知とよぶ。
⇒ V-5 参照。

▷7　検討会
⇒ VII-16 参照。

（参考文献）
安藤輝次『評価規準と評価基準表を使った授業実践の方法——ポートフォリオを活用した教科学習，総合学習，教師教育』黎明書房，2002年。

ポートフォリオ検討会

▷1 西岡加名恵『教科と総合に活かすポートフォリオ評価法』図書文化，2003年，67頁。

 ポートフォリオ検討会

ポートフォリオ検討会は，「子どもが教師とともにそれまでの学習を振り返って到達点を確認するとともに，その後の目標設定をする場[1]」です。ポートフォリオ検討会は，学習者が，ポートフォリオに収められた作品などについて教師と対話しながら，これまでの学習を振り返り，自己の成長と今後の目標についての見通しをもつ，ポートフォリオ評価のなかでもっとも核心的なプロセスです。学習者と教師の自由な対話が進むようなくつろいだ雰囲気つくりが重要です。チェックリストによる教師主導のものから，子ども中心の対話までいくつかのタイプに分けられますが，どの場合でもできる限り，子どもの主導性を尊重し，自ら自分の成長や課題を発見できるように励ますことが大切です。

 ポートフォリオ検討会の進めかた

子どもが教師とともに学習を振り返る機会となる検討会は，学習のプロセスで，たとえば子どもの個別学習の時間や子ども同士で評価しあう時間帯に計画

表7.16.1 検討会の準備のための質問表

1．あなたは，ポートフォリオをどのように編集しましたか。また，どうしてそのように整理することにしましたか。
2．あなたのポートフォリオのなかで一番自慢できるものはどれですか。また，それはどうしてですか。
3．あなたの収集物から一番取り除きたいのはどれですか。また，それはどうしてですか。
4．ここに含まれている課題のなかで，一番難しかったのはどれですか。また，それはどうしてですか。
5．もう一度やり直したいともっとも思う課題は何ですか。
6．あなたが今年改善しようと努力してきたことは何ですか。そのことは改善されましたか。また，それはどうしてですか。
7．もっとうまく学習する努力が必要なのは，どの領域だと思いますか。
8．あなたのポートフォリオについて，ほかの人に注目してほしいと思うものを一つあげるとすれば，それは何ですか。
9．ここに集められた作品は，本当にあなたの能力やあなたが今年達成してきたことを示していると感じていますか。また，それはどうしてですか。
10．このポートフォリオのやり方について何か変更することができるとすれば，それはどんなことですか。またそれはどうしてですか。

出所：Lustig, K. "Portfolio Assessment", *A Handbook for Middle Level Teacher*, National Middle School Association, 1996, p. 50.

<table>
<tr><td colspan="2">表7.16.2　検討会の振り返り</td></tr>
</table>

```
1．検討会の前に，私が心配していたことは（                ）
2．私が，みんなと分かち合いたかったことは（              ）
3．検討会のなかで私が感じたことは（                      ）
4．私が本当によかったと感じた瞬間は（                    ）
5．先生が話されたなかで一番よかったことは（              ）
6．検討会の後，私が感じたことは（                        ）
7．私が学んだことでもっとも重要なことは（                ）
8．次の検討会までに私がしようと思っていることは（        ）
```

出所：Lustig, K. "Portfolio Assessment", *A Handbook for Middle Level Teacher*, National Middle School Association, 1996, p. 54.

します。また，学習のしめくくりとしての検討会は，表7.16.1のような質問表を使って事前に備えさせておこないます。

　そして，検討会の終了後には表7.16.2のような項目にそって子ども自身がまとめる機会をもつことが大事にされています。

③ 検討会のポイントと活用例

　検討会での対話においては，本質的な質問をすることと，注意深く聞くことの二つが重要なポイントです。[2]

　表7.16.3の対話は，子ども中心の進歩主義の伝統をもつクロー・アイランド小学校での例です。この例では，小学校5年生がポートフォリオによって自分の5年間の成長を振り返っている姿を見てとることができます。まさに成長記録としてのポートフォリオの活用例です。

（岸本　実）

▷2　シャクリー，B. D. ほか著，田中耕治監訳『ポートフォリオをデザインする』ミネルヴァ書房，2001年，94頁。

<table>
<tr><td>表7.16.3　クロー・アイランド小学校でのポートフォリオ検討会</td></tr>
</table>

校長（ヒバート）：さあどんなふうに始めたいですか。（中略）
ローリー：これは1年生のときの思い出です。…これはハロウィーンのときの私です。私は小児科医になって，赤ちゃんととても楽しく過ごしました。ほら，私の人形をご覧ください。…とてもお気に入りの私の人形，クリスマスのときにもらったものです。…私は毎日それを学校にもっていったものでした。その当時の私は，赤ちゃんが驚くほど素敵なものだと感じていたのです。
ローリー：（3年生のポートフォリオから）これは私の年表です。…これは今でもはっきり憶えています。…大好きな時期です。…そのときの私はどんどん成長していて，…それは私の運動の才能をよく示しています。…私はトレビアン・サッカーチームをつくりました。この年表は続けていきたいことです。
ローリー：（4年生のポートフォリオから）これは私の作文を振り返ったものです。…私が文章を書いて表現することが好きになった最初の頃で，それからどんどん多くの時間を書いて過ごすようになり始めました。その最後の文は，私が3年生のときに詩のなかに書いた一節です。…私の大好きな結末の一つです。
ローリー：（5年生のポートフォリオから）これは私がとりくんでいる最近の作品です。未熟児についての研究レポートにとりくんでいます。授乳の方法を示したとても詳しい展示を用意しています。
校長：このトピックについて，あなたは何に興味をもっていますか。
ローリー：私にとって，1年生のところでもお話ししたように，私は小児科医か保育士になることについて知りたいと思って，医者について，そして，どのように赤ちゃんの世話をするのかについて，ちょうどたくさん学んでいるところなのです。…そして今振り返って私の作品を見直す機会をもち，…私はとても赤ちゃんに興味をもっていることを発見したし，1年生のときからのその興味が呼び戻されています。
校長：あなたはそのことに影響を受けて高校でコース選択しますか。
ローリー：はい。…私は保育士か教師になろうと考えています。もし教師になったら，その方面からこのことをもっとたくさん学んでいきたいと思っています。

出所：Hebert, E., *The Power of Portfolios : What Children Can Teach Us about Learning and Assessment*. The Jossey-Bass Education Series, 2001, pp.113-115.

eポートフォリオ

❶　eポートフォリオとは何か

　ポートフォリオとは，子どもの作品や自己評価の記録，教師の指導と評価の記録などを系統的に蓄積，整理していくものであり，eポートフォリオはこれらを電子化して行うものといえるでしょう。学校教育向けのものとしては，Classi，マナビジョン，またBOX，スタディサプリ，Feelnoteなどの民間のeポートフォリオシステムがあります。また，文部科学省大学入学者選抜改革推進委託事業（主体性等分野）において開発されたのち，一般社団法人教育情報管理機構に運営が移管されたJAPAN e-Portfolioというシステムもあり，大学入試の選抜資料として，探究活動，生徒会・委員会，学校行事，部活動・学校以外の活動，留学・海外体験，表彰・顕彰，資格・検定といった項目について記録できるようになっていました。

　eポートフォリオの特徴を理解するためには，ポートフォリオの歴史的変化を振り返ることが有効でしょう。森本康彦は，「紙」から「e」へのポートフォリオの変化を次のように整理しています（表7.17.1）。

　森本によれば，紙ベースのポートフォリオの学習や評価における活用は1970年代からアメリカにおいて始まり，1990年頃になるとPCの教育利用拡大によって紙を電子的に保存するデジタルポートフォリオが利用されるようになりました。そして，1990年代後半にインタ

▷1　ここに挙げたeポートフォリオシステムについては，樋口太郎「eポートフォリオと学びの履歴の評価」（石井英真・西岡加名恵・田中耕治編著『小学校新指導要録改訂のポイント』日本標準，2019年，145頁）で各特徴を整理したことがある。

▷2　JAPAN e-Portfolioのホームページに，「2019年4月1日より文部

表 7.17.1　eポートフォリオの変遷（ただし，一部を省略）

	紙ベースの ポートフォリオ	デジタル ポートフォリオ	eポートフォリオ	学習記録データ
通称	ポートフォリオ		eポートフォリオ	
知識観	知識は一人一人が自ら構成するもの		知識は（共同体の）社会的な営みの中で構成するもの	
学びの主体	学習者中心			
教員の役割	学習のファシリテーター			
代表的な 学習方法	個別指導／個別学習 自己調整学習		協働学習（学び合い） アクティブ・ラーニング	
定義	学習過程での学びの成果を収集したもの	ポートフォリオを単に電子化したもの	個の学習エビデンスを電子的に継続して密に記録したもの	学習者らのあらゆる学びを記録したデータの集合体
鍵となる ポートフォリオ	学習成果物 振り返りの記録		コミュニティ内での仲間同士や教員との相互作用を記録したデータ	思考データ 学習記録データ
ICTとの関係	ICTを用いない	PCとPC上で動作するアプリケーションソフトを利用	ネットに接続されたサーバシステムに各人がログインし利用	タブレット等の情報端末を用いて日常的に蓄積・活用
ツール	紙と鉛筆	PC・マルチメディアツール	eポートフォリオシステム	情報端末 LRS (Learning Record Store)
ポートフォリオ 構造	ページ単位		リンク構造	複雑ネットワーク構造
主な評価活動	自己評価（セルフ・アセスメント）		相互評価（ピア・アセスメント）	他者評価
期間	数ヶ月（単元や学期など切りのいい時期）		数年（生涯学習（lifelong learning）を視野に長期間）	

出所：森本，2017年，7頁。

ーネットが学校教育にも普及したことで，Web形式のポートフォリオ，eポートフォリオが登場し，遠隔地からでも相互作用を活かした活動が可能となりました。さらに2000年頃から，eポートフォリオの作成・管理だけでなく，学習者らの利用やコミュニケーション支援を可能とするeポートフォリオシステムが欧米で開発され始め，2010年頃には日本でも大学を中心に利用されるようになります。その後，タブレット端末の普及やICT（情報通信技術）環境の進化に伴い，文部科学省は児童生徒の継続的な学びを記録した一連のデータを**学習記録データ**[4]と名づけました。

　以上から，「ツール」の歴史的進歩に沿って学習者間，学習者－教師，学習者－第三者などの相互交流がより簡便となり，それに伴って「知識観」はより社会構成的になり，「評価活動」もより多様なものとなることがわかるでしょう。

② eポートフォリオの課題

　eポートフォリオに関する課題は，①技術的な課題，②評価論的な課題，③社会的な課題の三つに大きく分類でき，①については教師の多忙化の問題と，情報の管理と利用の問題，②については評価の客観性の問題と，主体性をeポートフォリオによって評価することが指導要録に記された評価論と矛盾するのではないかという問題，③については経済的・文化的格差の問題と，ビッグデータに係る問題がそれぞれ指摘できるでしょう。[5]とりわけ主体性の問題については，eポートフォリオが，「生徒の成長のために活用されるのであればよいが，大学入試での評価につながるとなると，そのことによって日々の学校生活が評価を意識して窮屈なものになり，伸びやかさが損なわれる心配」があり，「評価自体が主体性を阻む」といった懸念も示されています。[6]

　「紙」から「e」へのメディアの変化には，学習記録への接続可能性を高め，子ども，教師，関係者等の相互交流を活性化して主体的な学びを促進するという正の効果が確かにあります。しかし，eポートフォリオを主体性の評価に利用することが，学ぶことそのものを目的とするのではなく，よい評価の獲得という目的のための手段へとおとしめ，逆に主体性を抑圧してしまうという負の効果もあるでしょう。eポートフォリオが，日々の学校生活における学習，指導，評価に寄与する指導機能だけでなく，入試の選抜資料などとしての外部への証明機能を背負う以上，この問題を乗り越えることは容易ではありません。[7]ICTの技術を単純に賛美し，技術の進歩への対応を不可逆と見る技術決定論に陥らず，技術を利用しつつ同時に制御するための教育や社会の側の論理・倫理がいま求められているのです。

（樋口太郎）

科学省の運営許可により高大接続ポータルサイト「JAPAN e-Portfolio」を運営して参りましたが，2020年8月7日に文部科学省より一般社団法人教育情報管理機構による「JAPAN e-Portfolio」の運営を取り消しとする旨の通知を受けました」と，「運営停止」に関する「お知らせ」が2020年8月7日付で掲載された。

▷3　森本康彦「eポートフォリオとは」日本教育工学会監修，森本康彦・永田智子・小川賀代・山川修編著『教育分野におけるeポートフォリオ』ミネルヴァ書房，2017年，6-8頁。

▷4　**学習記録データ**
学習の過程や成果等を示す学習履歴，解答や得点などの学習記録，調べ学習のまとめなどの学習成果物を総称したものであり，その一部は本人だけでなく他の学習者や教師からもアクセスできるものであった。文部科学省『学びのイノベーション事業実証報告書』（2014年，179頁）を参照。

▷5　樋口太郎，2019年，前掲書，148-149頁。なお，学習記録データをビッグデータとして活用しようという文部科学省を中心とする動向については，特にその危険性に関して注視していく必要があるだろう。

▷6　南風原朝和「大学入試は何を問うべきか」『Journalism』2020年3月号，26-33頁。

▷7　指導機能と証明機能については IX-1 を参照。

国語科における評価

▷1　目標に準拠した評価
⇒Ⅱ-5 参照。

▷2　国立教育政策研究所
『「指導と評価の一体化」の
ための学習評価に関する参
考資料 小学校 国語』（東
洋館出版社，2020年，66-
73頁）に「ごんぎつね」を
教材とした事例があり，こ
こではそれを参照する。な
お，この資料は国立教育政
策研究所のホームページよ
り閲覧できる。

▷3　表8.1.5のC⑴エと
C⑴オも，表8.1.6の項目
と対応している。後掲の表
8.1.7も同様。

▷4　相対評価
⇒Ⅱ-2 参照。

▷5　絶対評価
⇒Ⅱ-1 参照。

▷6　田中耕治『教育評
価』（岩波書店，2008年）
を参照。

1　目標・内容にもとづいた評価規準の設定をどう進めるか

　2017年版小学校学習指導要領では，「言葉による見方・考え方を働かせ，言語活動を通して，国語で正確に理解し適切に表現する資質・能力」の育成を目指して，「資質・能力の三つの柱」に即した目標が示されています（表8.1.1）。

表8.1.1　小学校学習指導要領における国語科の目標

知識及び技能	思考力・判断力・表現力等	学びに向かう力・人間性等
日常生活に必要な国語について，その特質を理解し適切に使うことができるようにする。	日常生活における人との関わりの中で伝え合う力を高め，思考力や想像力を養う。	言葉がもつよさを認識するとともに，言語感覚を養い，国語の大切さを自覚し，国語を尊重してその能力の向上を図る態度を養う。

　また，評価の観点とその趣旨は次のように示されています（表8.1.2）。

表8.1.2　小学校国語科における評価の観点及びその趣旨

知識・技能	思考・判断・表現	主体的に学習に取り組む態度
日常生活に必要な国語について，その特質を理解し適切に使っている。	「話すこと・聞くこと」，「書くこと」，「読むこと」の各領域において，日常生活における人との関わりの中で伝え合う力を高め，自分の思いや考えを広げている。	言葉を通じて積極的に人と関わったり，思いや考えを広げたりしながら，言葉がもつよさを認識しようとしているとともに，言語感覚を養い，言葉をよりよく使おうとしている。

出所：文部科学省「小学校，中学校，高等学校及び特別支援学校等における児童生徒の学習評価及び指導要録の改善等について（通知）」（2019年3月29日）の「別紙4」。

　このように，2017年版学習指導要領（目標論）と2019年版指導要録（評価論）は，三つの「資質・能力」を通じて密接な連携関係にあることがわかります。

　それでは，国立教育政策研究所『「指導と評価の一体化」のための学習評価に関する参考資料 小学校 国語』（2020年）で紹介されている小学4年生の単元「読んで感じたことや考えたことをまとめよう（ごんぎつね）」を事例に，「**目標に準拠した評価**」の進めかたについて見ていきましょう。まず，単元の評価規準を作成する手順が表8.1.3のように示されています（38頁）。この手順にもとづけば，まず①学習指導要領において「内容」を構成する枠組みである「内容のまとまり」（表8.1.4）をもとに，年間指導計画との兼ね合いから単元の指導事項を設定します（本単元では表8.1.4の網掛け部分）。次に，②単元の目標と言語活動を設定します。目標は表8.1.5のようになり，言語活動は学習指導要領の記述におけるC⑵イ（表8.1.6の網掛け部分）を採用して，「物語を読んで，理解したことに基づいて，感じたことや考えたことを文章にまとめる」と設定されています。そして，③単元の目標にもとづいて評価規準が表8.1.7のように設定されています。

　こうして，④単元の指導と評価の計画の決定，⑤評価の実際と手立て

表8.1.3　単元の評価規準作成の手順

①単元で取り上げる指導事項の確認
②単元の目標と言語活動の設定
③単元の評価規準の設定
④単元の指導と評価の計画の決定
⑤評価の実際と手立ての想定

表8.1.4　小学校国語科の「内容のまとまり」

〔知識及び技能〕
⑴　言葉の特徴や使い方に関する事項
⑵　情報の扱い方に関する事項
⑶　我が国の言語文化に関する事項
〔思考力，判断力，表現力等〕
A　話すこと・聞くこと
B　書くこと
C　読むこと

の想定へと進めます。目標や言語活動にもとづいて学習活動を構想し、評価規準の適用場面と具体的な評価方法を設定するのです（表8.1.8）。

❷　国語科における評価の課題

集団内の序列を示すことで評価の客観性を担保しようとする「相対評価」[14]を批判し、かつ教師による主観的な評価に陥った「絶対評価」[15]と同じ轍を踏まぬよう、「目標に準拠した評価」[16]は教育目標の客観性によって評価の客観性を確保する道を選びます。しかし、「読んで感じたことや考えたことをまとめよう」と「思考力・判断力・表現力等」に目標を焦点化することで、ごんと兵十の気持ちが分かる言葉を引こうという最終場面の学習活動が導出され、結果として登場人物の「気持ち」に直結する記述に注目する意識が向き、「くりが固めて置いてあるごんに対する[17]兵十の「気持ち」という兵十の理解に関する「知識」という語句が向き、作品世界の受容に影響を与えるのです。

認識転換に係る重要な語句を分断し、作品世界の受容から青年を得、かかったことやかかったことをまとめて説明する

教育目標の客観性とは、「能力」という「主観」よりも、「世界」という「客観」にこそその源泉があるといえるのではないでしょうか。[18]

（樋口太郎）

表8.1.5　「ごんぎつね」の単元の目標

| (1) 様子や行動、気持ちや性格を表す語句の量を増し、語彙を豊かにすることができる。（知識及び技能） |
| (2) 登場人物の気持ちの変化について、場面の移り変わりと結び付けて具体的に想像することができる。（思考力、判断力、表現力等）[ウ][エ] |
| (3) 文章を読んで理解したことに基づいて、感想や考えをもつことができる。（思考力、判断力、表現力等）[オ] |
| (4) 言葉がもつよさに気付くとともに、幅広く読書をし、国語を大切にして、思いや考えを伝え合おうとする。（学びに向かう力、人間性等） |

▷7　実際に、最終場面である「ごんが兵十にうたれてしまう場面」についてすどもがまとめたというワークシートの（おそらく架空の）事例では、ごんは、「ぱたりとたおれました」し、「兵十、びっくりして、ごんに目を落としました」し、ごんに線が引かれ、「うちの中を見ると、土間に、くりが固めて置いてあるのが、目につきましたに目につきましたに引か」れていない。（国立教育政策研究所、2020年、前掲書、70頁を参照）。もちろんそこは教師が補足すればいいのかもしれないが、少なくとも「思考力・判断力・表現力」に焦点化する学習課題が子どもの学びの幅を狭めている。ちなみに、荒らされていないかどうかを確認するために兵十が、「うちの中」を見たた兵十が、「固めておいてある」栗に気づいたときに、ごんに対する認識が転換したと考えられる。

▷8　「客観性」という世界の受容という考えについては、樋口太郎「評価規準の設定と評価」田中耕治編集代表『シリーズ・学びを変える新しい学習評価　理論・実践編2　各教科等の学びと新しい学習評価（ぎょうせい、2020年、22-30頁）を参照のこと。

❷　国語科における評価の課題

「□　読むこと
(1) 読むことに関する次の事項を身に付けることができるよう指導する。
　ア　段落相互の関係に着目しながら、考えとそれを支える理由や事例との関係などについて、叙述を基に捉えること。
　イ　登場人物の行動や気持ちなどについて、叙述を基に捉えること。
　ウ　目的を意識して、中心となる語や文を見付けて要約すること。
　エ　登場人物の気持ちの変化や性格、情景について、場面の移り変わりと結び付けて具体的に想像すること。
　オ　文章を読んで理解したことに基づいて、感想や考えをもつこと。
　カ　文章を読んで感じたことや考えたことを共有し、一人一人の感じ方などに違いがあることに気付くこと。
(2)(1)に示す事項については、例えば、次のような言語活動を通して指導するものとする。
　ア　記録や報告などの文章を読み、文章の一部を引用して、分かったことや考えたことを説明する活動。
　イ　詩や物語などを読み、内容を説明したり、考えたことなどを伝え合ったりする活動。
　ウ　学校図書館などを利用し、事典や図鑑などから情報を得て、分かったことなどをまとめて説明する活動。

表8.1.6　小学校国語科学習指導要領における3・4年生の「2 内容」の「C 読むこと」

表8.1.7　「ごんぎつね」の単元の評価規準

知識・技能	思考・判断・表現	主体的に学習に取り組む態度
(1) 様子や行動、気持ちや性格を表す語句の量を増し、語彙を豊かにしている。	(2) 「読むこと」において、登場人物の気持ちの変化について、場面の移り変わりと結び付けて具体的に想像している。[エ] (3) 「読むこと」において、文章を読んで理解したことに基づいて、感想や考えをもっている。[オ]	(4) 進んで、登場人物の気持ちの変化について、場面の移り変わりと結び付けて具体的に想像し、学習課題に沿って、感じたことや考えたことを文章にまとめようとしている。

表8.1.8　「ごんぎつね」の単元の指導と評価の計画（全9時間）

時	学習活動	評価規準・評価方法等
1 2 3	○「ごんぎつね」を読み、内容の大体を捉える。	[知識・技能]・ワークシート ・場面の様子や登場人物の言動、様子を表す語句について着目し、語彙を豊かにしているかの確認
4 5 6 7	○いたずらのつくないを始める場面のごんと兵十の様子や行動、気持ちを想像する。 ○ごんが兵十に撃たれてしまう場面のごんと兵十の気持ちの変化を考える。	[思考・判断・表現]・ノート ・ごんと兵十の気持ちの変化について想像し、場面の移り変わりと結び付けている場面の移り変わりと結び付けて[○] ワークシート・観察 [主体的に学習に取り組む態度[○]]・ごんや兵十の気持ちの変化について場面の移り変わりと結び付けて目している
8 9	○物語の感想を振り返りながら、物語のごんだことに基づいて理解したことに基づいて自分の感じたことや考えたことを記述している／書いている。	[思考・判断・表現]・ノート ・文章を読んで理解したことに基づいて、既習内容の読習内容と結び付けて自分の感想や考えを記述しているかの確認

出所：国立教育政策研究所「指導と評価の一体化」のための学習評価に関する参考資料　小学校　国語（東洋館出版社、2020年、67-68頁）より筆者作成。

算数・数学科における評価

① 「できる」ことと「わかる」こと

○ 「答え」の背後にあるものへの着目

多くの人は，計算問題が解けるかどうかで算数・数学の学力の有無を論じがちです。しかし，たとえば，「9.5×0.2ができる」といっても，ある子は「なぜ小数点をずらすのか」「なぜ答えがもとの数より小さくなるのか」などの理由もわからず，教師に教えられるがまま，機械的に筆算の手順を遂行しているかもしれません。この場合，計算問題が解けるという事実は，現実世界と関係のない無意味な記号を機械的に操作する力の表れということになります。

これに対しある子は，9.5と0.2をそれぞれ10倍することで，整数同士の乗法のかたちに問題を再構成し，その計算結果を100で割って答えを出している（(95×2)÷100）かもしれません。またある子は，0.01という最小単位を見出しそれがいくつあるかと発想している（0.01×(95×2)）かもしれません。これらの場合，自らの既有知識と結びつけて計算手順の意味を理解したうえで，計算問題を解いているということになります。

○ 子どもの認識の質に迫る評価の方法

このように，同じ「9.5×0.2ができる」というテスト結果でも，解答に至ったプロセスに着目するなら，その意味は大きく変わります。わかったうえでできているのかどうか，どういうわかりかたをしているのかを見極めることが重要なのです。この学びの質の違いを見極めるために，計算過程の記述や，手順の意味の説明を求める問題文や解答欄を用意し，そこに表現された子どもの思考のプロセスとその多様性を解釈する方法も考えられてよいでしょう。

計算問題の出題と解釈のし方を工夫するだけでなく，問題の形式自体を工夫することも有効です。基礎的な知識の意味を理解しているか，そして，それを現実場面で使えるかを問う方法として，文章題（例：「1 mの重さが9.5 gの針金の0.2 m分の重さは何 gになりますか。」）は馴染み深いものでしょう。同様の方法として，抽象的な概念や計算手続きの意味を具体的な場面において表現させる方法（例：（テープの図を示した上で）「2 mのテープがあります。3／4 mに色をぬりましょう」）や，**作問法**（例：「9.5×0.2で計算する問題（お話）をつくってください」）などもあげることができます。

▷1　作問法
⇒Ⅶ-4 参照。

▷2　パフォーマンス課題
⇒Ⅶ-11 参照。

▷3　ルーブリック
⇒Ⅳ-8 参照。

▷4　なお，2019年版指導要録において，評価の観点が，「知識・技能」「思考・判断・表現」「主体的に学習に取り組む態度」へと変更された。

（参考文献）
　岩崎秀樹・溝口達也編著『新しい数学教育の理論と実践』ミネルヴァ書房，2019年。
　OECD著，国立教育政策研究所監訳『PISA2003年調査・評価の枠組み――

❷ 「生きて働く学力」を育むパフォーマンス課題

○ 従来の評価法の問題点とパフォーマンス課題

文章題や作問法が解けることは，意味理解が成立しているかどうかをたしかめるための有効な方法です。しかし，場合によってはそれさえも，機械的なルールの適用（言語ゲーム）としてとりくまれてしまうことがあります（例：問題文に「あわせていくつ」とあればたし算と判断し，問題文に出てくる順に数値を並べて計算式をつくるなど）。また，これらの方法は，概念や数学的処理の方法一つひとつの意味理解と応用力を問うものであり，複数の概念や技能を組みあわせて総合的・創造的に問題を解決する力を問うものではありません。こうした従来の評価方法の限界を補うものとして，**パフォーマンス課題**をあげることができます。

○ パフォーマンス課題の実例

表8.2.1に示すように，パフォーマンス課題においては，日常生活で実際に遭遇するような場面など，より自然な形で数学的知識を使う（テストのためのテストではない）文脈が設定されます。こうした場面において，子どもは課題解決にどの知識が有効か考えたり既有知識をうまく使えるように課題から必要な情報を選びとったりしながら，状況に柔軟に対応しなければなりません。

また，こうした課題は，複数の知識を用いて，数段階の下位目標を立てながら筋道立ててとりくまねばなりません（例：「平面図に示されているすべての三角形が直角二等辺三角形であることを証明する」→「キャビネットの側面を一辺とする三角形の斜辺の長さを求める」→「キャビネットの側面の長さを求める」など）。そして，その解決には多様な道筋が考えられます。課題へのとりくみは，適切な解決方法を選べたか，問題解決を筋道立てて構想・実行できたか，自分の思考過程を簡潔にわかりやすく説明できたかなどの点について，**ルーブリック**で評価されます。

パフォーマンス課題は，単元末にペーパーテストの形式で提示することもできます。また，単元開始時にルーブリックと一緒に提示し，単元をつらぬく学習課題として長い時間をかけてとりくませることも可能です。この場合，課題遂行に必要な素材や支援を適宜提供しながらグループや個人で作業させ，単元末に解法（作品）を発表・交流させるとよいでしょう。まさに，「パフォーマンス」は，子どもの学習成果を示す証拠であると同時に，それ自体が学習活動の中心であり，また単元の最終的な目標を示すものでもあるわけです。　　　　　（石井英真）

OECD 生徒の学習到達度調査』ぎょうせい，2004年。

坪田耕三『算数楽しく授業術』教育出版，2003年。

西岡加名恵・石井英真編著『教科の「深い学び」を実現するパフォーマンス評価』日本標準，2019年。

松下佳代『パフォーマンス評価――子どもの思考と表現を評価する』日本標準，2007年。

表 8.2.1 数学科のパフォーマンス課題の例

居間の隅に置く新しいキャビネットをつくろうとしていて，私と家族は，今使っているテレビに合うよう，そのキャビネットをどれくらいの奥行きにすればいいか計算しなければなりません。私たちは，その新しいキャビネットの（壁沿いの）側面を同じ長さにしたいと思っています。下の図は平面図です。

キャビネットの側面をどれくらいの長さにすればよいでしょうか。計算過程は全部示して下さい。そして，この問題にどうアプローチし，どのように解決したのかを説明して下さい。

【課題固有のルーブリック】

初心者	正しい公式の使用が，最小限しか，または全く見られない。説明が混乱と不正確な情報を表現している。図を用いた作業がまばらで不正確である。時には，最終的な答えが示されていない。
見習い	いくつかの正しい公式で，問題への部分的に正しい解法を見つけ出している。たいていの場合，説明が行き詰まっているポイントを含んでいる。時折，図を用いた作業が，いくつかの不正確な情報を含んでいる。
一人前	正しい公式を用いて，問題への正しい解法を見つけ出している。説明は明確で簡潔である。図を用いた作業は正確である。
熟達者	課題に対して複数のアプローチを用い，正しい解法を見つけ出している。説明は生徒の思考を明確に示している。図の使用がしっかりしていて正しい。

出所：http://www.exemplars.com/samples.html

3　社会科における評価

　社会科における目標・評価論

　日本における社会科目標・評価論の展開は，第二次世界大戦後の学力評価論全体の縮図であるといわれます。そのため，社会科目標・評価論の争点は，学力評価論全体の争点とかなり重なるのですが，あえて社会科にひきつければ，次の三点に整理できます。第一に，社会生活の理解にかかわる「知識・技能」を，学力構造論や指導・学習論にどのように位置づけるか。第二に，社会的事象にかかわる「思考・判断・表現」をどのようにとらえるか。第三に，学力の情意面を示す「関心」・「意欲」・「態度」等の意味をそれぞれどのように規定し，学力構造のなかにどのように組み入れるか。社会科における評価の進めかたについても，このような学力構造論上の争点と対応させつつ検討されなければなりません。

▷1　中央教育審議会「児童生徒の学習評価の在り方について（報告）」（2010年3月24日）参照。

②　「知識・技能」にかかわる目標・評価

　日本の社会科では，教科書に記載された「重要事項」を網羅的に暗記，再生できればよいという学習観・学力観が広く，深く定着してしまっています。そのため，社会科は長い間「暗記教科」と揶揄されてきました。私たちは今，こうした狭い社会科学習観・学力観を克服し，社会的な見方・考え方を育成するという社会科の本旨に立ち戻った教科づくりをおこなうことが求められています。とはいえ，学力の実体的な側面である「知識・技能」の側面を等閑視し，安易に「考える力」や「コミュニケーション力」などに傾斜するという単純な学力構図を描くべきでもありません。そうではなくて，これまで社会科で「知識・技能」とよばれてきたものの内実を把握したうえで，それを社会認識の育成とのかかわりでどのように構造的にとらえるかという点を検討する必要があります。

　その際注目すべきなのが，概念的知識といわれる知識の様式です。概念的知識とは，たとえば「古代土地制度」や「都市の発達」などのように，個々の事象（個別的知識）に共通する内容をとりだして示した一般的な知識のことで，一般的であることによって社会的な見方・考え方の形成に重要な意味をもつとされています。社会科の目標・評価論にとって，「知識・技能」に関わる学力要素については，この概念的知識をどのように指導し，評価するかが課題になります。なお，こうした概念的知識の定着を見る評価課題としては，たとえば次のようなものが考えられます。

〈墾田永年私財法〉〈三世一身法〉〈荘園の成立〉〈班田収授法〉を年代の古い順
番に並べよ。その上で，その順番に並べた理由を説明しなさい。
〈この問題の解答には「古代の土地制度は公から私に移行する」という概念的知
識が求められる〉

出所：西林克彦『間違いだらけの学習論──なぜ勉強が身につかないか』（新曜社，1994年）を参考に，一部改変。

❸ 「思考・判断・表現」にかかわる目標・評価

　社会科では近年，学習指導要領の改訂にともない，社会的事象について資料
を調べたり整理したりし，それをもとに考えたり判断したりする学習場面を設
定することが重視されるようになってきました。ところが，2001年におこなわ
れた教育課程実施状況調査では，こうし
た「社会的思考・判断」を見る問題の正
答率が軒並み低調だったことが報告され
ています。スローガンとしてではなく，
実際に社会科を「考える」「問題を解決
する」教科としていくためには，子ども
が知識（概念的，個別的）の操作をおこ
ない表現をせざるをえないような学習・
指導場面や，それと対応する評価課題を
さらに積極的に設定していく必要があり
ます。たとえば右のような学習・指導場
面＝評価課題があげられます。

▷ 2　国立教育政策研究所
教育課程研究センター『小
中学校教育課程実施状況調
査報告書　小学校社会』東
洋館出版社，2003年。

あさみさんたちは，先生の質問について話し合っています。あなたの考えは，三人のうち，だれの意見にもっとも近いですか。ひとり選んで，その番号を□の中に書きなさい。また，それを選んだ理由を│　　│の中に書きなさい。

1　あさみさんの意見に近いです。
2　さとし君の意見に近いです。
3　ゆかりさんの意見に近いです。

（選んだ理由）

（先生）「わが国は，外国から石油（原油）をたくさん輸入しています。もし，石油が輸入できなくなると，わが国の産業やわたしたちの生活は不安定になりますね。石油を確保するためには，日ごろからどうすることが大切だと思いますか。」
（あさみ）「必要なときにそなえて，石油をたくさん輸入してたくわえておいた方がいいと思います。」
（さとし）「石油の使用を節約するための方法を，もっと工夫した方がいいと思います。」
（ゆかり）「石油資源の豊かな国となかよくして，石油資源の開発に協力するようにすればいいと思います。」

出所：国立教育政策研究所教育課程研究センター，2003年。

❹ 「関心」・「意欲」・「態度」にかかわる目標・評価

　「関心」・「意欲」・「態度」などと呼ばれる情意面の目標・評価については，
評価の手順や方法の開発以前の問題として，そもそもこうした項目にどのよう
な意味づけをするのかについて，立場によってかなりの相違があります。歴史
的には，これらの項目は，民主社会の担い手としての個人の生き方にかかわる
「人格的価値」を意味するといわれてきました。一方，2017年版学習指導要領
では，「学びに向かう力・人間性等」に関する目標として，主体的に問題解決
しようとする態度や，地域社会および国に対する誇り・愛情・自覚と意味づけ
られています。こうした意味内容の解釈は，いまだ未解決の積み残された課題
ですが，いずれにしても，こうした項目と，社会科授業への参加のありかたを
示す，いわゆる授業態度（挙手の回数やノートの文字の丁寧さなど）のような，
社会科の目標や内容とは直接関係しない学習の「構え」とは，明確に区別して
論じられなければなりません。
（赤沢早人）

▷ 3　文部科学省「小学校
学習指導要領（平成29年告
示）解説　社会編」2017年，
17頁。

参考文献
　中野重人『社会科評価の
理論と方法』明治図書，
1985年。
　社会科の初志をつらぬく
会『評価を生かす社会科指
導』明治図書，1967年。
　鋒山泰弘「社会系教科の
学力評価の課題」加藤西
郷・吉岡真佐樹編著『社
会・地歴・公民科教育論』
高菅出版，2002年。

理科における評価

 子どもの素朴概念に着目した評価の方法

▷1　素朴概念
⇒ Ⅴ-2 参照。

　　学校に入学し科学の成果を学ぶ前から，子どもたちは，自然現象に関して多くのことを知っており，子どもたちなりの理論（**素朴概念**）を構成しています。子どもたちがもともともっている，この素朴概念という認識の枠組みと，外界に積極的にかかわり知識を創造しようとする能力のうえに，学校教育は成立しています。しかしその一方で，素朴概念は，ときに学校での学習を妨げる要因にもなります。たとえば，「燃えたものは軽くなる」「食塩水は下の方が濃い」などの素朴概念は，科学的な見地からすると未熟な認識です。にもかかわらず，これらは日常生活において馴染み深い現象や感覚と符合するため，容易には変化しません。

　　ここから，子どもが自生的に構成した素朴概念を，より洗練された科学的概念へと再構成していく，という理科教育の一つの任務が浮かび上がってきます。この任務を果たすために教師は，

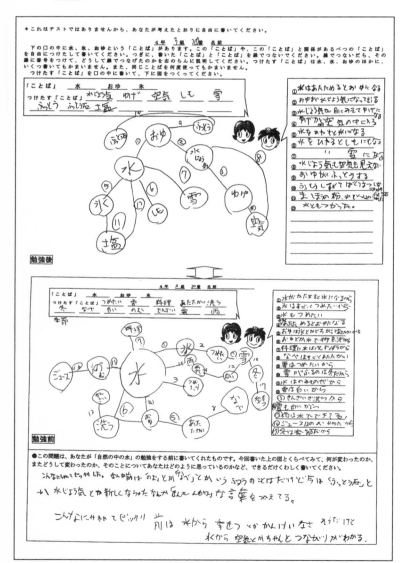

図 8.4.1　概念地図法を利用した自己評価の事例（小学４年生女子の回答例）

出所：堀哲夫「理科」田中耕治編『新しい教育評価の理論と方法［Ⅱ］教科・総合学習編』日本標準，2002年。

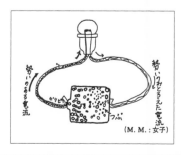

（M. M. : 女子）

図 8.4.2　「電流」に関する子どもの素朴概念

出所：堀哲夫編『問題解決能力を育てる理科授業のストラテジー』明治図書，1998年。

子どもが学校にもち込んでくる素朴概念を把握しておかねばなりません。その
ための有効な方法として，**描画法**（図8.4.2参照），**概念地図法**（図8.4.1参照），
文章分析法（例：「『水溶液』という言葉を使って，文章を五つ書きましょう」）な
どをあげることができます。

　たとえば，「豆電球が光っているとき，電流はどのように流れているのでし
ょうか」と問い，子どもたちのイメージや説明を自由に記述させることで，小
学生の以下のような多様な素朴概念が明らかになりました。①両極から流れた
電流が豆電球でぶつかって光ると思っている子。＋極から流れ出た電流が一極
に戻ることで光ると一見正しく認識しているようだが，豆電球通過後の電流に
ついて，②勢いが衰えたり，使えなくなったりしていると思っている子（図8.
4.2）や，③違うものに変化していると思っている子もいます。

　このように，子どもの認識の実態をつかむことで，指導のポイント（例：電
流の一方向性と保存性）が明らかになります。また，こうした子どもの多様な
考えかたを出発点とすることで，授業に膨らみも出てくるでしょう。他方，子
どもに自分の認識を絵や言葉で表現させることで，子ども自身が素朴概念を自
覚的な再考と検証の対象とすることも促されます（**メタ認知**の促進）。そして，
図8.4.1のように，授業前と同じ課題を授業後にも実施し，両者を比較させる
ことで，子どもは，そこに表現された自らの認識の変化（成長）を実感できる
ようになります（自己効力感にもとづく動機づけ）。

❷ 「科学すること」を促すパフォーマンス課題とルーブリック

　理科教育の任務は，基礎的な科学的知識に関する理解を深めさせること
（「科学を知ること（know science）」）だけではありません。科学的知識を生成し
検証する過程や，科学的知識を総合的に活用して問題を解決する過程（「科学
すること（do science）」）を指導することも，理科教育の重要な任務です。こう
した能力を指導し評価するうえで，**パフォーマンス課題**と**ルーブ
リック**を用いることが有効です。

　たとえば，各単元で実験をおこなう際，表8.4.1のようなルー
ブリックを一貫して用い，単元を超えて長期的に，実験を計画・
実施する能力（科学的探究の技法）を育む。あるいは，各単元で
1回くらいは，パフォーマンス課題（例：「あなたの研究チームは，
手が不自由な人々が明かりをつけたり消したりできるように，家を改
造するために雇われています。この装置の設計図を作成しみんなに提
案して下さい」）に取り組ませ，その解決過程で表れてくる科学的
推論・問題解決とコミュニケーションの能力を評価し指導するこ
とも考えられてよいでしょう。

（石井英真）

▷2　描画法
⇒ VII-10 参照。

▷3　概念地図法
⇒ VII-7 参照。

▷4　メタ認知
⇒ V-5 参照。

▷5　パフォーマンス課題
⇒ VII-11 参照。

▷6　ルーブリック
⇒ IV-8 参照。

▷7　なお，2019年版指導
要録において，評価の観点
が，「知識・技能」「思考・
判断・表現」「主体的に学
習に取り組む態度」へと変
更された。

（参考文献）
　西岡加名恵・石井英真編
著『教科の「深い学び」を
実現するパフォーマンス評
価』日本標準，2019年。
　堀哲夫編『問題解決能力
を育てる理科授業のストラ
テジー』明治図書，1998年。
　堀哲夫・西岡加名恵『授
業と評価をデザインする
理科』日本標準，2010年。

（表8.4.1　実験に関するルーブリックの例）

実験計画	
4	児童が問題を分析し，思慮深い実験を独力で計画し実施したことを，実験計画は示す。
3	児童は明らかな変数を統制した実験を実施しており，科学的な過程の基本的な考え方を把握していることを，実験計画は示す。
2	児童は，科学的な過程の基本的な考えを把握しているが，明らかな変数を統制するのに，いくらか助けを必要とすることを，実験計画は示す。
1	児童は，教師からかなりの援助を与えられたときに実験を実施することができることを，実験計画は示す。

出所：Wiggins, G., *Educative Assessment: Designing Assessments to Inform and Improve Student Performance*, Jossey-Bass, 1998.

生活科における評価

 生活科の性格

　生活科は，1989年の学習指導要領改訂により設置された教科です。小学校の低学年（第1・2学年）において，社会科と理科が廃止され，生活科が設置されました。

　小学校低学年における教科の区分の見直しについては，1960年代中頃から中央教育審議会，教育課程審議会などで検討されてきました。具体的に生活科構想が打ち出されたのは，「小学校低学年教育に関する調査研究協力者会議」が1986年7月に公表した「審議のまとめ」です。この「審議のまとめ」は，低学年児童の未分化な発達状況や，具体的な活動を通して思考する段階にあることを指摘し，従来の社会科と理科のねらいを，具体的な活動や体験に即して指導するほうが有効であることを示しました。そして，生活に即したさまざまな活動や体験を通して社会認識や自然認識の芽を育てるとともに，自然認識の基礎を培い，生活上必要な習慣や技能を身に付けさせ，自立への基礎を養うことをねらいとして，「生活科」の新設を提唱しました。設置の経緯からもわかるように，生活科は単に当該教科のみの課題を背負っているのではなく，小学校教育全体のあり方に関わる役割を担っています。

② **生活科の評価**

　低学年のみで設置されている生活科には評定の必要がありません。観点別学習状況の評価と，子どもたち一人ひとりのよさ，可能性，進歩の状況についての個人内評価が重要になります。観点別学習状況の評価については，2017年版学習指導要領における生活科の目標をふまえて，表8.5.1のように観点及び趣旨が示されています。

　なお，生活科における内容のまとまりごとの評価規準の作成手順は，国立教育政策研究所（2020）に示されています。ここでの生活科の内容のまとまりとは，学習指導要領に示された九つの内容（①学校と生活，②家庭と生活，③地域と生活，④公共物や公共施設の利用，⑤季節の変化と生活，⑥自然や物を使った遊び，⑦動植物の飼育・栽培，⑧生活や出来事の伝え合い，⑨自分の成長）とされています。①～③が学校・家庭及び地域の生活に関する内容，④～⑧が身近な人々・社会及び自然と関わる活動に関する内容，⑨が自分自身の生活や成長に

▷1　これを受けて，教育課程審議会，学習指導要領作成協力者会議での検討を経て，生活科の学習指導要領が作成された。

▷2　国立教育政策研究所『「指導と評価の一体化」のための学習評価に関する参考資料　小学校　生活』東洋館出版社，2020年。

▷3　国立教育政策研究所，前掲書，27頁参照。

▷4　内容①を例にすると，以下のようになる。
「目標：学校生活に関わる活動を通して，学校の施設の様子や学校生活を支えている人々や友達，通学路の様子やその安全を守っている人々などについて考えることができ，学校での生活は様々な人や施設と関わっていることが分かり，楽し

表8.5.1 生活科の評価の観点及び趣旨

知識・技能	思考・判断・表現	主体的に学習に取り組む態度
活動や体験の過程において，自分自身，身近な人々，社会及び自然の特徴やよさ，それらの関わり等に気付いているとともに，生活上必要な習慣や技能を身に付けている。	身近な人々，社会及び自然を自分との関わりで捉え，自分自身や自分の生活について考え，表現している。	身近な人々，社会及び自然に自ら働きかけ，意欲や自信をもって学ぼうとしたり，生活を豊かにしたりしようとしている。

出所：初等中等教育局長「小学校，中学校，高等学校及び特別支援学校等における児童生徒の学習評価及び指導要録の改善等について（通知）別紙4」2019年，13頁。

関する内容となっています。

　学習指導要領における内容のまとまりの記述には，児童が直接関わる学習対象や実際に行われる学習活動等，「知識及び技能の基礎」に関すること，「思考力，判断力，表現力等の基礎」に関すること，「学びに向かう力，人間性等」に関することが含まれています。その文末を変えることで，評価規準となります。このため，学習指導要領の内容のまとまりごとの評価規準を作成することそのものは難しくありません。むしろ，各学校において，低学年の教師を中心としながら，子どもの願いや思いを実現する体験活動をいかに構想し，充実させ，評価していくかが問われています。

③ 子どもの成果物に基づいた対話の重要性

　評価のための具体的資料には，大きく分けて，教師がみとって記録する授業記録，行動記録と，子どもの成果物があります。教師の見取りに基づく記録ももちろん重要ですが，それだけに頼ろうとすると教師が授業中に記録すべきことが増えすぎてしまうため注意が必要です。

　子どもの成果物を子どもと一緒に味わうことで，子どもの何気ない表現が持っていた意味に教師が気づくことができると同時に，子どもの自己評価を促すこともできます。子どもの学びに向かう力，自己調整の力を育てるためにも，子どもの成果物に基づいた共感的なやりとりを行うことは重要です。

　低学年では自らの気づきや捉えをうまく表現できないことも多くありますので，子どもの実感に寄りそい，「何をかいたのかな？」「どうしてこうかいたのかな？」とたずねることも重要です。これを丁寧に行わずに，このように表現されている作品がよい，と教師が直接的に指導していくと，子どもの体験を通じた気づきを重視する生活科の趣旨から離れてしまいます。

（川地亜弥子）

く安心して遊びや生活をしたり，安全な登下校をしたりしようとする。」

　「…を通して」の部分が，児童が直接関わる学習対象や実際に行われる学習活動等を指している。

　「…について考えることができ」の部分が，思考力，判断力，表現力等の基礎に関することを指している。

　「…が分かり」（…に気づき，の場合もある）の部分が，知識及び技能の基礎に関することを指している。

　「…したりしようとする」の部分が，学びに向かう力・人間性等に関することを指している。

　ここから評価規準を以下のように作成することができると示されている。

　「知識・技能：学校生活に関わる活動を通して，学校での生活は様々な人や施設と関わっていることが分かっている。」

　「思考・判断・表現：学校生活に関わる活動を通して，学校の施設の様子や学校生活を支えている人々や友達，通学路の様子やその安全を守っている人々などについて考えている。」

　「主体的に学習に取り組む態度：学校生活に関わる活動を通して，楽しく安心して遊びや生活をしたり，安全な登下校をしたりしようとしている。」

　国立教育政策研究所，前掲書，29-30頁参照。

（参考文献）

中野重人・中村満州男編著『生活科の評価』第一法規，1998年。

木村吉彦『生活科の新生を求めて──幼小連携から総合的な学習まで』日本文教出版，2003年。

外国語活動・外国語科における評価

1 外国語活動・外国語科の目標

　小学校外国語科（5，6年生）では，「外国語によるコミュニケーションにおける見方・考え方を働かせ，外国語による聞くこと，読むこと，話すこと，書くことの言語活動を通して，コミュニケーションを図る基礎となる資質・能力」の育成を目指します。外国語活動（3，4年生）では，「聞くこと，話すことの言語活動を通して，コミュニケーションを図る素地となる資質・能力」を育成します。コミュニケーションを行う目的や場面，状況等に応じて，情報を整理しながら自分の気持ちや考えなどを伝え合うことが大切にされています。◀1

2 外国語活動・外国語科の評価における3観点

　上記の目標に照らして，他教科と同様，以下の3観点で評価を行います。指導要録および通知表では，外国語科は観点別評価を踏まえて評定を行い，外国語活動では「所見」欄の記入となります。

　まず「知識・技能」では，各単元で求められる新出単語や新出表現について理解し，繰り返し聞いたり，やりとりしたりする活動を通して定着を目指します。児童の様子を行動観察で見取るとともに，ワークシートや教科書への書き込みを「記録に残す評価」として評価します。評価の時期としては，単元の学習内容が定着し，最終のより大きな活動（やりとりや発表）に入っていく時が適切です。

　「思考・判断・表現」では，実際のコミュニケーション場面で，目的や場面，状況に応じて，どのようにしたら他者とよりよく伝え合うことができるかを意識して活動できているかを捉えます。単元の最終場面には，「自分の町の素敵なところを紹介しよう」のように，「話すこと（発表）」や「話すこと（やりとり）」場面のパフォーマンス課題が設定されていることが多いため，「思考・判断・表現」の観点は，このような単元最終の大きな活動で評価します。当該単元で学習した語彙や表現を使いこなし，相手意識を持って発表ややりとりの課題に取り組んでいるかを見取ります。

　評価の際には，児童の具体的な姿をできるだけ丁寧に捉え，評価していくことが必要です。たとえば，発表の原稿を練るときに話す順番や語彙を工夫したり，発表の際には自ら相手に問いかけたり，目線やジェスチャーを工夫したり，

▶1　文部科学省『小学校学習指導要領（平成29年告示）解説 外国語活動・外国語編』2017年。

▶2　日々の授業の中で児童の学習状況を適宜把握して指導の改善に生かすことが重要だが，その上で児童の学習状況を示す証拠となる記録を残す活動をあらかじめ想定しておく必要がある。

▶3　ルーブリック
⇨ IV-8 参照。

表 8.6.1　話すこと（発表）の一般的なルーブリック例

	英語表現	発表内容	伝える工夫 （表情，動作，声）
A	当該単元の表現だけでなく，伝える目的や場面，状況や相手に応じて，これまでの既習事項を組み合わせて用いている。	相手により伝わりやすいように意識して，伝える内容やその順序を考えている。自分の思いや考えを効果的に伝える内容となっている。	豊かな表情で，アイコンタクトやジェスチャーを効果的に用いて伝えられている。伝える声の大きさやスピードが的確である。
B	当該単元の表現を適切に用いている。	自分の伝えたい内容を伝えることができている。	アイコンタクトやジェスチャーを何とか用いようとしている。聞こえる声で伝えている。
C	当該単元の表現を使うのに自信のなさが表れており，間違いも見受けられる。	自分の伝えたいことを伝えるのに苦労している。	アイコンタクトができておらず，ジェスチャーも用いようとしていない。声が相手に届きにくい。

これまで習った表現を駆使して何とか伝えようとする姿勢などが見られたら「記録に残す評価」として記録します。その際には，表 8.6.1 のような**ルーブリック**[3]（パフォーマンスの具体的な評価基準表）を用いて，目標となる姿をクラス全体で共有したり，Aの姿の児童に発表してもらったりして，フィードバックをクラス全体に返したりすることも重要です。「中間評価」[4]として大きな活動を前半と後半で区切り，その途中にこのようなフィードバックを行い，よりAの姿を意識づけるような実践も行われています。

　最後に，「主体的に学習に取り組む態度」では，自分の課題を意識し，意欲的に活動に取り組んだり，自分自身の改善点や次のめあてを見定め，工夫しようとしている姿を評価します。ふりかえりカードの取り組み（自己評価）や教師の声かけを通して，意欲的なやり取りを褒め，子どもが次の自分なりのめあてを持てるような指導を意識する必要があります。さらに，こうした姿は学期ごとや年間を通して長期的に捉えることも重要です。

③　評価の際の留意点・評価計画

　「記録に残す評価」として児童の姿を捉えていく際には，どの単元で，どの領域に重きをおくか，どの観点に重きを置くかを考え，さらに4技能5領域（聞くこと，読むこと，話すこと（やりとり），話すこと（発表），書くこと），3観点が年間（あるいは学期）を通じてバランスよく評価されるように評価計画を立てます。また，一単元における評価計画も重要です。「記録に残す評価」を行う場面においてBに届かなかったC評価の児童については，その後の活動において学習改善・授業改善のための適切な手立てを行うため，最終時のみに評価機会を設定する評価計画ではなく，フォローアップの期間も想定した評価計画[5]となっているとよりよいでしょう。

（赤沢真世）

▷4　ルーブリックを用いた具体的な指導・評価については，以下を参照されたい。赤沢真世「第12章　外国語（外国語活動）における評価」湯川笑子編著『新しい教職教育講座　教科教育編10巻　初等外国語教育』ミネルヴァ書房，2018年，169-172頁。

▷5　国立教育政策研究所『「指導と評価の一体化」のための学習評価に関する参考資料　小学校　外国語・外国語活動』東洋館出版社，2020年には，単元における評価計画が事例をもとに紹介されている。

参考文献

　湯川笑子編著『新しい教職教育講座　教科教育編10巻　初等外国語教育』ミネルヴァ書房，2018年。

　金森強・本田敏幸・泉恵美子編著『主体的な学びをめざす小学校英語教育――教科化からの新しい展開』教育出版，2017年。

　赤沢真世「第Ⅱ部　10　外国語・外国語活動　相手や状況・場面に応じたコミュニケーションの力をどう評価するか」『新・小学校新指導要録改訂のポイント』日本標準，2020年。

音楽科における評価

▷1　目標に準拠した評価
⇒Ⅱ-5 参照。
▷2　国立教育政策研究所
『「指導と評価の一体化」の
ための学習評価に関する参
考資料 小学校 音楽』東洋
館出版社，2020年，30-31
頁。なお，この資料は国立
教育政策研究所のホームペ
ージより閲覧できる。
▷3　ちなみに，事項アが
「思考・判断・表現」，事項
イが「知識」，事項ウが
「技能」に相当する。
▷4　国立教育政策研究所，
前掲書，32頁。
▷5　表8.7.2における
「主体的に学習に取り組む
態度」は小学校に共通のも
ので，中学校ではまた別の
記述となっている。なお，
「音や音楽に親しむことが
できるよう，」の部分は，
「主体的に学習に取り組む
態度」における音楽科の学
習の目指す方向性を示して
いる文言であるため，「内
容のまとまりごとの評価規
準」としては設定しない，
とされている（国立教育政
策研究所，前掲書，32頁）。
▷6　国立教育政策研究所，
前掲書，34頁。
▷7　宮原誠一・丸木政
臣・伊ヶ崎暁生・藤岡貞彦
『資料 日本現代教育史3』
三省堂，1974年，302頁。

① 目標・内容にもとづいた評価規準の設定をどう進めるか

　2017年版小学校学習指導要領では，「表現及び鑑賞の活動を通して，音楽的な見方・考え方を働かせ，生活や社会の中の音や音楽と豊かに関わる資質・能力」の育成を目指して，「三つの柱」に即した目標が示されています（表8.7.1）。

表8.7.1　小学校学習指導要領における音楽科の目標

知識及び技能	思考力・判断力・表現力等	学びに向かう力・人間性等
曲想と音楽の構造などとの関わりについて理解するとともに，表したい音楽表現をするために必要な技能を身に付けるようにする。	音楽表現を工夫することや，音楽を味わって聴くことができるようにする。	音楽活動の楽しさを体験することを通して，音楽を愛好する心情と音楽に対する感性を育むとともに，音楽に親しむ態度を養い，豊かな情操を培う。

　また，評価の観点とその趣旨は次のように示されています（表8.7.2）。

表8.7.2　小学校音楽科における評価の観点及びその趣旨

知識・技能	思考・判断・表現	主体的に学習に取り組む態度
・曲想と音楽の構造などとの関わりについて理解している。 ・表したい音楽表現をするために必要な技能を身に付け，歌ったり，演奏したり，音楽をつくったりしている。	音楽を形づくっている要素を聴き取り，それらの働きが生み出すよさや面白さ，美しさを感じ取りながら，聴き取ったことと感じ取ったこととの関わりについて考え，どのように表すかについて思いや意図をもったり，曲や演奏のよさなどを見いだし，音楽を味わって聴いたりしている。	音や音楽に親しむことができるよう，音楽活動を楽しみながら主体的・協働的に表現及び鑑賞の学習活動に取り組もうとしている。

　　出所：文部科学省「小学校，中学校，高等学校及び特別支援学校等における児童生徒の学習評価及び指導要録の改善等について（通知）」（2019年3月29日）の「別紙4」。

　このように，2017年版学習指導要領（目標論）と2019年版指導要録（評価論）は，三つの「資質・能力」を通じて密接な連携関係にあることがわかります。
　それでは，「**目標に準拠した評価**」をどのように進めていけばよいのでしょうか。第一に，小学校音楽科における「内容のまとまり」と「評価の観点」との関係を確認します。「内容のまとまり」とは学習指導要領の構成において「目標」に続く「内容」を形作る枠組みであり，表8.7.3のようになります。このうち網掛け部分に関する学習指導要領の記述を確認すると，表8.7.4になります。そうすると，実線部が「知識・技能」，波線部が「思考・判断・表現」に対応することがわかります。第二に，「観点ごとのポイント」を踏まえ，「内容のまとまりごとの評価規準」を作成します。「観点ごとのポイント」を表8.7.4に適用すると，「知識・技能」については，事項イ，ウの文末を「〜している」に変更して作成します。「思考・判断・表現」については，〔共通事項〕アの文末を「〜考え，」に変更し，そこに「A表

表8.7.3　小学校音楽科の「内容のまとまり」

「A表現」⑴歌唱 及び〔共通事項〕⑴
「A表現」⑵器楽 及び〔共通事項〕⑴
「A表現」⑶音楽づくり 及び〔共通事項〕⑴
「B鑑賞」⑴鑑賞 及び〔共通事項〕⑴

現」の事項アの後半部を組み合わせ，文末を「～している」と変更して作成します。また，「主体的に学習に取り組む態度」については，当該学校階梯の評価の観点及びその趣旨の内容を踏まえて作成します。その結果得られる「内容のまとまりごとの評価規準」が表8.7.5です。

② 音楽科における評価の課題

音楽科における評価の歴史をたどると，1972年の「立川二中オール３事件」があります。ある音楽教師が「生徒はみんな一生懸命音楽に取り組んできたのに成績で区別できない」として，全員の通知表に「３」をつけたというものです。内申書への影響から話題となったこの「事件」に対しては，「学力として評価すべきもの，すべきでないもの，評価できるもの，できないものをはっきりと区別」し，「到達目標を具体化」する必要があるといった指摘が当時なされています。５段階での序列化を生み出す「相対評価」に対するこうした「到達度評価」の立場からの批判は，「相対評価」から「目標に準拠した評価」への指導要録の変遷とも連なるものであり，目指すべき方向性といえるでしょう。

ただし，特に芸術系の教科では，子どもの表現や評価行為への参加も重要です。パフォーマンス課題（表8.7.6）による表現を，先述の「内容のまとまりごとの評価規準」も踏まえたより具体的なルーブリック（表8.7.7）を参照しながら，子どもたち自身がさらに高めていけるような授業が求められています。

（樋口太郎）

▷8　都教組北多摩西支部『北多摩西ニュース』（1972年10月13日付）において（同上書，307頁）。
▷9　相対評価
　⇒ II-2 参照。
▷10　到達度評価
　⇒ II-4 参照。
▷11　指導要録の歴史については IX-2 を参照。
▷12　パフォーマンス課題
　⇒ VII-11 参照。
▷13　ルーブリック
　⇒ IV-8 参照。

表8.7.4　学習指導要領における「A表現」(1)歌唱 及び（共通事項)(1)

A　表現
(1)　歌唱の活動を通して，次の事項を身に付けることができるよう指導する。
　ア　歌唱表現についての知識や技能を得たり生かしたりしながら，曲想を感じ取って表現を工夫し，どのように歌うかについて思いをもつこと。
　イ　曲想と音楽の構造との関わり，曲想と歌詞の表す情景や気持ちとの関わりについて気付くこと。
　ウ　思いに合った表現をするために必要な次の（ア）から（ウ）までの技能を身に付けること。
　　（ア）範唱を聴いて歌ったり，階名で模唱したり暗唱したりする技能
　　（イ）自分の歌声及び発音に気を付けて歌う技能
　　（ウ）互いの歌声や伴奏を聴いて，声を合わせて歌う技能

〔共通事項〕
(1)　「A表現」及び「B鑑賞」の指導を通して，次の事項を身に付けることができるよう指導する。
　ア　音楽を形づくっている要素を聴き取り，それらの働きが生み出すよさや面白さ，美しさを感じ取りながら，聴き取ったことと感じ取ったこととの関わりについて考えること。
　イ　音楽を形づくっている要素及びそれらに関わる身近な音符，休符，記号や用語について，音楽における働きと関わらせて理解すること。

表8.7.5　「A表現」(1)歌唱 及び（共通事項)(1)における「内容のまとまりごとの評価規準（例)」

知識・技能	思考・判断・表現	主体的に学習に取り組む態度
・曲想と音楽の構造との関わり，曲想と歌詞の表す情景や気持ちとの関わりについて気付いている。（知識） ・思いに合った表現をするために必要な，[事項ウの（ア），（イ），（ウ）（いずれかを選択）を身に付けている。（技能）	音楽を形づくっている要素を聴き取り，それらの働きが生み出すよさや面白さ，美しさを感じ取りながら，聴き取ったことと感じ取ったこととの関わりについて考え，曲想を感じ取って表現を工夫し，どのように歌うかについて思いをもっている。	音楽活動を楽しみながら主体的・協働的に歌唱の学習活動に取り組もうとしている。

表8.7.6　音楽科におけるパフォーマンス課題の事例

表現	歌唱	「合唱コンクールで，響きのある，美しい，心が一つになった合唱を，聴いている人に届けましょう」（小４）
	器楽	「器楽アンサンブルの楽しさを伝えよう」（小５）
	創作	「短編映画にあう音楽をつくろう」（中３） あなたは，ある映画の音楽を担当することになりました。本編はすでに完成していますが，制作者からは主人公の心の中や場面の雰囲気を表現する音楽が求められています。音楽をつくるにあたっては，音の高さやリズム，テンポなどを工夫し，９小節にまとめる必要があります。
	鑑賞	「おんがくのおはなしをつくろう」（小１）

出所：小山英恵「音楽科」西岡加名恵・石井英真編著『教科の「深い学び」を実現するパフォーマンス評価』日本標準，2019年，89・92・94頁より作成。

表8.7.7　パフォーマンス課題「短編映画にあう音楽をつくろう」のルーブリック

レベル	記述語
A	短編映画から読み取った主人公の心情や場面の雰囲気を，音の高さやリズムを工夫した旋律として創作し，その意図を説明できている。
B	短編映画から読み取った主人公の心情や場面の雰囲気を，音の高さやリズムを工夫した旋律として創作している。
C	短編映画から読み取った主人公の心情や場面の雰囲気を，音の高さやリズムを工夫した旋律として創作できず，その制作意図も説明できない。

出所：小山英恵「音楽科」西岡加名恵・石井英真編著『教科の「深い学び」を実現するパフォーマンス評価』日本標準，2019年，90頁。

図画工作・美術科における評価

 目標・内容にもとづいた評価規準の設定をどう進めるか

　2017年版学習指導要領では，小学校図画工作科と中学校美術科に関して「資質・能力の三つの柱」に即した目標が次のように示されています（表8.8.1）。

表8.8.1　学習指導要領における小学校図画工作科と中学校美術科の目標

	知識及び技能	思考力・判断力・表現力等	学びに向かう力・人間性等
図画工作	対象や事象を捉える造形的な視点について自分の感覚や行為を通して理解するとともに，材料や用具を使い，表し方などを工夫して，創造的につくったり表したりすることができるようにする。	造形的なよさや美しさ，表したいこと，表し方などについて考え，創造的に発想や構想をしたり，作品などに対する自分の見方や感じ方を深めたりすることができるようにする。	つくりだす喜びを味わうとともに，感性を育み，楽しく豊かな生活を創造しようとする態度を養い，豊かな情操を培う。
美術	対象や事象を捉える造形的な視点について理解するとともに，表現方法を創意工夫し，創造的に表すことができるようにする。	造形的なよさや美しさ，表現の意図と工夫，美術の働きなどについて考え，主題を生み出し豊かに発想し構想を練ったり，美術や美術文化に対する見方や感じ方を深めたりすることができるようにする。	美術の創造活動の喜びを味わい，美術を愛好する心情を育み，感性を豊かにし，心豊かな生活を創造していく態度を養い，豊かな情操を培う。

　また，評価の観点とその趣旨は次のように示されています（表8.8.2）。

表8.8.2　小学校図画工作科と中学校美術科における評価の観点及びその趣旨

	知識・技能	思考・判断・表現	主体的に学習に取り組む態度
図画工作	・対象や事象を捉える造形的な視点について自分の感覚や行為を通して理解している。 ・材料や用具を使い，表し方などを工夫して，創造的につくったり表したりしている。	形や色などの造形的な特徴を基に，自分のイメージをもちながら，造形的なよさや美しさ，表したいこと，表し方などについて考えるとともに，創造的に発想や構想をしたり，作品などに対する自分の見方や感じ方を深めたりしている。	つくりだす喜びを味わい主体的に表現及び鑑賞の学習活動に取り組もうとしている。
美術	・対象や事象を捉える造形的な視点について理解している。 ・表現方法を創意工夫し，創造的に表している。	造形的なよさや美しさ，表現の意図と工夫，美術の働きなどについて考えるとともに，主題を生み出し豊かに発想し構想を練ったり，美術や美術文化に対する見方や感じ方を深めたりしている。	美術の創造活動の喜びを味わい主体的に表現及び鑑賞の幅広い学習活動に取り組もうとしている。

出所：文部科学省「小学校，中学校，高等学校及び特別支援学校等における児童生徒の学習評価及び指導要録の改善等について（通知）」（2019年3月29日）の「別紙４」。

　このように，2017年版学習指導要領（目標論）と2019年版指導要録（評価論）は，三つの「資質・能力」を通じて密接な連携関係にあることがわかります。
　それでは，「目標に準拠した評価」の進めかたを美術科にもとづいて見ていきましょう。第一に，「内容のまとまり」と「評価の観点」との関係を確認します。「内容のまとまり」とは学習指導要領の構成において「目標」に続く「内容」を形作る枠組みであり，中学校美術科では表8.8.3のようになります。このうち１年生における網掛け部分に関する学習指導要領の記述を確認すると，表8.8.4になります。そうすると，実線部が「知識」，

▷1　目標に準拠した評価
⇒Ⅱ-5 参照。

▷2　国立教育政策研究所『「指導と評価の一体化」のための学習評価に関する参考資料 中学校 美術』東洋館出版社，2020年，29頁。なお，この資料は国立教育政策研究所のホームページより閲覧できる。

▷3　同上書，30-31頁。

▷4　表8.8.2における「主体的に学習に取り組む態度」の記述に学年ごとの違いはない。なお，「創造活動の喜び」は，「知識及び技能」と「思考力，判断力，表現力等」が相互に関連する中で味わうものであることに留意する必要がある，とされている（同上書，31頁）。

表8.8.3　中学校美術科の「内容のまとまり」

感じ取ったことや考えたことなどを基にした表現　「A表現」(1)ア・(2)，（共通事項）
目的や機能などを考えた表現　「A表現」(1)イ(2)，（共通事項）
作品や美術文化などの鑑賞　「B鑑賞」，（共通事項）

二重線部が「技能」，波線部が「思考・判断・表現」に対応することがわかります。第二に，「観点ごとのポイント」を踏まえ，「内容のまとまりごとの評価規準」を作成します。「観点ごとのポイント」を表8.8.4に適用すると，「知識」については〔共通事項〕ア，イの文末を「〜理解している」に変更し，「技能」については「A表現」(2)の事項アの文末を「〜表している」に変更するなどして作成します。「思考・判断・表現」については，「A表現」(1)の事項アの文末を「〜している」と変更するなどして作成します。また，「主体的に学習に取り組む態度」については，当該学校階梯の評価の観点及びその趣旨と「A表現」(1)の事項アの内容を踏まえて作成します。その結果得られる「内容のまとまりごとの評価規準」が表8.8.5です。

② 図画工作科・美術科における評価の課題

学習内容と関連づけて評価規準を示す「目標に準拠した評価」は，集団内の位置を示すにすぎなかった「相対評価」に比して教育的価値を有します。ただし，特に芸術系の教科には，目標から行うべき学習が演繹されるだけでなく，学習・表現の過程から価値あるものが帰納するという側面がより強くあるはずです。そうした表現活動を評価するためには，作品の「批評」を通じて「鑑識眼」を洗練させていく必要があるでしょう。パフォーマンス課題によって作品を生み出し，先述の「内容のまとまりごとの評価規準」も踏まえながら，作品を評価するより具体的な「基準」を**ルーブリック**として練り上げる過程そのものが，教師の「鑑識眼」を洗練させるのです（表8.8.6）。

（樋口太郎）

表8.8.4 中学校学習指導要領（美術科・第1学年）における感じ取ったことや考えたことなどを基にした表現「A表現」(1)ア・(2)，（共通事項）

A 表現
(1) 表現の活動を通して，次のとおり発想や構想に関する資質・能力を育成する。
　ア 感じ取ったことや考えたことなどを基に，絵や彫刻などに表現する活動を通して，発想や構想に関する次の事項を身に付けることができるよう指導する。
　　(ア) 対象や事象を見つめ感じ取った形や色彩の特徴や美しさ，想像したことなどを基に主題を生み出し，全体と部分との関係などを考え，創造的な構成を工夫し，心豊かに表現する構想を練ること。
(2) 表現の活動を通して，次のとおり技能に関する資質・能力を育成する。
　ア 発想や構想をしたことなどを基に，表現する活動を通して，技能に関する次の事項を身に付けることができるよう指導する。
　　(ア) 材料や用具などを身に付け，意図に応じて工夫して表すこと。
　　(イ) 材料や用具の特性などから制作の順序などを考えながら，見通しをもって表すこと。
〔共通事項〕
(1) 「A表現」及び「B鑑賞」の指導を通して，次の事項を身に付けることができるよう指導する。
　ア 形や色彩，材料，光などの性質や，それらが感情にもたらす効果などを理解すること。
　イ 造形的な特徴などを基に，全体のイメージや作風などで捉えることを理解すること。

表8.8.5 感じ取ったことや考えたことなどを基にした表現「A表現」(1)ア・(2)，（共通事項）における「内容のまとまりごとの評価規準（例）」

知識・技能	思考・判断・表現	主体的に学習に取り組む態度
・形や色彩，材料，光などの性質や，それらが感情にもたらす効果などを理解している。 ・造形的な特徴などを基に，全体のイメージや作風などで捉えることを理解している。 ・材料や用具の生かし方などを身に付け，意図に応じて工夫して表している。 ・材料や用具の特性などから制作の順序などを考えながら，見通しをもって表している。	対象や事象を見つめ感じ取った形や色彩の特徴や美しさ，想像したことなどを基に主題を生み出し，全体と部分との関係などを考え，創造的な構成を工夫し，心豊かに表現する構想を練っている。	美術の創造活動の喜びを味わい楽しく感じ取ったことや考えたことなどを基にした表現の学習活動に取り組もうとしている。

表8.8.6 パフォーマンス課題「友達の作品写真を批評しよう」のルーブリック

レベル	記述語
A	・形や色，光に関わる構成美の視点を的確に用いて記述している。 ・テーマに応じた演出や撮影方法の工夫に気づき，その価値について記述している。 ・演出や撮影の方法についての具体的のある改善案を提起している。
B	・光と影に関わる構成美の視点（コントラスト，アクセント，グラデーション）を用いて記述している。 ・形や色，光のもつ感情効果について，作品のテーマと結びつけながら記述している。
C	・作品のテーマにもとづいて，作品から感じ取ることができる効果について，自分の言葉で記述している。

出所：小山英恵「美術科」西岡加名恵・石井英真編著『教科の「深い学び」を実現するパフォーマンス評価』日本標準，2019年，107頁。

▷5 同上書，32-33頁。

▷6 こうしたアイスナー（Eisner, E. W.）の考え方については III-3 を参照。

▷7 パフォーマンス課題 ⇒ VII-11 参照。

▷8 ルーブリック ⇒ IV-8 参照。

▷9 「規準」と「基準」の違いについては II-6 を参照。

9 技術・家庭科における評価

▷1　第二次世界大戦後の新制中学校においては，1947年版の学習指導要領にもとづき，職業科（農業・工業・商業・水産・家庭）が設けられた。1951年には，「実生活に役立つ仕事」を中心とする職業・家庭科へと改められた。その後，1950年代中ごろからの高度経済成長期において，「科学技術教育の向上」が叫ばれるようになり，1958年に中学校の必修科目の一つとして技術・家庭科が位置づけられた。なお，小学校では，5・6年生に家庭科が設けられている。

▷2　中央教育審議会「幼稚園，小学校，中学校，高等学校及び特別支援学校の学習指導要領の改善及び必要な方策等について（答申）」2016年12月21日。具体的な学習過程については，⑦既存の技術の理解と課題の設定，①技術に関する科学的な理解に基づいた設計・計画，⑦課題解決に向けた製作・制作・育成，②成果の評価と次の問題の解決の視点，と整理されている。

▷3　奈須正裕『「資質・能力」と学びのメカニズム』東洋館出版社，2017年。

▷4　北原琢也「技術科」西岡加名恵・石井英真編著『教科の「深い学び」を実現するパフォーマンス評価』日本標準，2019年，116-121頁。なお，「技術」概念をめぐる議論について

1 技術・家庭科の目標

　技術・家庭科は，中学校に設けられている教科の一つです[1]。技術分野と家庭分野の二つから構成されています。

　2017年版中学校学習指導要領では，技術・家庭科の目標が次のように示されています。すなわち，「生活の営みに係る見方・考え方や技術の見方・考え方を働かせ，生活や技術に関する実践的・体験的な活動を通して，よりよい生活の実現や持続可能な社会の構築に向けて，生活を工夫し創造する資質・能力」の育成を目指すとされています。より具体的には，「資質・能力」の「三つの柱」に対応するかたちで，表8.9.1のように目標が提示されています。

　学習指導要領のなかで提起されている「生活を工夫し創造する資質・能力」の育成にあたっては，「単に何かをつくるという活動」をすればそれでよいというわけではなく，子どもたちが生活にかかわる問題を見つけ出して課題を設定し，その課題を解決していく一連のプロセス（＝問題解決の過程）に着目することが重要とされています[2]。

　2017年版学習指導要領の改訂のキーワードである「資質・能力」という言葉は，単に「何を知っているか」だけではなく，知っていることを活かして，実際の社会生活のなかで「何ができるようになるか」，換言すれば「どのような問題解決を現に成し遂げるか」[3]を重視するものです。技術・家庭科においても，社会生活における問題解決の場面を視野に入れるなかで，たとえば「技術の本質」は「人間生活に役立つために問題を解決すること」にあるという点などへの理解を深めることが求められています[4]。

2 技術・家庭科における評価をどうするか

　目標の設定において，問題解決を実際に成し遂げるという点に着目すると，

表8.9.1　技術・家庭科における目標

（1）	（2）	（3）
生活と技術についての基礎的な理解を図るとともに，それらに係る技能を身に付けるようにする。	生活や社会の中から問題を見いだして課題を設定し，解決策を構想し，実践を評価・改善し，表現するなど，課題を解決する力を養う。	よりよい生活の実現や持続可能な社会の構築に向けて，生活を工夫し創造しようとする実践的な態度を養う。

出所：2017年版中学校学習指導要領をもとに作成。

表 8.9.2 技術・家庭科における評価の観点及びその趣旨

知識・技能	思考・判断・表現	主体的に学習に取り組む態度
生活と技術について理解しているとともに、それらに係る技能を身に付けている。	生活や社会の中から問題を見いだして課題を設定し、解決策を構想し、実践を評価・改善し、表現するなどして課題を解決する力を身に付けている。	よりよい生活の実現や持続可能な社会の構築に向けて、課題の解決に主体的に取り組んだり、振り返って改善したりして、生活を工夫し創造し、実践しようとしている。

出所：文部科学省「小学校、中学校、高等学校及び特別支援学校等における児童生徒の学習評価及び指導要録の改善等について（通知）」2019年3月。

その評価はどのように行うべきでしょうか。技術・家庭科における学習評価の観点としては、目標とする「資質・能力」の「三つの柱」をもとに、表8.9.2のように、それぞれの趣旨が示されています。

単に知識を暗記するだけではなく、また何かをつくるという活動をするだけでもなく、社会生活を視野に入れた問題解決の過程のなかで、実践的な問題解決力や主体的な態度を評価することが求められています。

ここで、技術分野「材料と加工の技術」を取り上げ、知識の再生だけではなく、また活動するだけでもなく、実践的な「問題解決力」をとらえるための評価方法を紹介してみましょう。たとえば、社会生活の文脈を考慮して知識を使いこなすことを求める課題として、次のような**パフォーマンス課題**[5]が開発されています。「あなたは、○○市の『環境にやさしいものづくりへの提言！』に発表することになりました。まず、身の回りの生活や社会で使用されている木製品（机やいすなど）から問題点を見つけて、解決すべき課題を設定してください。次に、材料と加工の技術の学習を生かしつつ、木製品の材料、耐久性、環境への負荷などに着目し、条件に適合する最適な製品や利用方法を選択する計画を提言してください」という評価課題です[6]。

こうしたパフォーマンス課題については、○×で採点しにくいため、**ルーブリック**[7]（採点指標）を用いて子どもたちの作品を評価していくことになります。

その際、留意すべきは、作品の形式面にとらわれないようにすることです。つまり、提言の仕方や書式の整い方だけに着目するのではなく、技術・家庭科固有の「見方・考え方」（たとえば、材料の性質、耐久性、環境への負荷などの教科に関する内容）への理解がどれだけ深まっているかという内容面との関連において、子どもたちの作品をとらえることが重要です。

というのも、評価は「指導の改善」としての機能をもつからです。子どもたちの実践的な問題解決力を教師が「判定」して終わりにするのではなく、技術・家庭科の授業を通して高め伸ばしていくためにも、授業で扱った教科内容との関連を問いなおす視点が必要です。その際、子ども一人ひとりの多様な問題解決の方向に着目し、「考え方のユニークさ」や「進歩の状況」を把握するなかで、「新しい価値の創出」につながることも考えられます[8]。

（樋口とみ子）

は、佐々木享「技術論と技術教育」『技術教育研究』第10号、1976年。中村静治『新版・技術論論争史』創風社、1998年。

▷5 **パフォーマンス課題**
⇒Ⅶ-11 参照。

▷6 北原琢也、前掲論文、2019年、119頁。ほかに、興味深い取り組みとして、ポートフォリオ評価を生かす方法もある。たとえば、劔持和宏「めざせ大工さん」堀哲夫編著『一枚ポートフォリオ評価 中学校編』日本標準、2006年、123-130頁。渡辺良子「幼児の食生活を考えよう」同上書、131-140頁。そのほか、ワークシートや学習カード、行動観察などの工夫については、国立教育政策研究所『「指導と評価の一体化」のための学習評価に関する参考資料 中学校 技術・家庭』東洋館出版社、2020年。

▷7 **ルーブリック**
⇒Ⅳ-8 参照。

▷8 岡陽子「問題解決のプロセスを踏まえた指導と評価の充実」田中耕治編集代表『各教科等の学びと新しい学習評価』ぎょうせい、2020年、117頁。

参考文献

佐々木享・近藤義美・田中喜美『技術科教育法』学文社、1990年。

安東茂樹『技術科教育はなぜ必要か』竹谷教材出版事業部、2014年。

日本家庭科教育学会編『未来の生活をつくる』明治図書出版、2019年。

日本家庭科教育学会編『生きる力をそなえた子どもたち』学文社、2013年。

10 体育科における評価

① 体育科の目標にもとづく「評価の観点」

　2017年の学習指導要領の改訂により，体育科（保健体育科）では，目標として，生涯にわたる「豊かなスポーツライフ」を実現するための「資質・能力」の育成が強調されています。「できる」「できない」という結果や記録にとらわれずに，スポーツの楽しみ方の多様性（「する・みる・支える・知る」など）を視野に入れ，豊かなスポーツライフを実現していくことが求められています。

　体育科の目標が設定された背景について，学習指導要領の改訂に先立って出された中央教育審議会答申（2016年）では，運動する子どもとそうでない子どもの二極化傾向が見られるという状況に着目しています。あわせて，習得した知識や技能を活用して課題を解決したり，学習したことを相手にわかりやすく伝えたりする点に課題があること，さらに，健康課題を発見し，主体的に課題解決に取り組む学習が不十分であること，なども指摘されています。

　そこで，体育科でめざす「資質・能力」として，主体的な課題解決が重視されることになり，より具体的には，表8.10.1の目標が提起されました。

　これらの目標とする「資質・能力」の「三つの柱」をもとに，体育科の学習評価では，表8.10.2に示した三つの観点が設定されることになりました。

表8.10.1　体育科（小学校）における目標

(1)	(2)	(3)
その特性に応じた各種の運動の行い方及び身近な生活における健康・安全について理解するとともに，基本的な動きや技能を身に付けるようにする。	運動や健康についての自己の課題を見付け，その解決に向けて思考し判断するとともに，他者に伝える力を養う。	運動に親しむとともに健康の保持増進と体力の向上を目指し，楽しく明るい生活を営む態度を養う。

出所：2017年版小学校学習指導要領をもとに作成。

表8.10.2　体育科（小学校）における評価の観点及びその趣旨

知識・技能	思考・判断・表現	主体的に学習に取り組む態度
各種の運動の行い方について理解しているとともに，基本的な動きや技能を身に付けている。また，身近な生活における健康・安全について実践的に理解しているとともに，基本的な技能を身に付けている。	自己の運動の課題を見付け，その解決のための活動を工夫しているとともに，それらを他者に伝えている。また，身近な生活における健康に関する課題を見付け，その解決を目指して思考し判断しているとともに，それらを他者に伝えている。	運動の楽しさや喜びを味わうことができるよう，運動に進んで取り組もうとしている。また，健康を大切にし，自己の健康の保持増進についての学習に進んで取り組もうとしている。

出所：文部科学省初等中等教育局長「小学校，中学校，高等学校及び特別支援学校等における児童生徒の学習評価及び指導要録の改善等について（通知）」2019年3月。

▷1　文部科学省『小学校学習指導要領（平成29年告示）解説　体育編』東洋館出版社，2018年，18頁。岡出美則「小学校体育」田中耕治編集代表『各教科等の学びと新しい学習評価』ぎょうせい，2020年，94-95頁。

▷2　中央教育審議会「幼稚園，小学校，中学校，高等学校及び特別支援学校の学習指導要領の改善及び必要な方策等について（答申）」2016年12月21日。

▷3　観点ごとの評価については，以下の文献に詳しい。国立教育政策研究所『「指導と評価の一体化」のための学習評価に関する参考資料　小学校　体育科』東洋館出版社，2020年。国立教育政策研究所『「指導と評価の一体化」のための学習評価に関する参考資料　中学校　保健体育科』東洋館出版社，2020年。ほかに，「特集　新課程で変わる体育の学習評価」『体育科教育』第68巻第7号，2020年7月号，10-35頁も参考になる。

▷4　中央教育審議会教育課程部会「児童生徒の学習評価の在り方について（報告）」（2019年1月）では，「学習評価の在り方」として，「①児童生徒の学習改善につながるものにしていくこと，②教師の指導改善

生涯にわたる「豊かなスポーツライフ」を実現していくためには，評価においても，記録の更新という結果だけにとらわれず，運動やスポーツとの多様な関わり方があることを前提に，子どもたちが自ら主体的に課題を解決していく過程を視野に入れることが求められます[13]。

❷ 学習改善につながる学習評価

体育科の評価が，実技の記録をもとにした結果の「判定」だけに陥らないためにも，ここでは，子どもたちの「学習改善」にむすびつく学習評価のあり方について考えてみましょう[14]。

すでに体育科では自己評価や相互評価の機会が工夫されてきています。まず，自己評価については，学習カードや自己評価カード等において，子どもたちが運動に関わる自分の課題を設定するとともに，その課題に対する自分なりの解決方法を考えて記述し，さらに，それをもとに練習するなかで解決方法の妥当性を振り返る機会を設ける取り組みがあります[15]。こうした工夫は，一人ひとりの課題解決を支え，次なる学習の改善につながる可能性をもちます。

その際，学習カードや自己評価カード等における子どもたちの記述に対して，教師からどのようなアドバイスをするのかが重要となるでしょう。とりわけ，2019年の指導要録の改訂では，観点「主体的に学習に取り組む態度」を評価するにあたり，粘り強い取り組みを行おうとする側面と，そのなかで自らの学習を調整しようとする側面に着目する必要性が指摘されています。学習改善に向けて，子どもたちの粘り強さを引き出すとともに，自らの課題解決方法の妥当性への気づきをうながすようなコメントのあり方を工夫していきたいところです。そのためには，子どもたちがカードに書いた分量や記述の形式面のみにとらわれず，対象となる運動についての知識や技能がどのように深まっているのかという点との結びつきを視野に入れる必要があります[16]。

次に，相互評価については，学習カード等において，他の子どもたちの動きをとらえる機会を設けることにより，それらと照らし合わせて子どもが自らの動きの特徴を鮮明にしていく機会となることも指摘されています[17]。

さらに，学習改善にむすびつく学習評価のあり方を考える際には，学習した知識・技能を実践的な文脈で活用する力を見る**パフォーマンス課題**[18]も参考になります。具体的には，小学校5年生「保健」に関して，次の課題が開発されています。「あなたのグループの仕事は安全係です。新5年生が安全に○○へ行けるように，次の内容を入れて，けがの防止について工夫して伝えてください。①身の回りにひそむ危険，②事故やけがが起こる原因とその対策，③けがをした時の手当」[19]。このように，具体的な文脈のなかで他者にわかりやすく伝えるために，保健の学習内容に関する自らの理解を整理しなおす機会を提供することも，学習評価の方法を考える上で示唆に富みます。　　　　（樋口とみ子）

につながるものにしていくこと，③これまで慣行として行われてきたことでも，必要性・妥当性が認められないものは見直していくこと」を基本とすると提起された。

▷5　岡出美則「体育の評価のポイント」市川伸一編『2019年改訂　速解　新指導要録と「資質・能力」を育む評価』ぎょうせい，2019年，90-91頁。

▷6　たとえば，単元の初めと最後に「ボール運動で大切なことは」について子どもたちが意識的に記載する欄を設けた取り組みもある。堀哲夫編著『一枚ポートフォリオ評価　小学校編』日本標準，2006年，144-155頁。ほかに，山本篤司「OPPを活用した思考・判断・表現の評価」『体育科教育』第68巻第7号，2020年7月号，28-31頁。

▷7　岡出，前掲論文，2019年，91頁。

▷8　パフォーマンス課題 ⇒ VII-11 参照。

▷9　徳島祐彌「体育・保健体育科」西岡加名恵・石井英真編著『教科の「深い学び」を実現するパフォーマンス評価』日本標準，2019年，133頁。このパフォーマンス課題のもととなった岩田礼子先生の実践の様子については，同上論文，127-129頁に詳しい。

（参考文献）
木原成一郎・大後戸一樹・久保研二・村井潤・加登本仁編『子どもの学びがみえてくる体育授業研究のすゝめ』創文企画，2020年。
岩田靖・吉野聡・日野克博・近藤智靖編著『初等体育科授業づくり入門』大修館書店，2018年。

総合学習における評価

1 総合学習における単元の構造

　総合学習においては，子どもが主体的に問いを設定し，探究を進めます。もちろん，子どもが最初から探究に値する問いを設定することは難しいことでしょう。そこで多くの場合，教師は「○○をつくろう」，「○○を飼おう」，「○○について調べよう」といった大テーマを設定し，そのテーマと出会わせるような体験を子どもたちに提供します。その体験のなかで，一人ひとりの子どもはさまざまな気づきや疑問をもちます。その気づきや疑問を学級で共有し，共通点や相違点を整理するなかで，新たな問題が発見され，課題が設定されます。次には，そのように設定された課題を探究するために，個別・グループ別で探究活動をおこないます。すると，さまざまな発見がもたらされると同時に，さらに新しい疑問点が生まれます。それをまた共有して検討し，次の課題設定をおこなうこととなります。このように，総合学習の単元においては，「課題設定→探究活動→気づき・疑問…」という「問題解決のサイクル」が繰り返されます。▷1

　指導にあたっては，子どものパフォーマンス（集めた資料やメモ，作文，発表，発言や表情など）を多角的に評価します。評価する際には，とりわけ子どもの設定する課題に注目することが重要となります。なぜなら，的確な課題が設定できれば，効果的に探究を進めることができるからです。

2 学級全体の傾向を評価する

　次に，総合学習においてとくに重要となる評価の場面を二つとりあげましょう。

　第一は，学級でそれぞれの気づきや疑問をもちより，検討する場面です。たとえば，単元のまとめをおこなう発表会は，その単元における**総括的評価**をおこなう場となります。子どもたちの学習を指導するという点では，中間報告会などを定期的におこない，**形成的評価**▷2をおこなうことが重要です。学級の子どもたちがそれぞれの時点でもっている気づきや疑問を **KJ 法**▷3などを用いて整理し，学級全体の傾向を評価することによって，指導を向上させることが求められます。▷4

　図8.11.1は，小学校3年生の実践「ニワトリさん大研究」における板書例です。この授業は，1学期から数羽の鶏を飼ってきた子どもたちが，2学期の

▷1　高浦勝義『総合学習の理論・実践・評価』（黎明書房，1998年）を参照のこと。

▷2　総括的評価，形成的評価
⇒Ⅰ-4参照。

▷3　KJ法
⇒Ⅶ-9参照。

▷4　宮本浩子ほか『総合と教科で確かな学力を育むポートフォリオ評価法・実践編』（日本標準，2004年）では，子どもの課題や気づきを概念地図（マップ）で整理した実践が報告されている。概念地図の変化を追うだけで，子どもの探究の深まりがわかる。

課題を設定している場面でした。「これから，もっとやってみたいことは何かな」という教師の問いかけに対し，「ニワトリを肩に乗せられるようになりたい」，「ニワトリの卵について調べたい」といった希望が出されています。教師は，子どもたちが出す課題のキーワードを，カテゴリーに分けて板書に配置しました。

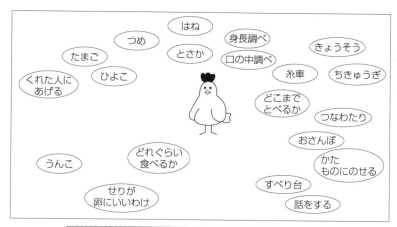

図8.11.1 単元「ニワトリさん大研究」における板書

出所：三木市立口吉川小学校の提供。

図8.11.1を見ると，たとえば子どもたちの関心が鶏の体のつくりや運動能力といった理科的なものに偏っていると評価できます。総合的に鶏を探究させたい場合は，「地域で鶏がどのように飼われてきたのか」といった社会科的な関心が子どもたちに生まれるような指導や環境整備が必要だとわかるのです。

③ 個別・グループ別に検討会をおこなう

重要な評価の場面として第二に，個別・グループ別に探究を進めている際に並行しておこなう**検討会**があげられます。ローテーションを組めば，1学期につき少なくとも1回は，個別・グループ別の検討会をおこなうことができるでしょう。総合学習を始める段階から子どもたちに**ポートフォリオ**をつくらせ，そのポートフォリオを子どもと教師が一緒に見ながら検討会をおこなうと，とくに効果的です。

検討会を繰り返す過程では，一貫した評価の観点を用いて，子どもの変化をとらえます。総合学習における評価では，まず子どもがどのような問いを立て課題を設定しているかに注目します。子どもの課題設定力を評価するためには，課題そのものの質を評価すると同時に，課題設定に際して子どもが次のような力を発揮できているかどうかに注目することが重要です。論理的思考力（課題と探究の道筋との整合性を考える力，分析・総合する力など），資料収集力（実際に体験したり，質の良い資料を多く集めたりする力），協働する力（友達と協力する力），自己評価力（自分の学習の成果と課題を的確に把握する力）などです。さらに教科で身につけているはずの学力について，総合学習で活用できているかどうかを点検し，教科と総合学習の相互環流を図ることも重要です。

検討会を通して評価できた成果と課題については子どもと共通理解を図り，その後の学習と指導に役立てましょう。

（西岡加名恵）

▷5 検討会
⇒ VII-16 参照。

▷6 ポートフォリオ
⇒ VII-15 参照。

▷7 宮本ほか（前掲書，194-195頁）を参照。

参考文献
田中耕治監修『実践！自ら考える生徒たち──総合から教科へ，谷口中学校の取り組み』（映像＋解説書＋CD-ROM資料集）岩波映像，2003年。
西岡加名恵『教科と総合に活かすポートフォリオ評価法』図書文化，2003年。

12 道徳における評価

▷1　「教科」とは、①教科書を使用し、②教科ごとの免許があり、中等教育ではその免許を有する教師が指導し、③数値による評価を行うものを言うが、道徳については、数値による評価を行わないこと、中学校でも担任が指導を担当することから「特別の教科」という位置づけが行われた。

▷2　2017年版小学校学習指導要領には、「第1章　総則」に、学校における道徳教育の目標が以下のように示されている。「学校における道徳教育は、特別の教科である道徳（以下「道徳科」という。）を要として学校の教育活動全体を通じて行うものであり、道徳科はもとより、各教科、外国語活動、総合的な学習の時間及び特別活動のそれぞれの特質に応じて、児童の発達の段階を考慮して、適切な指導を行うこと」。

▷3　2017年版小学校学習指導要領には、「特別の教科　道徳」の目標について以下のように書かれている。「第1章総則の第1の2の(2)に示す道徳教育の目標に基づき、よりよく生きるための基盤となる道徳性を養うため、道徳的諸価値についての理解を基に、自己を見つめ、物事を多面的・多角的に考え、自己の生き方についての考えを深める学習を通して、道徳的な判断力、心情、実践意欲と態度を育てる」。

▷4　大和久勝・今関和子『対話と共同を育てる道徳教育』（クリエイツかもがわ、2014年）など参照。

▷5　2019年3月文部科学省「小学校、中学校、高等学校及び特別支援学校等における児童生徒の学習評価及び指導要録の改善等につ

1 「特別の教科　道徳」の設置

2015年の学習指導要領一部改訂によって、「特別の教科である道徳」（以下、「特別の教科　道徳」）が設置されました。2017年版学習指導要領においても、答えが一つではない道徳的な課題を一人一人の児童が自分自身の問題と捉え、向き合う「考え、議論する道徳」へと転換を図るという趣旨は引き継がれ、「第1章　総則」の道徳教育に関する部分や「第3章　特別の教科　道徳」からの実質的な変更はありません。

なお、従来の「道徳の時間」においても、考え、議論することは可能でした。教科化したことで実際に道徳教育が質的に転換できたのかについては、今後検証していく必要があります。「道徳の時間」、「特別の教科　道徳」のいずれも、ある時間を設定して取り立てて行う道徳指導であり、学校教育全体で行う道徳教育との関係もふまえ、目標と評価を研究することが重要です。

2 「特別の教科　道徳」の学習評価のあり方

2016年7月文部科学省「学習指導要領の一部改正に伴う小学校、中学校及び特別支援学校小学部・中学部における児童生徒の学習評価及び指導要録の改善等について（通知）」（以下「2016年通知」）に、「特別の教科　道徳」の学習評価に関する原則が示されました。

「特別の教科　道徳」では、児童生徒の人格そのものに働きかけ、道徳性を養うことを目標としているため、観点別評価は妥当ではないことが示されています。具体的な評価のあり方としては、児童生徒の成長を認め励ます個人内評価として記述式で行うこと、個々の内容項目ごとに評価せず大くくりで評価すること、学習活動のなかで多面的・多角的な見方へと発展しているか、自分自身との関わりのなかで深めているか等を重視することが求められています。

なお、指導要録には、特に顕著な具体的状況等について記述による評価を行うこととされています。

3 学習評価における留意点

小学校学習指導要領解説には、児童が一面的な見方から多面的・多角的な見方へと発展させているかどうかについて、発言や感想文、質問紙の記述等から

見取ることが例示されています。発言や文章記述が苦手な児童への配慮も記されており，教師や他児の発言を聞いている，考えを深めようとしているなどの姿に注目することの重要性が記されています。

　一方，発表も記述もよくできる子への配慮は十分とは言えません。まだ迷っていても，教師から見て望ましいと思われるだろうことを言ったり書いたりできてしまう子どももいます。例えば，道徳性テストについて，「正答は道徳的価値，規範に合致する反応に対して与えられる。かくみると道徳性テストは情意の傾向テストというよりむしろ認知の能力テストの様相を呈することになる。生徒の応答は精いっぱい正答反応に志向しても，これを生徒の自己欺瞞と言えるだろうか」と指摘されています。[6]

　テストでなくとも，ひとまず多面的でも多角的でもなく，時には「道徳的」ではないような自分の思いを述べることができる学級であるかどうかは重要です。教師との関係，他の子どもとの関係が鋭く問われます。道徳の学習評価は，他の教科と比べても，個人だけを取り出して評価することが難しいのです。道徳の授業やその他の活動を通じて，率直な思いを出して議論できる状況にあるかどうかを合わせてみていく必要があります。

❹ 道徳教育に対する評価

　「特別の教科　道徳」において，例えばある教材が一定の結論を促してしまう場合，子どもたちの多面的・多角的な思考を促すことに適していないと評価しなければなりません。この問題を乗り越えるために，別の教材を追加するか，教材の使い方を変えるなどの方法を検討する必要があるでしょう。[7]

　道徳判断においては状況や他者の固有性を考慮することが重要です。それらを欠いたまま心や行動のコントロールを求めると「他者の声に耳を傾けず，他者の置かれた状況に配慮しない〈道徳〉が出現するようになる」，「自分の考えを表に出すのではなく，自分の内から湧き上がる思いを押さえたり，人から望まれている『形』に自分の思いを合わせたりするだけなのである。そのため，自らを偽装する力は高まっても，道徳判断力は向上していかない」[8]と指摘されています。読み物教材等で考え，議論する際には，こうした点が深められるものか，注意が必要です。表面的な議論にとどまり，教師の求める正答を導くことが誘発されているのであれば，教材や指導を変えていく必要があります。

　学校教育全体の取り組みに対する評価では，日常的に展開されている指導もするどく問われることになります。学校生活のきまり（いわゆる校則）などの在り方やそれに基づく指導のあり方も，子どものための道徳教育としてふさわしいものかどうか，問うていく必要があります。

（川地亜弥子）

いて（通知）」にも，「特別の教科である道徳」の学習評価等については，「2016年通知」に準じることが明記されている。

　「2016年通知」には，以下のように記されている。「①児童生徒の人格そのものに働きかけ，道徳性を養うことを目標とする道徳科の評価としては，育むべき資質・能力を観点別に分節化し，学習状況を分析的に捉えることは妥当ではないこと。②このため，道徳科については，『道徳的諸価値についての理解をもとに，自己を見つめ，物事を（広い視野から）多面的・多角的に考え，自己（人間として）の生き方についての考えを深める』という学習活動における児童生徒の具体的な取組状況を，一定のまとまりの中で，児童生徒が学習の見通しをもって振り返る場面を適切に設定しつつ見取ることが求められること。③他の児童生徒との比較による評価ではなく，児童生徒がいかに成長したかを積極的に受け止めて認め，励ます個人内評価として記述式で行うこと（④⑤は略）。さらに，調査書に記載せず，入学者選抜の合否判定に活用しないことも明記されている。

▷6　金井達蔵「道徳教育における評価の課題」瀬戸真編『別冊指導と評価⑥　こころの教育──新しい道徳教育の課題』図書文化，1989年，259頁。

▷7　授業づくりについては荒木寿友『ゼロから学べる道徳科授業づくり』（明治図書，2017年）や，大和・今関（前掲書）が参考になる。

▷8　松下良平「これからの道徳教育を構想する」松下良平編著『道徳教育論』一藝社，2014年，210-211頁。

参考文献

　徳永正直・堤正史・宮嶋秀光・林泰成・榊原志保『道徳教育論──対話による対話への教育』ナカニシヤ出版，2003年。

特別活動における評価

▷1　小学校学習指導要領
では育成すべき資質・能力
として以下が挙げられてい
る。
　（1）多様な他者と協働す
る様々な集団活動の意義や
活動を行う上で必要となる
ことについて理解し，行動
の仕方を身に付けるように
する。（2）集団や自己の生
活，人間関係の課題を見い
だし，解決するために話し
合い，合意形成を図ったり，
意思決定したりすることが
できるようにする。（3）自
主的，実践的な集団活動を
通して身に付けたことを生
かして，集団や社会におけ
る生活及び人間関係をより
よく形成するとともに，自
己の生き方についての考え
を深め，自己実現を図ろう
とする態度を養う。
　小・中学校とも基本的な
構成は同じであり，取り組
むべき活動や課題解決を示
した上で，(1)知識・技能,
(2)思考力・判断力・表現
力，(3)学びに向かう力・
人間性に関わる目標を示し
ている。中学校のものは
(3)における「自己の生き
方」が「人間としての生き
方」となっている。

▷2　小学校において，特
別活動の内容のまとまりは
以下のように示されてい
る。
学級活動：(1)学級や学校
における生活づくりへの参
画，(2)日常の生活や学習
への適応と自己の成長及び
健康安全，(3)一人一人の

❶ 特別活動の評価の観点は各学校で定める

　特別活動の目標は，2017年版学習指導要領において「集団や社会の形成者として見方・考え方を働かせ，様々な集団活動に自主的，実践的に取り組み，互いのよさや可能性を発揮しながら集団や自己の生活上の課題を解決することを通して，資質・能力を育成すること」と示されています。評価については，特別活動の目標や各活動・学校行事の目標，各学校で設定した各活動・学校行事において育成を目指す資質・能力を踏まえて，「内容のまとまりごとの評価規準」を作成することとされています。

　特別活動の特質と学校の創意工夫を生かすということから，「各学校で評価の観点を定める」ものとされています。国立教育政策研究所の資料をみますと，特別活動における「評価の観点及びその趣旨」をもとにした例，特別活動における資質・能力の視点（「人間関係形成」「社会参画」「自己実現」）をもとに重点化を図った例，資質・能力の視点のうちの一つ（例えば，社会参画）に重点化を図った例が挙げられています。

　指導要録の特別活動の記録では，観点を基準として十分満足できる活動の状況の場合，○をつけます。なお，特別活動の特質を踏まえ，児童のよさや可能性を積極的に評価することが大切であることが強調されています。○をつけたものは，指導要録の「総合所見及び指導上参考となる諸事項」の欄に短文で根拠を示すこととされています。なお，教師の負担増とならないよう要点を箇条書きにするなど必要最小限にすることが求められています。

❷ 特別活動における評価の留意点

　特別活動における評価の特徴は，集団活動を通すこと，学級活動以外では学級をこえたさまざまな規模や特質をもった集団での活動を評価することなどから，教科や道徳，総合的な学習の時間の評価とは大きく異なる点があります。

○個人と集団との関わりを重視する

　各教科においては，評価の対象は子ども一人ひとりであり，個人に関わる関心・意欲・態度や知識・技能などが問題にされます。これに対して，特別活動では，個々の子どもが所属するクラブや委員会などの集団を除外して評価を考えることはできません。

🔵 教師間の連携が重要である

「特別活動の評価」は難しい，とよく言われます。それは，子どもの集団活動を基本としていること，また，異なる学年，異なる学級の児童が集団を構成して活動することも多いため，子どもの実態や，地域や学校の特性に即して特別活動の計画・運営・評価をする必要があるためです。

学級会活動は学級担任が指導を行いますが，児童会（生徒会）活動，クラブ活動（小学校），学校行事については，学級を超えて，それぞれの活動に応じた集団を構成しての取り組みになりますので，学校の教師同士が密に連携を取ることが必要になります。活動の計画段階では，参加している子どもの特徴を，担任やその子どもをよく知る教師から聞いて把握する必要があります。指導者のみとりは重要ですが，その理解については他の教師とも協議しながら深めることが重要です。

🔵 子どもたち自身の目標・計画立案と評価が重要である

学級会活動，児童会（生徒会）活動，クラブ活動では，集団活動に取り組むだけではなく，それ以前の話し合いや合意形成が重要になります。いうなれば，教師ではなく，子どもたち自身がどのように活動の目標を立て，計画し，評価・改善するかが重要な評価の観点になります。

子どもが目標を立てる自治的活動だからと言って，特別活動において教師が目標を持つことが無用なのだとか，評価できないということにはなりません。逆に，教師が高い専門性をもって，子どもたちの実践活動をみとり，評価し，指導を改善しなければ，子どもたちが自主的・実践的にとりくめるような活動を組織できません。教師の力量が問われるところです。子どもが活動内容を構想し，集団と関わり，交流をするうえでの評価の観点と指標を表8.13.1に挙げておきます。

この表の観点は，知識・技能，思考・判断・表現のような，機能別の分類ではなく，自治的な集団活動を進める上での基本的な能力目標を示しているという特徴があります。例えば，「活動内容を構想する力」は，教師に言われた活動に取り組むにとどまらず子どもたち自身に活動を構想する力が育ってきているかを評価することが重要であることが端的に示されています。（川地亜弥子）

表8.13.1 観点と指標の一覧

観点＼指標	A	B	C	D
集団にかかわる力	子どもの参加のしかた	集団の形態・機能	教師の関与のレベル	集団の空気
活動内容を構想する力	活動の価値的な意味	活動内容のレベル	計画作成の主体	活動内容の広がり
交流を支える力	表現の方法と力	交流の形態	判断のプロセス	質と持続性

出所：河原尚武「教科外活動の位置と目標・評価論の特性」『教育目標・評価学会紀要』第24号，2014年，52頁。

キャリア形成と自己実現。児童会活動。クラブ活動。学校行事：（1）儀式的行事，（2）文化的行事，（3）健康安全・体育的行事，（4）遠足・集団宿泊的行事，（5）勤労生産・奉仕的行事。

▷3 国立教育政策研究所『「指導と評価の一体化」のための学習評価に関する参考資料 小学校 特別活動』2020年。

▷4 初等中等教育局長「小学校，中学校，高等学校及び特別支援学校等における児童生徒の学習評価及び指導要録の改善等について（通知）」2019年，5頁。ただし，国立教育政策研究所（前掲書）においては，○をつけた根拠を「総合所見及び指導上参考となる諸事項」欄に短文で示す旨の記載はなく，むしろ「特別活動の記録」欄に，各学校で定めた評価の観点を記入する際に，「評価の観点の変更がある場合を想定して，余白をとっておく」ことが記されている。教師の負担軽減や，特別活動の目標の柔軟性の重要さを考えると，国立教育政策研究所の例示は興味深い。

参考文献

青木孝頼・瀬戸真・成田國編『特別活動の計画と評価』ぎょうせい，1985年。

『指導と評価』第580号（特集：特別活動の指導と評価），2003年。

教育目標・評価学会編『「評価の時代」を読み解く下巻』日本標準，2010年。

障害児教育における評価

▷1　形成的評価
⇒ I - 4 参照。

▷2　2020年5月の高齢者，障害者等の移動等の円滑化の促進に関する法律の一部を改正する法律の成立により，一定規模以上の新築等を行う場合にバリアフリー基準適合義務の対象となる施設に公立小中学校を追加するための規定が整備された。これにより，公立小中学校を中心に，バリアフリー化の実態調査とそれを踏まえた目標設定が求められている。

▷3　特別支援学校の教師は，小学校等教諭の免許状（いわゆる基礎免許状）に加えて特別支援学校教諭の免許状を所持することとされている一方，教育職員免許法附則第15項の規定により，当分の間，特別支援学校教諭の免許状を所持していなくても特別支援学校の教師になれる。実態としては，特別支援学校において，2019年で当該障害種の免許状を保有している教員の割合は83.0%である（文部科学省2020年9月発表「特別支援学校教員の特別支援学校教諭等免許状保有状況等調査結果」https://www.mext.go.jp/content/20201001-mxt_tokubetu02-000009798-1.pdf（2020年9月30日確認））。
特別支援学級や通級による指導を担当する教師の特別支援学校教諭の免許状の保有率はもっと低く，3割程度に留まっていることが指摘されている（「新しい時代の特別支援教育の在り方に関する有識者会議」による「これまでの議論の整理（案）」2020年6月末）。

▷4　2020年9月時点で，特別支援学校は設置基準が策定されておらず，中央教

① 障害児教育における評価とは

　障害児教育では，教育目標の設定や，指導計画，指導方法なども，一人ひとりの子どもに応じて考案すること，さらに指導の過程で子どもの健康・発達などを**形成的に評価**し，指導を適切に変更していくことが重要です。障害児教育においては，子どもの発達の現状とニーズを的確に把握できるかどうかが厳しく問われます。指導して，例えば個別指導計画や指導方法の変更が必要であれば検討し，場合によっては目標そのものを変更することが重要です。

　他者との交流を評価することも重要になります。教師や他の子どもとの豊かな交流，対話が起きているか，それらが起きるような環境や教材，教師の働きかけがあるかが評価されなくてはなりません。まだ話し言葉での交流が難しい子どもでも，視線や表情から丁寧に見取ることが重要になります。

　障害児教育に限ったことではありませんが，教育条件も教育評価の対象となります。学校施設のバリアフリーの状況，特別支援教育の免許状を有していない教員の割合，学校規模の適切さ，教室の確保等，当たり前のことを当たり前に保障されていない現状に対しては厳しく評価し，改善に結び付けなくてはいけません。加えて，平常の時だけでなく，災害時にも子どもの命を守り，安全・安心が保障される学びの場であるかどうかを含めて評価するべきでしょう。

② 障害児教育において検査をどのように位置づけるか

○ 子どもの願いを実現し，権利を保障するために使われるように

　障害の有無の判定を受ける際や，就学前教育相談などで，さまざまな検査が使用されます。このような検査は，本来，社会に生きる上で障害が生じている人に，できるだけ早期に適切なサポートを提供するために行われます。

　しかし，これらが逆に教育機会を奪う機能を有することもありました。例えば，日本では，いわゆる重症心身障害児に対して「教育不能」というレッテルを貼り，そのため就学猶予・免除となってしまうことがありました。1960年代には，就学が認められた場合でも，それは子ども自身の全面的な発達と人格の完成のためではなく，「社会負担軽減」のためだと公言されました。障害児教育の目標は「他人と社会の厄介になるのではなく，自分のことは自分で始末し，社会に自立できるということ」と，教育行政関係者から公然といわれ，訓練主

義の教育が横行したのです。様々な運動・研究の結果，ようやく1979年に養護学校教育が義務化されて，就学を希望する子どもの全員入学が保障されました。このような歴史を振り返ると，障害児教育における検査は，人間の全面的な発達，権利保障という目的以外に従属しないよう慎重に行う必要があります。

　基準や方法の妥当性および限界も，厳しく問わねばなりません。これらの検査は，日常生活で見取ることが難しいことを理解するために役立ちますが，子どもにとってなじみのない状況でしかも短時間で行われることが多く，その場面ではうまく取り組めない子どもも多いです。

　教育指導上に生かすためには，日常の様子とあわせて，複数の関係者で時間をかけて理解していくことが重要です。それができない体制の場合には，要求する必要があります。そうでなくては適切な評価ができません。

◯ 糸賀一雄の提起

　重篤な障害があるため「教育不可能」とされていた子どもたちに対して，医療と教育を統一させ，発達理論に裏付けされた実践を展開していた糸賀一雄は，障害児教育における評価のあり方について重要な提起を行いました。糸賀は，重症心身障害児の生き抜こうとする努力や発達について見取ることができない場合には，子どもではなく「私たちの眼が重症」なのだと述べました[6]。また，糸賀は，「この子らに世の光を」という福祉の恩恵を与えるという考えではなく，彼らの発達の事実をとらえて「この子らを世の光に」とも主張しました。否定の対象となることが多い問題行動についても子どもの願いと発達の観点から積極的に解明していきました。このような中で，彼らの発達を把握・共有し，障害児教育・療育の改善につなげるための発達診断の研究が進められました[7]。

③ 2017年版学習指導要領に基づく学習評価の留意点

　2017年版学習指導要領では，特別支援学校中学部の教育内容に2段階が新設されました。各段階内に，教科の小・中・高の学習指導要領同様の下位区分が設けられています。この細分化が，学習の丁寧な評価と指導の改善につながるならよいのですが，観点バラバラ評価を誘発することにもなりかねず[8]，注意が必要です。子どもの願いをとらえることを後回しにしてしまい，授業に気持ちが向かない姿や問題行動が見られた時に「何も学んでいない」と評価することを誘発しないよう，子どもの情意面も含めて丁寧に見取る必要があります。

　小・中学部の各教科の内容を習得し目標を達成している者については[9]，それぞれ子どもが就学する学部に相当する学校段階までの学習指導要領等における各教科等の目標及び内容の一部を取り入れられると示されました。子どもの願いと教科の学びの系統がうまく合致している時には有効ですが，目標を次々に引き上げて詰め込む学習を誘発する危険性もあります。学ぶことが子どもの喜びに繋がっているか，注意深く評価していく必要があります。　（川地亜弥子）

育審議会初等中等分科会中間まとめ案「『令和の日本型学校教育』の構築を目指して」（2020年9月28日）に，設置基準策定の必要性が明記された。深刻な教室不足が続いており，全国の特別支援学校で3,162教室が不足している（文部科学省「公立特別支援学校における教室不足調査」（2019年5月1日時点））。
▷5　このように，子どもの能力を測定することが教育の改善と切り離されたときに，測定が自己目的化してしまい，その妥当性が不問になったりすることについては，XⅢ-4も参照のこと。
▷6　糸賀一男『福祉の思想』NHKブックス，1968年。
▷7　田中昌人・田中杉恵・有田知行『子どもの発達と診断　1～5』大月書店，1981～1988年。白石正久・白石恵理子編著『新版教育と保育のための発達診断』全障研出版部，2020年。
▷8　2000年代以降，障害児教育における客観的エビデンス重視の傾向が強まってきたことが指摘されており，相当の注意が必要である。三木裕和・越野和之・障害児教育の教育目標・教育評価研究会編著『障害のある子どもの教育目標・教育評価』クリエイツかもがわ，2014年。
▷9　正確には，小学部の3段階に示す各教科・外国語活動の内容を習得し目標を達成している者や，中学部の2段階に示す各教科の内容を習得し目標を達成している者については，と示されている。

【参考文献】
　田中昌人『障害のある人びとと創る人間教育』大月書店，2003年。
　中村満紀男・荒川智編著『障害児教育の歴史』明石書店，2003年。
　三木裕和・越野和之編著『自閉症児・発達障害児の教育目標・教育評価1・2』クリエイツかもがわ，2019年。

指導要録

▷1　内申書
⇒Ⅺ-6参照。

▷2　相対評価
⇒Ⅱ-2参照。

▷3　目標に準拠した評価
⇒Ⅱ-5参照。

▷4　個人内評価
⇒Ⅱ-3参照。

▷5　資質・能力の三つの柱
⇒Ⅳ-10参照。

▷6　指導要録の3観点については Ⅶ-1 参照。

▷7　教育評価（evaluation）
⇒Ⅰ-2参照。

（参考文献）
　田中耕治『指導要録の改訂と学力問題』三学出版，2002年。
　田中耕治『学力と評価の"今"を読みとく』三学出版，2004年。
　田中耕治『教育評価』岩波書店，2008年。
　石井英真・西岡加名恵・田中耕治編著『小学校　新指導要録改訂のポイント』日本標準，2019年。

❶　指導要録とは

　指導要録とは，文部科学省の省令である学校教育法施行規則の第24条，第28条において，その作成と保存（指導に関する記録 5 年，学籍に関する記録20年）が法的に義務づけられたものです。そして，指導要録には指導機能と証明機能という二つの機能があります。

　指導機能とは，子どもの学習，行動，健康面での測定・評価の結果を累積的に記録し，それを指導の参考にすることを意図するものです。一方，証明機能とは，たとえば子どもが転校などをする際に転校先にその複写を送付することなどを指すものです。また，上級学校への進学や就職する際に提出する調査書（**内申書**▷1）の原簿ともなります。

❷　2019年版指導要録の実際

　2019年版指導要録は，中央教育審議会初等中等教育分科会教育課程部会による「児童生徒の学習評価の在り方について（報告）」（2019年 1 月21日），さらに文部科学省による「小学校，中学校，高等学校及び特別支援学校等における児童生徒の学習評価及び指導要録の改善等について（通知）」（2019年 3 月29日）によって知られるところとなりました。2001年版によって打ち出され，2010年版，今回の2019年版と引き継がれてきた特徴は，「評定」欄においても「**相対評価**▷2」をやめて「**目標に準拠した評価**▷3」をおこなうこと，さらに，目標に準拠した観点別の評価を基本としながら，子どもの可能性や成長の状況を見る「**個人内評価**▷4」も重視するという点にあります。

　新たな特徴としては，学習指導要領（目標論）における「**資質・能力の三つの柱**▷5」と指導要録（評価論）における評価の 3 観点▷6との対応関係が明確化した点，学習改善と指導改善をめざす「**教育評価（evaluation）**▷7」の仕組みとして指導要録を改訂するという基本方針が掲げられている点，そして評価場面に児童生徒の参加を促している点などがあげられるでしょう。

　以下，Ⅸ-2 ～ Ⅸ-5 では，まず，指導要録の歴史を振り返ったうえで，〈日常的な評価と総括的な評価〉，〈観点別評価と総合評定〉，〈「主体的に学習に取り組む態度」の評価〉という指導要録について考えるための個別の論点について，小学校段階を中心にしながら見ていくことにしましょう。　　（樋口太郎）

様式2（指導に関する記録）

児童氏名　　学校名　　区分 学年　　学級　　整理番号

各教科の学習の記録

教科	観点	学年	1	2	3	4	5	6
国語	知識・技能							
	思考・判断・表現							
	主体的に学習に取り組む態度							
	評定							
社会	知識・技能							
	思考・判断・表現							
	主体的に学習に取り組む態度							
	評定							
算数	知識・技能							
	思考・判断・表現							
	主体的に学習に取り組む態度							
	評定							
理科	知識・技能							
	思考・判断・表現							
	主体的に学習に取り組む態度							
	評定							
生活	知識・技能							
	思考・判断・表現							
	主体的に学習に取り組む態度							
	評定							
音楽	知識・技能							
	思考・判断・表現							
	主体的に学習に取り組む態度							
	評定							
図画工作	知識・技能							
	思考・判断・表現							
	主体的に学習に取り組む態度							
	評定							
家庭	知識・技能							
	思考・判断・表現							
	主体的に学習に取り組む態度							
	評定							
体育	知識・技能							
	思考・判断・表現							
	主体的に学習に取り組む態度							
	評定							
外国語	知識・技能							
	思考・判断・表現							
	主体的に学習に取り組む態度							
	評定							

特別の教科 道徳

学習状況及び道徳性に係る成長の様子

学年	
1	
2	
3	
4	
5	
6	

外国語活動の記録

学年	観点	
	知識・技能	思考・判断・表現	主体的に学習に取り組む態度
3		
4		

総合的な学習の時間の記録

学年	学習活動	観点	評価
3			
4			
5			
6			

特別活動の記録

内容	観点	学年	1	2	3	4	5	6
学級活動								
児童会活動								
クラブ活動								
学校行事								

児童氏名

行動の記録

項目	学年	1	2	3	4	5	6
基本的な生活習慣							
健康・体力の向上							
自主・自律							
責任感							
創意工夫							
思いやり・協力							
生命尊重・自然愛護							
勤労・奉仕							
公正・公平							
公共心・公徳心							

総合所見及び指導上参考となる諸事項

第1学年	
第2学年	
第3学年	
第4学年	
第5学年	
第6学年	

出欠の記録

区分 学年	授業日数	出席停止・忌引等の日数	出席しなければならない日数	欠席日数	出席日数	備考
1						
2						
3						
4						
5						
6						

図9.1.1　児童指導要録（2019年版）

出所：文部科学省「小学校、中学校、高等学校及び特別支援学校等における児童生徒の学習評価及び指導要録の改善等について（通知）」［参考3］2019年3月29日。

表9.1.1　戦後児童指導要録の特徴

	基本方針・特徴	教科の指導	行動と性格の評価ほか
1948年版	○個々の児童について，全体的に，継続的に，その発達の経過を記録し，その指導上必要な原簿となるものである…できるだけ客観的に，しかも簡単に，かつ容易に記録されるようにつくられてある。 ○様式・規格は，地方の学校の特殊性に応じて変更可能。 ○指導の累加記録という性格上，進学先に原本を送付。10年間保存。 ○要録は，補助簿（精密な累加記録）の作成を前提としている。	○指導の有効性のために，分析的に評価する。 ○評価の客観性のために，評定法は，「+2，+1，0，-1，-2」（相対評価法）。 ○児童の個性を全体的に把握するために，「学習指導上とくに必要と思われる事項」「全体についての指導の経過」欄を設ける。	○「行動の記録」欄は，分析目標（23項目）に即して，「+2，+1，0，-1，-2」の相対評価法。 ○B「どんなものに興味をもつか」「どんな特技をもつか」「とくに指導を要する行動」，C「とくに参考となる行動や経験の記録」の欄設定。 ○「標準検査の記録」「身体の記録」の欄設定。
1955年版	○指導および外部に対する証明等のために役立つ簡明な原簿とした。 ○原本は保存し，転学の場合は写し，進学の場合は抄本を送付。保存は20年間。	○「評定」欄の設定：総合評定を採用。5，4，3，2，1の相対評価法。 ○「所見」欄の設定：個人内評価。観点は分析目標ではなく，能力的観点と領域的観点の並記（○印，×印，特徴ない場合は無記入）。 ○「備考」欄の設定：学習態度，努力度などの記述。	○「教科以外の活動の記録」欄の設定：教科外教育の位置づけ。個性の特性に応じた文章記述。 ○「行動の記録」欄：価値的項目はABCの絶対評価。性格的傾向性の項目は個人としての比較から特徴のある場合には○×の印。「趣味・特技」「所見」の欄設定。
1961年版	○1955年版の要録の方針を継承し，その趣旨をより徹底する方向で改訂する。 ○1958年改訂の告示版指導要領に照らして，必要な改訂をおこなう。 ○要録の用紙規格を統一。住民票＝要録の学籍の記録という関係を明確にし，公簿としての性格をはっきりさせる。	○「各教科の評定」欄：「学習指導要領に定めるその教科の教科目標および学年目標に照らし，学級または学年において」5段階の相対評価法。 ○「各教科の学習についての所見」欄：個人内評価。観点は評定にあたり参考。「進歩の状況」の新設（○印記入）。 ○「備考」欄は前回と同趣旨。	○「行動および性格の記録」として一括したうえで，各欄の設定（指導要領の改訂等の影響）。 ○「事実の記録」欄：教科外の活動を文章記述。 ○「評定」欄：ABCの評定。自省心・向上心・同情心の新項目（特設道徳の影響）。 ○「所見」欄。
1971年版	○1968年の指導要領改訂に伴う改訂であり，部分的な改訂にとどまる。 ○「本籍」欄，「健康の記録」欄の廃止。 ○通信簿には，要録の様式，記載方法等をそのまま転用することは必ずしも適当ではない旨注意する。	○「評定」欄：5段階に機械的に割り振ることのないように明記。絶対評価を加味した相対評価。平素の学習態度も考慮すること。 ○「所見」欄：個人内評価。各観点は評定をおこなう際の分析的な要素。「関心」の削除。無記入の禁止。 ○「備考」欄。	○「特別活動の記録」欄の新設：指導要領の改訂により設定。原則として全員記入。 ○「行動および性格の記録」欄：「評定」欄はABC。「創意くふう」が新項目。 ○「所見」欄には健康状況，趣味，特技などを記入。
1980年版	○要録を児童生徒の指導に一層役立たせるという観点から改善を図った（1977年版指導要領の趣旨に即し，かつ要録の記入・活用を積極的におこなう姿勢づくりや日常の学習評価改善の契機にしたいという意図）。 ○要録の様式等も教育委員会，学校の主体的な工夫を期待する。用紙の規格も言及しない。	○「評定」欄：絶対評価を加味した相対評価。小学校低学年は3段階に変更。 ○「観点別学習状況」欄：絶対評価を導入。+（十分達成），空欄（達成），-（達成不十分）の3段階。観点として，能力分析的な観点で統一し，全教科に「関心・態度」。 ○「所見」欄：個人内評価。	○「特別活動の記録」欄：「活動の意欲」と「集団への寄与」という二つの観点を設定。活動状況を書く。 ○「行動及び性格の記録」欄：「評定」欄は，+（優れたもの），空欄（特徴を認めがたいもの），-（とくに指導を要するもの）。「勤労意欲」が新項目。 ○「所見」欄は全体的にとらえた特徴を記述。

	基本方針・特徴	教科の指導	行動と性格の評価ほか
1991年版	○1989年版指導要領がめざす学力観(自ら学ぶ意欲の育成や思考力,判断力などの能力の育成)に立ち,かつ児童生徒一人ひとりの可能性を積極的に評価し,確かな自己実現に役立つようにする。 ○指導要録に記録する内容の精選。学籍にかんする記録の部分と指導にかんする記録の部分を別葉として編製し,後者の保存期間を5年。 ○「標準検査の記録」欄の廃止。新欄※で記述。	○「観点別学習状況」欄が基本:絶対評価。A「十分満足できる」,B「おおむね満足できる」,C「努力を要する」。観点は,「関心・意欲・態度」「思考・判断」「技能・表現」「知識・理解」の順。 ○「評定」欄:低学年廃止。中・高学年では3段階相対評価。 ○「所見」欄:個人内評価。	○「特別活動の記録」欄:「活動状況」欄では学級活動,児童会活動,クラブ活動,学校行事につき○印記入。「事実及び所見」欄では長所を書く。 ○「行動の記録」欄と改称:「行動の状況」欄では発達段階考慮。○印記入。 ○「所見」欄に総合的視点。 ○「指導上参考となる諸事項」欄を新設。
2001年版	○1998年版指導要領に即して,基礎・基本を確実に身につけ,また「生きる力」の育成をはかる評価の考え方や方法を工夫する。 ○「評定」欄も相対評価をやめて,目標に準拠した評価をおこなう。そのうえで,目標に準拠した観点別の評価を基本として,児童の可能性や進歩の状況を見る個人内評価も重視する。 ○「総合的な学習」における評価の観点を定め,文章記述する欄を設ける。 ○「生きる力」を総合的にとらえるために,所見欄等を統合して「総合所見及び指導上参考となる諸事項」とする。	○「観点別学習状況」欄が基本:目標に準拠した評価。ABCの3段階と「観点」の内容は前回と同様。 ○「評定」欄:第3学年以上は3段階の目標に準拠した評価。 ○分析的な「観点別学習状況」の評価を「評定」の評価にどう総括するかは各学年において工夫すること。	○「特別活動の記録」欄では,各内容ごとに十分に満足できる場合は○印。 ○「行動の記録」欄では,学校生活全体にわたる行動について,十分に満足できる場合は○印。 ○「総合所見及び指導上参考となる諸事項」欄を新設。
2010年版	○2008年版学習指導要領の改訂(とくに「確かな学力」観)の趣旨を反映した改訂である。 ○2001年版指導要録の考え方を大枠維持し,深化を図る。 ○PDCA(Plan - Do - Check - Action)サイクルのなかに学習評価を位置づけ,現場主義を重視する。	○「観点別学習状況」欄を重視:「確かな学力」観の3要素に合わせて,「観点」を整理。「習得」レベルは「知識・理解」「技能」,「活用」レベルは「思考・判断・表現」,「学習意欲」は「関心・意欲・態度」(とくに「表現」の位置づけが変化)。 ○小学校「外国語活動」は,「総合的な学習の時間」の評価と同様に評価の観点を設定して文章記述。 ○「パフォーマンス評価」「ポートフォリオの活用」を明記。 ○「評定」欄は存続,その決定方法は各地域,学校に委ねる。	○「特別活動の記録」欄では,各活動・学校行事ごとに十分に満足できる場合は○印。その場合,評価の観点を明示する必要。 ○「行動の記録」欄では,学校生活全体にわたって,十分に満足できる場合は○印。改正教育基本法や学校教育法の一部改正の趣旨を反映する必要。 ○「総合所見及び指導上参考となる諸事項」では,個人内評価の結果を記入。
2019年版	○2017年版学習指導要領(とくに「資質・能力」の育成やカリキュラム・マネジメントの重視)の趣旨を反映した改訂である。 ○学習評価の基本的な方向性(学習改善,指導改善,教師の勤務負担軽減のための記載事項の簡略化,電子化)を確認する。	○「観点別学習状況」欄は,資質・能力に関わる「知識・技能」「思考・判断・表現」「主体的に学習に取り組む態度」の3観点に整理する。 ○分析的な「観点別学習状況」欄はABCとし,総括的な「評定」欄は,第3学年以上の学年において1,2,3の3段階をつける。 ○「特別の教科 道徳」は個人内評価として文章で記述。「外国語活動の記録」については評価の観点に照らして顕著な特徴を記述する。	○「特別活動の記録」欄は各学校が定める評価の観点に照らして十分満足できる場合には○印を記入する。 ○「行動の記録」欄は各学校の設定した評価項目に照らして十分満足できる状況の場合は○印を記入する。 ○「総合所見及び指導上参考となる諸事項」欄は指導上必要な諸事項を精選して文章で箇条書き等により端的に記述する。

出所:田中耕治「指導要録のあゆみとこれから」石井英真・西岡加名恵・田中耕治編著『小学校 新指導要録改訂のポイント』日本標準,2019年,174-175頁。

指導要録の歴史

① 指導機能としての指導要録

　指導要録とは，教育評価に関する公簿という公的な機能を有するものですが，一般に公開されないという性格から，通常なじみの薄いものであるといえます。また，教育現場においても，学年末に記入する以外は校長室の保管庫に納められている事務文書と見なされ，要録改訂時に通知表の様式の変化が問題となる[▷1]という程度であったといえます。

　しかしながら，最初期の指導要録は保管庫に納められた事務文書ではありませんでした。戦後最初の指導要録は，戦前の**学籍簿**[▷2]が単なる学校の戸籍簿にすぎなかったという反省のもとに，「個々の児童について，全体的に，継続的に，その発達の経過を記録し，その指導上必要な原簿となるものである」（1948年文部省通達）と規定されました。つまり，「常時先生方の机の上に」おいて使用し，また，必要な場合には，「自由に造欄し，増欄し，貼紙などをして理解と記入をその児童の特殊性に適合させることはきわめて強く要望」[▷3]されるものであり，「学年末になって，はじめて学籍簿を取り出して，あわてて形式的に記入するというのでは意味がない」[▷4]とされていたのです。ここに，指導のための原簿という当初の指導要録の性格を読みとることができます。

　このように見てくると，現在強調されている「指導と評価の一体化」という指導機能としての教育評価の基本的な考えかたは，戦後初期の教育評価論のなかにすでに明確なかたちで示されていたことがわかります。しかしながら，戦後初期の教育評価論は，その後の経過のなかで，指導機能と同時に外部に対する証明機能を負うことになり，変質を余儀なくされることになります。

② 証明機能としての指導要録

　1955年版指導要録から，指導機能とともに外部に対する証明機能が重視されるようになります。これにより，解釈の相違や誤解を生まないための，①簡素化，②客観性，③統一性という三つの条件が強調されました。

　まず，「簡素化」とは，「評定」欄に「総合評定」を復活させることによって実現しました。戦後最初の指導要録では，1教科・1評定では勘に頼る主観的な評価に陥ることから，「分析評定」が採用されていたのに対し（たとえば，算数では「理解」「態度」「技能」のそれぞれに対して，5段階の評定をおこなうやり

▷1　⇒Ⅹ-2参照。

▷2　**学籍簿**
⇒Ⅱ-1参照。

▷3　後藤岩男・小見山栄一監修，東京文理科大学内教育心理研究会編『小学校新学籍簿の記入法』金子書房，1948年，19-22頁。

▷4　文部省『児童の理解と指導』1949年，72-73頁。

▷5　**相対評価**
⇒Ⅱ-2参照。

▷6　**内申書**
⇒Ⅺ-6参照。

▷7　**通知表**
⇒Ⅹ-1参照。

▷8　戦後最初の指導要録が，「試案」としての1947年版指導要領と対になることで，教育評価としての機能を果たす条件を得るとともに，要録の様式や記載事項も教育評価の対象となっていたこと（様式や記載事項の変更の推奨）に鑑みれば，この転換の意味合いはきわめて深刻なものであった。

▷9　**通信簿論争**
⇒ⅩⅢ-7参照。

かた），1955年の改訂では，1教科・1評定のほうが選抜資料として使いやすいことから「総合評定」が用いられたのでした。

次に，「客観性」とは，「簡素化」の要求と結合して，「**相対評価**」[15]の存続・強化として具体化されます。そして，この「客観性」が**内申書**[16]や**通知表**[17]において必要とされるようになっていきます。たとえば，内申書では，選抜資料として各学校間の公平を期するために，正規分布曲線にもとづく「相対評価」が要求されるようになります。こうなると，指導要録の外部証明機能の一つとしての内申書の記載様式が，逆に指導要録の記載様式を規定することになります。

最後に，「統一性」とは，指導要録の様式等を当時の文部省通達の様式で統一しようとしたものです。このことは，1958年版学習指導要領が「告示」されたことと連動するものでした。つまり，要領の「告示」と要録の「統一性」が強調されると，それらが教育評価の対象とならずに固定化・画一化され，ひいては指導要録の形骸化をもたらすことになります。[18]

③ 「相対評価」克服の道筋

1970年代になると，「客観性」の根拠であった「相対評価」の見直しが始まります。「**通信簿論争**」[19]（1969年）の影響を受けて，1971年の指導要録では「評定」欄で「五段階で機械的に配分することのないように」と明記されたことを皮切りに，「絶対評価を加味した相対評価」（1980年），小学校低学年で「評定」欄を廃止し，中・高学年では「3段階相対評価」（1991年）と続いてきます。しかし，1955年版以来，「指導に関する記録」にも証明機能が負わされることは変わらず，選抜資料としての証明機能が指導機能を制約するという構図から自由ではありませんでした。この点については，「評定」欄でも「目標に準拠した評価」が全面的に採用された2001年版の登場[10]，そしてそれを引き継ぐ2010，2019年版により，改善の道を進んでいるといえるでしょう。

この「相対評価」の後退と前後して1980年から登場するのが，「絶対評価」の対象とされた「観点別学習状況」欄です。当時，「絶対評価」とは，教師の主観の部分が比較的大きい「個人内評価」なのか，それとも「目標に準拠した評価」なのかが議論となりましたが，「評定」欄に「相対評価」が存続する限りは，「観点別学習状況」欄は「個人内評価」でなくてはなりませんでした。ゆえに，2001年版から，「評定」欄が「目標に準拠した評価」となったことで，あらためて「評定」欄と「観点別学習状況」欄との関係を問う必要性が生じているのです。[11]

以上から，指導要録の改訂史を表9.2.1のようにまとめることができます。[12]　　（樋口太郎）

▷10　そこでは，「相対評価」が次のように批判されている。「集団に準拠した評価（いわゆる相対評価）は，集団の中での相対的な位置付けによって児童生徒の学習の状況を評価するものであることから，学習指導要領に示す基礎的・基本的な内容を確実に習得し，目標を実現しているかどうかの状況や，一人一人の児童生徒のよい点や可能性，進歩の状況について直接把握することには適していない」（教育課程審議会答申「児童生徒の学習と教育課程の実施状況の評価の在り方について」2000年12月4日）。「目標に準拠した評価」と「個人内評価」の重視がここで明言されている。

▷11　この点については，II-3，IX-4を参照。

▷12　田中耕治「指導要録のあゆみとこれから」（石井英真・西岡加名恵・田中耕治編著『小学校 新指導要録改訂のポイント』日本標準，2019年，169頁）を参照のこと。

（参考文献）

田中耕治『指導要録の改訂と学力問題』三学出版，2002年。

田中耕治『学力と評価の"今"を読みとく』三学出版，2004年。

田中耕治『教育評価』岩波書店，2008年。

表9.2.1　指導要録改訂史の時期区分

①1948年版：戦前の学籍簿の反省に立って，指導要録の指導機能を重視
②1955，1961，1971年版：指導要録の証明機能が重視され，5段階の「相対評価」にもとづく「総合評定」を採用
③1980，1991年版：「観点別学習状況」欄に「絶対評価」を採用
④2001，2010，2019年版：「目標に準拠した評価」を全面的に採用し，「目標に準拠した評価」と「個人内評価」を結合

1948（昭和23）年版児童指導要録　学習の記録

教科	評価	一年 +2 +1 0 -1 -2	二年 +2 +1 0 -1 -2	三年 +2 +1 0 -1 -2	四年 +2 +1 0 -1 -2	五年 +2 +1 0 -1 -2	六年 +2 +1 0 -1 -2
国語	聞く						
	話す						
	読む						
	書く						
	つづる						
社会	理解						
	態度						
	技能						
算数	理解						
	態度						
	技能						
理科	理解						
	態度						
	能力						
音楽	鑑賞						
	表現						
	能						
図画工作	鑑賞						
	表現						
	能						
家庭	理解						
	態度						
	技能						
体育	理解						
	態度						
	技能						
	習慣						
自由研究							
学習指導上とくに必要と思われる事項							
全体についての指導の経過							
担任者欄氏名							

1948（昭和23）年版児童指導要録　行動の記録

項目	一年 +2 +1 0 -1 -2	二年 +2 +1 0 -1 -2	三年 +2 +1 0 -1 -2	四年 +2 +1 0 -1 -2	五年 +2 +1 0 -1 -2	六年 +2 +1 0 -1 -2
A						
1 ひとと親しむ						
2 ひとを尊敬する						
3 ひとの立場を受入れる						
4 ひとと協力する						
5 仕事を熱心にする						
6 責任を重んずる						
7 持久力がある						
8 計画工夫する						
9 自制心がある						
10 自分で判断する						
11 正義感がある						
12 正しく批判する						
13 安定感がある						
14 指導力がある						
15 態度が明るい						
16 礼儀が正しい						
17 きまりを理解してこれをする						
18 探究心がある						
19 美への関心をもつ						
20 衛生に注意する						
21 勤労を喜ぶ						
22 物を大事にする						
23（その他）						
B						
どんなものに興味をもつか						
どんな特技をもつか						
とくに指導を要する行動						
C						
験さとくに記行の						
録こ行事に						
事動や経と						
を参考と						
所見　校内						
校外						

図 9.2.1　児童指導要録（1948年版）

1955（昭和30）年版児童指導要録

○「評価」欄
学習の記録
　○「評定」の欄は5、4、3、2、1を記入する（3は普通の程度を示す。）
　○「所見」の欄は掲げられた観点その他について、その児童としての特徴があれば○×印を記入する。

学習の記録

教科	学年	1 評定	1 見（所見）	2 評定	2 見	3 評定	3 見	4 評定	4 見	5 評定	5 見	6 評定	6 見
国語			言語への関心・意識　聞く・話す　読　解　作　文　書　写		言語への関心・意識　聞く・話す　読　解　作　文　書　写		言語への関心・意識　聞く・話す　読　解　作　文　書　写		言語への関心・意識　聞く・話す　読　解　作　文　書　写		言語への関心・意識　聞く・話す　読　解　作　文　書　写		言語への関心・意識　聞く・話す　読　解　作　文　書　写
社会			社会的な関心　思考　知識・技能　道徳的な判断		社会的な関心　思考　知識・技能　道徳的な判断		社会的な関心　思考　知識・技能　道徳的な判断		社会的な関心　思考　知識・技能　道徳的な判断		社会的な関心　思考　知識・技能　道徳的な判断		社会的な関心　思考　知識・技能　道徳的な判断
算数			数量への関心・態度　数量的な洞察　論理的な思考　計算・測定の技能		数量への関心・態度　数量的な洞察　論理的な思考　計算・測定の技能		数量への関心・態度　数量的な洞察　論理的な思考　計算・測定の技能		数量への関心・態度　数量的な洞察　論理的な思考　計算・測定の技能		数量への関心・態度　数量的な洞察　論理的な思考　計算・測定の技能		数量への関心・態度　数量的な洞察　論理的な思考　計算・測定の技能
理科			自然への関心　論理的な思考　実験観察の技能　知識・理解		自然への関心　論理的な思考　実験観察の技能　知識・理解		自然への関心　論理的な思考　実験観察の技能　知識・理解		自然への関心　論理的な思考　実験観察の技能　知識・理解		自然への関心　論理的な思考　実験観察の技能　知識・理解		自然への関心　論理的な思考　実験観察の技能　知識・理解
音楽			表現〔歌唱・器楽・創作〕　鑑賞　理解		表現〔歌唱・器楽・創作〕　鑑賞　理解		表現〔歌唱・器楽・創作〕　鑑賞　理解		表現〔歌唱・器楽・創作〕　鑑賞　理解		表現〔歌唱・器楽・創作〕　鑑賞　理解		表現〔歌唱・器楽・創作〕　鑑賞　理解
図画工作			表現〔描画・工作・図案〕　鑑賞　理解		表現〔描画・工作・図案〕　鑑賞　理解		表現〔描画・工作・図案〕　鑑賞　理解		表現〔描画・工作・図案〕　鑑賞　理解		表現〔描画・工作・図案〕　鑑賞　理解		表現〔描画・工作・図案〕　鑑賞　理解
家庭											健康安全への関心　運動の技能　理解　協力的な態度		健康安全への関心　運動の技能　理解　協力的な態度
体育			健康安全への関心　運動の技能　理解　協力的な態度		健康安全への関心　運動の技能　理解　協力的な態度		健康安全への関心　運動の技能　理解　協力的な態度		技能　理解　実践的な態度		技能　理解　実践的な態度		技能　理解　実践的な態度
備考													

○「備考欄」は、学習態度、進歩の状況、特記すべき事項を記入する。
○「教科以外の活動の記録」は、学級会、児童会、クラブ活動等について記入する。

教科以外の活動の記録

学年	1	2	3	4	5	6

行動の記録

項目	学年	1	2	3	4	5	6
自主性							
正義感							
責任感							
根気強さ							
健康安全の習慣							
礼儀							
協同性							
指導性							
公共心							
判断の傾向		公正さ　慎重さ　客観性　合理性	公正さ　慎重さ　客観性　合理性	公正さ　慎重さ　客観性　合理性	公正さ　慎重さ　客観性　合理性	公正さ　慎重さ　客観性　合理性	公正さ　慎重さ　客観性　合理性
情緒の傾向		情緒の安定　審美感　明朗性	情緒の安定　審美感　明朗性	情緒の安定　審美感　明朗性	情緒の安定　審美感　明朗性	情緒の安定　審美感　明朗性	情緒の安定　審美感　明朗性
興味・特技							
所見							

○「行動の記録」のうち、自主性から公共心までの項目は、A、B、Cの3段階に評定して記入する。判断の傾向および情緒の傾向は、掲げられた観点について、その児童としての特徴があれば○×印を記入し、なお、それらが表われる面等を記入する。

図9.2.2　児童指導要録（1955年版）

出所：田中、2002年、170-171頁。

1980（昭和55）年版児童指導要録

児童氏名

各教科の学習の記録

I　評定

教科＼学年	1	2	3	4	5	6
国語						
社会						
算数						
理科						
音楽						
図画工作						
家庭	／	／	／	／		
体育						

III　所見

第1学年		第4学年	
第2学年		第5学年	
第3学年		第6学年	

特別活動の記録

第1学年	1活動の意欲　2集団への寄与	第4学年	1活動の意欲　2集団への寄与
第2学年	1活動の意欲　2集団への寄与	第5学年	1活動の意欲　2集団への寄与
第3学年	1活動の意欲　2集団への寄与	第6学年	1活動の意欲　2集団への寄与

II　観点別学習状況

教科	観点＼学年		1	2	3	4	5	6
国語	言語に関する知識・理解							
	表現の能力	作文						
		話す						
	理解の能力	読む						
		聞く						
	書写							
	国語に対する関心・態度							
社会	知識・理解							
	観察・資料活用の能力							
	社会的思考・判断							
	社会的事象に対する関心・態度							
算数	知識・理解							
	技能							
	数学的な考え方							
	数量・図形に対する関心・態度							
理科	知識・理解							
	観察・実験の技能							
	科学的思考							
	自然に対する関心・態度							
音楽	表現の能力	歌唱						
		器楽						
		即興表現						
	鑑賞の能力							
	音楽に対する関心・態度							
図画工作	表現の能力	絵・彫塑						
		デザイン・工作						
	鑑賞の能力							
	造形に対する関心・態度							
家庭	知識・理解		／	／	／	／		
	技能		／	／	／	／		
	家庭生活に対する関心・態度		／	／	／	／		
			／	／	／	／		
体育	運動の技能							
	保健に関する知識・理解		／	／	／	／		
	運動・保健に対する関心・態度							

行動及び性格の記録

I　評定

項目＼学年	1	2	3	4	5	6
基本的な生活習慣						
自主性						
責任感						
勤労意欲・根気強さ						
創意工夫						
情緒の安定						
寛容・協力性						
公正						
公共心						

II　所見

第1学年		第4学年	
第2学年		第5学年	
第3学年		第6学年	

標準検査の記録

学年	検査年月日	検査の名称・結果・備考

図9.2.3　児童指導要録（1980年版）

出所：田中，2002年，174頁。

1991（平成3）年版児童指導要録

様式2（指導に関する記録）

児童氏名		学校名		区分　学年	1	2	3	4	5	6
				学級						
				整理番号						

各 教 科 の 学 習 の 記 録

I 観点別学習状況

教科	観点	学年 1	2	3	4	5	6
国語	国語への関心・意欲・態度						
	表現の能力						
	理解の能力						
	言語についての知識・理解・技能						
社会	社会的事象への関心・意欲・態度						
	社会的な思考・判断						
	観察・資料活用の技能・表現						
	社会的事象についての知識・理解						
算数	算数への関心・意欲・態度						
	数学的な考え方						
	数量や図形についての表現・処理						
	数量や図形についての知識・理解						
理科	自然事象への関心・意欲・態度						
	科学的な思考						
	観察・実験の技能・表現						
	自然事象についての知識・理解						
生活	生活への関心・意欲・態度						
	活動や体験についての思考・表現						
	身近な環境や自分についての気付き						
音楽	音楽への関心・意欲・態度						
	音楽的な感受や表現の工夫						
	表現の技能						
	鑑賞の能力						
図画工作	造形への関心・意欲・態度						
	発想や構想の能力						
	創造的な技能						
	鑑賞の能力						
家庭	家庭生活への関心・意欲・態度						
	生活を創意工夫する能力						
	生活の技能						
	家庭生活についての知識・理解						
体育	運動や健康・安全への関心・意欲・態度						
	運動や健康・安全についての思考・判断						
	運動の技能						
	健康・安全についての知識・理解						

II 評定

教科　学年	1	2	3	4	5	6
国語						
社会						
算数						
理科						
音楽						
図画工作						
家庭						
体育						

III 所見

学年	
1	
2	
3	

特別活動の記録

I 活動の状況

内容　学年	1	2	3	4	5	6
学級活動						
児童会活動						
クラブ活動						
学校行事						

II 事実及び所見

学年	
1	
2	
3	
4	
5	
6	

1991（平成3）年版児童指導要録

児童氏名

行動の記録

I 行動の状況

項目　学年	1	2	3	4	5	6
基本的な生活習慣						
明朗・快活						
自主性・根気強さ						
責任感						
創意工夫						
思いやり						
協力性						
自然愛護						
勤労・奉仕						
公正・公平						
公共心						

II 所見

学年	
1	
2	
3	
4	
5	
6	

指導上参考となる諸事項

学年	
1	
2	
3	
4	
5	
6	

出欠の記録

区分　学年	授業日数	出席停止・忌引等の日数	出席しなければならない日数	欠席日数	出席日数
1					
2					
3					
4					
5					
6					

学年	備考
1	
2	
3	
4	
5	
6	

図9.2.4　児童指導要録（1991年版）

出所：田中，2002年，175-176頁。

2001（平成13）年版児童指導要録

様式2（指導に関する記録）

児童氏名　　　　学校名

（注）「総合所見及び指導上参考となる諸事項」の欄には、以下のような事項などを記録する。
① 各教科や総合的な学習の時間の学習に関する所見
② 特別活動に関する事実及び所見
③ 行動に関する所見
④ 児童の特徴・特技、学校内外における奉仕活動、表彰を受けた行為や活動、知能、学力等について
⑤ 標準化された検査の結果など指導上参考となる諸事項
⑥ 児童の成長の状況にかかわる総合的な所見

図9.2.5　児童指導要録（2001年版）

出所：田中、2002年、177-178頁。

様式2（指導に関する記録）

児童氏名　　　　　学　校　名　　　　　　区分｜学年｜1｜2｜3｜4｜5｜6
　　　　　　　　　　　　　　　　　　　　　　学　級
　　　　　　　　　　　　　　　　　　　　　　整理番号

各教科の学習の記録

教科	観点	学年	1	2	3	4	5	6

国語
　話す・聞く能力
　書く能力
　読む能力
　言語についての知識・理解・技能

社会
　社会的事象への関心・意欲・態度
　社会的な思考・判断・表現
　観察・資料活用の技能
　社会的事象についての知識・理解

算数
　算数への関心・意欲・態度
　数学的な考え方
　数量や図形についての技能
　数量や図形についての知識・理解

理科
　自然事象への関心・意欲・態度
　科学的な思考・表現
　観察・実験の技能
　自然事象についての知識・理解

生活
　生活への関心・意欲・態度
　活動や体験についての思考・表現
　身近な環境や自分についての気付き

音楽
　音楽への関心・意欲・態度
　音楽表現の創意工夫
　音楽表現の技能
　鑑賞の能力

図画工作
　造形への関心・意欲・態度
　発想や構想の能力
　創造的な技能
　鑑賞の能力

家庭
　家庭生活への関心・意欲・態度
　生活を創意工夫する能力
　家庭生活についての知識・理解

体育
　運動や健康・安全への関心・意欲・態度
　運動や健康・安全についての思考・判断
　健康・安全についての知識・理解

外国語活動の記録

観点	学年	5	6
コミュニケーションへの関心・意欲・態度			
外国語への慣れ親しみ			
言語や文化に関する気付き			

総合的な学習の時間の記録

学年	学習活動	観点	評価
3			
4			
5			
6			

特別活動の記録

内容	観点	学年	1	2	3	4	5	6
学級活動								
児童会活動								
クラブ活動								
学校行事								

評定

学年＼教科	国語	社会	算数	理科	音楽	図画工作	家庭	体育
3								
4								
5								
6								

児童氏名

行動の記録

項目	学年	1	2	3	4	5	6	項目	学年	1	2	3	4	5	6
基本的な生活習慣								思いやり・協力							
健康・体力の向上								生命尊重・自然愛護							
自主・自律								勤労・奉仕							
責任感								公正・公平							
創意工夫								公共心・公徳心							

総合所見及び指導上参考となる諸事項

第1学年	第4学年
第2学年	第5学年
第3学年	第6学年

出欠の記録

区分＼学年	授業日数	出席停止・忌引等の日数	出席しなければならない日数	欠席日数	出席日数	備考
1						
2						
3						
4						
5						
6						

入学時の障害の状態

自立活動の記録

第1学年
第2学年
第3学年

図9.2.6　児童指導要録（2010年版）

出所：「小学校、中学校、高等学校及び特別支援学校等における児童生徒の学習評価及び指導要録の改善等について（通知）」『初等教育資料』2010年6月号、71-72頁。

形成的評価（基本簿）と総括的評価（指導要録）

▷1　総括的評価，形成的評価
⇒ Ⅰ-4 参照。

▷2　基本簿
「補助簿」，「観察簿」とも呼ばれる。個々の子どもたちの学習，生活全般にわたる日常的な成長の様子を教師が継続的に記録したものを指す。

▷3　相対評価
⇒ Ⅱ-2 参照。

▷4　フィードバック
⇒ Ⅴ-4 参照。

① 形成的評価（＝基本簿）と総括的評価（＝指導要録）

　指導要録とは，評価論の区分でいえば**総括的評価**に相当します。そして，この総括的評価が成り立つためには，その前提として，日々の教育実践に組み込まれた日常的な評価行為とその記録である**形成的評価**が必要になってきます。ここに総括的評価としての指導要録に対して，日常的な評価，つまり形成的評価としての**基本簿**という関係が成り立ちます。

　ところが，この両者の関係はこれまで十分には機能してきませんでした。そこには，二つの理由があったと考えられます。一つは，総括的評価としての指導要録において，序列化をその本質とする「**相対評価**」が中心的な役割を担ってきたという点です。そのために，日々の教育実践の事実を**フィードバック**することによって，授業や学習のありかたを改善しようとする形成的評価の役割は大幅に制限されることになっていました。この点において，2001年版指導要録以降，「相対評価」が基本的には排除されたことにより，両者の関係改善のための基本的な条件は整ったと見ることができるでしょう。

　もう一つは，形成的評価が子どもたちの出来不出来を単に点検していく行為にすぎないと形式的に理解されて，「目標つぶし」「結果主義」という批判を受けたことです。形成的評価がその程度の情報しか提示しえないのであれば総括的評価だけで十分だと考えられたのです。しかし，これでは形成的評価の意義を見失うことになるでしょう。つまり，授業中の子どもの「つまずき」に対して，それを子どもの無能の証明と考えるのではなく，子ども固有の世界の表出としてとらえ，教えられようとする「学校知」に対する抵抗や葛藤の様相こそが「つまずき」として現れると考えるならば，形成的評価にはその動的な様相をリアルに把握して，その豊かな事実をフィードバックすることが求められるのです。ここにおいて，授業のプロセスを大切にする基本簿が整えられることと，これを基盤として改めて総括的評価としての指導要録のあり方が問われるという関係性が生まれてくることになります。

② 基本簿のつくり方

　以上のように指導要録と基本簿の関係をおさえたうえで，基本簿レベルにおいて「観点別学習状況」欄の基準づくりをさらに具体的に進める必要がありま

す。ここでは，三つの課題を指摘しておきましょう。

第一に，各教科の**学力モデル**として示される評価の観点を吟味の対象にするという課題です。2019年版指導要録では，2017年版学習指導要領において示された「資質・能力の三つの柱」（①「知識・技能」，②「思考力・判断力・表現力等」，③「学びに向かう力・人間性等」）に即して，「知識・技能」，「思考・判断・表現」，「主体的に学習に取り組む態度」という評価の3観点が整理されています。中央教育審議会の「児童生徒の学習評価の在り方について（報告）」（2019年1月21日）では，「主体的に学習に取り組む態度」について，「① 知識及び技能を獲得したり，思考力，判断力，表現力等を身に付けたりすることに向けた粘り強い取組を行おうとする側面と，② ①の粘り強い取組を行う中で，自らの学習を調整しようとする側面」から把握することを提案しています。しかし，同じく「報告」において，「知識・技能や思考・判断・表現の観点が十分満足できるものであれば，基本的には，学習の調整も適切に行われていると考えられる」と述べていることに鑑みれば，「主体的に学習に取り組む態度」を独立させて指導と評価の対象とすることの是非が問われているといえるでしょう。

第二に，それぞれの観点に即した3段階または5段階の評価指標をどのように作成するのかという課題です。「**目標に準拠した評価**」では，評点は集団での序列ではなく，到達目標を念頭において，そのレベルに特有の指標（到達点）が具体的に記述されることになります。

ここではその具体例として，ルーブリックを紹介しておきましょう。ルーブリックは，評定尺度とその内容を記述する指標から成り立っていて，「評価指標」または「採点指針」と訳されるものです。そして，「評価指標」は，学習課題に対する子どもたちの認識活動の質的な転換点を基準として段階的に設定されます。ちなみに，この転換点を探る一つの手順として，①あるパフォーマンスや（広義の）作品をたとえば3点という尺度で採点をおこなうことを確認する，②一つのパフォーマンスや作品に対して，少なくとも3人以上の教師が採点をおこなう，③全員が同じ点数をつけたパフォーマンスや作品にもとづいて，指標づくりをおこなう，といった例をあげることができます。これは，教育実践の事実に即してボトム・アップで「評価指標」づくりをおこなう方法として参考となるものでしょう。

第三に，子どもたちのなかに進行する「既知」と「未知」との葛藤を的確に把握して，認識の組みかえを確実に促すために，教師の側がその指針となる評価基準の設定と評価方法の工夫をおこなうという課題です。もちろん，その評価基準とは，子どもたちの抵抗と葛藤のなかでつねに問いなおされ，改善されていく仮説的なものです。そのため，評価基準が子どもたちにさらには保護者にも理解可能な様式で公開されること，つまり**説明責任**が必要となるでしょう。

（樋口太郎）

▷5 学力モデル
⇒Ⅳ-4 参照。

▷6 資質・能力の三つの柱
⇒Ⅳ-10 参照。

▷7 田中耕治「指導要録のあゆみとこれから」石井英真・西岡加名恵・田中耕治編著『小学校 新指導要録改訂のポイント』日本標準，2019年，172頁。

▷8 Ⅸ-5 も参照。

▷9 目標に準拠した評価
⇒Ⅱ-5 参照。

▷10 Wiggins, G., *Educative Assessment*, Jossey-Bass Pub, 1998. ルーブリックについては Ⅳ-8 参照。

▷11 説明責任
⇒Ⅻ-3 参照。

（参考文献）

田中耕治『指導要録の改訂と学力問題』三学出版，2002年。

田中耕治『学力と評価の"今"を読みとく』三学出版，2004年。

田中耕治『教育評価』岩波書店，2008年。

石井英真・西岡加名恵・田中耕治編著『小学校 新指導要録改訂のポイント』日本標準，2019年。

観点別評価と総合評定

▷1　指導要録
⇒IX-1, IX-2 参照。

▷2　相対評価
⇒II-2 参照。

▷3　新しい学力観（新学力観）
1989年の学習指導要領改訂を受けて使われ出した言葉。「新学力観」ともいう。社会の変化に対して主体的に対応することのできる能力の育成を目指し、「知識・理解」よりも「関心・意欲・態度」「思考・判断」「技能・表現」に重点をおく。

▷4　「絶対評価」ということばの意味については、II-1 参照。

▷5　しかし、実際の運用面において矛盾がなくなったわけではない。中央教育審議会初等中等教育分科会教育課程部会「児童生徒の学習評価の在り方について（報告）」（2019年1月21日）では、「いまだに評定が学習指導要領に定める目標に照らして、その実現状況を総括的に評価するものであるという趣旨が十分浸透しておらず、児童生徒や保護者の関心が評定や学校における相対的な位置付けに集中し、評定を分析的に捉えることにより、学習の改善を要する点がどこにあるかをきめ細かに示す観点別学習状況の評価に本来的に期待される役割が十分発揮されていない」と、「観点別学習状況」の軽視に警鐘を

1　「分析」と「総合」の関係史

「観点別学習状況」の評価（「分析」）と「評定」（「総合」）との関連性は、どのように考えればよいのでしょうか。まず、その両者の関係の歴史を追ってみましょう。

〇　「分析評定」から「総合評定」へ

戦後最初に作成された1948年版指導要録[1]では、「総合評定」はおこなわれていませんでした。たとえば、「社会科」では、「理解」「態度」「技能」のそれぞれに関して5段階の評定をつけることになっていましたが、「社会科」をトータルに評定することはしていませんでした。その理由は、戦前の「考査」（総合評定）が学力評価において主観的、恣意的なものになっていたことへの反省から、学力を分析的、客観的に評価することで指導に役立てることが指導要録の趣旨であったという点にあります。

しかしながら、次の1955年版指導要録から「総合評定」が復活するとともに、強化されることになります。同じく「社会科」で見ると、「評定」欄で「社会科」をトータルに「相対評価[2]」によって5段階評定し、「所見」欄の「社会的な関心」「思考」「知識・技能」「道徳的な判断」は特徴があれば「〇×」印（個人内評価）をつけることになりました。ここで、明らかに重点が「総合評定」に移ったことがわかります。その理由は、選抜資料として利用する場合、「総合評定」の方が便利であるという点にありました。

この「分析評定」から「総合評定」への重点の移行は、「相対評価」の採用という観点からすれば必然的なものでした。つまり、集団のなかでの序列を示す「相対評価」においては、「総合評定」の提供する情報の方がよりなじみやすいと考えられます。これ以降、「総合評定」としての「評定」欄に表わされる5段階「相対評価」がひとり歩きを始めるのとは対照的に、「分析評定」としての「所見」欄はほとんど顧みられない存在となっていきます。そのことは、指導要録が、指導のための評価記録（指導機能）から選抜のための評価記録（証明機能）へと変質していったことを意味しています。

〇　「相対評価」の克服

このような指導要録の性格に変化が現れるのは、「所見」欄が「観点別学習状況」欄に名称変更された頃（1980年版）からです。そして、「新しい学力観[3]」を掲げる1991年版から、「評定」欄よりも「観点別学習状況」欄が前面に記載

されるようになると,「分析評定」の位置づけはより明確化することになりました。こうした変化の背景には,「指導と評価の一体化」が強調され,指導に生きる評価をおこなうためには,その評価の情報をより分析的・具体的なものにする必要があるという点をあげることができるでしょう。

ところが,このように「分析評定」としての「観点別学習状況」欄が重視されてきたとはいえ,そこには「相対評価」にもとづく「評定」欄の存在という大きな障壁がありました。たとえ「絶対評価」(「目標に準拠した評価」に近い意味での)[4]にもとづく「分析評定」が徹底されようとしても,「相対評価」にもとづく「総合評定」を実施しなくてはならないという指導要録の構造からすれば,その関係をどう考えるべきかという課題に直面することになります。

2001年版,そしてその流れを引き継ぐ2010・2019年版指導要録の特徴は,こうした矛盾を克服すべく,「評定」欄にも「目標に準拠した評価」を採用する点にあります。こうして,「観点別学習状況」欄と「評定」欄の教育評価観上の矛盾はなくなったといえるでしょう。[5]そして,改めて「分析」と「総合」の関係を問うことが重要な課題として浮かび上がってきているといえます。

② 指導要録における「分析」と「総合」の関係を考える

「分析」と「総合」の関係を考える場合,二つの選択肢が成り立ちます。それは,「分析」の総和として「総合」をとらえるのか,「分析」の総和に解消されない「総合」それ自体に固有の意味があると考えるのか,というものです。

この選択肢は,学力の構造をどのように見るのかという問題と関連しています。つまり,学力の基本性が積み重なって学力の総合性が生み出されると考えるのか,学力の基本性とは質的に区別される学力の総合性があると考えるのかという問題です。前者の立場によれば,「観点別学習状況」欄の評価の平均値が「評定」欄の評価にあたることになります。この場合,「総合」としての「評定」の位置づけはやや消極的なものになると考えられます。そして,「観点別学習状況」欄の評価で高得点をとっている子どもは,「評定」欄の評価も高得点になるという具合になります。

一方,後者の立場によれば,「評定」欄の評価をつけるためにそれ独自の総合的な評価課題(パフォーマンス評価[6]やポートフォリオ評価[7]など)が与えられ,その結果が記述されることになります。この場合は,前者に比して,「総合」としての「評定」の位置づけはより積極的であるといえるでしょう。そして,「観点別学習状況」欄の評価で高得点をとっている子どもでも,「評定」欄の評価がよくないということがおこりえることになります。しかし,「評定」欄がよくて「観点別学習状況」欄がよくないという状況は理論的にはおこりえないことであり,もしそのようなことがおこったとすれば,学力の基本性と総合性を区分する評価課題や評価方法に問題があったと考えるべきでしょう。(樋口太郎)

鳴らしている(20頁)。また,「指導要録の改善に伴い,高等学校入学者選抜や大学入学者選抜等において用いられる調査書を見直す際には,観点別学習状況の評価について記載することで,一人一人に着目した,よりきめの細かい入学者選抜のために活用していくことが考えられる」として,「観点別学習状況」の選抜における積極的な活用を提言している(20頁)。さらに,「何らかの学習状況を段階別に総括する点においては,観点別学習状況の評価も評定の一種であることには留意が必要である」というやや踏み込んだ指摘もなされている(19頁)。そうであれば,「屋上屋を架すごとき『評定』を残すことは,指導要録史を振り返ってみれば,明らかな『指導機能』の後退を導く危惧を払拭できない」(田中耕治「指導要録のあゆみとこれから」石井英真・西岡加名恵・田中耕治編著『小学校 新指導要録改訂のポイント』日本標準,2019年,172頁)ともいえるだろう。

▶6 パフォーマンス評価
⇨ VII-11 参照。

▶7 ポートフォリオ評価
⇨ VII-15 参照。

(参考文献)
田中耕治『指導要録の改訂と学力問題』三学出版,2002年。
田中耕治『学力と評価の"今"を読みとく』三学出版,2004年。
田中耕治『教育評価』岩波書店,2008年。
石井英真・西岡加名恵・田中耕治編著『小学校 新指導要録改訂のポイント』日本標準,2019年。

「主体的に学習に取り組む態度」の評価

▷1　観点別評価
⇒ IX- 4 参照。

▷2　個人内評価
⇒ II- 3 参照。

▷3　情意に関わる目標，特に性向（ある状況において自ずと特定の思考や行動を取ってしまう傾向性や態度）や人間性といった価値規範に関わるものは，プライベートな性格が強く，それらを評価することは，個々人の性格やその人らしさまるごとを値踏みする全人評価につながることや，それによる価値や生き方の押しつけに陥ることが危惧される。何より，従来の「関心・意欲・態度」の評価（評定）については，学習者が授業への積極性を表面的にアピールしたり，授業態度が悪いと成績が悪くなるといった具合に，教師が子どもたちを従わせる道具として機能していることも危惧されていた。

▷4　⇒ IX- 3 も参照。

▷5　ブルーム（Bloom, B. S.）らは，情意領域の評価について，その原則を次のようにまとめている。まず，道徳的価値についてはその指導と評価は慎重であるべきだが，物事を鵜呑みにせずに批判的に思考しようとする態度（思考の習慣）などの認知的価値については，必ずしも指導と評価を躊躇する必要はない。

 「主体的に学習に取り組む態度」をどう捉えるか

　2019年改訂の指導要録では，「関心・意欲・態度」に代えて「主体的に学習に取り組む態度」の観点が設定されました。資質・能力の三つの柱の一つとして示された「学びに向かう力・人間性等」について，そこには，「主体的に学習に取り組む態度」として，**観点別評価**[1]で目標に準拠して評価できる部分と，感性や思いやり等，観点別評価や評定にはなじまず，**個人内評価**[2]により個々人のよい点や可能性や変容について評価する部分があるとされており，情意の評価について対象限定がなされています[3]。また，「主体的に学習に取り組む態度」について，中央教育審議会の「児童生徒の学習評価の在り方について（報告）」（2019年1月）（以下「報告」）では，「単に継続的な行動や積極的な発言等を行うなど，性格や行動面の傾向を評価するということではなく，各教科等の『主体的に学習に取り組む態度』に係る評価の観点の趣旨に照らして，知識及び技能を獲得したり，思考力，判断力，表現力等を身に付けたりするために，自らの学習状況を把握し，学習の進め方について試行錯誤するなど自らの学習を調整しながら，学ぼうとしているかどうかという意思的な側面を評価することが重要である」とされ（10頁），そしてそれは，「①知識及び技能を獲得したり，思考力，判断力，表現力等を身に付けたりすることに向けた粘り強い取組を行おうとする側面と，②①の粘り強い取組を行う中で，自らの学習を調整しようとする側面」（11頁）という二側面で捉えられるとされています[4]。

　情意の中身を考える際には，学習を支える「入口の情意」（興味・関心・意欲など）と学習を方向付ける「出口の情意」（知的態度，思考の習慣，市民としての倫理・価値観など）とを区別する必要があります。授業態度などの入口の情意は，授業の前提条件として，教材の工夫や教師の働きかけによって喚起するものであり，授業の目標として掲げ意識的に評価するものというよりは，授業過程で，学び手の表情や教室の空気から感じるものも含めて，授業の進め方を調整する手がかりとなるものでしょう。これに対して，批判的に思考しようとする態度などの出口の情意は，授業での学習を通してこそ生じる変化であり，目標として掲げうるものです。「主体的に学習に取り組む態度」については，単に継続的なやる気（側面①）を認め励ますだけでなく，教科として意味ある学びへの向かい方（側面②）ができているかどうかという，「出口の情意」を評

価していく方向性が見て取れます。

❷ 「主体的に学習に取り組む態度」を評価する際の留意点

「主体的に学習に取り組む態度」をメタ認知的な自己調整として規定することについて、メタ認知や自己調整という言葉が一人歩きして、教科内容の学び深めと切り離された一般的な粘り強さや学習方略として捉えられると、ノートの取り方などを評定対象とし、器用に段取りよく勉強できる子に加点するだけの評価となりかねません。もともと自己調整学習の考え方は、学び上手な学習者は自分の学習のかじ取りの仕方（メタ認知的な自己調整）が上手だし、力の使い方が間違っていないといった、学習の効果における学びへの向かい方（学習方略やマインドセット）の重要性を提起するものです。そこには、効果的な勉強法のような側面と、思慮深く学び続ける力として捉えられる側面とが混在しています。目標として総括的評価の対象となりうるのは後者の側面「出口の情意」であり、各教科の目標に照らして、いわば教科の見方・考え方を働かせて学ぼうとしていることを重視する必要があります。前者は「入口の情意」として、ノートの取り方やポートフォリオ等による自己評価の仕方といった基本的な学び方の指導の留意点（形成的評価）として主に意識すべきでしょう。

「出口の情意」であっても、原則的には、目標として掲げて形成的評価は行っても、直接的に評定すべきではありません。この点に関わって、「報告」では、「主体的に学習に取り組む態度」のみを単体で取り出して評価することは適切でないとされており、「思考力・判断力・表現力」等と一体的に評価していく方針が示されています。たとえば、パフォーマンス課題のように、ペーパーテスト以外の思考や意欲を試す課題について、「使える」レベルの学力を試す、問いと答えの間が長く試行錯誤のある学習活動（思考のみならず、粘り強く考える意欲や根拠に基づいて考えようとする知的態度なども自ずと要求される）として設計し、その過程と成果物を通して、「思考・判断・表現」と「主体的に学習に取り組む態度」の両方を評価するわけです。美術・技術系や探究的な学びの評価でしばしばなされるように、その時点でうまくできたり結果を残せたりした部分の評価とともに、そこに至る試行錯誤の過程で見せた粘り、あるいは筋（センス）のよさにその子の伸び代を見出し、評価するという具合です。「報告」では、粘り強さ（側面①）だけでなく、一定水準の自己調整（側面②）も伴わないと、BやAという評価にならないとされていますが、同時に、実際の教科等の学びの中では両側面が相互に関わり合って立ち現れるともされています。スマートで結果につながりやすい学び方をする子だけでなく、結果にすぐにはつながらないかもしれませんが、泥臭く誠実に熟考する子も含めて、教科として意味ある学びへの向かい方として評価していく必要があるでしょう。

（石井英真）

また、情意を「評価」することと「評定」することとを区別して議論することも重要である。情意領域は、成績づけ（評定）としての総括的評価の対象とすべきではないが、形成的評価を行うことは必要である。また、それが評定に用いられないならば、授業やカリキュラムの最終的な成果を判断する総括的評価も有効である。たとえば、単元の終了時にその単元で扱った社会問題に対してクラスの大部分が望ましくない態度を抱いているなら、それはカリキュラムの改善を促す情報となる。そして、そうしたカリキュラム評価に必要なのは、質問紙などによる集団の傾向を示すデータのみである。実際、PISA調査などの大規模学力調査では、学習の背景を問う質問紙調査でそれはなされている。

ブルーム、B. S.・ヘスティングス、J. T.・マドゥス、G. F.、梶田叡一・渋谷憲一・藤田恵璽訳『教育評価法ハンドブック――教科学習の形成的評価と総括的評価』第一法規、1973年。

【参考文献】
石井英真・西岡加名恵・田中耕治編著『小学校　指導要録改訂のポイント』日本標準、2019年。

石井英真『再増補版・現代アメリカにおける学力形成論の展開』東信堂、2020年。

石井英真『授業づくりの深め方』ミネルヴァ書房、2020年。

市川伸一編『2019年改訂速解　新指導要録と「資質・能力」を育む評価』ぎょうせい、2019年。

通知表

1 通知表の意義

通知表とは，学校での子ども一人ひとりの学習面と生活面の状況を家庭に連絡・通信するための文書の一つです。この意味で，通知表は，学級通信や連絡帳等の連絡文書と同じ役割を担うものです。しかしながら，通知表は，とりわけ各教科の学習の「成績」が記載されることが通例であるため，その他のものとくらべて段違いに「重い」意味をもたされてきました。

かつて，教育評価の専門家である橋本重治は，通知表の受け渡しをこんなふうにたとえました。「通知票渡しの日は，親と本人にとって宣告の日となった。成績がよければ，それは年三回の祝典の日であり，悪ければ年三回のとむらいみたいな日である[1]」と。このたとえから半世紀以上が経過し，その間にその形式も内容も大きく様変わりしたのですが，通知表が親と子どもにとって深刻な意味を帯びていることだけは，今も昔も変わっていないといえましょう。

さて，このように学校の連絡文書のなかで中心的な位置を占めている通知表ですが，実は，この文書の作成や受け渡しにかんする法的な根拠はありません。つまり，よく対比してとりあげられる**指導要録**[2]とは違って，通知表の作成については，様式，内容，方法まですべて，各学校や各教師の裁量に任されているのです。極端な話をすれば，通知表を完全に廃止することもできますし（通知表全廃論），実際に通知表を作成していない学校も，少数ですが存在しています。

しかしながら，通知表の作成とその改善には，自由裁量であるからこそ，その学校の教育評価のありかた，さらにいえばそこに投影される子ども観や学力観を問いかけ，問い直す可能性が秘められています。私たちは今，教育的に筋道の通った望ましい通知表を作成することを求められているのです。

ちなみに，通知表の名称については，2003年に行われた調査によると[3]，「あゆみ」，「通知表」，「通信票」，「通知票」，「のびゆくすがた」などをはじめとして，多様な名称が使用されていますが，以下では「通知表」と表記します。

2 通知表の機能・役割

◯ 通知表の機能

さて，望ましい通知表を作成するうえで，確認しておかなければならないことがあります。それは，通知表の機能にかんする事柄です。

▷1 橋本重治「現行通知票の問題点と改善」『児童心理』第9巻第1号，1955年，15頁。

▷2 **指導要録**
⇒ IX-1，IX-2 参照。

▷3 国立教育政策研究所『通信簿に関する調査研究』2003年。

　一般に，通知表はしばしば指導要録とセットにして考えられます。そもそもこの二つの文書は，すでに少し述べたように，相対的に独立して作成されるべきものです。しかし実際には，別個に作成するための負担や，「二重帳簿」になるという危惧から，通知表を指導要録に準拠させる，さらにいえば指導要録の内容を通知表にそのまま転記する学校もあるようです。

　たしかに指導要録と通知表は，どちらも子どもの学校での学習と生活の状況を記載した文書ですので，記載内容に重複する部分があることは事実です。しかしながら，公的原簿である指導要録が外部に対する証明機能を主とし，より簡便で単純な記載になっている一方で，通知表はあくまでも日々の子どもの学習や生活の改善に資する指導機能を主とするものです[4]。こうした指導要録と通知表の機能の明確な違いをしっかりと認識することが，望ましい通知表を作成するための第一歩になるといえるでしょう。

❍ 指導に生きる通知表

　それでは，通知表が指導機能をもつとはどういうことでしょうか。この点にかんしては，大きく以下の2点に留意する必要があります。

　第一に，通知表は，子どもの学習や生活の改善のための資料として活用するためのものであるということです。一般的な通知表には，①各教科の学習の記録，②行動の記録，③総合的な学習の時間の記録，④出欠や健康の記録，⑤全体的な所見，連絡欄などが記載されることが通例ですが，そのそれぞれを見れば，その子どもの学校での学習や生活の場面が，保護者や子ども本人に思い浮かんでくることが求められます。たとえば，各教科の学習についていえば，教科ごと，あるいは単元ごとに，評価する項目の内容が異なってきて当然です。すると，通知表の記載に際しても，指導要録の観点項目を引き写すのではなくて，実際におこなわれた授業場面のなかでの学習・指導に即して，柔軟に評価項目を設定する必要があるでしょう。こうしてはじめて，通知表は，保護者や子どもに次学期以降の学習の改善指針を与え，教師にも今後の指導指針を与えられるようになると考えられます。

　第二に，通知表は，子どもの成長・発達に対して，学校と家庭との相互的な関係を築く基盤になるということです。冒頭で述べたように，多くの場合，通知表は，学校（教師）から家庭への一方向的な「結果通告」になってしまっています。こうした現状をふまえると，通知表の見かたを保護者に知らせたり，保護者や子どもたちにも容易に理解できるような用語や表現を用いたりするといった「ソフトな通知表」を作成する努力がまず必要であるとともに，第一の観点に留意して作成した通知表をもとにしながら，保護者面談などの機会にその子の学校での学習や生活を話しあう必要があるでしょう。このように，通知表を介して，子どもの成長や発達についての合意を保護者と築いていくことが求められます。

（赤沢早人）

▷4　もともと指導要録も指導機能をもつものとして戦後初期に誕生したのだが，1955年の指導要録改訂の際に証明機能を付加されてからは，実質的には証明機能を主とするものとなった。⇒Ⅸ-2 参照。

（参考文献）

　田中耕治編著『教育評価の未来を拓く──目標に準拠した評価の現状・課題・展望』ミネルヴァ書房，2003年。

2 通知表の歴史

1 戦前の通知表

　日本で通知表が普及するきっかけになったのは，1891（明治24）年の「小学校教則大綱ノ件説明」といわれています。これは各学校が「教授上ニ関スル記録」と「各児童ノ心性，行為，言語，習慣，偏僻等」を記載して「学校ト家庭ト気脈ヲ通スルノ方法」の工夫を示唆するものでした。

　この「説明」に沿って，各学校では二種類の連絡簿が作成されることになりました。一つは，試験の結果を家庭に知らせるために作成された「試験成績表」です。もう一つは，しつけや訓練の効果を高めるために作成された「日課優劣表」です。これには，子どもの日々の態度や行動が記載されていました。

　1900（明治33）年の第三次小学校令のなかで，「平素の成績」の「考査」を記載するために，全国画一の**学籍簿**[1]を作成することが規定されます。この学籍簿の様式に沿って，上記の二種類の連絡簿が合流し，「成績欄」「出欠欄」「身体検査欄」「学校家庭通信欄」が記載された，私たちにも馴染みのあるかたちの通知表が誕生しました。

　その後，大正自由教育運動の旗手である木下竹次や手塚岸衛らが，むやみに競争心を煽るとして通知表の廃止論を提起したこともありましたが，全国的には学籍簿に沿った通知表が用いられていたようです。そして，1941（昭和16）年改訂の学籍簿では，通知表を学籍簿に準拠して作成すべきことが公的に規定されるとともに，家庭の学校への協力を当然視する国家総動員的な要請を背景として，通知表から「通信欄」が消えることになりました。

2 戦後の通知表

○相対評価による通知表の登場

　戦争が終わると，子ども各人の学習と成長・発達を第一義的に捉える新教育思想にもとづいて，学籍簿も1949（昭和24）年に大きく改訂されました。翌年に指導要録と名称を変更したこの原簿は，子どもの発達の経過を全体的・継続的に記録し，しかもたんなる記録ではなくて「指導上の原簿になるもの」としてその指導機能を明確に打ち出すものでした。ところが一方で，その記載の際の規準として，教師の独断的な判断で評点が決定された戦前型の**絶対評価**[2]を克服し，その客観性・**信頼性**[3]を確保するという名目で，正規分布曲線をもとにし

▷1　学籍簿
⇒Ⅱ-1参照。

▷2　絶対評価
⇒Ⅱ-1参照。

▷3　信頼性
⇒Ⅵ-2参照。

た5段階**相対評価**[4]が導入されます。

　こうした指導要録の改訂とあいまって，通知表も変化していきました。戦後になって，通知表は指導要録に準拠する法的な根拠をもたないことが改めて確認されたものの，実際には，指導要録から強い影響を受けることになります。結果，指導要録の5段階相対評価がそのまま通知表にも採用されることになり，通知表のなかで踊る「5，4，3，2，1」の数字が，授業実践と子どもや保護者の上に重くのしかかるようになりました。この傾向は，1960年代の能力主義的教育政策や進学熱の高まりによって，より悪い方向に強化されていきました。

◯相対評価を乗り越える通知表の模索

　1960年代後半になると，こうした通知表に対する不満や批判の声が，学校や保護者の間で次第に高まっていきました。1966（昭和41）年，兵庫県の八鹿小学校では，校長の東井義雄が中心となって，各教科・学年ごとに目標を設定し，それぞれ「◎◯◯」の3段階の絶対評価[5]を行う通知表を作成し，注目を集めました[6]。

　また，相対評価の通知表の問題に国民の衆目を集める出来事がこの時期に続けておこりました。一つは1969（昭和44）年2月に放送されたテレビ番組のなかで，当時の文部政務次官が，通知表は指導要録とは違って評定の配分に固定枠はなく，「全部5でも3でもいいんです」と発言したことです。この発言をきっかけとして，相対評価による通知表の是非を問う「通信簿論争」に発展していきました[7]。もう一つは，1972（昭和47）年に東京と大阪の公立中学校の教師が，生徒全員に「3」の評定をつけたことです。このことは，相対評価による生徒の序列化への問題提起として一定の反響を呼んだ半面，全員を「3」にするという評価不要論，不可知論の側面をもつこともあって，学校現場への無用の不信や混乱を招く結果にもなりました。

　こうした相対評価批判の流れのなかで1970年代後半に登場したのが，**到達度評価**[8]**型**とよばれる通知表です。到達度評価型が従前の通知表と大きく異なる点は，第一にすべての子どもが習得すべき基礎的・基本的な内容（基本的指導事項）の習得を目標とし（到達目標），第二にその目標に到達したものを5段階の「3」と表示する（到達度評価）ことです。この様式の通知表は最初に京都府で提案されたものですが，1980年前後の時期には全国の多くの学校現場で用いられました。

　ところが1980年代に入り，指導要録で「観点別学習状況」欄が重要視されるようになるのと並行して，到達度評価型の通知表は姿を消し，代わって「観点別学習状況」欄を転記するかたちで指導要録に準拠する通知表が大勢を占めるようになりました。しかし，証明機能を重視して一般的な記述にとどまる「観点別学習状況」欄の評価項目を基本的にそのまま通知表に転記するありかたは，通知表が保護者や子どもに与える圧倒的な影響力やその指導機能を考慮に入れれば，やはり再考の余地があるといわざるをえないでしょう。　　　（赤沢早人）

▷4　相対評価
⇒Ⅱ-2 参照。

▷5　ここでの「絶対評価」は，「目標に準拠した評価」を意味する。
⇒Ⅱ-1，Ⅱ-5 参照。

▷6　東井義雄・八鹿小学校『「通信簿」の改造──教育正常化の実践的展開』明治図書，1967年。Ⅷ-5，Ⅷ-7 も参照。

▷7　通信簿論争
⇒Ⅷ-7 参照。

▷8　到達度評価
⇒Ⅱ-4 参照。

（参考文献）
　天野正輝『教育評価史研究』東信堂，1993年。
　全国到達度評価研究会編『これからの通知表・学級通信』あゆみ出版，1991年。

3　到達度評価型の通知表

▷1　到達度評価
⇒Ⅱ-4 参照。

▷2　到達目標
⇒Ⅳ-3 参照。

　1980年を前後して，**到達度評価**[1]の理念を反映した多くの通知表が，京都府の小・中学校を中心として作成されました。ここでは，こうした到達度評価型の通知表がもつ特徴を四つに整理することにしましょう。

　到達目標

　まず，もっとも目立つ特徴は，各教科等の評価項目のそれぞれが，**到達目標**[2]として示されている点です。つまり，①指導要録の観点のように，学習内容や状況を捨象した一般的なことばではなく，②学期・単元ごとの学習内容が書き込まれ，子どもが「何を」「どこまで」到達したのか（していないのか）が明確に分かるように示されているということです。現在一般に作成されている通知表の多くでは，たとえば「小数や分数の計算をしたり，図形の面積を求めたりすることができる」（小5算数）のように，指導要録に示される観点に各学年の学習内容を加味して記述されています。これは学年ごとの特殊性が示されているという意味で，指導要録の完全な引き写しよりは到達度評価型の通知表に近いようにも見えます。しかし，一つの評価項目のなかに二つ以上の質的に異なる学習内容（小数，分数，図形の面積）が記述されているために，仮にある子どもがこの項目に「◎」をもらったとしても，その子どもはその内容のうちどれができるようになったのか，さらにいえば分数でも加法ができるようになったのか，乗法までできるようになっているのかなど，個別の到達・未到達の状況をつぶさに知ることはできません。その意味で，各学習内容の到達・未到達を厳密に記述する到達度評価型の通知表とは異なるものと見るべきでしょう。

第6学年	児童氏名	○ねらいに達じている △なお課題を残している			
各教科の主な学習内容		学力のようす			
国　語		基本性		表現	発展性
		言語の理解	作品の理解		
漢字の成り立ちや組み立てと，その意味がわかり，新出漢字（71字）を語として，読み書きすることができる。					
提示されている問題，取り上げられている事実の内容や文章の展開，構成をとらえることができる。また，それらを基にして，作者の考えを読みとることができる。					
言葉や文体などの文章表現を手がかりに，心理描写や情景描写を豊かにとらえることができる。また，それらを基にして，作品の主題をとらえることができる。					
学校生活から取材し，文の展開，構成や場面の様子，自分の気持ちを効果的に表す表現を工夫しながら，主題のはっきりした文を書くことができる。					
社　会		知識理解	技能	応用	発展性
石器時代には，人々のくらしは常に自然の変化に左右され，貧富の差さえ生じなかったことがわかる。また，土器，弓矢，石棒，石皿など，生活用具の発達と人々のくらしの発展との関係がわかる。					
米作が伝わり，広がる中で，人々は定住の生活を営むようになってきたことがわかる。また，木器，鉄器の使用，水田技術の向上に伴い生産が増加し，生活が安定し，村落が形成されて，貧富の新しい社会的関係が生じてきた過程がわかる。					
豪族中心の国々から，大和朝廷による国家の統一，貴族の政治と荘園地主の台頭に至る歴史的過程も，古墳，大仏造営，律令政治下の農民のくらしとの関係を通してとらえることができる。					

[図10.3.1　到達度評価型の通知表例（一部抜粋）]

出所：佐々木，1979年，77頁。

② 形式の弾力性

　上記の到達目標としての評価項目の記述のしかたからもわかるとおり，到達度評価型の通知表では，学習・指導した内容だけを評価するという教育評価論の大原則に立ちます。すると，評価項目の記述のしかたもその個数も，学年・学期ごとで自然と異なってくることになります。これが二つ目の特徴です。

　これに対して，指導要録に準拠した通知表では，項目の表現のしかたに若干の違いはあっても，基本的に全学年・全学期で同一の形式が用いられることになります。これは，指導要録がそのような形式をとっていることから来る必然的な結果です。このように，評価項目が形式的に固定していると，「評価項目にあるから指導する」という逆転現象がおこるとともに，指導・学習したかどうかにかかわらず，指導者が設定したわけではない観点にもとづいて，まるで他人ごとのように子どもの学習を裁断していく状況が常態化しかねません。到達度評価型の通知表は，学習・指導したまさにそのことを評価するという意味で，まさしく授業実践に寄り添ったものであるといえます。

③ 態度の評価

　第三の特徴は，いわゆる学習態度ややる気などの到達目標では表しきれない様相を評価する場合は，少なくとも到達目標としての評価項目と同列には扱われない点です。一般的に，こうした評価項目は，所見欄等において文章表記されることになります。

④ 学力保障の原則

　「**目標に準拠した評価**[3]」にもとづく現在の指導要録・通知表の作成状況については，基準に到達したかどうかという点に過剰な注目が集まっているように思われます。到達・未到達の判定そのものを評価行為の目的（ゴール）に設定し，評定を出しきったことで満足してしまうと，「目標に準拠した評価」は結局「できる子ども」を日常のレベルで選別・選抜するためのしくみであると，保護者や子どもに誤認されかねません。それに対して，到達度評価型の通知表では，「到達」ならばそこにどのような学習の深まりが見られるのか，あるいは「未到達」ならどうすればその子は到達できるのかというように，到達の判定はあくまでその後の学習・指導の指針を得るための手段として位置づけられています。こうした「学力保障の原則」がその特徴の4点目です。そのため，ある評価項目を「未到達」と評価をした場合は，その項目について回復学習のためのプリントや問題集を通知表に添付するなど，それぞれの子どもの学習の状況を微細にとらえる視点を内在しているのです。「目標に準拠した評価」はこのような到達度評価の成果をしっかり継承すべきでしょう。　　　　（赤沢早人）

▷3　目標に準拠した評価
⇒ II-5 参照。

▷4　2019年版指導要録
⇒ IX-1 参照。

（参考文献）
　佐々木元禧編著『到達度評価──その考え方と進め方』明治図書，1979年。
　全国到達度評価研究会編『これからの通知表・学級通信』あゆみ出版，1991年。

能力表

1　能力概念の系統化

　教育目標・評価論において，教育目標（＝評価項目）とよばれるものには二つの側面があるとされています。一つは，領域概念とよばれます。これは教育目標を教育内容の側面からとらえたものです。そしてもう一つが，能力概念とよばれます。これは教育目標を学習者の能力の側面からとらえたものです。

　X-3 に登場した到達度評価論における教育目標の記述のしかたは，このうち領域概念に重点を置いたものであるといえます。つまり，教育目標の系統性は，原則的に，教育内容の系統性に即して設定されることになります。そのため，こうした記述のしかたでは，教育内容に関係する個別の知識・情報群の記憶や理解について，系統的に指導することに目が行きがちになり，その結果として，いわゆる「高次の学力」とよばれる思考力，判断力，応用力等にまで指導が及ばないという実践上の問題があることが指摘されています。

　また，領域概念に重点を置いて教育目標の系統をつくると，一方の能力概念から見た系統性を看過しがちになります。たとえば，指導要録の**「観点別学習状況」欄**にある「思考・判断・表現」という観点も，この能力概念の一種といえますが，小学校2年生と中学校3年生とでは，同じ「思考・判断・表現」でもその質にはおのずから違いがあるはずです。このように，同じ「思考・判断・表現」といっても，そこには学年・発達段階に応じた系統性が考慮されなければならないのです。

　そこで，「思考・判断・表現」などの「高次の学力」を含む，能力概念をもとに各学期，各学年，各学校段階レベルでの教育目標の計画を策定する必要が生じてくるわけです。これが一般に，能力表とよばれています。

2　能力表の作成と利用

　能力表は，学年と能力とをクロスさせて図表化することが一般的です。各セルのなかには，それぞれの学年で各能力がどのように発現することが望まれるかが記述されます。たとえば表10.4.1では，「課題発見力」について，1年生では「あるもの・ことに対して，『なぜ』『どうして』等の疑問をも」てばよいということになっていますが，6年生では「①あるもの・ことに対して，多面的に見つめ，疑問をもつ。／②他者がもった学習課題の価値を認める」ことが

▷1　「観点別学習状況」欄
⇒ IX-4 参照。

▷2　能力表の起源は，1934年に作成されたバージニア・プランにある。そこでは，各領域の能力が階層的に提示されている。

表10.4.1　能力表の例　「自己学習力　系統表」（抜粋）

	学習意欲	課題発見力	学習構想力	情報活用能力		
				(1)収集力	(2)選択力	(3)産出力
支える力など	A 興味・関心について追求しようとする積極性 B 興味・関心の広がりと時間の持続 C 学習の成果を生かす積極性	A 問いをつくる力 B 多面的にものごとを見る力 C 自己の課題を見いだす力	A 学習の見通しをもつ力 B 学習をさらに進める力 C 糸口をつかむ力 学習の計画を修正する力	A フィールドを広げて情報を収集する力 B （コンピュータ等）手段を増やして情報を得る力 C 他者とのかかわりの中で情報を得る力 C 資料内の情報を，多面的かつ正確に読み取る力	A 自分にとって，必要な情報を選択する力 B 情報を何らかの基準で価値づけたり，整理したりする視点を見いだす力	A 得たことを生かして考えをつくる力 B 浮かんだ考え方を豊かにする力 C 状況をふまえて考えをつくる力
6年	A 興味・関心をもったことや，出会ったもの・ことの中に，学ぶべき価値を見いだそうとする。 B 広い視野に立って，興味・関心をもったことについて追求が持続する。 C 学習の成果を，目的や意図を踏まえつつ，場に応じて生かそうとする。	A 問いをもつ視点に気づく。 B ①あるもの・ことに対して，多面的に見つめ，疑問をもつ。②他者がもった学習課題の価値を認める。 C ①経験や様々な資料をもとにして，自己の学習課題をつくり出す。②自己の学習課題の価値を自覚する。	A 自己の学習課題に即した学習の計画を立てる。 B ①何が問題か，どの方向でそれを問題にしたらよいかがわかる。②その時々でどのようなせまり方をすればよいのかを考える。 C 行き詰まったり，失敗したりした時，計画を立て直す。	A ①様々な施設等から，必要とする情報を探す。②普段の生活の場から，問題解決のための資料を見つける。 B ①身近にない資料については，インターネット，E-mailや電話・FAX・手紙などを使い，求める。②コンピュータを通して得た情報をコンピュータを使って記録に残したり，整理したりする。③必要な情報を得るために，どのような方法がよいかを考える。 C 様々な人と関わる中で，必要な情報を得て，自己の活動に取り入れる。 D 様々な形態の資料の特性を捉えた上で，必要な情報を的確に集める。	A 情報を，いろいろな角度から見つめ，自己の目的や意図に応じたものを選ぶ。 B ①情報を価値づけたり整理したりする基準を見いだす力。②情報処理する過程で，それぞれの情報の価値を再発見する。	A 自己の考えとは違う立場の考えを産み出す，自己の考えを重ねる。 B ①目的や意図に応じて，情報を時には簡単に，時には詳細に再構成する。
5年・4年	A 興味・関心をもったことについて考えたり，調べようとする。 B 興味・関心をもったことについてそれに関連づけても目を向けながら，ある程度持続して追求する。 C 学習の成果を，生活の場に生かそうとする。	A 自己の知識や体験をもとにして疑問をもつ。 B ①あるもの・ことに対して，多方面から疑問をもつことができる。②他者がもった学習課題の価値に気づく。 C ①活動の中からもう少し時間をかけてやりたいことを見つける。②①経験を駆使し，いくつかの学習課題の中から，自己の課題を選ぶ。②他者との話し合いを通して，自己の課題を見つける。	A 難しい所や困難になる所を予想しながら学習の見通しをもつ。 B 問題解決の手がかりがどこにあるのかを見いだす。 C 行き詰まったり，失敗したりした時，新しい解決の方法を考える。	A ①身近な所へ出かけて現地取材をする。②自己の課題にあった体験活動を通して，違った情報を収集する。 B ①身近にない資料については，インターネット・CD-ROMや電話・FAX・手紙などを使い，求める。②コンピュータを通して得た情報をコンピュータを使って記録に残す。③目次・索引を使って調べる。 C よさを感じた友達の学びを自己の活動に生かそうとする。 D ①自分が取り組んでいる活動に必要な内容はもちろん，構成や表現の仕方に関する情報も幅広く集める。②情報の中心点や要旨に着目して，内容を正確に理解し，自分の活動に必要な情報を集める。	A 自己の目的や意図に応じた情報を選ぶ。 B ①自己の課題と照らし合わせ，軽重をつける。②収集した情報の真偽を配慮しながら選ぶ。③情報の細かい点にまで目を配り，共通点・相違点に気づいて，必要な情報を選択する。	A 他者からの助言をもとに，自己の考えをはっきりさせたりまとめたりする。 B 情報の細かい点にまで目を配り，共通点・相違点と区別したりする。 C 相手や場に応じて，内容の軽重をつけて，自己の主張がはっきりわかるように考える。
3年・2年	A 興味・関心をもったことについて関わってみようとする。 B 自分が興味・関心をもったことについて，ある程度の時間持続する。 C よいと思うことを，他の場面でも繰り返そうとする。	A 事柄と事柄，ものとものを比較して見る。 B あるもの・ことに対して，多様な疑問をもつ。 C 関心があることやいくつかの学習課題の中から自己の課題を見つける。	A 提示されたものを参考にしながら課題解決の見通しをもつ。 B 課題解決のために，次に何をしなければならないかわかる。 C 行き詰まったり失敗した時，新しい解決の方法を探す。	A 必要とする本などがわかり，学校図書館などで情報を得る。 B CD-ROMを活用したり，インターネットのリンクをたどったりして，自分が取り組んでいる活動に必要な情報を，友達と一緒に集める。 C 時間的な順序，場面の移り変わりなどを考えながら，話や文章の内容を正しく読み取る。あるいは聞き取る。	A 情報の違いに気づき，自分が取り組んでいる活動に必要だと思うものを選ぶ。 B 情報の細かい点にまで目を配り，共通点・相違点に気づく。	A 他者の話や文章の内容を参考にする。 B 自分の思いや考えの理由をもつ。 C 目的に応じて，考えを進める。
1年	A 興味・関心をもったことを話題に出そうとする。 B いろいろなことに興味・関心をもつ。 C ほめられたことを，他の場面でもしようとする。	A 身近な事柄について，自分の知っていることとの違いに気づく。 B あるもの・ことに対して，「なぜ」「どうして」等の疑問をもつ。 C 体験することを楽しんだり，もう少し時間をかけてやりたいことを見つけたりする。	A これから組む活動について，少し先を予想する。 B 課題解決のために，次に何をしようか考える。 C 自分の学習が，うまく進んでいるかどうかを考える。	A 必要とする本などがわかり，学級文庫などで探す。 B マウスを操作して，CD-ROM等を楽しむ。 C 直接体験したことや，提示された資料の中から，様々な情報を見つけたり，集めたりする。 D 話の大体を聞き取ったり，文章の内容の大体を読み取ったりする。	A 複数のものともの，こととことの違いに気づいて，必要なものやことを選ぶ。 B 自分が進めている学習にかかわりのあるものかどうかを選ぶ。	A 自分の思いを表す言葉を見つけたり，もったりする。 B 友達や指導者の言葉を使う。指導者との対話・問答を通して，めあてに応じて，考えをもつ。

出所：西岡加名恵『教科と総合に活かすポートフォリオ評価法』図書文化，2003年，172-3頁。

求められています。このように，学年の進展にともなう各能力の質の違い（高まり）が，全体計画として系統的に記述されるわけです。

　なお，この能力表は，もともとは能力概念の側面から見た，教育目標の系統を記述したものですが，**目標に準拠した評価**の考えかたにもとづくと，これはそのまま各能力の評価規準の系統を記述したものとなります。こうした能力表に記述される各能力は，英単語の暗記やかけ算の計算のように，評価の結果を量的に表しにくいものがほとんどです。そこで，こうした能力にかんする評価については，**ルーブリック**などによる質的な基準を設定することが望まれます。

　また，こうした能力表やそれぞれの能力にかんする評価の基準，規準については，ただ教師が保有しているというだけではなく，これらを通知表に添付するなどして，保護者や子ども本人に公表していく必要もあるでしょう。（赤沢早人）

▷3　目標に準拠した評価
⇒Ⅱ-5 参照。

▷4　ルーブリック
⇒Ⅳ-8 参照。

5　学力評価計画

① 通知表改善と授業改善

　通知表の名称をソフトなものにすることや，記載される評価項目の表現等を保護者や子どもにもわかりやすいものにすることは，通知表改善のとりくみの第一歩ではありますが，それですべてが終わったと考えるのは早計です。実際，1970〜80年代に全国的に盛り上がりを見せた通知表改善のとりくみも，たんにその形式を変えただけで，結局のところ形骸化して終息した学校も多かったようです。その原因として，通知表は改善したものの，日々の授業は旧態依然だったことが指摘されています。こうした実践のあゆみは，通知表改善は授業改善と一体になって進められねば実効的たりえないことを示しています。

　こうした実践課題の解決に向けて，学年・学期単位での総括的な評価が記載される通知表と対応するように，学習の成果を評価する基準や方法にかんする全体計画を策定することが有効です。学習や学力にかんする評価の組織化やシステム化が進む英国では，とりわけ教科学習でのこうした全体計画のことを学力評価計画（scheme of assessment）とよんでいます[1]。

　通知表の作成はこれまで，学期の授業が終わった後の，授業づくりに傾ける労力とは相対的に別な一過性のルーチン・ワークとしてとらえられる傾向にありました。つまり，計画や実践と切れていたわけです。しかしこれからの通知表は，こうした学力評価計画にもとづく授業実践のいわば「経過報告」や「最終報告」として，計画や実践と連続的・一体的にとらえられなくてはなりません（**指導と評価の一体化**[2]）。

② 学力評価計画を策定する手順

　学力評価計画は，通常，次のような手順を経て策定されます。

　第一に，学期末・学年末までに身につけてほしい学力，すなわち教育目標を計画段階で決定します。これにかんして，これまでは学習指導要領の記述を分析し，各教科・各単元の教育目標を決定する方法がよく用いられてきました。ところがこの方法では，一般に目標の細分化が進むため，評価が実際的に不可能になったり，あるいは思考力・判断力といった高次の学力の評価がしづらく，結果としていわゆる知識・技能の習得を順番にチェックしていく「目標つぶし」の授業に陥ったりする危険性が指摘されています。そこで最近では，評価

▷1　**イギリスの教育評価制度**
⇒XIV-1 参照。

▷2　**指導と評価の一体化**
⇒V-1 参照。

の基準になりうる目標を
あえていくつかに限定し，
その評価のための証拠と
なる評価課題，場面を設
定する方法が提案されて
います。

表 10.5.1 英国ナショナル・カリキュラムの GCSE 歴史 B（現代世界）の学力評価計画（概要）

評価法 / 能力	筆記試験 1		筆記試験 2	コースワーク		計
領域	中核内容	ドイツ/ロシア/米国/中国	イギリス史	指定された単元から1つ	指定された単元から1つ	
AO1（知識の再生など）	36 %		11.5 %	12.5 %	0 %	60 %
AO2（資料活用）	9 %		18.5 %	0 %	12.5 %	40 %
AO3（理解・分析・評価）						
計	45 %		30 %	25 %		100 %

出所：西岡，2003年，193頁。

第二に，教育目標を記
述します。学力評価計画
では，教育目標（評価項
目）はできるだけ限定的
に記述される必要があり
ます。これにかんして，

英国のナショナル・カリキュラムでは，教育目標を**領域概念と能力概念**の 2 側面から記述する方法がとられています（表 10.5.1）。領域概念とは，「イギリス史」のようないわゆる単元（主題）や教育内容を指し，能力概念とは，「知識の再生」「資料活用」のような，単元の内容に対する学習者の働きかけのありかたを指します。一方で，米国で発展し，わが国の教育目標論にも大きな影響を与えた「**教育目標の分類学（タキソノミー）**」では，教育目標を教育内容（科学的概念・法則や芸術的感受など）と行動（認知領域では知識，理解，応用，分析，総合，評価）のマトリックスとして分類，記述する方法がとられています。

第三に，教育目標が単元の内容と子どもの能力や行動の両側面から記述され，評価項目として堪えるものとなると，次にはこの評価項目において子どもの学習の成果を評価するための評価法を決定します。たとえば，歴史年号の記憶・再生やかけ算の計算の正確さだけを評価したいならば，従来どおりのテスト法（多肢選択法，完成法など）でも対応できるかもしれませんが，その年号の歴史的意義やかけ算の意味の理解を評価したいならば，このテスト法では明らかに限界があります。そこで，たとえばかけ算を用いた問題を作成させる（作問法）学習（評価）課題を設定するなど，策定した教育目標になじむ評価法を用いることが求められます。近年，こうした評価法として，作問法のほかに，状況説明法，描画法，概念地図法，事例面接法などの新しい評価法が次々と開発されています。

なお，以上のような学力評価計画の策定にあたっては，その基準や方法等を広く公開し，子どもや保護者との間で一定の合意を得ておくことが重要です。また，定期的にその内容を見直し，計画を改善していくことが不可欠です。

（赤沢早人）

▷3 領域概念と能力概念
⇒ X-4 参照。

▷4 教育目標の分類学（タキソノミー）
⇒ IV-2 参照。

▷5 VII「学力評価のさまざまな方法」参照。

（参考文献）
西岡加名恵『教科と総合に活かすポートフォリオ評価法——新たな評価基準の創出に向けて』図書文化，2003年。

6 子どもの自己評価をとりいれた通知表

▷ 1 自己評価
⇒ Ⅴ-5 参照。

▷ 2 構成主義的学習観
⇒ Ⅲ-4 参照。

▷ 3 子どもの権利条約
⇒ Ⅴ-7 参照。

▷ 4 子どもの参加論
⇒ Ⅴ-7 参照。

1 自己評価と通知表

　近年，教育評価論の文脈で，**自己評価**[1]ということばが注目されるようになっています。これは，子どもの学習をめぐる二つの考えかたをおもな理論的な背景としてもっています。一つは，**構成主義的学習観**[2]です。この考えかたでは，自らの学習状況を自分自身で確認，調整する（モニタリング）ことが重視されます。もう一つは，**子どもの権利条約**[3]の採択，批准を契機とする**子どもの参加論**[4]です。この考えかたでは，子どもが学習の主体として自らの学習の構成（目標，実践，評価）に参加することが重視されます。このような考えかたを背景に，自らの学習を自分自身で主体的に調整することが求められる自己評価の作用に期待が集まっているわけです。

　このような自己評価の考えかたが教育評価論の主要な位置を占めるようになると，こうした自己評価を，通知表にどのように反映させていくべきかという検討課題が新たに生じてきます。現状では，自己評価をとりいれた通知表は多くありません。しかし，通知表に自己評価をとりいれることは，「教師が子どもの学習の状況を評価し，それを子どもや保護者に通知する」という従来の通知表観を根本的に問い直す可能性がある，非常に重要な意味をもっています。

2 通知表に自己評価をとりいれるにあたって

　そもそも学校や教師には，通知表作成の義務や様式の法的基準などは一切ありませんから，通知表に自己評価をとりいれることや，その様式についての決定は学校や教師の裁量に任されています。とはいえ，通知表に自己評価をとりいれる場合には，以下の注意点を最低限ふまえておく必要があるでしょう。

◯印象批評を超える

　第一に，通知表に記載するのにふさわしい自己評価の内容として，「たのしかった」「おもしろかった」「がんばった」などの漠然とした印象批評を超える必要があります。授業や教師への漠然とした「気持ち」を述べたものでは，指導や学習を改善する手立てをつぶさに得られないためです。そこで，学習者であり評価者でもある子どもには，たとえ自己評価といえども，教育目標や評価基準に照らして自己評価をすることを求める必要があります。たとえば，「農家のくらしをがんばって調べられた」ではなく，調査の計画，方法，実行，報

第6学年1学期　総合学習の様子

単元名 TRY 〜明日へのリサイクル〜	興味・関心のある事から，活動したいことを決定する。そして活動を行いながら，地域や日本の抱える問題に気づき，自分なりにできることを追究する学習。一学期は再資源化までの過程も視野に入れたリサイクル活動を見つけ，実行のための計画を始めた。			
自己評価		◎	○	△
自分の中からたくさんの活動したいことを見つけましたか。				
新しく知った事やなるほどなあと思ったことがありましたか。				
リサイクルの準備機関に一生懸命になれましたか。				
インターネットスクールを見たことであなたの考えは深まりましたか。				
計画しているリサイクル活動がうまく進みそうな見通しを持てますか。				
リサイクルとあなたの毎日の生活とのつながりを見つけましたか。				

図10.6.1　通知表の自己評価欄（一部抜粋）　宝塚市立西谷小学校

出所：岩崎純子「新しい通信簿の様式と考え方——総合学習を中心に」『指導と評価』2001年12月号，22頁。

告等の内容のそれぞれについて，自らの学習を具体的，個別的に評価させるわけです。

◗教師による評価と子どもによる自己評価とを区別する

第二に，教師による評価と子どもによる自己評価とを明確に区別することです。とくにいわゆる「主体的に学習に取り組む態度」の評価項目では，子どもの「がんばり」に対する自己評価をもとに判定をしてしまいそうになりますが，このような安直な記載のしかたは厳しく慎まねばなりません。というのも，このように教師による評価を子どもの自己評価で代用してしまうと，子どもの側としては，この自己評価も通知表の評点を決める一種の「テスト」と見る論理が働き，悪い意味での「自己防衛」（不当に甘く評価する）がおこると考えられるからです。

◗評価の差異を指導に生かす

以上のように，教師による評価と子どもの自己評価を区別するという場合，実際に通知表を記入する教師の立場からすると，「同じ評価項目に対して，教師による評価と子どもの自己評価に差異が生じた場合，一体どのようにすればよいのか」という懸念が出てくるかもしれません。その際，教師による評価を優先させるのでは，子どもがわざわざ自己評価をした意味が失われます。逆に自己評価を優先することは，一見「子ども中心」の評価に見えますが，学習の状況を総合的に把握する努力を放棄した，たんなる子どもへの「迎合」に過ぎません。学習の状況の評価をめぐる両者の差異は，このようにどちらかの立場を優先させて解消する類のものではなく，なぜ差異が生じたのかを両者で検討しあうなかで，学習の状況をより総合的に把握し，かつそこから今後の学習・指導の指針を得られるように活用するものでなくてはなりません。そのためには，差異が生じた理由（評価基準そのものがちがう，あるいは評価基準は同じでも，それに学習成果を適用したときの価値判断がちがう等）を相互に話しあうなど，学習・指導場面を意図的に設定するような実践上の工夫を凝らす必要があるでしょう。このように，教師による評価と自己評価の差異を学習・指導に生かすことが，第三の注意点です。

（赤沢早人）

▷5　この教師による評価と自己評価を調節する典型的な方法が，検討会である。VII-16 を参照。

1 入試と接続

1 入試とは

　入試（入学試験）は，下級学校（送り出し校）から上級学校（受け入れ校）への進学を希望する者に対して課される入学要件の一つです。入学志願者のなかから実際の入学者を選抜する機能をもっています。

　試験そのものの歴史は古く，血縁・血筋や家柄による世襲制に代わり，個々人の「能力」にもとづいて適切な人材を選抜するようになった**科学制度**に，その起源を見出すことができます。「生まれによる差別」を克服し，個々人の能力や努力を考慮するようになったというわけです。

　日本では，近代に入って学校教育制度が確立されると，学校段階を移行する際に入試がおこなわれるようになりました。次第に受験をめぐる競争が加熱していきます。すると今度は，受験競争の弊害も指摘されるようになっていきます。

2 学歴崇拝とテスト主義——競争としての入試

　第二次世界大戦後に，新制高校・大学が発足すると，進学率は徐々に上昇し

▷1　科挙制度
6世紀の終わり頃から中国（隋）で始まった官僚任用試験。詳しくは，宮崎市定『科挙』中央公論新社，1963年。天野郁夫『試験の社会史』東京大学出版会，1983年（増補版，平凡社，2007年）。なお，能力・業績によって人材を選抜・配分する動きは，産業社会の成立・発展により普及していったといわれる（天野郁夫『教育と選抜』第一法規，1982年）。
⇒XIII-1 参照。

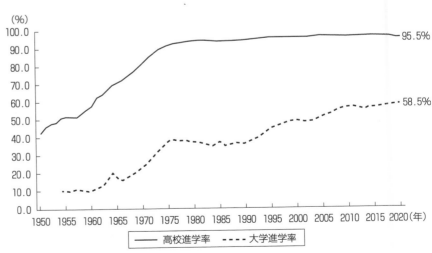

図11.1.1　戦後日本における高校・大学への進学率の推移

（注）　高校進学率は，通信制課程（本科）への進学者を除く数字（データ上1950年からの経年比較のため）。大学進学率は，大学（学部）・短期大学（本科）の進学率（過年度高卒者を含む）。
出所：文部科学省「学校基本調査」年次統計（総務省統計局 e-Stat, 2020年12月25日時点）より筆者作成。

ていきました（図11.1.1を参照）。そのなかで，「大衆教育社会」とも呼ばれる状況が生まれました[2]。大衆教育社会とは，教育が量的に拡大し，多くの人々が長期間にわたって教育を受けることを望んでいる社会のことを意味します。それは，個々人の能力や努力の結果である「業績」（メリット）をもとに社会的地位などを決める「メリトクラシー」が社会に浸透していくこととも密接に結びついていました[3]。メリトクラシーを通じて大衆のなかからエリートを選抜する社会の仕組みとともに，よりよい学歴を獲得することがメリットとなり社会的地位の向上に役立つと見る**学歴崇拝**[4]の風潮も広まったのです。

　とりわけ高度経済成長期に入ると，よりよいとされる学歴を求めての競争が加速していきます。1975年代以降は，国民すべてを巻き込む「閉じられた競争」がもたらされたといわれます[5]。とりわけ，入試当日の学力検査で高得点をとるために日常の学校生活の営みがテストに覆いつくされていることを懸念する声も生じました。入試での合格を目指して，テストの点数を上げることが教育実践における一義的な目的となる「テスト主義」の到来です。そこでは，定員内に入るため，他者との限りない競争に追いこまれることになります。

❸　これからの学校間接続のありかたをめぐって

　上述の学歴崇拝とテスト主義が広まるなか，入試の手続きは，下級学校における教育の成果を尊重するというよりも，あくまで上級学校（受け入れ側）が主導権をもって入学者を選抜するというかたちで進められる傾向がありました。そのため，下級学校での教育は，上級学校へ入るための入試に従属し，結果的には，個人の希望や将来への見通しよりも，テストの結果のみによって上級学校へと生徒を割り振る「序列主義」の進路指導に陥るという問題が指摘されてきました。

　1990年代以降は，学歴崇拝や受験競争の揺らぎも指摘され[6]，従来の選抜型の入試を変革していく必要性が叫ばれています。その際，上級学校と下級学校を「分断」するのではなく，両者を教育的に「**接続**」[7]するものとして位置づける必要性が叫ばれています。すなわち，下級学校から上級学校への接続に際して，下級学校での学習成果を十分にふまえつつ，上級学校入学後にはどのような指導が必要なのかという「教育的な働きかけ」の指針を得る手がかりになるものとして入試をとらえるべきだというわけです。

　より具体的には，集団のなかでの序列を表す「**相対評価**」[8]による「選抜試験型」の入試から脱却し，個々人の具体的な到達度を示すことのできる「**目標に準拠した評価**」[9]にもとづく「**資格試験型**」[10]への転換も模索されています。他者との相対的な順位のみで合否を決めるのではなく，教育内容を接続するために必要な学力の内実にもとづいて合否を判定するという学校間接続のあり方が探られているのです。

（樋口とみ子）

[2]　詳しくは，苅谷剛彦『大衆教育社会のゆくえ』（中公新書，1995年）。

[3]　メリトクラシーについては，竹内洋『日本のメリトクラシー』東京大学出版会，1995年（増補版，2016年）。

[4]　**学歴崇拝**
日本の場合，正確には「学校歴崇拝」ともいわれる。学校歴崇拝とは，特定のいわゆる有名校に焦点をあて，そこへの進学を志向するものである。

[5]　久富善之『競争の教育』労働旬報社，1993年。

[6]　たとえば，竹内洋『立志・苦学・出世』講談社現代新書，1991年。苅谷剛彦『階層化日本と教育危機』有信堂高文社，2001年。本田由紀『多元化する「能力」と日本社会』NTT出版，2005年。

[7]　**接続**
アーティキュレーション（articulation）ということばも用いられる。異なる学年間や学校段階間を垂直につなぐ関係などを指すときに使用される。

[8]　**相対評価**
⇒ II-2 参照。

[9]　**目標に準拠した評価**
⇒ II-5 参照。

[10]　**資格試験**
⇒ XI-2 参照。

（参考文献）

　全国到達度評価研究会『子どものための入試改革』法政出版，1996年。

　増田幸一・徳山正人・齋藤寛治郎『入学試験制度史研究』東洋館出版社，1961年。

　本田由紀『教育は何を評価してきたのか』岩波書店，2020年。

2 選抜試験と資格試験

① 選抜のための入試の問題点

▷1 大平勲「『選抜』から『資格』への道」全国到達度評価研究会編著『子どものための入試改革』法政出版，1996年，188頁。

▷2 偏差値
⇒ XI - 5 参照。

▷3 田嶋一「教育評価とは何か」田嶋一・中野新之祐・福田須美子『やさしい教育原理』有斐閣，1997年，136頁。

▷4 1990年代半ば以降の受験戦争は「階層化」していることが指摘されている。久冨善之「教育の社会性と実践性との関連を追究して」教育科学研究会編『戦後日本の教育と教育学』かもがわ出版，2014年，66-67頁。

▷5 「初等中等教育と高等教育との接続の改善について」1999年12月16日。

▷6 アドミッション・ポリシー
入学者受入指針のことを意味する。大学など入試を実施する側が，入学者に求める具体的な能力，適性などを提示することになる。

▷7 たとえば，荒井克弘・橋本昭彦編著『高校と大学の接続——入試選抜から教育接続へ』玉川大学出版部，2005年。

日本では，第二次世界大戦後，とくに義務教育段階以降の学校間（たとえば中学校と高等学校の間，高等学校と大学の間など）を接続するにあたって，多くの場合，定員を設けた「選抜」試験が実施されてきました。選抜試験とは，多数の入学希望者のなかから実際の入学者（一定数）を選び出すためにおこなわれるものです。それらは，競争原理にもとづき，「定員を超える希望者を成績によってふるい落とすシステム」[1]であるといわれます。入学志願者は他者よりも良い成績を収めて選抜試験を勝ちぬく必要があるため，受験勉強が加熱するという状況も生まれました。

○ 偏差値登場のなかで

こうした競争原理と親和性をもつ選抜試験にさらに拍車をかけたものの一つが**偏差値**[2]です。進路指導において1960年ごろから用いられるようになった偏差値は，集団のなかでの相対的位置を示すものです。この偏差値をもとに受験校が序列化されていきました。学校間接続にあたって序列主義が支配的になり，偏差値を指標にした競争が国民全体を巻き込んで展開されることともなりました。それは，他者との比較による「順位争いの競争」であり，定員内に入り込むための「限りない点とり競争」でもあったとされます[3]。

○ 選抜試験を越えて

ただし，近年では，過酷な受験競争の弊害も指摘されるようになっており[4]，従来の選抜試験にもとづく入試の「転換」にかかわる動きも出てきています。たとえば，1999年の中央教育審議会答申では[5]，これまでの選抜試験を相対化しつつ，**アドミッション・ポリシー**[6]にもとづく入試のありかたが提起されました。また，とりわけ高校と大学の間を接続するにあたっては，18歳人口の減少という今日的状況を考慮する必要が出てきました。定員制をとる選抜試験においては志願者が定員を超えることを前提にしていたものの，18歳人口の減少にともない定員割れ大学が増加すると，一部では受験競争も緩和するため，選抜試験が機能しにくくなります。こうした動きのなか，選抜試験のありかたを問いなおす必要性も生まれています[7]。

そこで次に，選抜試験とは異なる接続のあり方として，「資格試験」について検討してみましょう。

② 資格試験

　資格試験とは，資格があるかどうかを判断するためにおこなわれるものです。その試験に合格して資格を有すると認められた場合，人数に制限なく資格が与えられることとなります。つまり，定員や志願者全体のなかでの相対的位置とは関係なく，ある到達度に達しているかどうかをもとに合否判定がなされるのです。こうした資格試験は，**修得主義**[8]や**到達目標**[9]と親和性をもちます。

◯ 資格試験のとりくみ

　学校間接続において資格試験型を用いている国としては，フランス・ドイツなどをあげることができます。たとえば，フランスでは，高校卒業資格と大学入学資格を兼ねた資格試験として**バカロレア**（Baccalauréat）[10]が実施されています。また，ドイツ・オランダ・スイスでは，中等教育（ギムナジウムなど）の卒業試験（アビトゥーアなど）に合格することが大学進学資格となっています。さらに，近年では，国際的な視野での大学入学資格の認定にかかわるものとして，**国際バカロレア**（International Baccalaureate）[11]も実施されるようになっています。これらの資格試験では，ある一定の水準に達していれば誰でも大学への入学資格を取得することができます。

　資格試験によって資格を取得した者は，その資格をもとに実際に入学する学校・大学を決めることになります。その場合，定員制にもとづく選抜試験と大きく異なるのは，実際の入学者の数が年によって変動する場合もあるという点です。また，偏差値のような一定の基準によって学校間が序列化されているわけではないため，資格取得者は，多種多様な学校ごとの特色をもとに実際の入学校を決定する場合が多くなっているようです。さらに，社会全体が「資格社会」の傾向をもつことも，資格試験型の学校間接続をおこなううえでは重要だということができるかもしれません[12]。特定のいわゆる「有名大学」を卒業したかどうかということが過度に強調される「学校歴社会」とは異なっているのです。こうしたことは，入試というものが社会のあり方と密接な結びつきをもっていることをうかがわせています。

◯ 今後の展望

　日本においても，近年，選抜試験からの脱却と資格試験型入試への転換が模索されています[13]。その議論においては，選抜試験の弊害を克服しようとすると同時に，資格試験を実施する際にどのようなカリキュラム編成や評価規準を想定するのか，またどのような教育的サポートを組織しようとするのかという点が重要視されます。資格試験型の入試を実施するためには，教育を通して保障すべき学力とはどのようなものであるのか，またそのための指導はどうあるべきかという，教育の中身の議論と関連づけて入試のありかたを考える必要があることを忘れてはならないでしょう。

（樋口とみ子）

▷8　**修得主義**
一定の学力を身につけたかどうかをもとに進級・卒業の認定がなされることを意味する。課程主義ともよばれる。これに対し，定められた期間就学していれば進級・卒業できる場合を履修主義（年齢主義）とよぶ。これらの「二つの型」については，梅根悟『教育史学の探究』講談社，1966年。

▷9　**到達目標**
何をどこまで学ぶべきかを具体的に明確化した目標のことを意味する。これと対置されるのが「◯◯について意欲的にとりくむ」など，到達度の明確ではない方向目標である。IV-3参照。

▷10　**バカロレア**
⇒XIV-3参照。

▷11　**国際バカロレア**
⇒XI-9参照。

▷12　ただし，資格社会については，たとえば，R.コリンズ著，大野雅敏・波平勇夫訳『資格社会──教育と階層の歴史社会学』有信堂高文社，1984年。

▷13　たとえば，田中耕治「入学試験の過去・現在・未来」『指導と評価』第51巻1月号，2005年。

（参考文献）
　全国到達度評価研究会編著『子どものための入試改革』法政出版，1996年。
　木村元「入試改革の歴史と展望」田中耕治編著『新しい教育評価の理論と方法 第1巻 理論編』日本標準，2002年，165-215頁。

高校入試

▷1　一般入試
公立高校の入試には，おおまかに分けて一般入試（おもに学力検査を実施するもの）と推薦入試（校長推薦にもとづき，学力検査を実施しないもの）がある。ただし近年では，この区分にとらわれない都道府県もある。

▷2　新制高校
新制高校は，①総合制，②男女共学制，③小学区制を3原則としていた。なかでも小学区制は，一つの通学区に一つの高校を設置するというもので，学校間格差の解消と教育機会の均等を志向していた。

▷3　その際の選抜方法としては，都道府県内で同一期日・同一問題による学力検査と，中学校からの報告書（内申書）を同等に扱い，合計点で合否判定するという方式が一般化した。

▷4　内申書
⇒ XI-6 参照。

▷5　場合によっては，学力検査実施教科数の増減，教科ごとの傾斜配点，高校独自問題の作成などが認められた。

▷6　目標に準拠した評価
⇒ II-5 参照。

▷7　相対評価
⇒ II-2 参照。

1　高校入試はどのように変わってきたか

　高等学校（以下，高校）への入学を希望する者に対して，高校側が実施する試験のことを高校入試とよびます。実施の方法は，公立高校においては各都道府県ごとに異なります。国立・私立高校などでは独自の方法がとられます。

　ここで，第二次世界大戦後の全日制公立高校の**一般入試**^{▷1}に焦点をあてて，その歴史を紐解いてみましょう。まず戦後初期，1947年に**新制高校**^{▷2}が登場したときには，選抜のためのいかなる試験もおこなわず，希望者を全員入学させることが原則となっていました。当時は，定員を超えた場合にのみ，中学校からの報告書をもとに選抜がおこなわれました。そこには，後期中等教育への進学の機会をなるべく多くの人に開こうとする意図があったといわれます。

　けれども，1950年代に入ると，高校側に選抜の主体性がないことが不満とされ，当初の高校全入思想が問題視されはじめます。1956年の文部省通達では，高校側が主体となった入学者選抜も認められ，「選抜のための学力検査」の実施が法令上明記されました。また，1963年には，志願者の増加にともない，受け入れ側の高校の不足という事態が生じていたことも影響し，高校教育を受けるに足る能力を有している者にのみ入学を許可しようとする動きが出てきました。いわゆる「適格者主義」^{▷3}にもとづく選抜試験時代の台頭です。

　ところがその後，学力検査を目指した過酷な受験勉強の弊害も指摘されるようになります。そこで，当日一発の学力検査では測りにくい多面的・総合的な能力を考慮して合否判定しようと，1966年には，中学校での日常の学習・行動の記録をより積極的に選抜材料にとりいれる「**内申書重視**」^{▷4}の方針も打ち出されました。

　1980年代に入ると，高校進学率が90％を超え，高校教育の多様化がうたわれます。いわゆる学力のみを指標とした高校間の序列化を避けるため，1984年には選抜方法の多様化・多元化が提起されます。たとえば，受験機会の複数化や，各高校の特色に応じた能力・適性検査の方法^{▷5}なども導入されていきました。

2　公立高校入試の改革動向

　2002年度から指導要録に「**目標に準拠した評価**」^{▷6}が採用されたことにより，戦後「**相対評価**」^{▷7}を存続させてきた内申書の取りあつかい方が見直されるとと

もに高校入試制度全般の改革も進んできました。

指導要録の改訂を受けて，47都道府県すべてが，入試で用いる内申書の記載を「目標に準拠した評価」でおこなうようになりました。ただし，これについては，合否判定の材料としての客観性・公平性を疑う声もありました[8]。つまり，目標に照らして生徒一人ひとりの到達度をはかる際，教師の主観や各中学校での目標の難易度などに左右されることが懸念されたのです。

○ 多様な選抜方法──特色化選抜や自己PRカード

こうした動きのなか，岐阜県・千葉県などにおいては，従来の内申書をもとにした校長推薦の推薦入試に代え，新たに生徒の「自己推薦」をもととした「特色化選抜」が導入されました。高校側はそれぞれ自校の求める生徒像を提示し，その特色をふまえた選抜方法（面接，集団討論，小論文，適性検査，**学校独自問題**[9]による検査など）を用います。

特色化選抜導入の背景には，①受験機会の複数化の推進，②従来の推薦入試における選抜過程の不透明さの克服が関係しているとされます。また，「目標に準拠した評価」を採用した内申書の客観性・公平性への不信から，高校側が従来の内申書重視の推薦を恐れた面もあるとの見かたもなされています。なお，高校側が独自に学力検査などの問題を考案する傾向は，その他の都道府県の一部の公立高校における入試などにも見られます。

このほかに，生徒自身に自分の学習や活動状況などについての報告書を作成させる動きも生じています。たとえば，東京都が導入した自己PRカードでは，「入学を希望する理由」「選択教科や総合的な学習の時間について」「諸活動の状況及び実績について（生徒会，部活，ボランティア活動，資格取得など）」の三つの欄が設けられました。自己PRカードについては，高校側がどのように点数化するのかわからないという不安の声もあるものの，志願者の特徴・適性を多面的・総合的にとらえる一つの糸口にもなると期待されました。

○ 学区拡大にともなう問題

高校への通学区域の拡大も進んできました。学区拡大は，より広い地域から志願者が集まることになるため，志願者相互の競争を激化させるものともとらえられています[10]。

学区拡大による競争強化が懸念されるなか，2003年度以降は，「目標に準拠した評価」への不信からか，いわゆる進学校では学力検査重視，そうでない高校では他の多様な方法の尊重という「選抜方法の分化」が顕著になっています[11]。そのため，公立高校間の序列化，換言すれば「学力格差」（学力に応じた棲み分け）がよりいっそう進む危険性もあります。したがって，「点数のみによる生徒振り分けの進路指導」やその帰結としての「不本意入学の増加」をもたらすことのないよう，高校入試のあり方を考究していくことが，切に求められています。

（樋口とみ子）

▷8　改訂直後の動向については，谷川とみ子「内申書改革の現状について」田中耕治編著『教育評価の未来を拓く』ミネルヴァ書房，2003年。

▷9　学校独自問題
たとえば，「海水がろ紙を使っても淡水化できない理由を説明せよ」など，暗記に頼らず思考力をみようとする問題や教科横断的な問題などが出されています。詳細は，朝日新聞教育取材班『教師力』朝日新聞社，2004年。

▷10　なかでも東京都は，①学校選択の幅の拡大，②適切な競争原理の下での各高校の特色づくりという観点から，学区を撤廃している。学区制度については，三上和夫・野崎洋司「高校通学区制度に関する研究」『神戸大学発達科学部研究紀要』第6巻第1号，1998年，77-93頁。

▷11　なお，選抜方法の二極分化は，従来から「私立の有力進学校」（学力検査重視）と「進学準備機能の弱い専門学科」（推薦入試：面接重視）として分析されてきた（中村高康「受験体制としての『内申書重視』」古賀正義編『〈子ども問題〉からみた学校世界』教育出版，1999年，28-46頁）。

参考文献
国民教育研究所ほか編『高校入試制度の改革』労働旬報社，1988年。
木村元「入試改革の歴史と展望」田中耕治編著『新しい教育評価の理論と方法 第1巻 理論編』日本標準，2002年，165-215頁。

大学入試

▷1　2019（令和元）年度の学校基本調査の結果によれば，大学・短期大学への進学率は58.1％である（https://www.mext.go.jp/content/20191220-mxt_chousa01-000003400_1.pdf，2020年8月8日に検索）。なお，高等教育の発展段階を検討したトロウ（Trow, M. A.）は，該当年齢人口に占める大学在学率について，15％までがエリート型，50％までがマス型，さらに50％以上がユニバーサル型であるとし，高等教育の特性の変化を提示した。トロウ，M. 著，天野郁夫・喜多村和之訳『高学歴社会の大学』東京大学出版会，1976年。

▷2　内申書
⇒XI-6 参照。

▷3　大学入試センター試験
⇒XI-8 参照。

▷4　一芸一能入試
学力検査によらず，志願者の秀でた能力などを重視して選抜する方法で，合否判定の規準は多岐にわたる。スポーツで獲得した賞，取得資格，ボランティア活動など，大学・学部がそれぞれ募集要項で明示している。

▷5　AO入試
学力検査にも高校推薦にもよらないものとして，一芸一能入試もAO入試に含まれる。
⇒XI-7 参照。

▷6　2019（平成31）年度

大学入試はどのように変わってきたか

　大学入試は，大学側が入学志願者のなかから実際の入学者を決定するためにおこなう試験です。第二次世界大戦後1949年に発足した新制大学では，①高等教育を受けるにたる能力の保有，②下級学校（高校など）における教育への理解，③教育の一環としての入学者選抜，という原則にもとづき入試をおこなうことが目指されました。その後は，「公正な方法且妥当な方法」も模索されていきます。近年では，学力検査のみによらず面接や小論文を課すなど，各大学・学部の特色に応じて合否判定の規準が多元化する傾向にあります。

○第二次世界大戦後の大学入試

　大学入試の変遷の概要を，具体的な選抜方法に即して示したのが図11.4.1です。まず戦後初期には，学力検査や内申書に加えて，学業成績でははかりにくい大学進学への適性を評価するという名目で進学適性検査（通称，進適）が実施されました。進適は，知能検査のようなもので，CIE（民間情報教育局）からの勧告によって導入されたものといわれています。

　この進適は1955年度以降，姿を消していき，その後は，多くの大学が独自の学力検査をもとに選抜をおこなうようになりました。ただし，1964年度から6年間にわたり，財団法人能力開発研究所のつくるテスト（通称，能研テスト）も実施されました。けれども当時，能研テストを合否判定の基準として活用する大学は少数で，能力開発研究所は1969年に事実上解散しました。

　そのころから文部省などを中心に，全国共通テスト導入の必要性が認識されます。1972年には，国立大学協会が全国共通テストの基本構想をまとめるに至ります。そこでは，国立大学の入試を2段階に分け，第一段階では全国共通テスト，第二段階では各大学独自の学力検査を実施することが提案されました。これを受けて，1977年には大学入試センターが設置され，79年度から共通第1次学力試験（以下，共通一次試験とする）が始まります。

　その後，大学への志願者が増加するなか，偏差値輪切りの進路指導が横行していることに鑑み，臨時教育審議会（1984～87年）は，①国立大学の受験機会の複数化とともに，②共通一次試験の見直しを求めました。第一の点については，国立大学がA，B両グループに分かれて各グループごとに二次試験の期日を別にする「連続方式」が1987年度に始まり，受験機会の複数化を実現させ

年度	1949	60	70	80	90	2000	20
方法	各大学学部の学力検査（高校からの内申書，健康診断なども）						
	48　54 進学適性検査	64　69 （能研テスト）		79 共通一次試験 ── → センター試験 ──── →			21 大学入学 共通テスト
		66 → 推薦入学 （学科試験免除）		84 推薦入試の重視 ───── →			学校推薦型選抜
					AO入試 ─────── →		総合型選抜

図11.4.1　大学入試の変遷略図

出所：木村（2002年，205頁）より一部抜粋，筆者加筆修正。

ました。この連続方式は，89年度には，各大学・学部が募集定員を前期・後期の二つに分けて2度の受験機会を設ける「分離分割方式」に移行しました。また第二の点については，全科目を受験する必要のあった共通一次試験に代わり，1990年度には，新たに受験科目を選択できるアラカルト方式の**大学入試センター試験**[3]が実施されるようになりました。

さらに，18歳人口の減少という事態を見据えつつ，受験者獲得のための大学側の生き残り競争を一つの背景に，入試方法の多様化と評価規準の多元化が進みます。センター試験の弾力的な利用，試験方式の複数化に加え，面接・小論文による推薦入試の増加，**一芸一能入試**[4]も登場しました。2000年度からは，高校の推薦によらない方式としての**AO入試**[5]が一部の国公立大学でも実施されてきました。[6]

こうした多様な選抜方法は，いわゆる偏差値のみによって生徒を振り分けていく序列主義の進路指導の弊害を克服し，個々の能力・適性を多様な側面から見ようとする意義のあることが指摘されます。ただし，大学教育を受けるために必要な学力そのものをどう評価し，大学進学後の指導にどのように結びつけていくかという点では，検討課題を残しているとも考えられます。

② これからの大学入試改革

文部科学省は，2017（平成29）年7月，これまでの大学入試センター試験を止めて，新たに「**大学入学共通テスト**[7]」を実施する方針を打ち出しました。背景には，教育再生実行会議の提言（2013年10月）などが関係しています。今後は「主体性，創造性を備えた多様な人材」が求められるため，大学入試も，「知識の多寡」にとらわれずに，記述型を含み，思考力・判断力・表現力をみるかたちの出題にすべきことが強調されています。また，大学ごとの個別選抜試験では，面接（意見発表，集団討論等）や論文，「能動的・主体的に取り組んだ多様な活動」など，「多面的な選抜方法」の採用が必要とされています。従来の「画一的な一斉試験」による「公平性」ではなく，「多様な背景を持つ一人ひとりが積み上げてきた多様な力を，多様な方法で公正に評価する」という「公正性」の理念を今後は確立すべきとされています。[8]

（樋口とみ子）

入試の結果は，大学入学者（616,602人）のうち，一般入試による入学者が326,643人，推薦入試が227,006人，AO入試が61,127人，その他1,826人となっている。文部科学省「平成31年度国公私立大学入学者選抜実施状況」より。

▷7　大学入学共通テスト
⇒XI-8 参照。なお，同年同月には入試区分の名称変更も打ち出され，一般入試→一般選抜，推薦入試→学校推薦型選抜，AO入試→総合型選抜が予定された。2021年度入試から新名称が使われている。

▷8　中央教育審議会「新しい時代にふさわしい高大接続の実現に向けた高等学校教育，大学教育，大学入学者選抜の一体的改革について（答申）」（2014年）より。ほかに高大接続システム改革会議の最終報告（2016年）の影響もある。

参考文献

佐々木享『大学入試制度』大月書店，1984年。

木村元「入試改革の歴史と展望」田中耕治編著『新しい教育評価の理論と方法[Ⅰ]理論編』日本標準，2002年。

全国到達度評価研究会編著『子どものための入試改革』法政出版，1996年。

伊藤実歩子編著『変動する大学入試』大修館書店，2020年。

5　偏差値

▷ 1　正規分布曲線
⇒ Ⅱ-2 参照。
▷ 2　相対評価
⇒ Ⅱ-2 参照。
▷ 3　偏差値についての詳細は，山田剛史・村井潤一郎『よくわかる心理統計』（ミネルヴァ書房，2004年），芝祐順・南風原朝和『行動科学における統計解析法』（東京大学出版会，1990年）を参照。

1　偏差値はどのように算出されるか

　偏差値は，試験や検査における個々人の得点が，それを受けた集団の平均得点に対してどのくらい離れているかという「偏りの度合」を示す尺度のことです。どんな得点分布も**正規分布曲線**に換算するという手法などを用いて，つねに平均が50となるように算出される「**相対評価**」[1]の一種です（図11.5.1を参照）。偏差値の算出は，標準偏差（個々の得点が平均得点のまわりにどの程度集まっているかを示す数値，つまり，正規分布曲線に換算したときの裾の広さを表す数値）などを用いてなされます。なお，下の公式が使われる場合もあります。

$$偏差値 = \frac{得点 - 平均点}{標準偏差} \times 10 + 50$$

$$標準偏差 = \sqrt{\frac{(得点 - 平均点)^2 \ の総和}{試験の全受験者数}}$$

　偏差値には，試験の得点（素点）のみでは把握しにくい，当該試験の難易度や得点のちらばり具合が反映されます[3]。

2　進路指導における偏差値の利用

　偏差値は，心理学などの分野では古くから用いられてきました。日本の学校教育においては，1960年代頃から，進路指導の際に受験校決定の材料として用いられるようになりました。進路指導において偏差値を活用しはじめたのは，東京の中学校教諭，桑田昭三だといわれています。桑田は，「教師のなけなしのカン」と「子どもの志望の強さ」との兼ねあいで受験校を決定せざるをえなかった曖昧な状況を脱却し，不合格となる生徒を一人でも減らすことを目

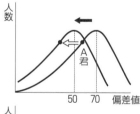

問題が易しかったかあるいは母集団の全員のレベルが高かったために，受験者の得点分布が左のようなカーブを描いたとする。平均点は70点，A君は60点をとったとする。

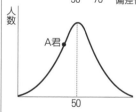

偏差値は基準が50だからこのカーブを移動させて平均点が50になるようにもっていく。

しかし，平均周辺の人が多かったためにA君のあたりに受験者が密集していて，点差がつかない。

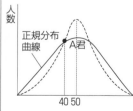

そこで，このカーブを押しつぶして無理やり正規分布曲線にもっていくと，A君の得点60点は偏差値40とでる。つまり，どんな得点分布曲線でもすべて正規分布曲線になおすという考えかたで，実際はこの作業を特定の計算式を使って割り出す。

図 11.5.1　偏差値のできるまで

出所：NHK取材班，1983年，91頁。

指して，より客観的で合理的な合否判断方法を模索していました。そして1957年には，序列化した高校のなかから各生徒の偏差値に合わせて受験校を決定していくことを始めます。そこには，「個性に応じた進路」を「科学的・合理的」に見つけ出そうとする桑田の思いがありました[4]。

③　偏差値を利用することで生じる問題は何か

　進路指導における偏差値の使用が普及してくると，マスコミ等によって，その問題点も指摘されはじめます。とくに1975年には，偏差値をめぐる問題状況に関する特集が組まれています[5]。そこでは，受験戦争の激化とともに，偏差値の「怪物化」が指摘されています。偏差値の高低のみを判断材料に生徒を序列化し，振り分けていく進路指導に陥っていることが問題視されたのです。また，生徒一人ひとりの適性・能力などを十分に考慮せず，将来の職業や生き方と関連づけて進路指導がなされないために，不本意入学や高校中退者の増加をもたらすという見かたも出されました[6]。

　さらに，「偏差値教育」の弊害も指摘されるようになります。偏差値教育とは，テストで高い偏差値をとることを一義的な目標に掲げる教育観を指します。ここからは，よりよい進路選択の手段の一つとして偏差値を利用するのではなく，業者テストや進学塾などをも巻き込んで，偏差値を上げることそのものが教育の目的となってしまうという逆転の構造が浮かび上がってきます。そのため，1993年の文部省通知では，偏差値に過度に依存した進路指導が見直され，業者テストの廃止が提起されることになりました[7]。

　このような状況に対して，上掲の桑田昭三は，次のように言及しています。「偏差値の育ての親ともいわれている私が，現場の教師としての体験の中で生み出し，育ててきた『偏差値』は，今や私の関知できないもう一つの顔を持って一人歩きしてしまったかのような違和感さえ覚えるようになった」[8]。ついに，1981年には彼自身が「敗北宣言」をするに至ります。

　ただし，桑田は，本来の偏差値の利用方法（読みとり方）として，①不得手な教科を知ることができる，②期待できる学力の範囲がわかる，などをあげたうえで，「偏差値はたいへんに科学性のあるもので，単に受験の合否を予測する尺度ではなく，学習法の反省・学習計画の立案などの貴重な資料となるほか，生徒の学習態度・環境の変化・性格・身体の変調・心の動きなども推察することができる」[9]と述べていました。

　偏差値を進路指導など学校教育において用いることで生じてきた弊害については看過することができません。偏差値利用の弊害をどのように克服するか，あるいは偏差値に替わる新たな評価方法や進路指導における受験校決定の判断規準をどう創り出していくのかについては，ひろく教育や社会のあり方を視野に入れるなかで追究していく必要があるでしょう。　　　　　　　（樋口とみ子）

[4]　桑田昭三『偏差値の秘密』徳間文庫，1984年（初版は徳間書店，1976年）。

[5]　たとえば，「偏差値でわかる首都圏高校」『週刊朝日』1975年11月7日付。「特集・進学テスト——冷たい選別機の威力」『のびのび』1975年12月号，朝日新聞社。「広がる"偏差値"騒ぎ」『読売新聞』1975年12月20日付。

[6]　進路指導のあり方については，森田健宏・田爪宏二監修，安達未来・森田健宏編著『よくわかる！教職エクササイズ4　生徒指導・進路指導』ミネルヴァ書房，2020年。内藤勇次編著『生き方の教育としての学校進路指導』北大路書房，1991年。

[7]　文部省事務次官通達第三項「業者テストの偏差値を用いない入学者選抜の改善について」1993年2月22日。

[8]　桑田，前掲書，39頁。

[9]　同上書，117頁。

（参考文献）
　NHK取材班『日本の条件11教育②偏差値が日本の未来を支配する』日本放送教育出版会，1983年。
　竹内常一『日本の学校のゆくえ——偏差値教育はどうなるか』太郎次郎社，1993年。

内申書

① 内申書とは

　内申書とは，ある子どもが進学あるいは就職するときに，在籍した下級学校の校長から上級学校に（たとえば中学校から高校へ，高校から大学へ）または就職先に提出されるもので，当該の子どもの下級学校での学習成績などにかんする報告書のことを意味します。なかでも，進学に際して選抜試験がおこなわれるときには，学力検査などとともに，合否判定を左右する重要な選抜材料の一つとして扱われてきました[1]。現行法上は，「**調査書**」とよばれます[2]。

　内申書の作成は，下級学校長の責任のもと，**指導要録**[3]にもとづいておこなわれることになっています。内申書の形式は都道府県ごとに異なります。主な記載内容としては，在学時の学習成績（評定欄・観点別学習状況欄等），健康状況や出欠の記録，特別活動の記録，行動の記録などがあります。

　入試制度のなかで内申書を用いることの意義としては，①学力検査による「一発勝負」の選抜から子どもたちを解放する，②学力以外にも子どもたちの日常的な諸活動を多面的・総合的に把握する，③下級学校において学んできた教育課程を尊重する，ということが考えられます[4]。

　ただし同時に，内申書が日常的な生徒の学習や行動を「監視・管理」しているのではないかという問題も指摘されています。「悪いことをしたら内申書に響く」といった意識が子どもたちに浸透し，日常的な学校生活までも入試で拘束することになる危険性を内申書はあわせもっているとされるのです。

② 内申書はどのように扱われてきたか

○戦前の動き

　入試において内申書にあたるものが用いられるようになるのは，1927（昭和2）年のことです[5]。当時の文部省は，旧制中学校の受験に際して，それまでの学科の筆記試験を廃止し，小学校からの報告書（内申書）をもとに人物検査と身体検査もあわせて合否判定をおこなうこととしました。

　内申書登場の要因としては，大正後期に中学校への入学志願者が増加し，中学校増設にともなう学校間格差が顕著となるなか，当日一発の学力検査を目指して受験競争が激化していたことが考えられます[6]。また当時，小学校教育のレベルを超えた過度に難しい入試問題（難問奇問）が出されていたことも，受験

▷1　内申書に記載された内容を点数化して合否判定に用いる際には，「内申点」（ないしんてん）と呼ばれる。

▷2　調査書
学校教育法施行規則第七十八条，同第九十条を参照。

▷3　指導要録
⇒ⅨX-1，ⅨX-2参照。

▷4　田中耕治『学力評価論の新たな地平』三学出版，1999年，112-115頁。

▷5　1927年11月22日の中学校令施行規則改正によるとされる。詳細については，山本保「昭和初期中学校入学試験制度について」『東京大学教育学部紀要』第21巻，1982年，239頁。

▷6　詳細については，竹内洋『立志・苦学・出世』講談社現代新書，1991年。

生への配慮を欠くものとして問題視されるようになっていました。こうしたことを受けて，内申書は，過酷な受験勉強の弊害から受験生を解放することを目的に導入されたのです。

けれども，内申書にもとづく入試の問題点も次第に浮き彫りとなっていきます。たとえば，①内申書の記載には在籍小学校の教師の主観が作用し，客観性の確保が難しい，②他の小学校との比較が困難である，③一小学校内での席次が重要視されることから，小学校での日常的な競争がおこる，などの弊害が生じました。その結果，内申書に替わり学力検査が復活してくるなど，その後の選抜方法は二転三転を繰り返しました。なお，国民学校期に入ると，内申書・人物考査・身体検査による総合判定法が採用されました[7]。

◯ 戦後の動き——高校入試に焦点をあてて

第二次世界大戦後は，高校入試の合否を左右するものの一つとして内申書が定着していきます。まず，ひろく門戸を開放することを理念に発足した新制高等学校では，新制中学校からの報告書（内申書）が重視されました。当時は，希望者全員入学を理念に掲げた「高校全入時代」でした。1948年の文部省通達「昭和23年度新制高等学校入学者選抜について」に見られるように，いかなる試験もおこなわず，定員を超えた場合のみ内申書をもとに選抜がおこなわれました。内申書は，入学後の指導にも役立てることが志向されていたようです。

ところが，1950年代に入ると，高校側に選抜の主体性のないことが不満とされ，学力検査を実施して入学者を選抜するようになります。そのなかで，学力検査と内申書を同等に扱う合否判定の方法が一般化していきます。

その後，1960年代半ばには，高校進学率が爆発的に増加し，国民の大多数を巻き込むかたちで受験競争が展開していきます。当日の学力検査に向けて，**偏差値**[8]を指針とする受験勉強が加熱しました。こうした動きのなかで，偏差値による高校間の序列化の弊害が指摘されるようになり，1966年7月の文部省通知では「内申書重視」の方針が打ち出されます。中学校における平素の状況を選抜材料としてとりいれることで，学力検査のみでは測ることの困難な多面的・総合的な能力を重視するようになったのです[9]。

一方，内申書重視の選抜が導入されるにともない，その問題点も浮き彫りになります。それを，端的に示したのは，1971年3月に東京都千代田区立麹町中学校の卒業生がおこした「**内申書裁判**」[10]です。この裁判では，中学校側が作成した内申書の記載内容によって当該生徒の高校不合格がもたらされたのかどうかという点が争点となりました。つまり，内申書の記載内容に際し，作成者側の偏見・不注意・誤解などが働き，その結果，不公平がもたらされたのではないかということが問われたのです。この内申書裁判は最終的には原告側の申し立て却下となりましたが，その後の内申書開示を求める動きに大きな影響を与えていくことになります[11]。

▷7　詳細については，天野正輝『教育評価史研究』東信堂，1993年。

▷8　偏差値
⇒ XI - 5 参照。

▷9　内申書重視の経緯については，中村高康『大衆化とメリトクラシー』東京大学出版会，2011年，96-99頁。

▷10　内申書裁判
たとえば，内申書裁判をささえる会編『「内申書裁判」全記録（上）（下）』（内申書裁判をささえる会，1989年），牧柾名「内申書裁判東京高裁判決を読む」（『教育』国土社，1982年11月号，13-22頁）参照。

▷11　具体的には，静岡市安東中学校体罰・内申書問題（1981年3月），埼玉県宮原中学校内申書公開請求（1989年5月）など。内申書の開示問題については，今橋盛勝『内申書の開示と高校入試の改変』明治図書出版，1993年。

表 11.6.1　戦後高校入試の選抜方法の変化

	1948年 50	55	60	63	66	70	80	84	90	2000	16
〈原則〉	希望者全入			「適格者主義」にもとづく選抜			選抜の多様化・多元化 受験機会の複数化				
〈方法〉 中学校からの 報告書の重視	選抜試験の実施（定員を超えた場合）		志願状況に関わらず選抜試験を実施								
	学力検査（同一時期同一問題）→都道府県ごと　→学校学科ごと　→公立高校独自入試も										
			66 内申書重視			→	内申書重視の推薦入試の拡大 （内申書なしも含む）				
〈内申書の評定欄の記載〉 （相対評価）									91 （観点別学習状況欄を 併記する都道府県増）	03 （目標に準拠した 評価）の場合も	16 （目標に準拠 した評価）へ
〈指導要録の評定欄〉 （相対評価）			61 （絶対評価を加味した相対評価）				80 （観点別学習状況欄の導入）			02 （目標に準拠 した評価）	

出所：木村（2002年，173，205頁）をもとに一部抜粋，筆者加筆。

▷12　内申書重視の高校入試
たとえば，90年代後半に規模が拡大していった推薦入試など。一般的な推薦入試は，中学校長の推薦にもとづいてなされる。学力検査をおこなわない一方，内申書と面接などが重視される。

▷13　新しい学力観
⇒ⅨX-4 参照。

▷14　相対評価
⇒Ⅱ-2 参照。

▷15　ここでの「絶対評価」は，「個人内評価」を意味するとの見解もある。
⇒Ⅱ-1，Ⅱ-3 参照。

▷16　この時期の内申書調査については，吉田香奈・滝沢潤・仙波克也「入試制度に関する研究（2）──公立高校入試の調査書の実態と課題」『中国四国教育学会教育学研究紀要』第43巻 第1部，1997年，314-324頁。

▷17　目標に準拠した評価
⇒Ⅱ-5 参照。

またこの時期に浮き彫りとなった問題に，入試の日常化があります。内申書が重視されると，子どもは教師の目を常に意識して学校生活を送らざるをえず，受験競争の日常化と学校生活の管理化をもたらすという批判が生じたのです。

こうした問題を抱えつつ，1980年代には，選抜方法の多様化・多元化が叫ばれるようになり，内申書のとりあつかいも弾力化していきます。学力検査をおこなわず内申書を主とする選抜の実施や，逆に内申書をまったく用いない選抜[12]の実施も可能となりました。

その後，1991年ごろには「**新しい学力観**[13]」にもとづく指導要録の改訂を受けて，従来の「**相対評価**[14]」を基軸とした「評定」欄に加え，新たに「観点別学習状況」欄が内申書にも設けられることになります。ただし当時，「いわゆる絶対評価[15]」を採用した「観点別学習状況」欄については，その客観性に対する不信などから，合否判定の主要な資料とするには至りませんでした[16]。

2000年代に入ると，指導要録の改訂によって2002年度から「評定」欄に全面的に「**目標に準拠した評価**[17]（いわゆる絶対評価）」が導入されたことを受けて，それまで「相対評価」を基軸としてきた内申書の改革が進められました。

❸　内申書改革の動向──「目標に準拠した評価」のなかで

2003年度の公立高校入試は，従来の内申書・高校入試制度のありかたに大きな変化をもたらすものとして注目を集めました。なぜなら，2002年度からの指導要録の改訂によって，評定欄が「相対評価」から「目標に準拠した評価」へと移行したことを受けて，戦後初期から「相対評価」を存続させてきた内申書の評定欄はどのように記載されるのか，またそれが「目標に準拠した評価」によって記載された場合，従来の高校入試のありかたにどのような影響が出るのかが問われたからです。

この点について，文部科学省は，原則として内申書も「目標に準拠した評価」へと移行させることを期待したいという見解を提出しました[18]。けれども，最終的な判断は各都道府県の教育委員会に委ねられたため，2003年度の高校入試においては，内申書の記載を「目標に準拠した評価」とするのか，それとも従来通り「相対評価」とするのかをめぐって，都道府県ごとに違いが生まれました。こうした事態を招いた要因としては，高校入試制度のなかで「目標に準拠した評価」を用いることに対する意見の相違が考えられます。

○ 客観性の確保にむけて

入試制度のなかで「目標に準拠した評価」を用いる際には，客観性の確保が問われます。たとえば，マスコミなどでは，「目標に準拠した評価」は，生徒一人ひとりの目標への到達度を測る際，教師の主観に左右されやすいことが指摘されます。実際に，2003年度の入試で「相対評価」を存続させた府県（約3割）は，「目標に準拠した評価」の客観性への不信感を表明しました。

一方，すぐに「目標に準拠した評価」を採用した都道府県（約7割）では[19]，その客観性を確保しようと，①評価規準の精緻化・共有化，②各中学校での成績分布一覧表の作成・提出，③研修会の実施などをおこないました。ただし，これらの都道府県では，合否判定における「学力検査と内申書の比重」（従来，多くは1対1）を弾力化した傾向も見られました。とくに進学校においては内申書軽視の動きが顕著となりました[20]。そのため，一部の高校では学力検査重視による志願者間の競争が強まることにもなりました。こうした傾向の背景には，「目標に準拠した評価」への不信が見え隠れしているということもできます。

○ 「目標に準拠した評価」の意義

ただし，内申書のなかで「目標に準拠した評価」を用いることの意義について，都道府県教育委員会は，次のようなことをあげています。①生徒一人ひとりの良い点，進歩の状況などをより的確に見ることができるようになった。②目標の実現状況をより的確に把握できるようになる。③中学校での基礎的な学習実態をもっとも的確に示している。

このように，「目標に準拠した評価」の導入は，生徒一人ひとりの学習の到達度をより具体的に把握しようとする動きにもつながりました。このことは，中学校から高校への学校間接続において，「目標に準拠した評価」で示される生徒の到達度を単に「点検」するにとどまらず，生徒一人ひとりの到達状況にかんする豊かな情報を高校入学後の指導に生かすことを通して学力を保障しようとする入試改革の展望を切り拓く糸口になるかもしれません。

ただしその際，内申書が受験競争の日常化を煽ることのないよう，また「目標に準拠した評価」の本来的な意義（すべての生徒への学力保障を目指すという意義）が変質・形骸化することのないよう，入試制度における内申書のありかたを模索していくことが求められています。　　　　　　　　（樋口とみ子）

▷18　教育課程審議会答申「児童生徒の学習と教育課程の実施状況の評価の在り方について」2000年12月4日。

▷19　現在では，47都道府県すべてが「目標に準拠した評価」を内申書に採用するようになっている。

▷20　一方，内申書を含む多様な方法を尊重しようとする高校もある。

【参考文献】

田中耕治『教育評価と教育実践の課題』三学出版，2013年。

木村元「入試改革の歴史と展望」田中耕治編『新しい教育評価の理論と方法［Ⅰ］理論編』日本標準，2002年。

今橋盛勝ほか編『内申書を考える』日本評論社，1990年。

佐藤章『ルポ＝内申書』未来社，1985年。

谷川とみ子「内申書改革の現状について」田中耕治編『教育評価の未来を拓く』ミネルヴァ書房，2003年。

AO入試・総合型選抜

▷1　アドミッション・オフィス
大学の入試担当部門（入試事務室）のことを指す。日本では，事務系の職員が携わる場合が多いとされる。

▷2　これらの学部では，「知識伝授型」に対して，「創造性開発型」の大学教育を展開するため，求める学生像が従来とは異なっていたとされる。知的好奇心にあふれた「個性的学習者集団」を集めるための新たな入試として，受験生の能力を多面的，総合的に判定するAO入試に光があてられたという。中井浩一『大学入試の戦後史』中央公論新社，2007年，94-99頁。

▷3　文部科学省「平成31年度国公私立大学入学者選抜実施状況」より。

▷4　文部科学省「平成33年度大学入学者選抜実施要項の見直しに係る予告について（通知）」2017年7月13日。

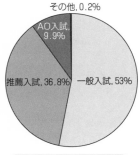

図11.7.1　大学入学者数に占める割合

出所：文部科学省「平成31年度国公私立大学入学者選抜実施状況」より作成。

① AO入試・総合型選抜とは何か

AO入試（アドミッション・オフィス入試）は，一般入試・推薦入試とならび，大学入試の一つの形態として実施されてきました。これはもともと，各大学で入学者選抜にかかわる業務を担当する**アドミッション・オフィス**[1]がおこなってきたものです。

日本のAO入試では，高校からの推薦によらずに，面接や小論文，集団討論などを重視して多様な側面から時間をかけて試験がおこなわれる傾向にあります。従来の1回のみの学力試験（ペーパーテスト）ではとらえにくい志願者の目的意識や意欲，特技なども考慮されます。

日本ではじめてAO入試が導入されたのは，1990年度，慶應義塾大学の湘南藤沢キャンパスの総合政策学部と環境情報学部においてです[2]。その後は，私立大学をはじめとして徐々に実施する大学が増加してきました。

日本におけるAO入試導入の背景には，18歳人口の減少期に入っていることが関係しているといわれます。近いうちに，大学への志願者数と実際の入学者数がほぼ同数になると予測されているため，競争の激しい一部の大学を除いては，従来の学力試験による選抜がそれほど意味をもたなくなると懸念されています。そこで，大学側は，学力試験によらない多様な方法を用いて，意欲的な人材を確保しようとしているというわけです。

こうした状況に対応するかのように，1997年6月の第16期中央教育審議会の答申「21世紀を展望した我が国の教育の在り方について」では，学力試験のみに偏らず総合的・多面的な評価が可能なものとして，アドミッション・オフィスによる入学者選抜を整備することが盛り込まれました。この中央教育審議会の答申を受けて，「AO元年」とよばれた2000年度には国公立大学を含む200を超える大学がAO入試を導入しています。それからおよそ20年後の2019（平成31）年度の大学入試では，582の大学が実施し，AO入試での入学者数は61,127人（全体の9.9%）となっています[3]（図11.7.1）。なお，2017年7月には入試区分の名称変更が打ち出され，AO入試は2021年度から「総合型選抜」となっています[4]。

② AO入試・総合型選抜の具体像——日米の対比から

以下では，長い歴史をもつアメリカ合衆国のAO入試と対比させながら，

日本のAO入試（総合型選抜）の特徴を概観してみましょう。まず、アメリカ合衆国のAO入試は、その対象が各大学への入学志願者全員であるのに対し、日本では入学定員の一部に限られる場合がほとんどです。また日本の場合、他の入試に比べてAO入試の実施時期が早いこともあり、特別な入試方法の一つとして受けとめられる傾向もありました。

次に、方法については、アメリカ合衆国では手続きが簡易であり、基本的には入学願書（application form）を送付すればよい場合が多いとされます。そして、アドミッション・オフィサーが合否判定をはじめとする入試業務を全般的におこなうことになります。一方、日本の場合は、志願者がそれほど多くないこともあり、大学教員との直接の面接を重ねたり、大学での模擬授業の後に感想を書かせたりするなど、比較的時間のかかる選抜方法になっています。また、アドミッション・オフィサー（事務系の職員）自身が最終的な合否判定にかかわることは少なく、教授会で審議されるのが一般的です。

さらに、選考基準についても日米の違いが見られます。アメリカ合衆国ではさまざまな形態があるものの、多くは大学進学適性検査（SAT）などの統一試験や高等学校での成績（GPA）も重視しています。他方、これまでの日本のAO入試では、いわゆる学力面によらず、志願者の能力・適性、意欲などを多面的・総合的に評価しようとしており、受験動機や大学で学びたいことなどを合否判定の基準とすることが多い傾向にありました。

③ 日本におけるAO入試・総合型選抜の意義と課題

時間をかけて面接などをおこなう「丁寧な入試」としてAO入試・総合型選抜が普及しつつあることの意義としては、大学へ入学する意志や入学後の学習の方向性などを、志願者と大学側の双方が互いに確認しあう糸口になるということが考えられます。また、各大学・学部が独自に実施する小論文などでは、従来の学力試験よりも時間をかけて「論理的な思考力」などを見る問題を実施することができるようになったといわれています。

けれども他方で、面接や小論文を合否判定に用いるときの評価規準・基準の不明確さも課題となり、公正で客観的な評価方法の確立が求められています。また、大学入学後に必要となる力をほんとうに測ることができているのかどうかという妥当性についても検討すべきでしょう。さらに、さまざまなスタイルがある日本のAO入試・総合型選抜については、従来の校長推薦による推薦入試との違いがわかりにくいなどの声も生じており、いまだAO入試・総合型選抜にかんする社会的合意が十分に形成されているとはいえません。

こうしたことをふまえつつ、大学入試制度全般を視野に入れて、今後の総合型選抜（AO入試）のあり方を考えていく必要があるでしょう。

（樋口とみ子）

▷5　小野博『大学「AO入試」とは何だ』毎日新聞社、2000年。

▷6　アメリカ合衆国での入学願書には、高等学校での成績（GPA）、大学進学適性検査（SAT）の結果などの学力面のほか、進学希望学科名、特技、好きなスポーツとそのレベル、文化・ボランティア等の活動状況などが記載されることもあるという。ほかに、エッセイの提出を求める大学もある。
⇒XIV-2参照。

▷7　具体的には、①競争選抜型、②資格入学型、③開放入試型の三つがあるといわれる。

▷8　2000年4月の大学審議会（中間まとめ）では、高校生と大学側が相互のコミュニケーションを重視する必要があるとされており、「選抜から相互選択へ」ということがうたわれている。

▷9　たとえば、山村滋「高校と大学の接続問題と今後の課題」『教育学研究』第77巻第2号、2010年、29頁。

▷10　日本のAO入試・総合型選抜は、学校推薦型選抜と異なり、生徒が自らの意志で出願できる公募制の入学者選抜として位置づけられている。

（参考文献）
小野博『大学「AO入試」とは何だ』毎日新聞社、2000年。
東北大学高等教育開発推進センター『高大接続関係のパラダイム転換と再構築』東北大学出版会、2011年。
読売新聞社『大学入試改革』中央公論新社、2016年。

8　大学入学共通テスト

 大学入学共通テストとは

　大学入学共通テストとは，2021年度（2021年１月）より大学入試センター試験（以下，センター試験とする）に代わって行われる新しい共通試験です。文部科学省所管の独立行政法人である大学入試センターが，全国の大学教員約600人の協力を得て作成し，試験会場の設定・監督者等の選出・試験の実施も大学と共同して実施されます。2020年度のセンター試験では，約104万人いる高校３年生のうち約45万人が志願（高卒者等を含めると志願者総数は約56万人）しました。引き続き日本最大規模の入学試験になることが見込まれます。

　大学入学共通テストは，「大学に入学を志願する者の高等学校段階における基礎的な学習の達成の程度を判定することを主たる目的」として作成された全６教科30科目の試験があり，１科目から最大８科目（理科①を選択した場合は９科目）まで生徒が選んで受験できます。国公立大学の個別試験（二次試験）と合算して評価を行う一次試験としてだけでなく，単体でも国公立・私立大学の入学者選抜に用いることができる機能を持ちます。受験時期・受験料・入試としての機能はセンター試験と変わっていません。内容については，新たに「①マークシート式問題における知識の深い理解と思考力・判断力・表現力を重視した作問への見直し，②記述式問題の導入，③英語４技能評価にかかる民間の資格・検定試験の活用など」が示されて２度の試行テストも行われてきました。しかし2019年末に，改革の目玉であったはずの②と③は見送られることが決まり，実施初年度の試験では，実質的には①と，英語リーディングの配点が200点から100点に（これに伴い発音・アクセント・語順整序問題等が廃止），リスニングの配点が50点から100点に変更されたことと，数学①の試験時間が60分から70分に変更されるといった変更が行われました。

 日本の大学入試における共通試験の歴史

　日本の大学入試における共通試験には，初期には進学適性検査（1948～1954年度），能研テスト（1964～1969年度）がありました。しかし，いずれも大学が積極的に選抜に利用しなかったこともあって短期間・小規模に終わり，共通第１次学力試験（1979～1989年度。以下，共通一次試験とする）をもって定着に至りました。この準備のために1977年に設置されたのが大学入試センターで，以

来センター試験（1990〜2020年度），大学入学共通テストと，40年以上にわたって継続して入試研究や試験作成・運営を担っています。

共通一次試験の誕生時には，共通試験では難問・悪問を避けて高校までに学校で学んだ基礎学力を評価することが，同時に個別試験ではそれぞれの大学が求める学力を独自かつ多様に設定して評価することが目指されていました。この基本的な理念は，その後，私立大学の参加やアラカルト受験を認めたセンター試験においても，大学入学共通テストにおいても変わっていません。いっぽう，得点が一元的に並んでしまうことが大学の序列化を加速させると共通一次試験の設計当初から懸念されていた共通試験の得点重視傾向も現在に至るまで変わらず，個別試験の多様化も期待されるほど進みませんでした。

大学入学共通テストへの変更に至る背景としては，グローバル化や社会構造・進学率等の変化を受け，育成すべき資質・能力の変化に対応し，高大接続を円滑にするための高校教育・大学教育・入試制度改革の一体的改革構想があります。2006年の未履修問題のように，日本の学校は入試の影響を大きく受けています。そこで，入試の内容，とくに受験生の多い共通試験を変えることで，知識偏重の学校教育を脱して，より「思考力・判断力・表現力等」を育成することが目指されます。また，同時に行われる入試制度改革によって多様な選抜方法が採用されることで，「学びに向かう力・人間性等」の育成が促されることも期待されています。

❸ 大学入学共通テストから見える日本の入試制度の課題

大学入学共通テストの構想にあたっては，現行の入試制度や前身のセンター試験に対する緻密な検証の結果や，社会的な批判の高まりを主な原動力にしていません。実際には，理念はともかくとして具体的な制度設計や準備段階において強い批判を受け，先述のように記述式問題と英語4技能の評価（民間資格試験の採用）についてはいずれも初回実施のわずか1年前に見送りが決まり，生徒や学校現場は混乱に陥りました。記述式問題については，民間業者に採点を委託することや採点者による差が生じるのではないかという不信，自己採点への不安などが，英語民間資格試験の導入については，居住地域による受験機会の格差や受験料負担についての経済的な格差が受験に影響を及ぼす可能性，実施時期と学校行事・課外活動との重複などが訴えられていました。

これらの批判や，大学が共通試験の得点を重視しがちな背景には，たんに変化そのものや手間のかかる試験方式を嫌う心理もあるかもしれませんが，マークシート方式であるセンター試験が公平・妥当なものである（あった）という一定の信頼の高さも読み取れます。大学入学共通テストは初年度に完成するのではなく，そのあり方について今後も議論は続けられますが，このような日本人の評価観との兼ね合いも課題として残されているといえます。（次橋秀樹）

▷5教科5科目）の受験が必須とされた。なお，2019年度センター試験では，5教科以上の受験者は約65％であった。

▷5 大学全入時代ともよばれる現在，センター試験を受験する学力層も多様化し，一つのテストで50万人を超える生徒の学力を測ることが難しいとも言われた。そのため改革案が示された当初は発展的な力を見るテスト（大学入学共通テストに帰結）と基礎的な力を見るテスト（高校生のための学びの基礎診断に帰結）の二本立てが共通テストとして構想されていた。

▷6 学習指導要領において必履修とされる世界史や情報といった科目を，受験を重視したカリキュラムにするために規定通りに履修させていなかった問題。2006年に全国的に問題化した。2006年11月の文部科学省の調査結果によると，全国663校（全体の12.3％）の高校に未履修が認められた。

▷7 2021年度入試では，推薦入試（新・学校推薦型選抜），AO入試（新・総合型選抜）の改革も併せて行われている。

▷8 また，英語の「話す」「聞く」能力については，一般生活では必要とされても学究的にはさほど重視する必要がないという大学側の見方もあった。（朝日新聞「（ひらく 日本の大学）共通テスト，拭えぬ不安 朝日新聞・河合塾共同調査」2019年10月6日，朝刊）

（参考文献）
佐々木享『大学入試制度』大月書店，1984年。
倉元直樹編『大学入試センター試験から大学入学共通テストへ』金子書房，2020年。

国際バカロレア

▷1　バカロレア試験
⇒XIV-3 参照。
▷2　近年のIB認定校急増には、これ以外に、国策や学校選択制における広告塔として期待されるなど、国によってさまざまな事情があるとされる（渡邉雅子「国際バカロレアにみるグローバル時代の教育内容と社会化」『教育学研究』第81巻、第2号、2014年6月、40-50頁）。
▷3　2013年の教育再生実行会議第三次提言（5月28日）とその後の閣議決定「日本再興戦略 -JAPAN is BACK-」（6月14日）においてIB認定校増加の方針が示されたことを契機に、日本語で授業・テストが受けられるプログラムの開発や教師用手引き等の翻訳、セミナーの実施など、文部科学省も積極的にIBの導入を支援している。
▷4　当初はDPだけだったが、徐々にプログラムを増やして現在の形になった。開始年度を順に並べると、DP（1968年）、MYP（1992年）、PYP（1997年）、CP（2012年）となる。
▷5　IBOホームページ [https://www.ibo.org/] によれば、2020年8月31日現在、日本には51校のDP認定校（全プログラム合計は80校）がある。
▷6　必修要件は課題論文（EE：Extended Essay）、知の理論（TOK：Theory of Knowledge）、創造性・活動・奉仕（CAS：Creativity/Action/Service）の三つがある。
▷7　芸術のグループについては、その他グループの科目で代えることが可能。

① 国際バカロレアとは

　国際バカロレア（IB：International Baccalaureate）は、もともと国外駐在の外交官や国際機関職員、駐在員等の子どもたちが、現地のインターナショナルスクール卒業後に、それぞれの母国へ戻って円滑に大学入学できるよう、国際的に通用する大学入学資格を付与することを目指して開始された教育プログラムです。このため、国連の欧州本部のあるジュネーブで発足し、現在でもここに国際バカロレア機構（IBO）の本部が置かれています。IBはその名称からしばしばフランスの**バカロレア試験**と混同されがちですが、IBOは特定の国家や国連などの機関に属さない民間の非営利教育団体であり、内容においても、資格としてもIBとフランスのバカロレア試験とは全く別のものです。大学入学資格となる「IBディプロマ」は、規定された教育内容・教育方法・授業時数などの枠組みに沿ったカリキュラムの教育を受けたうえで、各学校で担当教師が行うレポートなどの内部評価と、世界共通の国際バカロレア試験などの外部評価の結果を総合して取得に至ります。このようにIBとはカリキュラムと評価が一体的に構想された一連の教育プログラムを指すものなのです。

　IBの創設は1968年で、およそ50年の歴史を有していますが、とくに近年になって世界的に脚光を浴び、認定校も国内外で急増しています。これは、グローバル志向のなかで国際的な大学入学資格として広く認められていることによるものだけでなく、IBの理念や期待する学習者像が、現代において育成すべきとされる資質・能力やOECDの「キー・コンピテンシー」などとの関連性も高いことなどにもよります。とくに日本では、IBに対して資格型入試の優れた先行事例としてだけでなく、「深い理解」や「思考力・判断力・表現力」を問うテストやカリキュラム、「主体的・対話的で深い学び」を取り入れた教育方法が国内の教育現場に影響を与えることも期待されています。

② どのような教育プログラムか

　IBには、年齢や志望に応じて次の四つのプログラムがあります（表11.9.1）。

　IBはPYPからDP（主に就職や職業学校を目指す生徒はCP）への一貫した教育プログラムですが、各プログラムは、個別に導入することもできます。2020年8月末現在、IBは世界140か国以上、約5,400校で採用されており、四つの

プログラムのなかでも，DP の認定校が国内外ともに最も多くあります。[5]

DP は，独自の必修要件に加えて，言語と文学（母国語），言語習得（外国語），個人と社会（人文・社会科学系科目），理科，数学，芸術の 6 グループのなかから 1 科目ずつ選択し，うち 3 〜 4 科目を上級レベル科目として各240時間，2 〜 3 科目を標準レベル科目として150時間学ぶ 2 年間のプログラムです。日本の学校では高校 2 年から 3 年にかけて学びます。大学での専攻を意識した高度な学習機会も与えつつ，科目を少なく絞り込まないように，学びの深さと広さのバランスが強く意識された科目設定も特徴的です。[7]

3　評価方法について

たとえば，DP の「個人と社会」グループの選択科目の一つである「歴史」科目の内部評価は，英語2,200語，日本語4,400 字を上限としてトピックを自ら設定するレポート「歴史研究」です。IB では各学校で行われる内部評価の方法や評価基準も IBO が規定しています。一方，外部評価となる国際バカロレア試験では，標準レベルならば問題 1 （資料問題・記述式 4 題60分），問題 2 （記述式 2 題90分）に解答します。上級レベルはさらに問題 3 （記述式 3 題150分）が加えられます。この長時間に及ぶ試験では，網羅的・辞書的な知識の暗記と再生を求めることはなく，「戦争が社会変革を加速させるという視点にどの程度賛成するか述べなさい。」といった，長文記述の問題が出題されます。[8]

このような評価方法で選択 6 科目のスコアを各 7 点満点で算出し，必修要件のスコア最大 3 点を加えた総合点が，45点満点中，原則24点以上で「IB ディプロマ」を得ることができます。総合点や大学での専攻に関連する上級レベル科目のスコア等に応じて，研究レベルや選抜性の高い大学への門戸も開かれます。たとえば，オックスフォード大学の歴史コースへの入学要件を見ると，総合38点以上，かつ「歴史」科目を含む上級レベルの選択科目三つが 6 点以上であることとされています。同大学の募集要項では，イギリス国内の大学入学資格試験であるAレベルと並べて上記の IB の入学要件が明示されています。[9]

このように IB が広く海外において大学への入学資格として効力を発揮する一方で，日本国内では IB のスコアを入学要件として示す大学がまだ少ないうえに，制度的にも学校推薦型選抜や総合型選抜の一つとして，募集要項上「若干人」に対して門戸を開いている場合がほとんどであることが課題の一つです。とくに選抜性の高い大学では入試情報も豊富な一般選抜に多くの入学定員が割かれているという現状では，国内の大学入試の突破を第一に考えたときに，IB プログラムの導入や受講にためらいが生じるのも無理からぬことです。

（次橋秀樹）

表11.9.1　IB の四つのプログラム

(1) PYP (Primary Years Programme：初等教育プログラム) 3 歳〜12 歳
(2) MYP (Middle Years Programme：中等教育プログラム) 11 歳〜16 歳
(3) DP (Diploma Programme：ディプロマ資格プログラム) 16 歳〜19 歳
(4) CP (Career-related Programme：キャリア関連プログラム) 16 歳〜19 歳

▷8　2005年11月実施の国際バカロレア試験，「歴史」問題 2　https://www.ibo.org/programmes/diploma-programme/assessment-and-exams/sample-exam-papers/（2020年 8 月25日確認）

▷9　https://www.ox.ac.uk/admissions/undergraduate/courses-listing/history（2020年 8 月25日確認）。同コースの応募にあたっては，IB やAレベルの要件クリアのほか，独自テストの受験とエッセイの提出が必要（留学の場合は英語力の要件クリアも必要）で，その後面接を経て合否が決まる。なお，IB のスコアそのものが合否に大きな影響を及ぼす大学もあれば，入学要件の一つとみなして別途語学試験や（アメリカではSAT のような）自国の進学適性試験などの受験を求める大学もある。また，大学によってはDP の科目を単位に認定したり（その分学費の負担が減る），給付奨学金の判断材料に用いたりすることもある。

【参考文献】

文部科学省IB 教育推進コンソーシアムホームページ　https://ibconsortium.mext.go.jp/

IBOホームページ　https://www.ibo.org/

A. D. C. Peterson, *Schools Across Frontiers: The Story of the International Baccalaureate and the United World College* (2nd ed.), Chicago and La salle, Illinois: Open Court, 2003.

福田誠治『国際バカロレアとこれからの大学入試改革——知を創造するアクティブ・ラーニング』亜紀書房，2015年。

学力調査

 戦後における学力調査の歩み

　学力調査とは，学校で学ぶ子どもたちの集団を対象として，その学力実態を組織的・系統的に把握し，実証的なデータを提供しようとする調査のことです。学力調査に類するものとして，大正期には既に個人を対象とする学力測定がおこなわれていました。しかし，教育を改善するために学力調査がおこなわれるようになったのは，第二次世界大戦後（以下，戦後）のことです。表12.1.1は，戦後の日本における主な学力調査をまとめたものです。

　戦後直後には，いわゆる経験主義の考えが導入されたことにともない，県庁所在地や手紙の書き方といった基礎学力が低下しているのではないかという批判がおこりました。そこで，「学力低下」の真偽を確かめようとする学力調査がさまざまにおこなわれました。

　1960年代前半には，学力調査そのものが政治問題となりました。1961年から1964年に文部省が悉皆調査として全国学力調査をおこなった際には，教育内容に対し国家統制がおこなわれることへの批判に加え，各都道府県教育委員会や各学校の間の競争が激化したことにともなう弊害が指摘されました。

　高度経済成長を経て1970年代になると，学力が幅広い社会階層の関心の的となりました。それにともない「低学力」問題，すなわち「落ちこぼれ・落ちこぼし」問題が衆目を集めるようになりました。そうしたなかでおこなわれた国民教育研究所と国立教育研究所の学力調査は，学力格差の拡大，学力の剝落現象，意味理解の不足といった深刻な学力実態を明らかにしました。同時期におこなわれた IEA の調査では「日本の子どもの学力は世界一」という結果でしたが，そこでも思考力や学習意欲の低さが問題点として指摘されました。

　その後，「詰め込み教育」批判への対応として，文部省（現文部科学省）はいわゆる「ゆとり教育」政策を採用するようになります。しかし，1990年代末になると，「学力低下」問題が再燃し，論争がおこなわれました。2002年に文部科学省は「確かな学力」の向上を目指す方針を打ち出しました。さらに2004年12月には，2003年の国際比較調査（OECD，IEA）において日本の順位が低下したことが報じられ，文部科学省は日本の学力について「世界のトップレベルとはいえない」という厳しい認識を示すにいたりました。その後，2007年度より文部科学省が「全国学力・学習状況調査」を悉皆調査として実施し始めまし

▷1　多くの学力調査は，「学力問題」が社会的関心を集める中で実施された。

▷2　なかでも久保舜一の調査では，「戦後の児童の算数学力は，戦前に比べて，二か年以上劣っている」と報告され，反響を呼んだ。

▷3　「授業についていけない子が半数以上いる」との全国教育研究所連盟の報告（1971年）が，センセーショナルに報道された。

▷4　一つのきっかけとなったのは，岡部恒治・戸瀬信之・西村和雄編『分数ができない大学生──21世紀の日本が危ない』（東洋経済新報社，1999年）の出版だった。詳しくは，市川伸一『学力低下論争』（ちくま新書，2002年）参照。

▷5　詳細については，田中耕治編著『新しい学力テストを読み解く──PISA／TIMSS／全国学力・学習状況調査／教育課程実施状況調査の分析とその課題』（日本標準，2008年）を参照。

表12.1.1 戦後の主要学力調査一覧

調査機関（調査者）	調査教科	調査年	刊行物・調査報告書
全国教育研究所連盟	各地域の報告	1949-1955年	『学力に関する研究』（研究報告集第5次年報，1956年）
文部省	国語・漢字	1950-1951年	『児童生徒の漢字を書く能力とその基準』（明治図書，1952年）
国立教育研究所	国語，算数・数学，社会，理科	1952-1954年	『全国小・中学校児童生徒学力水準調査』（第一次-第三次中間報告，国立教育研究所，1953・1955・1956年）『学力調査における学習指導診断の問題点―学力水準調査最終報告―』（国立教育研究所紀要第14集，1959年）
久保舜一	算数	1951年	『算数学力』（東京大学出版会，1951年。『学力調査』福村出版，1956年所収）
日本教育学会 学力調査委員会	国語，数学，社会，理科	1953年	『中学校生徒の基礎学力』（東京大学出版会，1954年）
日本教職員組合 学力調査委員会	国語，算数・数学	1953年	『国語の学力調査』（大日本図書，1955年）『算数・数学の学力調査』（大日本図書，1955年）
文部省	国語，数学，社会，理科，英語	1956-1966年	『全国学力調査報告書』（文部省）＊ 1961-1964年度は中学2・3年生悉皆調査。
国際教育到達度評価学会（IEA）	数学／理科	1964年／1970年	『国際数学教育調査 IEA 日本国内委員会報告書』（国立教育研究所，1967年），『国際理科教育調査 IEA 日本国内委員会報告書』（国立教育研究所，1973年）
日本教職員組合 国民教育研究所	国語，算数・数学	1975-1976年	『国民教育』29（労働旬報社，1976年）
国立教育研究所	国語，算数・数学，社会，理科，英語	1975年	『学力到達度と学習意識に関する調査』（国立教育研究所，1976年）
国際教育到達度評価学会（IEA）	数学／理科	1980-1981年／1983年	『数学教育の国際比較―第2回国際数学教育調査最終報告―』（第一法規，1991年），『第2回国際理科教育調査報告書―国内結果の概要―』（国立教育研究所紀要第111集，1985年）
国立教育研究所	国語，算数	1982年	『小学校の国語・算数の学力』（天野清・黒須俊夫，秋山書店，1992年）
文部省	国語，算数・数学，社会，理科，英語	小学校 1982-1983年 中学校 1983-1984年	『教育課程実施状況に関する総合的調査研究』（文部省，小学校1984年，中学校1986年）
国立国語研究所	国語・漢字	1982-1984年	『児童・生徒の常用漢字の習得』（東京書籍，1988年）
全国教育研究所連盟	各地域の報告	1983-1985年	『確かな学力を育てるために』（ぎょうせい，1986年）
文部省	国語，算数・数学，社会，理科，英語	小学校 1993-1994年 中学校 1994-1995年	『教育課程実施状況に関する総合的調査研究の調査結果について』
国際教育到達度評価学会（IEA）：TIMSS	数学，理科	1995年，1999年，2003年，2007年，2011年，2015年	『中学校の数学教育・理科教育の国際比較』／『小学校の算数教育・理科教育の国際比較』（国立教育研究所編，東洋館出版社，1997/1998年）など（https://www.nier.go.jp/timss/index.html）
経済協力開発機構（OECD）：PISA	読解リテラシー，数学的リテラシー，科学的リテラシーなど	2000年，2003年，2006年，2009年，2012年，2015年，2018年	『生きるための知識と技能―OECD生徒の学習到達度調査（PISA）2000年調査国際結果報告書―』（国立教育政策研究所編，ぎょうせい，2002年）など（https://www.nier.go.jp/kokusai/pisa/index.html）＊毎回の調査について，『生きるための知識と技能』というタイトルの報告書が刊行されている。
国立教育政策研究所教育課程研究センター	国語，算数・数学，社会，理科，英語	小学校・中学校 2002・2004年，高等学校2002・2003・2005年	『平成13年度小中学校教育課程実施状況調査報告書』（小学校―東洋館出版社，中学校―ぎょうせい，2003年）など（https://www.nier.go.jp/kaihatsu/kyouikukatei.html）
国立教育政策研究所教育課程研究センター	国語，社会，算数・数学，理科，英語，技術・家庭，音楽	2005-2012年	「特定の課題に関する調査 調査結果」（https://www.nier.go.jp/kaihatsu/tokuteikadai.html）
文部科学省	算数・数学，国語	2007年-（2011・2020年は中止）	「全国学力・学習状況調査」（小学校6年，中学校3年）（https://www.nier.go.jp/kaihatsu/zenkokugakuryoku.html）＊ 2007-2009年度，2013年度-は悉皆調査。
国立教育政策研究所教育課程研究センター	国語，社会，算数・数学，理科など	小学校2012-2013年，中学校2013年，高等学校2015年	「学習指導要領実施状況調査」（https://www.nier.go.jp/kaihatsu/cs-chosa.html）

出所：田中耕治「学力調査」（安彦忠彦ほか『新版 現代学校教育大事典』ぎょうせい，2002年，373頁）の表に一部加筆。

た（2010年度から2012年度までは抽出調査と希望利用による調査）。

❷ 学力実態を分析する視点

学力調査をおこなうにあたっては，学力実態を分析する視点を明らかにすることが必要です。現代では，次の四つの視点が指摘されています。[6]

◯学力水準

学力水準とは，学力調査によって測定された学力について，当該集団の平均値を算出したものです。「学力低下」が問題になるときに問われるのは，主にこの視点です。1990年代以降日本の子どもたちの学力水準は世界のトップレベルにあるとされてきましたが，2003年実施のOECD調査（PISA）・IEA調査（TIMSS）では順位の低下が大きく報じられました。[7]

◯学力格差

学力格差とは，当該集団に属する子どもたちの間に存在する点数のばらつきを問うものであり，いわゆる「落ちこぼれ・落ちこぼし」問題，「低学力」問題はこの視点にかんするものです。1982年に国立教育研究所がおこなった調査においては，小学校4年生から学力格差が顕在化し，小学校6年生では国語で24.8％，算数で16.9％の学力遅滞（その児童の学力がより下の学年の平均得点を下回ること）が報告されました。

◯学力構造

学力構造とは，学力調査において測定対象となっている学力の妥当性や，子どもが獲得している学力の質を問う視点です。学力調査をおこなうにせよ子どもの学力実態を分析するにせよ，知識の暗記・再生や計算などの単なる操作だけでなく，意味理解を視野に入れる必要があります。たとえば，1975-1976年において日本教職員組合国民教育研究所がおこなった調査においては，分数の意味理解を調査するために，図12.1.1のような問題が用いられました。

◯学習意欲

学力調査においては，並行して「勉強は楽しいか」「生活に役立つと思うか」といった問いへの答えを求めるかたちで意識調査がおこなわれることがあります。これは，学習意欲を問うものです。1995年のIEA調査（TIMSS）において，将来，数学あるいは理科（科学）を使う仕事をしたいかという問いに対し，肯定的な回答をした日本の中学校2年生は，それぞれ24％と20％であり，韓国と並んで最下位でした。日本の子どもたちの学習意欲の低さは，一般市民の科学リテラシーの低さをもたらし[8]

▷6 田中耕治『学力と評価の"今"を読みとく——学力保障のための評価論入門』日本標準，2004年，11-18頁。

▷7 OECD調査（2003年実施）では，「読解力」（前回8位）がOECD平均レベルの14位に低下，「数学」（前回1位）は6位になった。（「朝日新聞」2004年12月7日夕刊）。このことは，2008年の学習指導要領改訂にも影響を与えることとなった。XIII-11 も参照。

▷8 ここでいう「一般市民の科学リテラシー」とは，「すべての放射能は人がつくりだした」という記述の正誤を問う問題，「光と音ではどちらが速いか」といった答えを選択する問題，「DNAとは何か」といった言葉による説明を求める問題を用いて，OECDが調査したものである。

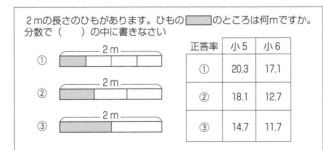

図12.1.1 分数の意味理解を問う問題例

出所：日本教職員組合国民教育研究所「教育課程改善のための学力実態調査——その結果と分析」国民教育研究所編『季刊 国民教育』第29号，労働旬報社，1976年，26頁。

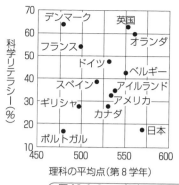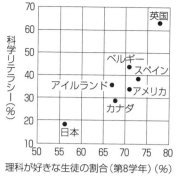

図 12.1.2　一般市民の科学リテラシーと TIMSS 1995 の結果

出所：風間重雄「国際的にみたわが国の科学技術リテラシーと理科・科学教育」『応用物理』第 68 巻第 3 号，1999 年，252-253 頁。

ていると示唆する分析もおこなわれています（図 12.1.2）。

❸　標準テストの意義と問題点

　学力調査においては，通常，標準化の手続きがとられたテスト，すなわち標準テスト（standardized test）が用いられます。標準テストとは，検査実施時の受験者に対する教示のやり方，問題項目の呈示法，解答法の指示，検査時間などの検査実施法，各項目に対する受験者の反応の採点法が厳密に規定されており，しかも受験者個人の結果は準拠集団の得点分布に基づいて作成された集団規準に照らして得点が解釈できるように作成されているテストのことです[9]。

　標準テストにおいて実施の手続きが厳密に定められていることは，評価のための特殊な環境を生み出すことになります。そのような環境で発揮される学力が子どもたちの実力を示すものかどうかについては，疑問の余地があります。また，標準テストにおいては，採点の客観性が優先されるため，**客観テスト**[10]式の問題を用いた筆記テストが多用されます。しかし，客観テストで測定される学力の様相には偏りがある点に注意が必要です。

❹　学力調査の意義と課題

　学力調査は，教育的環境（教育課程など）の改善に役立てる方向で活用される可能性がある点で意義深いものです。また学力調査は，社会的環境（家庭や地域の経済的・文化的諸条件）からの子どもの学力への影響を吟味することを目的におこなわれる場合もあります。

　一方で，学力調査の精度と有効性が，調査項目や問題構成，実施時期や調査対象などによって左右されることを忘れてはなりません。どのような内容を「学力」として定義するかは論争的であり，学力調査の内容の妥当性を検討する視点が重要です。また，学力調査が**ハイ・ステイクスな評価**[11]となることにより，**結果的妥当性**[12]が損なわれる危険性にも留意が必要です。　　　　（西岡加名恵）

▷9　標準テストについては，橋本重治『学習評価の研究』（図書文化，1971年）参照。

▷10　客観テスト
⇒ VII-2 参照。

▷11　ハイ・ステイクスな評価
⇒ XII-2 参照。

▷12　結果的妥当性
⇒ VI-5 参照。

2 ハイ・ステイクスな評価

1 ハイ・ステイクスな評価（high-stakes assessment）とは何か

　ステイクス（stakes）には賭け事における賭け金の意味があり，転じて利害関係を意味します。ハイ・ステイクスな評価とは，被評価者にとって利害関係の大きい評価のことです。具体的には，入試などの選抜にかかわる評価，予算配分など資源にかかわる評価，採用や昇進など人事にかかわる評価などを指します。ハイ・ステイクスな評価は被評価者にとって大きな重圧となるため，**結果的妥当性**が失われる評価となる危険性がある点に，注意が必要です。

　ここでは，内申書，統一学力テスト，勤務評定という三つの事例を取り上げて検討してみましょう。

2 内申書

　児童・生徒にとってハイ・ステイクスな評価の代表例は，入試でしょう。1960年代，高校入試での競争が激化するなかで，文部省は**内申書**重視の方針を打ち出しました。その背景には，入試が多くても数日間の「学科試験」でおこなわれると「一発勝負」となり，生徒の実力をとらえきれない場合があることへの反省や，「学科試験」で評価できる学力だけでなく，生徒たちが学校で日常的におこなっている文化的活動や自治的活動を評価すべきだという意見がありました。

　高校入試において内申書が重視されることによって，中学校教師がおこなう評価が生徒たちにとってハイ・ステイクスな評価となります。入試が中学校での教育課程に影響する現実があるなかで，内申書において中学校側が重視する評価基準が入試にとりいれられるようになったことには，一定の意義が認められます。たとえば，「学科試験」で受験科目から外された教科の授業が軽視されるような事態を避けるため，受験科目から外された教科の内申点を重視する傾斜配分をおこなう形で，内申書を入試の資料としている地域もあります。しかし一方で，**学力評価計画**が明瞭でなければ，「内申書に書くぞ」ということばが，その真偽や実効性はともかくとしても，生徒たちにとって脅し文句として働く危険性も生まれています。

3 統一学力テスト

　統一学力テストをおこない，その結果を学校毎に発表する場合，それは学校

▷1　結果的妥当性
⇒Ⅵ-5 参照。

▷2　内申書
⇒Ⅺ-6 参照。

▷3　学力評価計画
⇒Ⅹ-5 参照。

にとってハイ・ステイクスな評価となります。文部省の全国一斉学力調査（通称，学テ）が1961年から1964年にかけて悉皆調査としておこなわれた際には，各都道府県教育委員会や各学校が平均点をあげようと懸命になり，学力コンクール化してしまう事態が生じました。成績の悪そうな子どもを欠席させたり，問題を漏洩したりといった不正行為も報告されました[4]。2007年度から文部科学省が行っている「全国学力・学習状況調査」[5]についても，学校毎の結果を自治体が公表することの是非が論争になっています。

　近年では，学校選択のための資料として，統一学力テストをおこなう動きも見られます。たとえば品川区では，通学区域を拡大することによって，小学校については2000年度から，中学校については2001年度から，家庭が学校を選択できるようにしました。同時に，区立の全中学校の１年生全員を対象に「学力定着度調査」を実施し，中学校ごとの成績だけでなく，卒業した小学校別の成績もインターネット上で発表しています[6]。公立学校を活性化する試みですが，学校の序列化や学校間の格差拡大につながる危険性も指摘されています。

❹　勤務評定

　勤務評定とは，人事管理のための資料として，職員の勤務実績と執務に関連してみられた職員の性格，能力および適性を評価し記録することです[7]。公立学校の校長や教師たちは地方公務員であり，地方公務員法第６条第１項に「任命権者は，（中略）それぞれ職員の任命，人事評価（（中略）勤務成績の評価（中略））（中略）を行う権限を有するものとする」と定められています。教員の勤務評定は1956年６月に公布された「地方教育行政の組織及び運営に関する法律」に規定されたもので，都道府県教育委員会の計画のもとに市町村教育委員会がおこなうものとされています。実際に各学校において教員の勤務評定をおこなっているのは校長であり，校長の勤務評定は教育委員会の教育長がおこないます。

　1956年11月，愛媛県教育委員会が教職員の昇給・昇格を勤務評定によっておこなう方針を発表し，勤務評定は大きな政治問題となりました。県教組は反対運動を始め，日教組も支持を決め，校長会も反対の意思を表明したのです。それに対し県教委は，勤務評定未提出の校長は減俸処分，全組合員は昇給・昇格のストップという措置をとりました。愛媛県での紛争は，全国に広がりました[8]。

　勤務評定をめぐっておこった紛争状態は，勤務評定が昇給・昇格と結びついたハイ・ステイクスな評価となることの影響の大きさをうかがわせます。教員の教育力量の向上を図るうえでは，**教員評価**[9]が何らかの形でおこなわれる必要があります。しかしながら，勤務評定が校長による教員支配の道具となったり，教員間の分裂をもたらすものとなったりすれば，結果的妥当性の点で問題があるといえるでしょう。

（西岡加名恵）

▷4　この時期の「学テ」の実態は，香川県教師集団『学テ日本一物語』（明治図書，1965年）に詳しい。

▷5　田中耕治編著『新しい学力テストを読み解く──PISA／TIMSS／全国学力・学習状況調査／教育課程実施状況調査の分析とその課題』（日本標準，2008年）を参照。

▷6　詳しくは，黒崎勲『新しいタイプの公立学校──コミュニティ・スクール立案過程と選択による学校改革』（日日教育文庫，2004年）を参照。

▷7　佐藤全・坂本孝徳編著『教員に求められる力量と評価《日本と諸外国》──公立学校の教員はどこまで評価できるか』東洋館出版社，1996年。

▷8　愛媛県での「勤評」の実態については，田川精三編『愛媛教育残酷物語』（明治図書，1968年）に詳しい。

▷9　**教員評価**
⇒[I-7]参照。

説明責任と，保護者や地域住民による評価への参加

① 学校の説明責任（accountability）

　アメリカにおいては，1980年代以降に学力低下が指摘されるなかで，学力保障をおこなっていることについての説明責任を学校に求める論調が強まりました。地域社会から子どもたちを預かっている学校には，税金によって支払われている教育費に見合っただけの成果をあげているかどうかを説明する責任があるとされたのです。具体的には，連邦政府並びに州政府の標準テストの結果にもとづいて，学校の教育成果を点検する動きが広がりました。これに対しては，標準テストでは子どもの学力を総合的にとらえることができないとの批判がおこり，その中から「**真正の評価**」や「**ポートフォリオ評価法**」といった新しい考えも登場しています。

　アメリカでの例が示すように，学校に説明責任を求める主張は，学力テストによる学校の成績の点検といった**ハイ・ステイクスな評価**をもたらし，**結果的妥当性**を損なうことへつながる危険性があります。しかし教育に利害関係をもつ子どもたち，保護者や地域住民による教育評価への参加が拡大されたことの意義は大きいといえるでしょう。なお，ある事柄に対し利害関係をもつ人のことをステイクホルダー（stakeholder）といいます。その事柄に関する評価がおこなわれる場合，ステイクホルダーには当然その評価への参加が保障されるべきだという考えにもとづいて，この語は近年では「評価参加者」と訳されています。

② 保護者・地域住民による評価への参加

　次に，学校が説明責任を果たし，保護者や地域住民が教育評価に参加する形態には，どのような例があるかを見てみましょう。

○ 学校の情報公開と学校選択

　説明責任の議論においてもっとも話題を集めるのは，統一学力テストの結果といった学校の情報公開とそれにもとづく学校選択の導入です。人気校に入学希望者が集まり，不人気校が定員割れをおこすという事態は，保護者の学校への評価を端的に示すものといえるでしょう。

○ 授業参観や発表会

　伝統的におこなわれてきた授業参観も，学校が説明責任を果たし，保護者が評価をおこなう機会です。総合学習では，子どもたちの発表会を公開し，探究

▷1　真正の評価
⇒Ⅲ-4 参照。

▷2　ポートフォリオ評価法
⇒Ⅶ-15 参照。

▷3　ハイ・ステイクスな評価
⇒Ⅻ-2 参照。

▷4　結果的妥当性
⇒Ⅵ-5 参照。

の過程で支援を受けたゲスト・ティーチャーを招くというかたちも多く見られます。総合学習に不安を感じていた保護者が, 発表会での子どもたちの姿を見て, 意義を納得したという例もありました。

○ 保護者会

学校単位, 学級単位での保護者会では, 従来から教師が教育方針案を説明し, 保護者や地域住民が要望を伝え, 教育方針を確定するという活動がおこなわれてきました。とくに, **2001年版指導要録**で導入された「**目標に準拠した評価**」を実施するには, **学力評価計画**を公開し, 承認を得ることが重要です。

○ 面談や家庭訪問

教師が一人ひとりの子どもの保護者と話し合う面談や家庭訪問といった機会は, 日本の教育における優れた伝統です。ポートフォリオを用いて, 子どもの達成点や課題を具体的に教師が説明するとともに, 保護者の評価を求める実践例も見られます。

○ 学校評議員制度など

2000年度より, 校長のおこなう学校運営にかんして意見を述べる助言者として, **学校評議員制度**が導入されています。学校評議員としては, 学校区内外の有識者, 関係機関・青少年団体等の代表者, 保護者などが委嘱されます。学校評議員は任意で設置するものとなっているため, 学校協議会や地域教育会議といった類似の制度を採用している地域もあります。

○ 外部評価

学校評価には, 学校の教職員がおこなう自己評価と, 保護者や地域住民などに評価してもらう外部評価があります。外部評価を2003年度までに導入した公立学校は, 全体の64.1%だと報告されています。

3 地域における教育改革

近年では, 県や市といった行政区単位で, 保護者や地域住民の参加を促しつつ教育改革にとりくんでいる事例も見られるようになりました。たとえば, 高知県では, 1996年に, 学校関係者・教職員団体・各会派の議員, 保護者・会社経営者, マスコミ関係者等からなる33名の委員を委嘱し,「土佐の教育改革を考える会」を発足させました。そこでの議論にもとづき, 1997年度から「長期社会体験研修の実施」,「授業評価システムの導入」,「開かれた学校づくり」の推進,「地域教育指導主事」制度の創設といったさまざまな改革が展開されています。また, 埼玉県鶴ヶ島市教育委員会では, 1999年12月に市内全小・中学校において「学校協議会」を設置しました。学校協議会においては, 保護者だけでなく, 子どもや地域住民の参加も求められています。これらの先行事例は, 保護者や地域住民の評価が, 計画の立案・実施と関連づけておこなわれている点で, 意義深いものといえるでしょう。

(西岡加名恵)

▷5 2001年版指導要録
⇒Ⅸ-1, Ⅸ-2 参照。

▷6 目標に準拠した評価
⇒Ⅱ-5 参照。

▷7 学力評価計画
⇒Ⅹ-5 参照。

▷8 中央教育審議会初等中等教育分科会教育課程部会「児童生徒の学習評価の在り方について(報告)」(2010年3月24日)では, 保護者の理解を促進するためにポートフォリオの活用が推奨されている。実践例については, 宮本浩子ほか『総合と教科の確かな学力を育むポートフォリオ評価法・実践編』(日本標準, 2004年)を参照。

▷9 学校評議員制度
⇒Ⅻ-4 参照。

▷10 松原和廣ほか「先進事例にみる学校評議員制度」葉養正明編著『学校評議員ガイド』ぎょうせい, 2000年, 161-238頁。
なお, 2004年6月に「地方教育行政の組織及び運営に関する法律」が改正されたことにより, 教育委員会が指定する学校では, 学校運営協議会を設置することが可能となった。

▷11 「朝日新聞」2004年11月7日。

▷12 浦野東洋一編『土佐の教育改革』学陽書房, 2003年。

▷13 荒井章「子ども参加の学校協議会を全校に設置」葉養, 前掲書, 200-209頁。

4　学校評議員制度

1　学校評議員制度の発足

　学校評議員制度は，改正された学校教育法施行規則が2000年4月に発効したことによって発足しました。2020年現在，学校教育法施行規則では次のように定められています（この条文は，小学校以外の学校にも準用されます）。

> 第49条　小学校には，設置者の定めるところにより，学校評議員を置くことができる。
> 2　学校評議員は，校長の求めに応じ，学校運営に関し意見を述べることができる。
> 3　学校評議員は，当該小学校の職員以外の者で教育に関する理解及び識見を有するもののうちから，校長の推薦により，当該小学校の設置者が委嘱する。

　つまり，学校評議員は，校長に対する助言者であり，校長の推薦にもとづき教育委員会によって委嘱されます。

　この学校教育法施行規則の改正の基本方針を打ち出した中央教育審議会答申「今後の地方教育行政の在り方について」（1998年）は，「公立学校が地域の専門的教育機関として，保護者や地域住民の信頼を確保していくためには，学校が保護者や地域社会に対してより一層開かれたものとなることが必要」であると考え，「学校運営に地域住民の参画を求める」ための改革案として学校評議員制度を提言しました。また，学校評議員は「校長の求めに応じて，教育活動の実施，学校と地域社会の連携の進め方など，校長の行う学校運営に関して，意見を述べ，助言を行う」とし，「学校評議員については，学校の種類，目的等に応じて，学校区内外の有識者，関係機関・青少年団体等の代表者，保護者など，できる限り幅広い分野から委嘱することが望ましい」と述べています。

　学校評議員制度は，校長のリーダーシップのもと学校の自主性・自律性を確保しつつ，学校が地域社会との連携を図り，地域に対する**説明責任**[1]を果たすことをめざしたものといえるでしょう。文部科学省の調査によると，学校評議員を設置している公立学校は，2015年3月末日現在75.4%[2]に上っています。今後は，学校と地域の連携を強化し，教育の改善へつなげるための制度の充実が課題となっています。

▷1　説明責任
⇒XII-3 参照。

▷2　文部科学省　学校評価等実施状況調査（平成26年度間 調査結果）（https://www.mext.go.jp/a-menu/shotou/gakko-hyoka/1369130.htm）。

2 英米における類似の制度

「地域に根ざした特色ある学校づくりを進め，学校の自主性・自律性を確立するために，学校運営に対する地域住民の参加を保障する」ことを目指す制度は，諸外国にも見られます。ここでは，イギリス（イングランドとウェールズ）とアメリカのシカゴの例を紹介しましょう。[3]

○イギリスの学校理事会（school governing body）

イギリスでは各学校に，学校理事会が設置されています。[4]学校理事会は，親代表理事，地方教育当局指名理事，教員代表理事，職員代表理事，共同選出理事，校長から構成されます。学校理事会は，学校の発展に向けて目標の設定，行動計画の策定，達成度等の評価，目標の再設定というサイクルを繰り返し，学校運営上の方針を設定します。学校の教育課程については，学校理事会がナショナル・カリキュラムにもとづき基本方針を決定し，それにもとづいて校長が編成・実施します。学校理事会は人事に関する権限ももっており，法令の枠内で教職員の勤務条件，任免の手続き，教職員数を決定します。校長や副校長，教職員の人選もおこないます。学校の予算について最終的な責任を負うのも，学校理事会です。予算案の作成と執行は校長がおこないますが，学校理事会が予算案を検討・決定し，校長から会計報告を受けます。

○シカゴの学校協議会（local school council）

アメリカにおいては，州や学区ごとにさまざまな制度が見られます。1988年に成立したシカゴ学校改革法は，近年のアメリカの教育改革のなかでももっとも根本的なものと評されています。[5]その柱の一つとして設置された学校協議会は，校長，父母代表6人，住民代表2人，教員代表2人，高校の場合は生徒代表1人から構成されます。[6]学校協議会は，校長を直接任命する権限を有しています。また，学校改善計画を策定し，学校予算の配分もおこないます。

3 日本における学校評議員制度の特徴

諸外国と比較すると，日本における学校評議員制度には，次の三つの特徴が見受けられます。第一に，諸外国の制度では学校理事会等が必置であるのに対し，日本の学校評議員は任意制です。第二に，日本の学校評議員は校長に対し助言をおこなう制度であるのに対し，諸外国の学校理事会等は，学校の教育課程編成・予算執行・教職員人事など，学校の基本的事項を審議する機関です。審議にあたって英米では合議制の意思決定がおこなわれます。一方，日本の学校評議員制では，学校評議員が一堂に会して意見交換をする機会があったとしても，あくまで最終的な決定は校長の権限であり責任です。第三に，諸外国の類似の制度と異なり，日本の学校評議員には，教職員，教育行政の代表，生徒代表のいずれも含まれていません。[7] （西岡加名恵）

▷3 藤井穂高「諸外国の学校評議員制度」（葉養正明編著『学校評議員ガイド』ぎょうせい，2000年，17-36頁）を参照。

▷4 佐貫浩『イギリスの教育改革と日本』（高文研，2002年）では「ガバナー制度」として学校理事会が紹介されている。

▷5 詳しくは，山下晃一『学校評議会制度における政策決定——現代アメリカ教育改革・シカゴの試み』（多賀出版，2002年）を参照されたい。

▷6 ただし，生徒代表に投票権はない。

▷7 ただし，日本においても，生徒の参加を積極的に促す制度を採り入れている学校も見られる。たとえば，浦野東洋一編『土佐の教育改革』（学陽書房，2003年）を参照。

（参考文献）
葉養正明編著『学校評議員ガイド』ぎょうせい，2000年。

校内研修

 校内研修とは何か

　校内研修とは，「校内の全教職員が自校の教育目標に対応した学校としての教育課題を達成するために共通のテーマ（主題）を解決課題として設定し，それを学内・外の関係者との連携を踏まえながら，学校全体として計画的，組織的，科学的に解決していく実践の営み」のことです。この営みを通して，教師一人ひとりの専門的力量が伸びていくことが期待されています。

　重要なのは，校内研修を，「実態把握→研究計画策定→実施→評価…」という学校経営のサイクルのなかに位置づけることです。近年では，実践家である教師が**アクション・リサーチ**を通して実践の改善を図ることの意義が指摘されています。学校経営のサイクルは，一人ひとりの教師の実践改善と関連づけられ調整されなくてはなりません。そのためにまず，校内研修そのものを実施する時間だけでなく，校内研修にかかわる実態の把握や計画の策定，実施した成果と今後の課題を評価する活動を，教師たちが共同でおこなうための時間の確保が必要でしょう。また，課題ごとの専門部会（図12.5.1参照）を編成するなど，一人ひとりの教師が参加しやすい学校経営の形態を工夫することも有効です。

▷1　中留武昭「校内研修」安彦忠彦ほか編『新版現代学校教育大事典』ぎょうせい，2002年，71頁。

▷2　中央教育審議会初等中等教育分科会教育課程部会「児童生徒の学習評価の在り方について（報告）」（2010年3月24日）では，学習指導に関わる教師や学校のPDCA（Plan‐Do‐Check‐Action）サイクルが強調されている。

▷3　アクション・リサーチ
実践家である教師が，自分の実践についての状況分析・計画・実践・評価のサイクルを繰り返すことによって，教育の向上・変革をめざす実践研究の方法（佐野正之編著『アクション・リサーチのすすめ——新しい英語授業研究』大修館書店，2000年）。

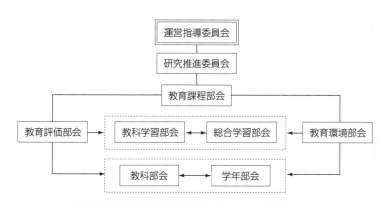

図12.5.1　学校における研究開発のための組織例

　課題別の専門部会には，指導助言者（大学教員など）と学校教師数名が配属され，活動計画策定から評価までの過程を共同で行った。全体会，各専門部会からの代表者の会議，各専門部会での話し合いと，会議の多彩な形態が組み合わされ，学校全体としての統一性が確保されると共に，小規模な集団での活発な討議が可能となった。

　出所：鳴門教育大学学校教育学部附属小学校『子どもの未来を拓く教育課程の創造2000（第3年次）（研究紀要第45集）』2001年，6‐9頁。

❷ 校内研修のさまざまな進めかた

　校内研修については決まった進めかたがあるわけではなく，目的に応じて最適の内容と形態を選ぶことが求められます。以下，校内研修の進め方についていくつかの例を示します。いずれの形態を採るにせよ，子どもたちへの学力保障や，それにつながる授業や教育課程の改善に焦点をあてることが重要です。

◯授業研究

　研究授業をおこない，その後で研究授業についての検討会をおこなう形態は，日本における優れた校内研修の伝統です[4]。新しい教育課程の研究開発や普及において，授業研究による研修はとりわけ大きな役割を果たしてきました。

　研究授業をおこなうにあたっては，多くの場合，複数の教師が共同で指導案を作成します。共同で指導案を作成する過程そのものが，教師たちの知見を共有する有効な場となります。また，これにより，授業後の検討会においても，授業者一人ではなく，指導案の作成にかかわった教師たちが皆「当事者」意識をもって参加する文化が形成されます。

　次に，一人の教師が指導案にもとづき実践し，他の教師たちは授業を観察します。近年では，観察者として参加する教師たちも子どものグループ活動などにおいて指導にかかわる形態が採られることもあります。授業後の検討会では，研究意図に即して授業の成否を評価し，その授業から学ぶべき意義と課題を確認します。

◯ワークショップ

　最近では，出席している全員が活動に参加するワークショップ形式で校内研修がおこなわれることも増えています[5]。たとえば，研究授業後の検討会をおこなうにあたっても，全員が一堂に会して意見を出し合う形態では，なかなか活発な討議がおこなわれません。そこで，各参加者がその授業で子どもたちについている学力と今後の課題を付箋紙に書き，グループ毎にKJ法[6]で整理した後，報告しあう形態が考えられます。子どもの作品を用いて共同でルーブリック[7]づくりをする作業や，ディベートやロールプレイなどの新しい手法を教師自身が体験する活動も，良い研修となることでしょう。総合学習において地域をテーマにする場合など，教師自身が子どもの立場にたってフィールドワークをおこなうという形態も考えられます。

◯外部の専門家等による講演や指導・助言

　校内研修には，外部の専門家が招かれることもあります。その学校においてとくに必要となっている新しい知見について，専門家が講演というかたちで提供する場合もあれば，学校の教師による実践や研究に対して指導・助言をおこなう場合もあります。アクション・リサーチの成果をあげようと思えば，特定の専門家が継続的にかかわることが効果的です。　　　　　　　　（西岡加名恵）

▷4　スティグラー，J.・ヒーバート，J. 著，湊三郎訳『日本の算数・数学教育に学べ──米国が注目するjugyou kenkyuu』教育出版，2002年。

▷5　村川雅弘編著『「ワークショップ型校内研修」で学校が変わる学校を変える』教育開発研究所，2010年。

▷6　KJ法
⇒VII-9参照。

▷7　ルーブリック
⇒IV-8参照。

6 エビデンス

▷1　森俊郎「EBE を実践で語ろう」杉田浩崇・熊井将太編『「エビデンスに基づく教育」の閾を探る──教育学における規範と事実をめぐって』春風社，2019年，130頁。

▷2　ランダム化比較試験（Randomized Controlled Trial：RCT）
たとえば，医薬品の効果を検証する場合に，被験者をランダムに介入群と対照群の二つのグループに分け，介入群には当の薬を，対照群にはプラシーボ（偽薬）を与え，両グループ間で出てくる違いを統計的に評価する手法。この際，グループ分けがランダム化（無作為抽出）されていることが決定的に重要となる。RCT で得られた結果は，他の手法に比べてもっとも強固なエビデンスと見なされる。今井康雄「教育にとってエビデンスとは何か──エビデンス批判をこえて」『教育学研究』第82巻第2号，2015年，189-191頁を参照。

▷3　PISA
⇒Ⅻ-11 参照。

▷4　学力調査については⇒Ⅻ-1 を参照。

▷5　ハッティ，J. 著，山森光陽監訳『教育の効果──メタ分析による学力に影響を与える要因の効果の可視化』図書文化社，2018年。

▷6　学力実態を分析する視点についてはⅫ-1 を参照。

1　「エビデンスに基づく教育」の議論

　近年，英米を中心に，教育におけるエビデンス（証拠や根拠）とは何かが盛んに問われるようになっています。「エビデンスに基づく」（evidence-based）という考え方は，「エビデンスに基づく医療（Evidence-based Medicine：EBM）」の流れを受けています。医療の分野において，患者のケアに関する意思決定に資する最良のエビデンスをつくるために，**ランダム化比較試験（RCT）**を行うこと，さらに RCT で得られた結果を統合して分析することの重要性が主張されました。このような流れを受けつつ，限られた資金や資源を効果的に使うために，教育を含め広く一般に「エビデンスに基づく政策立案（Evidence-based Policy Making：EBPM）」が求められてきたのです。

　ただし，教育の分野では，医療ほどの厳密なエビデンスが求められているわけではありません。教育の分野で主にエビデンスとされるものは，大規模に実施される学力テストの結果や，統計的手法を用いた研究の成果など，数量化されたデータのことを指しています。たとえば，PISA（生徒の学習到達度調査）の結果や，全国学力・学習状況調査の結果などは，日本の教育の状況を示す指標としてよく参照されています。また，800件以上のメタ分析（複数の研究結果の統計的な統合）の結果を統合的に検討（メタ・メタ分析）し，学習にどのような要因が強く影響しているのかを示したハッティ（Hattie, J.）の研究は，エビデンスにもとづいた教育研究として世界的にインパクトを与えています。

　これらのように，量的なエビデンスにもとづいて教育を考えることは，経験則に依拠した教育改革に振り回されずに，効果の期待できる方策（政策）を決定するために必要なものでしょう。ただし，量的なデータをもとに教育を考えるときには，「何がうまくいくのか」だけでなく，「その調査は何を測っているのか」や「その教育は望ましいものか」をつねに問う必要があります。たとえば，大規模な学力調査で平均点の低かった科目に対して政策を考える場合に，その調査で測定されている学力は一体何か，その調査の得点を上げることがよりよい教育なのかという問いが欠落しないようにすることが大切です。

2　学校における教育評価とエビデンス

　「エビデンスに基づく教育」の議論は，学校のカリキュラムや授業の教育評

価を考えるにあたっても重要です。なぜなら，教育評価を「教育がうまくいっているかどうかを把握し，そこで捉えられた実態をふまえて教育を改善する営み[8]」とするとき，何をエビデンスとして「教育がうまくいっているか」を判断するかが問題となるからです。主観的で独りよがりな判断をしても，よりよい教育の改善にはつながらないでしょう。他方で，客観的な数値データを偏重すれば，子どもたちを点数で管理することになったり，授業アンケートの実施に追われたりしてしまうかもしれません。では，教育評価とそれにもとづく教育の改善において，エビデンスの問題はどのように考えればよいのでしょうか。

　教育の意思決定におけるエビデンスを考える際に，瞬時の判断が求められる教室（授業）レベルなのか，学期や年間の取り組みなどを決める教育課程のレベルなのか，学習指導要領改訂などの政策レベルなのかを分ける重要性が指摘されています[9]。そして，「子どもと向き合う教室レベルに近づくほど，より質的で解釈的な知が，そして，制度の枠組みを決めるマクロな政策レベルに近づくほど，量的で実証的な知が果たす役割が大きくなる[10]」とされています。日々の授業などの教室レベルでは，子どもたちの学んでいる様子を瞬時に読み取り，状況に合わせて応答するための実践的な知（身体知）が大切になり，政策レベルでは，時間をかけて教育システムなどの構造を検討・改善するための統計的なデータにもとづく知が大切になるということです。

　ただし，このようにレベルを分けたからといって，量的なデータや統計的手法を用いた研究が，教室レベルに寄与しないということではありません。先にも触れたように，自分の長年の経験のみに頼っていると，指導の良し悪しを決める際に独りよがりな判断に陥ってしまうかもしれません。それに対して量的なデータは，教師の視野に入っていない子どもの実態や教室の事実を示し，独断的な思考に対して新たな知見をもたらす可能性があります[11]。教室レベルにおいては，個別の教育経験から培ってきた実践知を基礎としつつも，量的なデータにもとづく研究などの知見も吟味しながら取り入れて実践を豊かにできるような，エビデンス・リテラシーを身につけることが大切でしょう[12]。

　とはいえ，授業の反省においては，まず授業記録と子どもの成果物が基本的なエビデンスになることは言うまでもありません。授業記録に関しては，どのように子ども一人ひとりをとらえて実践の改善に生かすか，あるいはいかに詳細で客観的に授業を記録して分析するかなどの問いがこれまでにも追究されており，その歴史に学ぶことも大切です[13]。また，授業記録を含め，自分で綴った実践記録も重要なエビデンスとなるでしょう[14]。実践記録をもとに自分自身の教育観を丹念に吟味したり，仲間同士で解釈したりすることは，次の実践に向けての指針を見出す重要なプロセスとなります。その実践記録が残されれば，他の教師の実践に影響を与えるエビデンスとなるでしょう。

（徳島祐彌）

▷7　教育目的の問いについては，ビースタ, G. 著，藤井啓之・玉木博章訳『よい教育とはなにか——倫理・政治・民主主義』白澤社，2016年，47-75頁。

▷8　西岡加名恵「教育評価とは何か」西岡加名恵・石井英真・田中耕治編著『新しい教育評価入門——人を育てる評価のために』有斐閣，2015年，3頁。

▷9　石井英真「教育実践の論理から『エビデンスに基づく教育』を問い直す——教育の標準化・市場化の中で」『教育学研究』第82巻第2号，2015年，221-222頁。

▷10　同上論文，222頁。

▷11　今井，前掲論文，197頁を参照。

▷12　熊井将太「『エビデンス・ベース』時代の教育実践研究——ジョン・ハッティの Visible Learning をめぐる議論から」杉田・熊井，前掲書，272頁を参照。

▷13　たとえば，伊藤実歩子「授業記録の歴史をひもとく——教育方法学にとってのエビデンスとは何か」田中耕治編著『戦後日本教育方法論史（上）——カリキュラムと授業をめぐる理論的系譜』ミネルヴァ書房，2017年，187-206頁。

▷14　遠藤貴広「教育評価のエビデンスとしての実践記録——近代自然科学的証拠と体験反省的明証性の間で」日本教育方法学会編『教育実践の継承と教育方法学の課題——教育実践研究のあり方を展望する』図書文化社，2018年，96-109頁を参照。

カリキュラム・マネジメント

1 カリキュラム・マネジメントとは何か

カリキュラム（教育課程）とは，「教師たちが，子どもたちや青年たちの成長と発達に必要な文化を選択して組織した全体的な学習経験の計画と実践」を意味しています。また，カリキュラム・マネジメントとは，「各学校が学校の教育目標をよりよく達成するために，組織としてカリキュラムを創り，動かし，変えていく，継続的かつ発展的な，課題解決の営み」だと定義されています。

日本においてカリキュラム（教育課程）は，各学校が編成するものとされつつも，長らく学習指導要領の法的拘束力を強調する政策が採られてきました。しかし，学習指導要領の1998年改訂以降は，各学校において「創意工夫を生かし特色ある教育活動を展開する」ことが推奨されるようになりました。

さらに2017年版学習指導要領では，「各学校においては，児童／生徒や学校，地域の実態を適切に把握し，教育の目的や目標の実現に必要な教育の内容等を教科等横断的な視点で組み立てていくこと，教育課程の実施状況を評価してその改善を図っていくこと，教育課程の実施に必要な人的又は物的な体制を確保するとともにその改善を図っていくことなどを通して，教育課程に基づき組織的かつ計画的に各学校の教育活動の質の向上を図っていくこと（以下「カリキュラム・マネジメント」という。）に努めるものとする」と述べられています。一つずつの学校のカリキュラムを改善するために，カリキュラム・マネジメントの重要性が注目されていると言えるでしょう。

2 教育活動と経営活動

カリキュラム・マネジメントの全体像については，図12.7.1のように整理されています。この図では，カリキュラム・マネジメントに，①教育目標を具体化し，それらを反映させつつカリキュラムのPDCA（計画－実施－点検・評価－改善）を進めるといった教育活動の側面と，②教育活動を維持・改善・改革するためにリーダー層（校長や教頭，教務主任や研究主任など）がリーダーシップを発揮し，組織構造や学校文化を形作り，さらには家庭・地域社会等や教育課程行政と連携・協働するといった経営活動の側面という，二つの側面があることが示されています。

▷1　西岡加名恵「教育課程（カリキュラム）とは何か」西岡加名恵編著『教育課程』協同出版，2017年，8頁。日本において教育課程は，curriculum の訳語として成立した。しかしながら，その後，カリキュラムの計画としての側面を示す用語として教育課程を用い，カリキュラムは教師の実践や子どもたちの学びの側面をも含む用語とするという使い分けがなされる場合もある。

▷2　田村知子「カリキュラムマネジメントのエッセンス」田村知子編『実践・カリキュラムマネジメント』ぎょうせい，2011年，2頁。

▷3　このことは，学習指導要領の「総則」に明記されている。

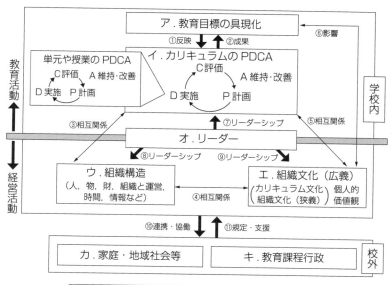

図12.7.1 カリキュラム・マネジメントのモデル図

出所：田村知子『カリキュラムマネジメント──学力向上へのアクションプラン』日本標準，2014年，16頁。

③ カリキュラム・マネジメントの進め方

　実際に，カリキュラム・マネジメントを進めるにあたっては，まず，C（点検・評価）から始めることが有効だとされています。子どもたちの実態や学校の特長や課題，社会からの要請なども踏まえつつ，その年度において重点的に取り組む目標を明確にします。それに対応する具体的な方策を明確にし，取り組みを進めます。その際，特に重要になるのは，教師たちの力量を高める校内研修です。

　たとえば，「思考力・判断力・表現力の育成」をめざすために，**パフォーマンス課題**の開発と実践を進めるといった方策が選ばれる場合，どのように単元を計画して課題を開発すればよいのかについてワークショップが行われたり，お互いに指導方法を検討しあう研究授業が行われたりします。

　カリキュラム・マネジメントを進める過程では，取り組みの成果と課題について点検・評価し，改善につなげていくことも重要になります。パフォーマンス課題に取り組んだ場合であれば，子どもたちの生み出した作品を用いて共同でルーブリック作りに取り組めば，子どもの実態把握に役立つだけでなく，教師の指導やカリキュラムの改善に役立つ示唆が得られます。

　このようにカリキュラム改善を進めるためには，学校の内外に存在している知見を獲得・集約・共有するための仕組みを整えたり，時間を確保したりといった経営的な基盤が必要になります。推進チームを明確にする，学年や教科といった単位でチームを編成する，校内研修に使える時間を踏まえて研修計画を立てるといった組織的な取り組みが重要となるでしょう。　　　　（西岡加名恵）

▷4　田村，前掲書，2011年，13頁。

▷5　パフォーマンス課題
⇒ VII-11 参照。

▷6　西岡加名恵『教科と総合学習のカリキュラム設計──パフォーマンス評価をどう活かすか』図書文化，2016年参照。

▷7　ルーブリック作りの方法については， IV-8 参照。

（参考文献）
　田村知子『カリキュラムマネジメント──学力向上へのアクションプラン』日本標準，2014年。
　田村知子・村川雅弘・吉冨芳正・西岡加名恵編著『カリキュラムマネジメント・ハンドブック』ぎょうせい，2017年。

教育評価の源流

 子育ての習俗と「試験」──通過儀礼の意味

　日本の民衆社会には，子どもが「一人前」の大人となるまで，年齢階梯に応じてさまざまな「お祝い」や「式」が存在していました。たとえば，着初め（3日），出初め（20日），宮参り（30日），食い初め（100日），初誕生祝い（1歳），紐落とし（3歳），氏子入り（7歳），成年式（15歳）などです。これら子育てにかかわる**通過儀礼**の呼称や具体的な祝いかたは地域によって多様ですが，いずれも子どもがその年齢にふさわしく成長しているかをたしかめ，祝うという点では共通しています。たとえば，初誕生祝いに一升餅を背負わせて歩かせる習俗があります。これは成長をたしかめる（評価する）一種の「試験」ということもできます。また成年式には，イエ（家庭）でおこなうもののほかに「若者入り」（若者組に加入する儀式）がありますが，入会のためには，それまでに村人として一人前の力を身につけておく必要がありました。それは，たとえば，一定量の俵をかつぐこと，一定面積の稲を1日で刈ることなどの体力や若者条目（若者組の掟）を暗記するなどの知力でした。こうした力がない場合，かりに若者入りしても一人前と認められず，下働きに従事させられる場合もありました。とはいえ，これらの通過儀礼における成長の確認を全体としてみれば，「人間の今の力に相応した，誠にやさしい又親切な試験であった」（柳田国男）といえます。今では，こうした習俗を支えていた共同体が崩壊し，通過儀礼も形骸化ないし消滅してしまいましたが，現代家族の子育てにおける評価や一人前の資格などを考えるうえで重要な素材を与えてくれています。

2 科挙──競争試験のルーツ

　近代産業社会における官吏任用，職業資格付与，進級・卒業・入学にかかわる各種の試験に多大な影響を与え，その直接のルーツとなったのが，606年から1905年まで1300年間おこなわれた中国の高級官吏資格試験である科挙です。
　科挙は，貴族による官吏の世襲，私物化を排除してその力を弱め，皇帝の思いのままになる有能な官僚有資格者を選抜することを目的としていました。このため門地や身分，年齢に関係なく，万人のなかから公平，客観的に実力のある者を選び出すための手段として，科挙という競争試験が考え出されたのです。
　時代によって異なりますが，科挙は，郷試（地方試験），会試（中央試験），

▷1　通過儀礼
人間が人生のある節目を通過する際におこなわれる儀礼。人間を古い状態から新しい状態へ「再生」させるという意味をもつ。

▷2　民俗学者の柳田国男は，日本の子育ての通過儀礼にかんして次のように述べている。「人が世に立ち一人前となるが為に，かねて定まつた試験を経なければならぬことは，昔は却て今よりも数しげく，また例外のないものだつたらしいが，それを窄き門などと歎く者の無かつたのは，是非通してやりたいといふ情熱が盈ち溢れ，従つて又通つて行く者の悦びであつたからである」（「社会と子ども」『定本　柳田国男集　第15巻』筑摩書房，1963年，229頁）。

▷3　関敬吾「年齢集団」『覆刻　日本民俗学大系　第13巻』（平凡社，1976年）参照。

▷4　宮崎市定『科挙』（中公文庫，1984年）参照。

殿試（皇帝のおこなう試験）など何段階かの試験に分かれていました。その特徴は，筆記試験を採用し，執行手続きを厳格に管理することで情実を排除し，客観性や公平性を保とうとしたこと，試験ごとに定員を定め競争試験によって合格者が選抜されたことなどです。こうした特徴をもつ試験制度は，17世紀ヨーロッパ，イエズス会系の諸学校に伝えられて独自の発展を遂げ，19世紀には，学校だけでなく官吏の任用，職業資格の認定にも採用され，さらにこれが明治期日本社会へも伝えられることになりました。▷5

③ 日本の学校における試験の起源

　7世紀後半，中央官僚養成のために設立され，古代日本の中心的教育機関であった大学寮では，10日に1度の旬試，1年に1度の歳試，卒業試験にあたる応挙試といった試験の制度がありました。歳試で3回落第点をとった者，在学9年を超える者は退学となりました。

　近代日本の試験や教育評価との関係で重要なのは，江戸時代，とくに19世紀以降における私塾，藩校における**等級制**▷6と結びついた試験制度です。

　私塾でもっとも整備された等級制をとっていたのは，「月旦評」で有名な広瀬淡窓の**咸宜園**▷7です。ここでは年齢，従前の学習歴，身分や家格を一切無視し（「三奪」），試験の成績（学力）のみによって等級（計19等級に分かれていました）への所属と席次が決められました。試験は等級ごとに月数回おこなわれ，テキストを5行正しく読めれば1点，3葉だと20点など点数で評価されました。この点数は月ごとに集計して月旦評に記録され，等級ごとに決められた点数に達すれば進級することができました。▷8身分制社会のなかにあってまったくの実力主義を貫こうとしたこと，席次と昇級をめぐる競争によって学習を動機づけようとしたこと，点数による「客観的」評価を目指したことなどが大きな特徴です。

　一方，藩校では，幕末に至ると約3分の2の藩校が等級制を採用していました。▷9進級・卒業は，年齢による場合もありましたが，おおむね試験で決められました。試験の時期や方法は藩によって異なります。試験の時期で分けると，旬試（10日ごと），月試（月ごと），春秋試（半年ごと），歳試（1年または数年に1度），あるいは随時の試験などがあり，実施主体に注目すると，藩校の主催する試験と，藩主，重役が臨席して藩が主催する試験の2種類がありました。このうち，藩主の臨席する試験（親試）など，藩校の学生以外の者も参加できる試験もあり，この場合は学事奨励という意味が強かったようです。

　藩校の試験が咸宜園などと異なるのは，試験成績だけでなく，「勤勉」「出精」など，出席や行状，品行が判定の重要な基準とされ，合格基準があいまいにされたことです。これは，家柄や年齢による差別を温存するためでした。身分制秩序を守るためには，完全な実力主義を貫くことは不可能だったのです。

（山根俊喜）

▷5　天野郁夫『試験の社会史』東京大学出版会，1983年参照。

▷6　等級制
等級とは，教育目標の難易の程度によって階層的に区分された教育課程の各段階（グレイド）を意味し，等級制とは，生徒をその学力程度に応じて各等級に配置する制度。

▷7　咸宜園
1817年，儒学者広瀬淡窓（1782-1856）が豊後国日田に創設した私塾。淡窓没後も1897年まで存続した。全国から4000名以上の入門者があり，近世最大の私塾といわれる。「月旦評」は月末にその月の学業成績を集計，評価した一種の学籍簿。

▷8　ただし，この方法では，等級に割り当てられた教育課程を完全に修得しなくても進級できる場合があった。このため，点数による進級を「権」（仮進級）とし，課程を修得したことを改めて検査して「真」（本進級）とした（「真権の法」）。なお，試験の実際については，武谷濃蘭「南柯一夢抄録」『増補　淡窓全集』（思文閣，1971年）参照。

▷9　石川松太郎によれば，幕末の藩校216校のうち，等級制を採っていないもの69校，2等級制73校，3等級制19校，4等級制5校，5等級以上9校，複合等級制29校，不明11校，その他3校である（『藩校と寺子屋』教育社，1978年）。

試験の時代

1　等級制と試験──進級試験，卒業試験

○「学制」と試験制度

▷1　等級制
⇒ XII-1 参照。

日本の近代公教育制度の基本的骨格を定めた「学制」（1872年）で採用された生徒集団の編成法は，幕藩体制期の藩校や私塾の一部で採られていた**等級制**[1]でした。小学校は，上等・下等の2等科，等科ごとにそれぞれ8級（半年進級制），計16級に分けられました。等級ごとの標準年齢は定められてはいましたが，年齢や履修期間で進級・卒業が決まったわけではありません。「生徒階級ヲ踏ム，極メテ厳ナラシムヘキコト[2]」として，等級ごとに割り当てられた教育課程を確実に修得し，下級から上級へ一歩一歩確実に昇っていくことが求められました。こうした厳格な進級・卒業認定をおこなう手段として採用されたのが試験制度です。この試験は資格認定型の試験であり，合格基準に到達しなければ原級留置（落第）となり，逆に成績優秀者は飛び級することもできました。こうした試験制度は，西洋文明を早急にとりいれ，国家有用の人材を早急に育成，選抜しようとする明治政府の意図を反映していました。

▷2　「当今着手ノ順序」
『明治以降教育制度発達史
第1巻』343頁。学制公布
の数ヵ月前，文部省から左
院に提出された文書。

○試験の実際

試験の出題，採点方法や執行手続きは，各府県レベルでかなり詳細に定められました。たとえば，東京府の下等5級の「読書」では，「小学読本」「日本地誌略」（何れも教科書）の文章各3行について，席次の下位の生徒から順番に読ませ，うまく読めれば3点（満点），間違えると1点ずつ減点と定められていました[3]。試験の合否は，各教科の得点を合計し50％以上得点すれば合格といった規定のしかたをしています。手続きにかんしては，府県や郡が主体となって試験日程を定め，学務関係吏員や府県の師範学校教員が各校教員の協力のもとに実施したり，数校が連合して教員のうちから試験委員を選挙して実施しました。つまり，この進級・卒業試験は学校外の行政機関が主催する試験であり，学校は実質的に生徒の進級・卒業を認定する権限をもっていなかったのです。

▷3　東京府「小学試験
法」（1877年）東京都立教育
研究所『東京教育史資料大
系　第3巻』1972年。

また，試験は公開され，保護者，住民，戸長らの参観が奨励されました。生徒たちは，大人たちが環視するなかで口頭試験や筆記試験を受験しました。試験成績は一覧表にされ，試験場，校門などに掲示されたり保護者に通知されたりして公開され，成績に応じて褒賞（書籍や文房具類など）が与えられました。

❷ 府県における試験の種類の拡大——臨時試験，月次試験，比較試験

　学制で規定された試験は，進級・卒業認定のための試験だけでしたが，各府県では，臨時試験（臨時の進級のための試験），月次試験（月ごとの試験で，その成績で席次を上下する），比較試験（府県，郡，複数校の連合などの単位で，成績優秀者を集めておこなわれる一種の学力コンテスト）などとよばれる試験が付け加えられました。また，知事や府県の学務吏員などが学事視察の際におこなう試験もありました。さらに，各教科の成績や行状・品行を毎日点数評価して成績を記入する「日課優劣表」という制度をとっている府県や，日課優劣表，月次試験といった平常成績を進級試験の成績に加味する府県もありました。こうして，日課優劣表や月次試験で平常の学業，行状を正確に把握し，生徒を管理しながら，臨時試験を含む進級試験，卒業試験で進級・卒業を認定するというように，試験による厳格な資格認定が目指されました。この試験制度を支えたのは，知育中心の個人主義的，能力主義的教育観でした。また，それは幕藩体制期の身分や家柄によって人々の地位が決められる属性原理から，能力や業績による業績原理への転換を如実に示すものでした。こうした試験制度は，次第にその厳格性を失うなど変容しながらも小学校では1900年まで続きます[4]。この時期の日本の小学校はまさに「試験の時代」だったといってよいでしょう。

❸ 試験制度の目的と機能

　この時期の試験制度の目的・機能は以下のようにまとめられます。

　①近代西洋文化という新しい教育内容を教えるためには，これを教えることのできる教師，教科書や教材が不可欠です。しかし当時はこれらが決定的に不足していました。こうしたなかで，試験は教育水準を全国的にある程度統一し，維持・向上させるための重要な手段だったのです。試験の問題数や評点法を詳細に規定し，学務吏員や師範学校教師に試験をおこなわせたのはこのためです。

　②本来試験には，子どもの知識の習得状況を確認し，各等級にふさわしい十分な能力を獲得させて進級，卒業させようという教育的配慮がありました。しかし，原級留置になるような学力不振児のための特別な教育的配慮は存在しておらず，したがって，試験は学力保障のための手段ではなく，単に学力を分類・選別するという機能しかもたなかったといってよいでしょう。

　③試験のもっとも重要な意義として強調されたのは，成績をめぐる競争による学習への動機づけでした。月次試験では席次をめぐる競争，比較試験，そして進級・卒業試験でも褒賞をめぐる競争が組織されました。競争による教育，「勝負」としての勉強といった学習観はこの時代に形成されたものです。

　④試験には学事の奨励，すなわち就学による立身，出世を促す目的もありました。試験が公開され，参観が奨励されたのはこのためです[5]。　　（山根俊喜）

▷4　ただし，中等学校以上の校内試験，中等学校，高等学校等の入学試験として試験制度は引き続き残存していく。

▷5　試験の公開，また試験結果の公開には，試験における情実を廃し，公正に試験をおこなうという意味もあった。

【参考文献】
　天野郁夫『試験の社会史』東京大学出版会，1983年。
　天野正輝『教育評価史研究』東信堂，1993年。
　斉藤利彦『試験と競争の学校史』平凡社，1995年。
　田中耕治編『新しい教育評価の理論と方法』Ⅰ　日本標準，2002年。

3 考査の時代

1 徳育重視策と等級制の放棄

　明治前期の試験制度は**等級制**と深く結びついて成立していました。それは明らかに知育重視を反映した制度でした。したがって，その後，教育目的が知育から徳育へとシフトしていくなかで，試験制度も変容していくことになります。

　小学校教育の知育から徳育への重点の移行は，「知識才芸」（知育）より「仁義忠孝」（徳育）が大切だとした「教学聖旨」（1879年），これを受けて修身科を筆頭教科とした改正教育令（1880年）の時期にすでに始まっていました。この修身科の試験成績には「行状」が含まれており，評価対象は学力だけでなく行動にまで拡大しました。ついで，小学校令（1886年）下では，当時の文部大臣森有礼の「人物第一学力第二」という思想を受けて，卒業時に「人物」と「学力」をそれぞれ「優等」「尋常」で評価する人物査定法が制度化されます（1887年）。さらに，教育勅語の渙発（1890年）と相俟って，第二次小学校令（1890年）では，「国民道徳及国民教育ノ基礎」，すなわち臣民形成のための道徳教育が教育の中心となり，各教科でも「道徳教育ニ関連スル事項ハ殊ニ留意シテ教授センコトヲ要ス」として，教科の徳育化が進展してゆきます。

　同時に，1891年の「学級編制等ニ関スル規則」では，「学級」を，1教師が1教室で最大限担当しうる生徒数という量的基準（たとえば，尋常小学校では生徒数70人未満は1学級に編成するなど）で編成するものとし，第二番目の基準として「学力及年齢ヲ斟酌」することとされました。こうして，試験制度の基盤となっていた等級制は放棄されることになりました。

2 試験批判と試験制度の変容

　第二次小学校令下で，カリキュラムの大綱を規定した「小学校教則大綱」（1891年）では，試験の目的を，「専ラ学業ノ進歩及習熟ノ度ヲ検定シテ教授上ノ参考ニ供シ又ハ卒業ヲ認定スルヲ以テ目的トスヘシ」（第21条）としました。試験は，まず「教授上ノ参考」すなわち教育指導のための資料であるとして教育評価論上正当な位置づけを与えられました。これは教育評価史上画期的なことでした。この背後にあったのは，試験前になると生徒に「一時夥多ノ事項」を課すなど，教育が試験のための教育に堕しており，同時に試験が「妄ニ競争心ヲ鼓舞」しているという自己批判でした。このため，**比較試験**が禁止

▷1　等級制
⇒XIII-1 参照。

▷2　「小学校教則大綱」（1891年）第1条。

▷3　この規則およびその文部省説明では，これまでの「等級」に相当する概念として「学年」が使用されている。ただし，「学年」の規定は明確ではなく，入学後の年数，年齢，学力を混在させた概念となっていた。なお，教員と経費の不足を解消するため，すでに1885年より半年進級制は1年進級制に改められていた。

▷4　比較試験
⇒XIII-2 参照。

され，試験の評点法も，100点法や上中下など比較の意味をもつ評語ではなく，「簡単」な点数や「適当」な評語を使用するよう指示されました[5]。教育勅語のもと，臣民を国家に統合するため共同一致精神を養うには，試験の背後にある個人主義的，能力主義的教育観は廃棄される必要があったのです。

卒業等の認定では，学年末の試験だけではなく「平素ノ行状学業」をも「斟酌」することとされました[6]。各府県では，年数回学校でおこなわれる試験とその他の資料を総合評定して卒業等の認定をおこなうことを規定しました。その際，修身科の行状点の比重は従前よりかなり高まり，「行状」を独立させて評価する動向も生まれました。卒業等の認定は学校長の権限となり，試験問題作成を含む教育評価の権限はようやく教師たちの手に渡ることになりました。

③　考査の時代へ

1900年の第三次小学校令では，以前の試験批判を徹底させ，ついに卒業・進級にあたって試験を用いるのを禁止し，「平素ノ成績」を「考査」して認定することとしました[7]。「考査」は，したがって，教師の日常的評価活動とその総括を意味しているといえます。同時に，考査の結果などを記入する「**学籍簿**」[8]の様式が法定されました。ここでは，従来修身科の成績の一部であった「操行」（行為・行動）が独立して評価されることになっています。各学校で作成された成績考査規定で考査の方法を見ると，教科では「筆答」「設問法」など従来の試験にあたるもののほかに，発問応答，練習帳，作品類，授業中の観察（体操，唱歌）などで評価資料を収集し，月末や学期，学年末に，「甲乙丙丁」といった評語や10点法で総括する。また「操行」では，「心性，行為，言語」などの観点を設け，「操行考査簿」に日頃の観察結果を記録しておき，学期，学年末に「甲乙丙丁」などの評語で総括するという方法がとられています[9]。この操行の評価は，学力だけでなく，子ども全体を対象にするという点では意義を認められます。また，「操行考査簿」は明治末以降「個性観察簿」などと名称を変え，子どもの家庭環境，成育歴，心理的特徴なども記入して「個性」を把握するための帳票として発展していきます。しかし，操行の評価自身は，かなり主観的であり，管理的意味しかもちえませんでした。

考査の時代，評価権は教師の手に渡り，「教育指導のための評価」という理念は成立しました。しかしこの理念は現実のものとはなりませんでした。その原因としては，①目標，教材が厳格に国家管理され，評価結果をこれらにフィードバックして改善するという回路が切断されていたこと，②教案の検閲，教授週録の点検を通じて，教師の教育実践における主体性が奪われ，評価を通じて実践を発展させる自由が失われていたこと，③教科の徳育化にともない目標が**方向目標**[10]化したため評価規準が不明確となり，いきおい主観的な認定評価に陥らざるを得なかったこと，などがあげられるでしょう。　　　　　　（山根俊喜）

▷5　「小学校教則大綱」の文部省説明（1891年）。試験による競争現象を押さえ込もうとしたこうした施策は直ちに実現したわけではない。100点法を採用し続ける学校もあり，席次も残存した。こうした状況のなか1894年，文部省は，席次の上下の廃止や報奨制度の縮小を指示する訓令（第6号）を発している。

▷6　▷5に同じ。

▷7　「小学校令施行規則」第23条。

▷8　**学籍簿**
⇒II- 1　参照。

▷9　教育学術研究会編『小学校事彙（第二版）』（1904年）参照。なお訓育の評価については，すでに1891年「小学校教則大綱」の文部省説明で「児童ノ心性，言語，習慣，偏癖等ヲ記載シ道徳訓練上ノ参考」にするよう指示があり，「性質品評表」「操行査定簿」などといった帳票が作成されていた。

▷10　**方向目標**
⇒IV- 3　参照。

（参考文献）
天野正輝『教育評価史研究』東信堂，1993年。
田中耕治編『新しい教育評価の理論と方法』I　日本標準，2002年。

教育測定運動の功罪

1 アメリカにおける動向

　教育測定運動は，教師の評価が，信頼性の低い，主観的なものであることを明らかにし，評価方法の客観化・科学化に尽力した運動です。この結果として大正末期から昭和初期の日本において，知能テスト，学力テスト，性格テスト，適性テストなどが多く作成され，公教育へ影響を与えました。このきっかけとなったのは，アメリカにおける教育測定の理論の紹介・導入です。

　アメリカにおいては，学力評価のために伝統的に採用された口頭試問や論文体形式の筆記試験は，出題や採点が曖昧で主観的であると批判されました[1]。そこで，数量的な資料を得て教育の合理性や教育効果を高めることを目的として，教育測定運動が登場しました。この運動の指導者の一人がソーンダイク（Thorndike, E. L.）でした。彼は「全て存在するものは，何らかの量において存在する」と主張し，学力は測定可能であると主張しました。このとき，その尺度となるものを，ある一定の集団のなかでの相対的な位置関係においたのです。その後アメリカでは標準テストの作成がさかんになり，1920年代には1300種類にも及びました。また，フランスのビネー（Binet, A.）によって作成された**ビネーテスト**を輸入し，ターマン（Terman, L. M.）によってその標準化が完成しました[2]。

　しかし，1930年代になると，新しい学習心理学や教育学が出現し，教育測定運動が批判され始めます。たとえば，人間を要素的に測定するのではなく，全体的，有機的，統一的に把握するべきであるという主張や，教科目中心主義を批判し，子どもの生活や経験を重視する主張が現れました。何より重要だったのは，子どもの能力を客観的に測定することよりも，教育的はたらきかけの適切さを評価することが教育に必要な評価であるという主張の登場でした。

2 日本における教育測定の導入

　アメリカにおける教育測定運動の進展は，日本の教育界にも大きな影響を与えました。岡部弥太郎や田中寛一らは，アメリカにおける教育測定の理論と方法の導入に中心的な役割を果たした人物です。彼らは，それまでの日本の成績**考査**法の欠点として，①客観性に欠ける面が多いこと，②考査の標準が不明確であること，③要素の分析がなされていないから「何を測定するか」が明瞭でないこと，を指摘しました[4]。これらの欠点を克服するべく，学業成績考査法の

▷1　実際に，同一答案に対して，採点者が異なった場合には採点も分散することが明らかになった。

▷2　ビネーテスト
⇒ Ⅰ-1 参照。

▷3　考査
⇒ ⅩⅢ-3 参照。

▷4　天野正輝『教育評価史研究』晃洋書房，1993年，207-221頁。

230

改良が目指され，標準テストが次々に作成されました。このときに，テストの客観的信頼度を得るために導入されたのが，**正規分布曲線**[5]です。多数者を対象に調査をおこなえば，その結果は正規分布曲線になり，その中央値が標準になるはずだと考え，実際に大規模な調査を実施して標準尺度を得ました。その結果を用いて子どもの学力を測定すれば，客観的な評価になりうると考えたのです。また，知能検査法が日本に紹介されたのは，1908年のことです。三宅鉱一がビネーを初めて紹介し，また，久保良英，鈴木治太郎らが，1920年前後に標準化を進め，知能テスト隆盛の基盤をつくりました。

③ 個性の測定

　日本の教育測定運動は，学校教育における個性尊重の主張と結合したところに特徴があります。明治末期から徐々に明らかになった学力格差問題が，大正期の**自由教育**[6]の隆盛とも相まって，個人差に応じた教育，個性尊重の教育への要求を生み出していたためです。個性を客観的にとらえるための科学的根拠として教育測定が位置づけられ，個性調査簿が作成されました（図13.4.1）。「個性尊重」といえば聞こえはよいのですが，正規分布曲線を用いて個性の要素を測定できると考えたために，能力素質決定論に結合してしまいました。

　その結果，子どもたちにより適した教育をおこなう科学的根拠となるはずだった教育測定は，子どもたちの教育可能性を無視し，子どもたちの進路を決定するための道具となってしまいました。そのころ進学競争が激化していた影響もあり，個性調査は産業界の労働力調達政策の重要な根拠として位置づけられました。客観的な評価方法や技術を開発・使用しても，子どもの願いや関心が看過されてしまうことに疑問を感じて，子どもの書いた作文（綴方）を中心におくべきだとの主張もなされました。[7]

（川地亜弥子）

▷5　正規分布曲線
⇒Ⅱ-2 参照。

▷6　自由教育
定められた教育内容を教師が子どもに伝達する画一的・注入主義的な教育を克服し，子どもの興味や関心を中心とした教育を目指したもの。大正デモクラシー運動を基盤としており，19世紀末から20世紀初頭にかけて欧米で広まっていた新教育運動の影響を大きく受けている。大正自由教育の実践校としては，明石女子師範附属小学校，奈良女子高等師範学校附属小学校，私立成城小学校などが有名である。

▷7　こうした主張は生活綴方の実践者から行われた。
XIII-5 参照。

（参考文献）
天野正輝『教育評価史研究』晃洋書房，1993年。
田中耕治『教育評価』岩波書店，2008年。

分配曲線

			(1) 10%	(2) 20%	(3) 40%	(4) 20%	(5) 10%
知能	一般智能	1 学科成績（とくに知的なもの）	極く悪い	あまり良くない	普通	かなり良い	非常によい
		2 もののわかり	非常にわかりが悪い	あまりわかりが良くない	同	かなり良く理解する	非常によく理解する
		3 新しい境遇に対する順応（新教材新教法新遊戯）	ほとんど順応ができない	あまり順応がよくない	同	割合に順応ができる	非常によく順応ができる
	推理	1 算術の応用問題解法	考え方が非常に疎漏である	あまり良くない	同	比較的よくできる	非常によくできる
		2 理科学習における理論の帰納ならびに応用	ほとんどできない	あまりできない	同	比較的よくできる	非常によくできる

図13.4.1　個性調査票記入手引

出所：山極武利「東京市小学校における個性調査票」『心理學研究』個性調査特集号，1931年10月，74頁。
　　　読みやすくするために，現代仮名遣い，より少ない漢字まじり文に改めた。

生活綴方の評価

❶　生活綴方とは何か

　生活綴方は，1920年代ごろの小学校で始まり，1930年代に生活と教育と科学の結合をねらいとして展開された教育実践です。東北の**北方教育運動**がよく知られています。生活綴方の指導は，子どもたちが日常生活のなかで見たこと，きいたこと，したこと，感じたことをありのままに書かせ，発表させ，それを子どもと教師が共同で合評しあい，さらにまた書かせるという過程から成り立っています。このような指導のなかで，教師は二つのリアリズムを大切にしました。一つは子どもの見かた，行いかた，感じかた，考えかたをそのまま受けとめ，表現させるという，子どもの表現のリアリズムです。もう一つは，ありのままに書かれた綴方やそこに現れた子どもの実感を大切にし，そこから飛躍のない教育的働きかけをおこなうという，指導のリアリズムです。

❷　生活綴方の評価の特徴

　生活綴方は，このように子どもたちの表現のリアリズムと指導のリアリズムを基本とします。ですから，生活綴方を重視する教師は，評価規準が子どもたちの実感とかけはなれているような場合や，子どもの学びかた，生きかたを具体的にとらえることができず，子どもの豊かな変容や教育の改善に結びつかない評価に対して，強く批判してきました。

　たとえば，**東井義雄**は兵庫県の優れた綴方教師ですが，5段階**相対評価**について，1学期の3と2学期の3では内容が違うはずなのに「3」としか表現できず，具体的な子どもの認識の伸びやつまずきをとらえられないことを強く批判しました。つまり，一人ひとりの子どもの具体的な考えや表現をとらえることのできない点で，相対評価を否定したのです。また，子どもの誤りについて，大人から見れば間違った考えかたであっても，ただ否定の対象にするのではなく，そのような誤りがうまれた論理を理解し，指導することによってこそ，子どもは生活のなかで生きて働く学力を身につけることができると主張しました。東井は，子どもなりの，生活の実感に根ざした考えかたを「生活の論理」とよび，この「生活の論理」が「教科の論理」によって高まるような指導こそ目指すべきだと考えたのです。

　東井の主張に端的に示されるように，生活綴方における評価は，子どもたち

▷1　北方教育運動
東北地方特有の風土・文化・経済的状況に立脚しながら，子どもの生活と表現（主として綴方）によりそった指導を目指した教育運動。雑誌『北方教育』（1930-1933年，復刻版が宣文堂書店から出ている），戸田金一・太郎良信・大島光子編著『手紙で綴る北方教育の歴史』（教育史料出版会，1999年）などを参照のこと。

▷2　東井義雄（1912-1991）
兵庫県の綴方教師。1957年に『村を育てる学力』（明治図書）を発表し，「教科の論理」（各教科がもっている科学的な体系）は，子どもが生活のなかで身につけた思考や行動である「生活の論理」によって主体化されなければ，子どもの本当の力とはならないと主張し，日本の教育界や思想界に影響を与えた。兵庫県但東町に東井義雄記念館がある。

▷3　相対評価
⇒Ⅱ-2 参照。

のリアルな認識に根ざし，何をどう学び，以前に比べて何が成長・発達したのか具体的に評価する**個人内評価**を基本として，指導の改善を目指す点に特徴があります。いわば，二つのリアリズムをもつことによって，他者との比較ではないその子なりの伸びを把握し，そのうえで教育活動全体が評価されるという教育評価の構造をもっているのです。ここでの教育活動とは，単に教師の指導のみならず，教材の適否，学校におけるカリキュラム，親の要求や地域のありかたと教室や学校の関係などについても含まれます。このことから，生活綴方は，教育目標を子どもの外側にある不変のものと見なすのではなく，子どもの表現をていねいに読みとることによって，確かな学力を育てるためにどのような目標や教材・教具がふさわしいのかということを問い直すという，子どものための教育評価の主張をおこなったものだといえるでしょう。

　ちなみに，東井義雄は，自らの主張を学校全体の評価改革に結びつけ，子どもたちが何をどのように学んだのか具体的にわかる通知票づくりにもとりくみました[5]。

③　子どもの表現のリアリズムの指導

　綴方を指導する教師は，子どものありのままの考えを重視するからといって，正しい文章記述ができなくてもよい，と考えているわけではありません。ことばにならないもやもやとした考えは，ほうっておけば他者にわかる表現とはならずにそのまま意識の奥底へ沈んでいきます。考えを自分にも他者にもわかるように表そうとするならば，言語化する必要があります（もちろん，絵画や音楽作品，身体表現として表すこともあります）。そのために必要な表現力の育成，認識能力の向上は重視しています。ただし，子どもの生活と認識や要求の表現と表現技術の関係や指導については，繰り返し論争がおこなわれており，生活綴方を指導する教師の間でも，まだ決着のついていない問題です[6]。

④　形成的評価と子どもの自己評価

　生活綴方では，教師が「どうして○○さんはこうしたのかな」「そのときにどうしてそう考えたのかな？」と問い，**形成的評価**をおこなうことで，子どもは自分のそれまでの見かたや考えかたを見つめなおすことを盛んにおこないます。つまり，子どもに認識と表現のリアリズムを要求するがゆえに，子どもは「**概念くだき**」をたえずおこなうことになるのです。そのため，作品を綴る過程で，子どもたちはたえず自己評価をすることになります。ここでの自己評価は，単に表現技術の見直しにとどまるのではなく，子どもの生きかたそのものを問い直す過程にもなる点が，生活綴方の評価の特徴の一つであるといえます。

（川地亜弥子）

▷4　個人内評価
⇒II-3 参照。

▷5　東井義雄の通知票づくりについては X-2 と XIII-7 を参照。

▷6　1970年代におこなわれたいわゆる「野名―田宮論争」は，この点について生活綴方の実践者の間でおこなわれた論争である。日本作文の会編『日本の子どもと生活綴方の50年』（ノエル社，2001年）が参考になる。

▷7　形成的評価
⇒I-4 参照。

▷8　概念くだき
子どもが既に持っているものの見方，考え方などについて本当にその見方でよいのかどうか問い直し，再考を迫ること。

（参考文献）

中内敏夫『中内敏夫著作集　1　「教室」をひらく──新・教育原論』藤原書店，1998年。

田中耕治『学力評価論の新たな地平』三学出版，1999年。

川地亜弥子「戦前生活綴方における教育評価論の構造──1930年代の『集団的合評作業』の分析を中心に」『教育方法学研究』第30巻，2005年。

豊田ひさき『東井義雄　子どものつまずきは教師のつまずき──主体的・対話的で深い学びの授業づくり』風媒社，2018年。

「教育評価」の導入

タイラーによる「エバリュエーション」概念の創出

▷1　教育測定運動
⇒XIII-4 参照。

　アメリカで，「エバリュエーション」概念を創出したのは，タイラー (Tyler, R. W.) です。彼は，ソーンダイク (Thorndike, E. L.) やターマン (Terman, L. M.) に代表される**教育測定**派と激しい論争をおこないました。「テストで測ることのできるものが学力である」というような自己目的的な測定について，評価規準は教科を構成している本質的な教育目標そのものであると反論したのです。さらに重要なことは，ある子どもが教育目標に未到達であると診断した場合には，その「治療的授業」を実施するとしたことです。

　現代では，ある教育内容を習得できなかった子どもに，わかるように再度指導するということは当然のことでしょう。しかし，1930年代においては，教育測定運動に社会ダーウィニズムが浸透しており，測定することは，子どもの生得的な素質や個人差を通告することであって，決してわからない子どもにわかるように教えるためではありませんでした。逆にいえば，「エバリュエーション」概念によって，子どもに対する優劣のレッテル貼りではなく，子どもの発達権を保障する評価が登場したということなのです。しかも，教育目標は認知的な側面だけでなく，関心・態度などの情意面も含めた高次の精神活動も含むものと考えられ，そのための評価方法も多様であるべきことが提案されました。このおかげで，教育目標と教育評価は分断されたものではなく，有機的な関係にあるととらえられるようになりました。

② 日本における「教育評価」の主張の登場

　日本で「教育評価」の主張が現れるのはいつのことでしょうか。XIII-5 で紹介した生活綴方は，日本における教育評価の源流の一つですが，本格的に教育評価の主張がなされるのは，戦後直後にアメリカから「エバリュエーション」概念が導入されたときです。ただし，その導入の構図はいささか複雑でした。というのも，日本において教育評価の概念の導入の担い手となったのが，戦前に教育測定の研究をおこなっていた教育心理学者であり，しかもそれぞれの学者の立場の相違が，紹介のしかたにも反映したためです。また，アメリカで「エバリュエーション」を標榜していたもののなかに，教育評価の理論というよりは教育測定を修正した理論（修正測定派）があったため，日本に紹介され

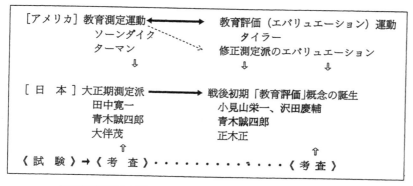

図13.6.1 測定運動と教育評価についての日米の理論構図

出所：田中, 1996年, 40頁。

た「エバリュエーション」概念は，実に多様な内容をもつことになりました（図13.6.1）。

❸ 「教育評価」と「教育測定」の間

　「教育評価」の意義を強調したのは，青木誠四郎，長島貞夫などです。『学習指導要領一般編』（1947年版）の作成に参画した青木誠四郎は，タイラーの「エバリュエーション」概念を，「先生が自分の指導を反省して，これからの指導の完全を期するためにするもの」と受容しました。また，長島貞夫は，「教育評価」概念と「教育測定」概念の相違を明確にしたうえで，教育評価とは測定を「弁証法的に止揚」して自己のなかに包摂しており，しかも価値に関連するものであると主張しました。

　しかしながら，このように教育評価の意義を強調する意見は徐々に後退し，「測定と評価」について調和的に理解しようとする論調が強くなります。増田幸一は，「測定」論は「知能的発達及び学習上の成果」を把握し，「測定」以外で「評価」に含まれるものが「行動・興味・要求・適応などの実相をとらえる活動」と「学級・学校の経営や地域社会の教育運営」であると述べました。そして，この「評価」に含まれるものについて，その評価方法の客観性・信頼性を確保するという課題を課すのです。こうなると，教育評価においても，その評価の方法が問題だということになります。事実，戦後初期の「教育評価」関連の文献では，測定・評価の方法にかんする記述が大部分になるのです。指導の反省の契機としての教育評価や，教育的価値とその具体化としての教育目標にもとづいてこそ教育評価であるという発想が後退していきました。

　このようななかで，手段（どのように測定・評価するのか）よりも，目的・目標（何のために何を測定・評価するのか）という教育的価値に根ざして評価することの重要性が注目されるようになります。「**通信簿論争**」や「**到達度評価**」は，このような背景をもって登場するのです。

（川地亜弥子）

▷2　青木誠四郎「考査は何のためにするか」『新しい教室』1948年2月，73頁。

▷3　長島貞夫「エヴァリュエーション」『新教育事典』平凡社，1949年，24頁。

▷4　通信簿論争
⇒XⅢ-7 参照。

▷5　到達度評価
⇒Ⅱ-4，XⅢ-8 参照。

（参考文献）

　天野正輝『教育評価史研究——教育実践における評価論の系譜』晃洋書房，1993年。
　田中耕治『学力評価論入門』法政出版，1996年。
　田中耕治『教育評価』岩波書店，2008年。

7 通信簿論争

▷1　相対評価
⇒ II-2 参照。

▷2　この方針は、1971年の指導要録改訂時に、「通信簿の記載の仕方は自由、しかし原簿としての指導要録記入は原則として相対評価。ただし、5段階に機械的に割り振ることのないように」と明記された。なお、通信簿は学校と家庭の連絡簿の一つとして考案されたものであり、通知表、通知票、あゆみ、などさまざまな呼称が使用されているが、ここでは通信簿で統一することにする。通信簿については X「通知表」も参照。

▷3　全国一斉学力調査
⇒ XII-2 参照。

▷4　東井義雄
⇒ XIII-5 参照。

▷5　このほか、東京荒川区の第七峡田小学校では、1967年に、5段階相対評価型の通信簿のほかに、3段階到達度評価による副表を出した。親や子どもたちには概して好評だったようだが、教師には二重の負担を強いるものであった。第七峡田小は、翌68年に本表を到達度型の通信簿に変えている。

▷6　目標に準拠した評価
⇒ II-5 参照。

▷7　2001年版指導要録が目標準拠評価型に変わったことで、二重帳簿問題は解

1 「通信簿論争」とは何か

　通信簿論争は、1969年2月、「長谷川モーニングショウ」というテレビ番組に、ある保護者から投書が寄せられたことから始まります。投書の内容は、「子どもの成績について、クラスのなかであらかじめ5が何人、1が何人と決められているのは不合理である」というもので、親の立場から**相対評価**[1]の矛盾を告発したものでした。これが大きな波紋をよび、ついに当時の文部次官が「通信簿と指導要録は別であって、前者は学校の自由に任されている」との見解を表明をするに至ります[2]。

　文部次官の発言は、学校現場に大きな衝撃を与えました。というのも、当時の教師のほとんどは、通信簿と指導要録は同じ内容でなければならないと認識していたからです。文部次官の発言によって、教師たちは、通信簿を自分たちの裁量で変えることができると認識を新たにし、改革をさかんにおこないました。このとりくみは、通信簿づくりという限られた範囲からではありましたが、教育評価の意識化を通して学校づくりや教育目標の問い直しをおこなう契機となりました。

　また、通信簿は、子どものテストの成績の相対的な位置を一方的に通告するものではなく、子どもや家庭に何をどの程度学んだのか具体的に伝え、子どもの成長を確認し、家庭での学習に役立てたり、目標に未到達の学習内容について再度わかるように教えてもらうことを要求するための道具として認識されるようになりました。

　また、通信簿論争は、学者や教師ではなく、これまで教育評価の場から締め出されていた保護者からおこされたという点でも、重要でした。1960年代は、**全国一斉学力調査**[3]（いわゆる「学テ」）の実施、高校進学率の高まりによる受験競争の激化などから、競争原理にもとづく序列主義や悪しき能力主義が学校を支配していました。評価とは選別と管理のためのものと考えられた時代だったのです。このような目的には相対評価が適していたのですが、教師や保護者がその非教育性について強い疑問を抱くようになったのです。

2 通信簿改革

　1970年代になると、先に述べた通信簿論争の影響で、通信簿改革が一気に全

国に広がりました。もちろん，1960年代にも，相対評価型の通信簿の問題点を自覚した学校から，通信簿の改善に向けた先駆的なとりくみが報告されていました。たとえば，兵庫県八鹿小学校では，校長の**東井義雄**▷4を中心として通信簿改造にとりくみ，1967年には相対評価を廃した通信簿を作成しました▷5（図13.7.1）。

1970年代の初頭の通信簿改善のとりくみでは，その名称を「あゆみ」「さかみち」といった親しみやすいものに変えたり，評点ではなく「できる，ふつう，がんばろう」などの評語に変えたりしました。

学 習 の 状 況	○十分でない ◎できる ◉よくできる				
教科	観　　　　　点		所	見	
			1	2	3
〰〰〰〰	〰〰〰〰〰〰〰〰〰〰〰〰〰	〰	〰	〰	〰
算	学 習 の 態 度				
	数と計算	100までの数がわかる。			
		二位数の構成がわかる。			
		たしざんができる。			
		ひきざんができる。			
数	量と測定	大きさ，長さ，かさなどの量の比較ができる。			
		何時，何時半など時計が読める。			
	図形	図形について理解する。			
	文章題	文にかいた問題がとける。			

（図13.7.1　八鹿小学校第一学年通信簿　算数「学習の状況」欄）

出所：東井義雄『「通信簿」の改造』明治図書，1967年，56頁。

た。とりわけ重要なことは，学習指導要領に示された目標や教科書の内容を分析して各教科ごと，単元ごとに目標を整理し設定する努力がなされたことでした。

❸　通信簿改革の限界

当時の通信簿改革は，相対評価の非教育性の克服を目指した点で画期的なものでした。しかし，現代から見ると不十分な点も多くありました。

第一に，通信簿の様式や名称や記載内容が変わっても，結局相対評価は残存し，5段階の人数配分を機械的におこなわないようにするという程度の改革にとどまりました。これでは，日常の授業の変革には結びつきません。評価が教育実践への変革と結びつくには，相対評価ではなく，**目標に準拠した評価**▷6が必要です。

第二に，通信簿は5段階相対評価から解放されても，その原簿となる指導要録の評定欄は原則として5段階相対評価で記入しなければならず，「二重帳簿」の事態を招いたことです。教師の負担が二重になるだけでなく，評価が通信簿と指導要録で異なるという点で，子どもや保護者に不安をもたらしました。▷7

第三に，相対評価のもつ非教育性の批判から，評価も評定も差別と選別の手段であって，教育には無用なものととらえて否定する動きが出てきました。▷8このような無評価や一律評価の動きは，評価活動が子どもたちを分類し選別する機能を担っていた当時の日本では，強い説得力をもっていました。しかし，無評価論は，子どもたちの具体的なつまずきを放置して，学校や教師が関知しないでよいことになり，教師の責任を事実上放棄させることにつながります。このような問題点を克服するものとして，**到達度評価**▷9が登場するのです。

（川地亜弥子）

決されることになった。その一方で，これまでの入試では相対評価や偏差値に依存してきたことを背景に，子どもや保護者から，学校での評価だけを頼りに進学先を決定することは危険ではないかといった不安が生まれたり，入試を実施する学校から，どこまで内申書を信頼していいのかわからないという声が上がっている。この点については，☒「入試制度」を参照のこと。

▷8　たとえば，1972年には立川二中で，ある教師が音楽について，「全員が楽しく学んだ」という理由で通信簿にオール3をつけるという問題がおきた。

▷9　到達度評価
⇒ Ⅱ-4，ⅩⅢ-8 参照。

（参考文献）

天野正輝『教育評価史研究——教育実践における評価論の系譜』東信堂，1993年。

村越邦男『子どものための教育評価』青木書店，1978年。

田中耕治『教育評価』岩波書店，2008年。

8　到達度評価の登場

▷ 1　相対評価
⇒ II-2 参照。

▷ 2　通信簿論争
⇒ XIII-7 参照。

▷ 3　到達度評価
⇒ II-4 参照。

▷ 4　教育の現代化
科学技術の急激な進歩と質的な高度化に対応するために，学校の教科内容に現代の科学・技術・文化の到達点を反映させようとした。戦後の経験主義教育に対する批判意識に貫かれていたが，これによって子どもの経験を軽視し，悪しき詰め込み教育につながる傾向を生み出した。

▷ 5　1971年6月に全国教育研究所連盟が「授業についていけない子が半数以上いる」という衝撃的な調査結果を公表したことが，この批判の発端となった。全国教育研究所連盟編『確かな学力を育てるために』（ぎょうせい，1986年）参照。

▷ 6　到達目標
⇒ IV-3 参照。

▷ 7　中内敏夫『増補　学力と評価の理論』国土社，1971年，172頁。

 差別と選別の相対評価から，学力保障のための評価へ

　相対評価（集団準拠評価）の問題点が**通信簿論争**を通して明らかになるなかで，アメリカより移入されたブルーム（Bloom, B. S.）学派の影響も受けて，1970年代中頃に，子どもたちに教えるべき目標に準拠して評価することを主張する「**到達度評価**」が誕生します。到達度評価は，子どもたちを差別・選別するのではなく，子どもたちの「学習権」保障や学力保障を目指しました。特筆すべきことは，到達度評価が学者や教師によってのみ推進されたのではなく，「すべての子どもに確かな学力を」という保護者の願いを原動力としながら展開されたことです。

　この背景には，文部省が1968年の学習指導要領の改訂で，高度経済成長社会に対応するための「**教育の現代化**」路線を明確に打ち出し，その結果，多量の教材の詰め込み授業と，「落ちこぼれ」を生み出したという批判の高まりがあげられます。学校における激しい序列主義によって，「できない子」は人格まで否定されるような状況が生まれてきたのです。このような状況は，子どもの学習権を否定し，学校や教師のわかるように教えるという責務を放棄したものといわざるをえません。これを批判し，「わからなければ，わかるように教えてもらう」という権利を求めて，保護者が声を上げたことは，当然のこととともいえますが，非常に勇気のある行為でもあったのです。

2　目標と評価は表裏一体のもの

　到達度評価の第一の特徴は，目標論と評価論を表裏の関係としてとらえた点にあります。相対評価であれば，「何を」「どのように」という基準を設定しなくても評価ができてしまいますが，到達度評価では，子どもたちに教える価値のある**到達目標**が設定され，その目標を基準としてはじめて評価が可能になるのです。到達目標は，「二次関数ができる」「江戸時代の産業構造がわかる」というように，具体的に示されます。この到達目標は，「国民の生存権の文化的側面を構成する学習権（教育をうける権利）に対する国家（共同体）の義務」として，厳しく吟味して設定されることとなりました。とりわけ，京都と東京で，実践的な検討を加えながら，研究，運動が進められていきました。京都府教育委員会では，実践研究の成果をふまえて，1975年2月に『研究討議のための資

料・到達度評価への改善を進めるために』を作成し，京都府下の市町村教育委員会や各学校に配布しました。

また，到達目標は，子どもの学習権保障のために設定しますので，目標に到達できなかった場合に，子どもに原因を押しつけるのではなく，子どもの学びの事実に即して教育実践を見直します。これが到達度評価の第二の特徴です。

③ 形成的評価の主張

この立場を明確に表しているのが，「**形成的評価**[8]」の主張です。従来，評価は実践の最後にのみ実施していましたが，教育実践の改善に役立てようとすれば，指導の過程で評価する必要があります。形成的評価とは，「ネブミ」行為ではなく，目標とした教育内容を子どもが習得できなかった場合には回復学習を，十分に習得した場合には発展学習を用意するためのものであり，まさに実践を改善し子どもの確かな学力を保障するために不可欠な評価なのです。ここでの回復学習，発展学習は，機械的に設定されるものではなく，子どものつまずきの分析や，子どもの興味や関心を十分理解したうえで指導されます。

④ 教育課程の民主編成と自主編成

このような到達度評価は，学校における教育課程編成の方法原理として，従来から重視されていた自主編成だけでなく，民主編成を要求しました（民主編成と自主編成は，相互に影響しあい，よりよく改善される関係が目指されています）。まず自主編成とは，各教師や学級が工夫して，子どもたちの条件に適した授業づくりをおこなうことです。しかし，これだけでは，すべての子どもがたしかな学力を身につける改革としては不十分です。というのも，自主編成に頼るのみでは，学力の保障が各教師の努力に一任されてしまうことになり，学校として公的に学力保障をおこなっているとはいいがたいからです。

そこで，到達度評価では，とくに到達度評価型の通知表づくりに着手するなかで，学校の教職員集団の民主的な合意にもとづいて到達目標づくりをおこなうという，教育課程の民主編成をおこないました。一教師，一学級のとりくみとしてではなく，学校全体で子どもたちのたしかな学力を保障する必要性が自覚されたことが学校全体の改革へと展開される原動力になりました。教育評価の改革が，また，学校内での改革にとどまらず，評価制度の改革，とりわけ入試制度の改革へと広がり，教育システムや社会システムの改革をも射程に入れることとなったのでした。

2001年版指導要録は，**目標に準拠した評価**[9]を全面的に採用したものとして注目を集めましたが，子どものたしかな学力を保障し，教育実践を改善し，学校をよりよく変革する評価となるよう，到達度評価の知見をふまえ，開かれた議論によって鍛えられる必要があるでしょう。

（川地亜弥子）

▷8 形成的評価
⇒ I-4 参照。

▷9 目標に準拠した評価
⇒ II-5 参照。

（参考文献）
全国到達度評価研究会編『だれでもできる到達度評価入門』あゆみ出版，1989年。
天野正輝『教育評価史研究——教育実践における評価論の系譜』東信堂，1993年。
田中耕治『教育評価』岩波書店，2008年。
小林千枝子『戦後日本の地域と教育——京都府奥丹後における教育実践の社会史』学術出版会，2014年。

「関心・意欲・態度」の重視（新しい学力観）

① 「新しい学力観」とは

「新しい学力観」とは，1989年の学習指導要領改訂において重視されたテーマを指し，知識などの簡単に可視化できるものだけでなく，態度や思考力といった目に見えにくい力をも学力として重視しようとする考え方です。

これが提唱された背景の一つとして，1984年から1987年に設置されていた臨時教育審議会が最終答申において，個性重視の原則を最も重視すべきものとして提示したことは重要です。21世紀に向けて，国際化や情報化といった大きな社会変化に適応できる個性的で創造的な人材を生み出すために，「知識・情報を単に獲得するだけではなく，それを適切に使いこなし，自分で考え，創造し，表現する能力」を育むことが提言されたのでした。

これを受けて，1989年に改訂された学習指導要領の総則は冒頭で，「学校の教育活動を進めるに当たっては，自ら学ぶ意欲と社会の変化に主体的に対応できる能力の育成を図るとともに，基礎的・基本的な内容の指導を徹底し，個性を生かす教育の充実に努めなければならない」という一般方針を掲げています。これが，1991年版指導要録に係る通知等においては「新学習指導要領が目指す学力観」として語られ，やがて人口に膾炙する過程で「新しい学力観」や「新学力観」と呼ばれるようになりました。

この「新しい学力観」のあり様を象徴的に表しているのは，指導要録における観点の示し方です。一つ前の1980年版においては①知識・理解，②技能，③思考・判断，④関心・態度という順に示されていました。これが1991年版では，①関心・意欲・態度，②思考・判断，③技能・表現，④知識・理解というように，全く逆転してしまったのです。[1] 順番が入れ替わっただけですが，当時の教育関係者には重要な違いでした。なぜなら，行政文書においては，記述される順番が優先順位を表すのが慣例だからです。一番大切だとされていた知識・理解が最下位に落とされ，最後に並んでいた関心・意欲・態度が筆頭となったのですから，その驚きは相当なものだったでしょう。

「新しい学力観」の提唱は，現在にいたる教育の行く末を決めた重要な転換点でした。2017年の学習指導要領改訂にいたる議論においても，態度は重視されています。「学びに向かう力・人間性等」は「学びを推進するエンジン」であり，知識や思考力の方向性を決定づける重要な要素だとされているのです。[2]

▷1　参照。

▷2　文部科学省中央教育審議会教育課程部会「教育課程企画特別部会　論点整理」2015年8月26日。

❷ 「新しい学力観」の功罪

　「新しい学力観」を理解するために，当時しばしば用いられたのが，図13.9.1の「氷山モデル」です。これは「知識・理解」などの見えやすい学力が，実は，見えにくい「関心・意欲・態度」などに支えられていることを表現したものです。見えにくい学力への注目を促すことで，知識や理解が単なる暗記ではなく，学習者にとって生きてはたらく力となることが期待されました。

　「新しい学力観」は，それまで並列されているだけだった観点間の関係性を示すために役立ったとも評価されています。例えば谷川彰英は，1991年版に示された観点の順番を，授業の流れに即応したものだと解釈しています。「まず授業では子どもたちの関心・意欲・態度を喚起し問いながら，思考・判断させ，その過程で技能・表現の力をつけ，最後に知識・理解に到達するという流れ」[3]，つまり観点の循環的機能を示すものだというわけです。評価のタイミングや質も示唆しておりわかりやすい説明です。また，内容を理解していれば関心が生れ，関心をもっていれば内容の理解が促進されるという関係性は，直感的に納得しやすいものでしょう。

　しかしながら，知識・理解と態度とは，簡単に分離して評価できるようなものなのでしょうか。たしかに，学習を深める中で，習得したことが生活態度や生き方に影響を与えたり，学習内容をいっそう好きになったりすることはあります。遠い教育目的として，そういったものを見すえることは大切でしょう。だからといって，授業中の姿勢の良し悪しや学習内容に関する好き嫌いを「成績」とすることは，個人の価値観や人格への差別を招きかねません[4]。残念なことに，「関心・意欲・態度」を，授業中の挙手の回数やノートの提出回数といった，学習内容とは直接に関係しない要因によって評価しようとする向きは，現在に至るまで無くなっていません。こうした誤解への注意は，2019年の指導要録改訂でも依然として強調されています[5]。

　また，評価すべき項目として態度を強調すること自体に対しても批判が加えられています。例えば，態度や意欲といったものは生活環境の豊かさに影響を受けることが多いため，格差の保存や拡大につながってしまう恐れがあります。さらに，態度を重視する近年の動向によって，公的に定められた価値観にそぐわない人が排除されるような状況が広がってしまう危険性もあります[6]。態度などに注目することは，しばしば教育評価の視野を広げてくれることもありますが，同時に課題も抱え込んでいるのです。

（中西修一朗）

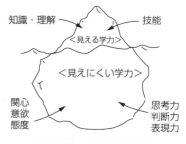

図 13.9.1　氷山モデル

出所：梶田叡一『教育における評価の理論 I 学力観・評価観の転換』金子書房，1994年をもとに作成。

▷3　谷川彰英「生活科における〈子どもをとらえる評価〉」『現代教育科学』1991年5月号（谷川彰英『問題解決学習の理論と方法』明治図書，1993年に再掲）。

▷4　中内敏夫「学力の三層構造への疑問」『別冊現代教育科学』第1号春季号，明治図書，1964年，92-110頁（中内敏夫『学力と評価の理論』国土社，1971年，93-117頁に再掲）。

▷5　文部科学省「小学校，中学校，高等学校及び特別支援学校等における児童生徒の学習評価及び指導要録の改善等について（通知）」2019年3月29日。

▷6　本多由紀『教育は何を評価してきたのか』岩波書店，2020年。

「総合的な学習の時間」導入のインパクト

① 「総合的な学習の時間」の導入

　教育評価においては，教育内容を子どもたちがどのように学び取るか（**教育目標**▷1）を教師一人ひとりが具体的に考えることが大切なのですが，ともすれば学習指導要領や教科書に示された教育内容を教師が一方的に読みあげるだけでも授業時間をこなすことはできてしまいます。しかし，1998年の学習指導要領改訂によって，学習内容が示されていないような学習の時間が出現して，状況は変化します。「総合的な学習の時間」です。

　この時間が設定された背景には，1996年7月の中央教育審議会が示した「子どもに『生きる力』と『ゆとり』を」という方針がありました。有為転変の世の中において求められる学力を，「自分で課題を見つけ，自ら学び，自ら考え，主体的に判断し，行動し，よりよく問題を解決する資質や能力」，「自らを律しつつ，他人とともに協調し，他人を思いやる心や感動する心など，豊かな人間性」，「たくましく生きるための健康や体力」といった全人的な「生きる力」であると見定め，教育環境に「ゆとり」を確保しようと呼びかけるものでした▷2。これをふまえ，1998年7月の教育課程審議会答申では「総合的な学習の時間」が提示され，「[生きる力]をはぐくむことを目指す今回の教育課程の基準の改善の趣旨を実現する極めて重要な役割を担うもの」▷3として期待されたのです。

　従来の教科は，目標や内容が細かく設定されていました。しかし，「総合的な学習の時間」は，児童生徒が自らの興味・関心に基づいて課題を見つけ・学び・考え・判断する時間です。この性質上，国が個別の目標や内容等を一律に定めることは好ましくありません。そのため，各学校において創意工夫を凝らすべきであるとされました▷4。評価についても，試験の成績等の数値によって評価するべきでなく，「児童生徒のよい点，学習に対する意欲や態度，進歩の状況などを踏まえて適切に評価▷5」することとされたのです。当初，指導要録での評定を行わず所見等を記述するのみに留めることも一例として示唆されました。

　このように，学習の目標や内容の設定，評価のあり方までが各学校や教師に委ねられることは，戦後の教育課程の歴史において久しく無かったことでした。教科の時間が削減されてこの時間が設定されたために，学力低下を呼びこむのではないかとも懸念されました（**学力低下論争**▷6）。この時間をどのように運営するのか，その成果をどう評価するのかといった課題は，各学校や教師のあり方

▷1　教育目標
⇒IV-1 参照。

▷2　文部省中央教育審議会「21世紀を展望した我が国の教育の在り方について」1996年7月19日。

▷3　文部省教育課程審議会「幼稚園，小学校，中学校，高等学校，盲学校，聾学校及び養護学校の教育課程の基準の改善について（答申）」1998年7月29日。

▷4　1998年版学習指導要領では，総則において700字あまり触れられているのみで，この時間について説明した章も設定されていなかった。

▷5　文部省教育課程審議会，前掲書。

▷6　学力低下論争
⇒XII-1 参照。

を問い直す契機となったのです。

❷ 「総合的な学習の時間」への対応

　この時間への対応に迫られた学校の中には，教科授業の「発展」という名目で教科の補習にあてたり，場当たり的に遠足などの活動を設定したりするところもありました。また，子どもたちの興味・関心を重視するのだから教師は何も教えてはならない，というように解釈される場合もありました。これらは，子どもたちの姿をありのままに記述欄に書けばそれでよい，というような評価論にもつながりました。教えたい教育内容や目標がはっきりとしていませんから，評価の意義も曖昧になってしまったわけです。

表13.10.1　プロト・ルーブリックの観点

自然科学的探究のプロト・ルーブリックの観点	
課題設定と情報収集	・研究課題と仮説の設定　・調査の計画と実施
データの解釈	・データの分析　・情報の評価　・検証への参加
証明と解決策の創出	・モデルの創出と使用　・数字などの使用　・説明の構成
社会科学的探究のプロト・ルーブリックの観点	
課題設定	・問い／対象の特定　・仮説の形成
資料の収集と分析	・学問的背景の焦点化　・分析における信用性の確保　・社会科学的な資料収集　・資料分析
結論や解釈の構成	・自分なりの結論や解釈の構成　・厚みのある記述　・結論や解釈の妥当性の確保　・成果に対する省察

出所：大貫守・福嶋祐貴「探究的な学習の評価のポイント」西岡加名恵編著『資質・能力を育てるパフォーマンス評価』明治図書，2016年，114-117頁。

　一方で，子どもたちと共に学習を作りあげていく際の教師の「教え」のあり様を捉え，それに必然的に伴う評価をも価値あるものにしようと考える人もいました。「総合的な学習の時間」においては，課題を見出し追究する活動過程が重視されます。この過程をつぶさに記録し，それに基づいた省察を促すことで，教師と子どもたちが共同で評価基準を見出し，これからの学習や生き方の指針を得ようとする方法が求められたのです。これを満たしたのが「ポートフォリオ」でした。「総合的な学習の時間」の設立によってにわかに耳目を集めた結果，1999年は「ポートフォリオ評価元年」とも呼ばれています。

　近年は，このような活動過程は探究のプロセスと呼ばれていますが，そこで「他人に伝える力」や「資料を見定め収集する力」などの学力を実体的にとらえ，評価できるように可視化しようという動きもあります。例えば，探究の深さを質的に見て取ろうという場合にはルーブリックが使われることもあります。表13.10.1は高等学校における探究のルーブリックを作成する際のひな型として提案されたものから，その観点を抜き出したものです。

　このように「総合的な学習の時間」の導入は，子どもたちがどのように学ぶのかという視点への着目を促すのみならず，教師として教育目標を自覚的に設定し，評価方法に工夫を凝らす契機ともなっています。このことは各教科の学力評価のあり方を問い直し，**「真正の評価」**を実現することをも要求するでしょう。「総合的な学習の時間」は，教育課程全体の評価を見直す装置としても機能する可能性をもっているのです。

（中西修一朗）

▷7　ⅦⅠ-15 および Ⅷ-11 を参照。

▷8　田中耕治『教育評価』岩波書店，2008年，220頁。

▷9　真正の評価
⇒Ⅲ-4 参照。

参考文献
　佐藤学『授業を変える学校が変わる』小学館，2000年。

PISA ショック

▷1　学力低下論争
⇒ⅩⅡ-1 参照。

▷2　特に，PISAショックという言葉自体の発生源と言われるドイツでは，PISAショックを契機にして，大がかりな教育改革が進められている。久田敏彦監修『PISA後の教育をどうとらえるか──ドイツをとおしてみる』八千代出版，2013年。

▷3　2000年に最初の調査が行われて以来，参加国・地域を増やしながら，3年ごとに継続的に実施され，2018年には7回目となる調査が行われた。2000年の調査では32か国が参加し，2018年の調査では72か国・地域が参加している。

▷4　今後の社会で求められる能力を選択・定義するプロジェクトである。PISAの実施に先駆けて，1997年から始まり，2003年に終了した。ライチェン，D.S.・サルガニク，R.H.編著，立田慶裕監訳『キー・コンピテンシー──国際標準の学力をめざして』明石書店，2006年。Ⅳ-10 も参照。

▷5　読解力重視の方針を受けて，横浜国立大学教育人間科学部附属中学校は，読解力向上のためのカリキュラム開発にいち早く取り組んだ。また，京都市立京都御池中学校・御所南小学校・高倉小学校は，独自教科として「読解科」を立ち上げた。

1 PISA ショックとは何か

　2004年12月に公表された PISA2003の結果において，「読解力」の平均得点が OECD 平均程度となり，順位も8位から14位に下がったことは日本の教育界に大きな衝撃，いわゆる「PISA ショック」をもたらしました。大学生の学力低下の指摘から始まった「**学力低下論争**」に「PISA ショック」が重なり，「ゆとり教育」政策は，転換を余儀なくされます。2008年に改訂された小・中学校の学習指導要領では，知識・技能の習得と，PISA を意識した「活用する力」を車の両輪とする「確かな学力」観が打ち出されることになったのです。

　PISA の結果は，日本だけではなく参加した各国・地域の教育政策にさまざまな反応を引き起こしました。そのため，日本の教育界に与えた衝撃を指す場合に「日本版 PISA ショック」という表現が使われることもあります。

2 PISA とは何か

　PISA（Programme for International Student Assessment）は，OECD（経済協力開発機構）教育部門が実施している国際比較調査です。各国・地域の15歳の子どもたちを対象にして，実生活のさまざまな場面で直面する課題に対して，知識と技能をどの程度活用できるかを評価するものです。

　PISA では，具体的な調査分野として，「読解力（reading literacy）」「数学的リテラシー（mathematical literacy）」「科学的リテラシー（scientific literacy）」が設定され，これらの三つのリテラシーは PISA リテラシーと総称されます。このなかの一つの分野が調査ごとに中心分野となり，中心分野については重点的に，その他の二つの分野については概括的に調査が行われます。

　PISA リテラシーの背後には，OECD のプロジェクトである DeSeCo（Definition and Selection of Competencies）で提唱されたキー・コンピテンシーという概念があります。キー・コンピテンシーとは，「人生の成功」と「良好に機能する社会」のために重要な鍵となる能力のことです。具体的には，①「自律的に活動する」，②「道具を相互作用的に用いる」，③「異質な集団で交流する」という三つのカテゴリーから構成されます。PISA リテラシーは，このなかの「道具を相互作用的に用いる」能力の一部をとらえようとするものであり，学校で学んだことを実生活で活用することに重きを置くものです。

3 PISAショックが与えた影響

PISA2003の結果を重く受け止めた文部科学省は，「PISA・TIMSS対応ワーキング・グループ」を立ち上げ，「読解力」を中心に結果分析を進めました。2005年12月には「読解力向上プログラム」が策定され，教育政策において読解力が重視されていくことになります。PISAの「読解力」の課題文には，「連続型テキスト」（物語や解説など）だけではなく，「非連続型テキスト」（図表やグラフなど）も用いられています。また，テキストを読み取るだけではなく，ある目的のための手段として活用したり，文章の内容だけではなく文体に着目したりと，従来の国語科の「読解力」とは大きく異なります。そのため，「読解力向上プログラム」では「PISA型読解力」と表記され，定着していきます。その後，国語以外の教科・領域にも範囲を広げながら，日本の教育現場でPISA型を称するさまざまな取り組みが広く進められていくことになります。[5]

PISAショックは，2007年4月から実施されている「全国学力・学習状況調査」の実施を後押しすることにもなりました。この調査は，主に「知識」を問う「A問題」と，主に「活用」を問う「B問題」から構成され，特に「B問題」がPISAを意識した出題になっています。[6]

4 PISAを評価する視点

2019年12月に公表されたPISA2018の結果は，世間を再び賑わせるものでした。PISA2003とは異なり，「読解力」の平均得点は，OECD平均よりも高いグループに位置していたものの，PISA2015に比べると，平均得点も順位も低下していたのです。しかし，「PISAショック」の再来と簡単に判断はできません。PISAは実施を重ねるごとにさまざまな変化をともなっているからです。たとえば，前回のPISA2015より，従来の筆記型調査からコンピュータ使用型調査に全面移行され，投稿文や電子メールなど，オンライン上の多様な形式の課題文も用いられています。その他に，PISA2015での「協同問題解決能力調査」や，成人を対象とする「国際成人力調査」[7]，5歳児を対象とする認知・社会情動的スキル（cognitive and social-emotional skills）の国際比較調査など，PISAリテラシー以外を評価する調査もOECDにより開発が進められています。

そもそも，文化や教育制度が異なるなかで行われる国際比較調査には，一定の制約がともないます。各国・地域に根差す知識や技能の習得を評価することよりも，活用という脱文脈化された側面がどうしても重視されることになるのです。わかりやすい順位に一喜一憂し振り回されるのではなく，これからを生きる目の前の子どもたちにとって何が必要なのか，その角度を与えてくれるものとして，PISAの結果を活用する視点をもつことが求められているのです。

（本宮裕示郎）

6　A問題とB問題という区分は，2018年度の調査まで用いられ，2019年度は，区分のない調査が行われている。

7　PIAAC（Programme for the International Assessment of Adult Competencies）

参考文献

岩間正則『PISAの「読解力」調査と全国学力・学習状況調査——中学校の国語科の言語能力の育成を中心に』神奈川新聞社，2014年。

国立教育政策研究所編『生きるための知識と技能7——OECD生徒の学習到達度調査（PISA）2018年調査国際結果報告書』明石書店，2019年。

志水宏吉・鈴木勇編著『学力政策の比較社会学【国際編】——PISAは各国に何をもたらしたか』明石書店，2012年。

田中耕治編著『新しい学力テストを読み解く——PISA/TIMSS/全国学力・学習状況調査/教育課程実施状況調査の分析とその課題』日本標準，2008年。

原田信之編著『確かな学力と豊かな学力——各国教育改革の実態と学力モデル』ミネルヴァ書房，2007年。

裵岩晶・篠原真子・篠原康正『PISA調査の解剖——能力評価・調査のモデル』東信堂，2019年。

松下佳代編著『〈新しい能力〉は教育を変えるか——学力・リテラシー・コンピテンシー』ミネルヴァ書房，2010年。

イギリスの教育評価制度

 ナショナル・カリキュラム・アセスメント

　イギリスでは，1988年に戦後二番目と呼ばれる大きな教育改革がサッチャー政権によって行われました。この改革の一案として導入されたのがナショナル・カリキュラムやナショナル・テストでした。その改革から30年以上が経つなかで，両者は何度も改訂されてきましたが，義務教育を四つのキー・ステージ（Key Stage）と呼ばれる期間に分け，キー・ステージ毎に目標や学習内容を定め，その到達度合いを評価するという大枠は変わっていません。

　現在，教育評価は，ナショナル・テストではなく，ナショナル・カリキュラム・アセスメントという名称のもとで行われています。ナショナル・カリキュラム・アセスメントは，「SATs（Standard Attainment Tests）」と呼ばれるテストと「教師による評価（teacher assessment）」によって構成され，各キー・ステージで示されている望ましい学力水準に達しているかを確認する評価として位置づけられています。

　SATs は全国共通テストであり，現在，キー・ステージ1や2では中核教科である英語，数学を対象に，キー・ステージ4では GCSE（General Certificate of Secondary Education）と呼ばれる中等教育修了資格試験として実施されています。よく知られているように，イギリスでは，この SATs の結果が「パフォーマンス・テーブル」（通称リーグ・テーブル）として公表されます（現在は，キー・ステージ2と4の結果が公表）。学校選択制が実施されているイギリスでは，こうした SATs の結果などが学校選択のための重要な資料として活用されている一方で，学校間格差や地域格差を拡大させる要因ともなっています。

　ナショナル・カリキュラム・アセスメントでは，SATs の結果も踏まえ，最終的な評価は教師によって行われます。教師による評価を尊重する伝統を持つイギリスでは，テストは，あくまで教育評価のツールであり，教育評価の主体は教師と考えられています。様々な評価方法を利用し，子どもたちの学力到達度を示す「証拠」を集め，教師が評価を行うことが重視されているのです。

　イギリスのナショナル・カリキュラムでは，詳細に到達基準が定められています。例えば，英語科のキー・ステージ1のスペリングでは，「I'm, I'll, we'll」という表現は，「'」によって省略が行われていることが理解できている，といった到達基準が設定されています。こうした細かく分けられた到達基準に子ど

もたちが到達できているかどうかを、イギリスの教師はテストなどの多様な評価方法によって「証拠」を集め、評価していくのです。

　そのため、イギリスでは一人ひとりの子どもの作品や小テスト、ノートを集めた**ポートフォリオ**▷1を作成することが非常に重要視されています。また、通知表や進学・転校先の学校への引き継ぎ資料にも、そうした評価の考え方が反映されており、非常に細かな子どもの学力に関する資料が作成されています（図14.1.1参照）。

[Key] Apply phonic knowledge and skills as the route to decode words.	Read common exception words, noting unusual correspondences between spelling and sound and where these occur in the word.	Read words with contractions [for example, I'm, I'll, we'll], and understand that the apostrophe represents the omitted letter(s).
Achieved [Year 2 Fed]		Working Towards [Year 2 Fed]

図14.1.1　小学校2年生のリテラシー（英語）に関する引き継ぎ資料の一部

(注)　表の上部には到達目標、下部には現在の学習状況が示されている。
出所：マンチェスターの小学校で収集した資料をもとに筆者が作成。

❷　大学進学のための資格試験としてのAレベル試験

　イギリスでは、高等教育に進学するためには大学入学資格を得る必要があります。その代表格とも言える資格がGCE（General Certificate of Education）のAレベル試験です。

　大学への進学希望者は、3科目のAレベル試験を受験することが一般的です。日本の大学入学共通テストとは異なり、イギリスでは受験した科目についてAからEで示されたグレードと点数を受験生は受け取ります。各大学は、入学に必要な要件（受験科目とグレード）を公表しているため、受験生は、各大学が示す入学要件と自らのAレベルの結果を見比べ、進学先を選ぶことができます。つまり、大学に進学できるかどうかは、日本のように大学入学共通テストや大学の個別入試での成績順位ではなく、大学入学要件を満たすグレードをAレベル試験で得られるかにあるわけです。

　実は、イギリスでは、Aレベル以外に、約1,700にものぼる資格が、大学入学資格として認められています。そのなかには、近年、国際的な資格として注目を集めるIB（**国際バカロレア**▷2）やBTEC（The Business and Technology Education Council）といった職業資格も含まれています。イギリスでは、そうした様々な入学資格のグレードを点数に換算し、相互に比較できる仕組みが整えられています。それが表14.1.1の「UCAS タリフ・ポイント（Tariff point）」です。受験生はAレベルのみで入学要件を満たすこともできれば、Aレベルと他の資格、例えばBTECの組み合わせによって、入学要件を満たすこともできるのです。イギリスは、様々な資格を大学入学資格として認めることで、様々なルートを経て多様な人々が高等教育に進学できる制度をつくろうとしてきたと言えます。　　　　（二宮衆一）

▷1　ポートフォリオ
⇒VII-15 参照。

▷2　国際バカロレア
⇒XI-9 参照。

（参考文献）
　伊藤実歩子編著『変動する大学入試――資格か選抜か　ヨーロッパと日本』大修館書店、2020年。
　Department for Education., National curriculum in England: framework for key stages 1 to 4, 2014.
　Department for Education and Standards and Testing Agency., National curriculum assessments: Guidance for local authorities, 2016.

表14.1.1　UCAS タリフ・ポイントの一例

	GCE Aレベル	Scottish Higher	International Baccalaureate	Pearson BTEC Level 3 National Extended Diploma
56 points	A*			D*
48 points	A			D
33 points		A		
32 points	C			M
28 points			S7	
27 points		B		
24 points		C	S6	
21 points		C		

(注)　例えば、大学は「Aレベル試験の3科目のグレードがBCC-BBC」「UCAS タリフ・ポイント 104-112」といった入学要件を示す。
出所：UCAS. UCAS Tariff tables: Tariff points for entry to higher education from 2019, 2018 を参照し、筆者が作成。

アメリカの教育評価制度

▷1 アドミッション・オフィス
⇒ XI-7 参照。

▷2 近年，全国共通テストの成績の提出を任意とする方針を導入する4年制大学が増加傾向にある。その背景には，SATやACTの成績を用いることで，入学が認められてもよい能力を持った志願者，特にマイノリティや貧困家庭出身者

1 アメリカにおける大学入試制度の概要

アメリカでは，いわゆる高校入試はなく，大学進学段階でのみ入学者選抜がおこなわれます。アメリカの大学では，各大学が定めた入学要件や基準に従って入学者の決定がおこなわれます。その決定方法は，およそ表14.2.1に示した三つに分類されます。ほとんどの入学者は，①②の方法で入学が決まります。

4年制大学では，③のように選抜性の高い大学であっても，一般に大学独自の選抜試験はおこないません。各大学には，「**アドミッション・オフィス**（Admission Office)」（以下，AOと略す）とよばれる学部入学者決定のための専門機関が置かれています。AOの職員は，志願者から送られてきた多様な資料（表14.2.2）に目を通し，事前に大学側の示した入学基準を彼らが満たしているかどうかを，長い時間をかけて総合的に判断します。

合否判定に用いられる多様な資料のなかでもとくに，ハイスクールの平常の成績を示すGPAと全国共通テストの成績とが合否判定の鍵を握ります。この全国共通テストは民間機関が実施するマークシートによる多肢選択テストであり，SAT，ACTなどが有名です（表14.2.3参照）。

表14.2.1 三つの入学者決定方法

①開放型	②基準以上入学型	③競争型
■成績などに関係なく高校卒業資格をもつ者全員に入学を認める方法。 ■州（市）立の2年制大学であるコミュニティー・カレッジで主に用いられる。	■大学が定めた基準を満たした者全員を入学させる方法。高校卒業資格のほか，高校での特定科目の履修と学業成績，全国共通テストの成績などをもとに判断する。 ■主に州立大学で用いられる。	■入学希望者が定員を大幅に上回るため，限られた数の入学者を選抜する方法。高校卒業資格のほか，高いレベルの学力や特定の要件が求められる。 ■主に有名私立大学で用いられる。

出所：岸本睦久「AO（アドミッション・オフィス）による丁寧な入学者決定」（『教育と情報』第477号，1997年12月）の内容をもとに筆者作成。

表14.2.2 アメリカのAO入試における合否判定の材料

①高校の成績表
前年度までの履修教科の成績。
②志願者記入資料
志願者の経歴，学業に関する情報（科目の履修状況，全国共通テストの得点），在学中の活動記録（ボランティア活動等），勤労体験，エッセイ（自己推薦文）など。
③高校記入資料
■学校報告書（志願者の学年順位，GPA（Grade Point Average：履修科目の成績を0〜4の点数で表示し，合計して履修科目数で除したもの），難易度の高い科目の履修状況，志願者の学力・人格（学習意欲，リーダーシップ，成熟度等）に関する評価など）。 ■最終学年における評価（成績，学校外活動，個人特性など）。 ■志願者の学力，知的能力，人格などに関する教員の所見。

出所：岸本，前掲論文の内容をもとに筆者作成。

2 高等教育大衆化時代の高大接続のありかた

◯高等教育の大衆化による問題の発生

アメリカでは，1970年代に，同年齢人口の半数の人々が大学・短大に進学する時代，すなわち，高等教育の大衆化の時代を迎えました。しかし，それにともなって，進学動機不在の大学生，大学の授業についていけない大学生など，高等教育の危機が叫ばれるようになりました。ここにおいて，大学で何が学べるかを具体的に明示することで学生の学習意欲を喚起すると

ともに，そうした大学での授業に耐えうる学生を育成・選抜する必要性が生じたのです。

○ オレゴン州における教育接続の取り組み

たとえば，オレゴン州では，大学での学習で実際に求められるパフォーマンス（例：「さまざまな分野や時代の文章を読むことができる」「科学的探究を設計・実行できる」など）を「大学スタンダード」として設定し，それにもとづく入学者選抜の試みをおこないました（Proficiency-based Admission Standards Sys-

表14.2.3 SATとACTの概要

	SAT（1994年，Scholastic Aptitude Test から Scholastic Assessment Test へと名称を変更する。）	ACTAP（American College Testing Assessment Program）
開始年と実施主体	1926～1946年：CEEB（The College Entrance Examination Board）1947年～：ETS（Educational Testing Service）	1959年～：ACT（American College Testing：アイオワ州アイオワシティーにある非営利法人）
基本的な性格	初等中等教育のカリキュラムと関係のない進学適性テスト（1994年，従来の適性テストをSAT I とし，ETSがSATとともに提供してきた教科別テストをSAT IIとした）。当初は東部の名門私立大学を中心に利用される。広い地域と階層から学生を集め，その選りすぐりを入学させる（伝統的な大学のエリート選抜を支えるツール）。	教科別のアチーブメントテスト（1973年より興味検査も加わる）。当初は中西部の州立大学を中心に利用される。志願者各人の学力プロフィールを抽出し，彼らに合った大学を斡旋する（大学大衆化のためのテスト）。
年間実施回数	7回。ただし，アチーブメントテストであるSAT IIは，科目ごとに1～6回の幅がある。	6回。
試験科目	言語テスト，数学テスト（2002年より作文力テストも加わる）。	英語，社会，数学，理科（1989年より言語的な読解・表現能力（英語，社会）と数学・科学的な推論力（数学，理科）の2群が設定された）。

出所：荒井・試験研究会編（2003年）所収の荒井克弘「入試政策から学力政策への転換」，腰越滋「高大接続の中でのSATとACT——高等教育の大衆化を視野に入れつつ」の内容をもとに筆者作成。

tem：PASS）。従来の選抜資料（履修主義による単位認定の結果としてのGPA，高校や大学の学習内容と関連性の薄い全国共通テスト）は，必ずしも高校生の学力実態を映し出すものではありませんでした。これに対し，PASSでは，高校の学習内容と大学で要求される実際的資質とを擦りあわせ，両者を内容的につなごうとしたのです。これは，「選抜接続」でなく「教育接続」といわれます。

またPASSでは，各スタンダードとともに，それをどのレベルで達成しているのかを評価する方法も細かく示されました。評価方法は，一つのスタンダードについて，①評定する資格と権限を認定された高校教員による評価，②オレゴン州が実施する公的なテストや資格，③全国共通テストなど，複数の選択肢があります。志願者は，そのいずれかの方法で認定を受ければよいことになっています。主要な評価方法は①であり，高校での日常的な学習の評価を，そのまま大学入学要件として認めていくことが志向されました。

このPASSのように，高校と大学との教育接続を達成し，初等・中等教育から大学教育に至る一貫した教育体制を構築する動きは，「共通スタンダード（Common Core State Standards）」（各学区や学校がカリキュラムを作成する際の全米統一の指針）における，「大学とキャリアへのレディネス（college and career readiness）」の強調へとつながっていきました。現在のアメリカでは，高度な専門知識と技能を要求する現代社会への円滑な接続を実現する，新たな学校教育システムのありかたが模索されているといえましょう。　　　　（石井英真）

を不合格としているのではないかという懸念がある。なお，2016年3月にSATは改訂され，大学へのレディネスや大学での成功につながる知識，スキルを問うべく，語彙や問題の文脈などを再考したり，根拠に基づく読解やライティングを重視したりしている。

【参考文献】

荒井克弘・試験研究会編『高校と大学の接続——選抜接続から教育接続へ』東北大学大学院教育学研究科，2003年。

荒井克弘・橋本昭彦編著『高校と大学の接続——入試選抜から教育接続へ』玉川大学出版部，2005年。

小野博『大学の「AO入試」とは何だ』毎日新聞社，2000年。

レマン，N. 著，久野温穏訳『ビッグ・テスト——アメリカの大学入試制度・知的エリート階級はいかにつくられたか』早川書房，2001年。

3　フランスの教育評価制度

▷1　たとえば中学校歴史の学習指導要領の場合，1998年版では主要な年号やできごとが列記されていたが，2008年版，2015年版と進むにつれて，教科横断性や知識の活用，実用性の観点が次第に強調され，コンピテンシー・ベースの度合いが強まった。細尾萌子「フランスの中学校における学習指導要領の変容（1998年・2008年・2015年）──コンピテンシー・ベースの影響」『フランス教育学会紀要』第30号，2018年，7-16頁。

▷2　コンピテンシー
⇒ IV-10 参照。

▷3　EUが提唱したキー・コンピテンシーは，OECDが提唱したキー・コンピテンシーとは異なり，次の八つからなる。①母語によるコミュニケーション，②外国語によるコミュニケーション，③数学的教養および科学・技術の基本的コンピテンシー，④コンピュータの教養，⑤学ぶことを学ぶ，⑥対人的・異文化的コンピテンシーおよび社会的・市民的コンピテンシー，⑦起業家精神，⑧文化的感受性。なお，OECDが提唱したキー・コンピテンシーについては IV-10 ， XIII-11

1　知識ベースからコンピテンシー・ベースへ

　フランスの教育評価制度は，知識ベースからコンピテンシー・ベースへと変わりつつあります。フランスの学校は，平等という革命の精神のもと，知識を国民に広く伝達する「共和国の学校」をめざしてきました。それゆえ，教育内容に関する国の決まりである学習指導要領には，習得すべき知識が羅列されていました。学校ではその習得度が20点満点で評価されてきました。[1]

　しかし近年，各教科の知識を伝達するだけではなく，**コンピテンシー**[2]の育成も進められています。コンピテンシーとは，複数領域の知識や技能を状況に応じて動員し，総合して，複雑な課題を解決する力です。その背景には，絶え間なく変化する社会では知識を活用して問題を解決する力を身につけるべきだという産業界の声や，EUのキー・コンピテンシー[3]，OECDの PISA[4] の影響があります。とくに，2005年の教育基本法において，16歳までの義務教育段階で生徒全員に保障すべき基礎学力として「知識とコンピテンシーの共通基礎」（以下，共通基礎）が制定されて以来，学習指導要領では，各教科の学習を通して育成すべきコンピテンシーが明記されるようになりました。[5]

　こうした流れを受けて，教育評価制度のあり方も変わりました。2016年度以降，「学習記録簿」が，小・中学校で全国共通様式になりました。小・中学校は，小学校1～3年生の第2学習期と，小学校4，5年生と中学校1年生の第3学習期，中学校2～4年生の第4学習期に分かれています。学習記録簿は，日本での指導要録と通知表の機能を合わせた公的文書であり，「学期まとめ」と「学習期まとめ」があります。学期まとめは，各学期末に，各教科の内容領域ごとに，学習指導要領で定められた目標の到達度を4段階で記載します（中学校では従来の20点満点の評価も可）。学習期まとめは，各学習期末に，共通基礎の8要素について4段階で評価します。学習指導要領に示された知識とコンピテンシーについて継続的に評価するしくみとなっています。[7]

　中等教育には知識を体系的に伝達する教養教育の伝統があり，コンピテンシー・ベースへの抵抗があったのですが，高校普通科の学習記録簿も，20点満点の数値評価と3～8のコンピテンシーごとのコンピテンシー評価を教科ごとに

15～17歳	高校（リセ）普通科	高校技術科	高校職業科
11～14歳	中学校（コレージュ）		
6～10歳	小学校		
3（2）～5歳	保育学校		

図14.3.1　フランスの学校階梯図[6]

書くようになりました。[8]

❷　選抜のための評価から学習改善のための評価へ

　フランスは課程主義をとっているため，小学校から留年があり，OECD諸国の中で最も留年率の高い国の一つです。評価は，優秀な生徒を選抜し，よりよいコースに進学させることで，国の指導者層を育成するための道具として使われてきました。しかし，1960年代以降，留年が政策的に抑制されてきました。留年する生徒の多くは家庭環境が恵まれない庶民階級の子どもであり，社会的に不公平である上，留年することで学業の遅れを取り戻せるわけではないことが明らかになったためです。[9] 1993年には中学校4年生のうち46％が1年以上の留年をしていましたが，この割合は2013年には24％になりました。2年以上の留年をしている割合も，15％から2％未満へと減少しました。[10]

　学業不振の生徒を留年させて同じ内容を再度学ばせるのではなく，評価で見取った各生徒のニーズに応じて学習支援を与える制度が整えられつつあります。小学校5年生では長期休暇中に計3週間，フランス語と数学のレベル別の補習を受けられます。中学校では授業の宿題の一部を，教員やアシスタントらの指導のもとで行うことができます。高校では週に2時間，「個別学習支援」という時間があり，少人数グループで，学習支援や教科横断的学習を行っています。

　学習記録簿が数値評価からコンピテンシー評価へと変わってきているのも，各教科の成績が優秀かそうでないかではなく，各教科において何ができて何ができないのかを明確にし，学習改善に活かせるようにすることがねらいです。

❸　変わらない論述試験の伝統

　世界的な潮流の影響を受けて❶や❷のように変わりつつも，ぶれないのが論述試験の伝統です。高校3年生末に全国一斉に実施される大学入学資格試験のバカロレア試験では，高校で履修したほぼ全教科が出題され，論述試験や口述試験，実技試験が課されます。選択式問題はほとんどありません。1960年代に世界規模の大国になったアメリカの光と闇について論述する歴史の問題や，対話文の続きを書く英語の問題，数式を証明する数学の問題，仮説と実験方法を考える化学の問題などが出ます。評価の信頼性を確保すべく，採点者間で評価の観点や要求水準を調整するモデレーション制度があります。[11] 採点者は高校教員です。高校教員は論述試験型の厳しい教員採用試験を突破しており，日々の実践でも論述の採点をしているので，高校教員以上に論述試験の採点に適した者はいないためです。このバカロレア試験が学校教育のモデルになっているので，小・中・高校でも，評価は論述試験などで行われています。[12]

（細尾萌子）

参照。

▷4　PISA
⇒ⅩⅢ-11 参照。

▷5　細尾萌子『フランスでは学力をどう評価してきたか——教養とコンピテンシーのあいだ』ミネルヴァ書房，2017年。

▷6　フランスの学校階梯図については以下のウェブサイトも参照のこと。文部科学省「諸外国の教育統計」令和2（2020）年版（https://www.mext.go.jp/content/20200821-mxt_chousa02-000009501-01.pdf　2020年9月3日確認）。

▷7　細尾萌子「各国の評価事情9 フランス　無理せず学習や指導の改善に生かす評価簿」石井英真・西岡加名恵・田中耕治編著『小学校　新指導要録　改訂のポイント　新3観点による資質・能力の評価がわかる！』日本標準，2019年，164-165頁。

▷8　2016年2月8日付省令。

▷9　マリアンヌ・ブランシャール，ジョアニ・カユエット＝ランブリエール著，園山大祐監修，田川千尋訳『学校の社会学——フランスの教育制度と社会的不平等』明石書店，2020年。

▷10　Direction de l'évaluation, de la prospective et de la performance, *Note d'information*, No. 36, Novembre 2014.

▷11　モデレーション
⇒Ⅵ-4 参照。

▷12　細尾萌子・夏目達也・大場淳編著『フランスのバカロレアにみる論述型大学入試に向けた思考力・表現力の育成』ミネルヴァ書房，2020年。

（参考文献）

　中島さおり『哲学する子どもたち——バカロレアの国フランスの教育事情』河出書房新社，2016年。

ドイツの教育評価制度

ドイツの教育制度の特徴

　ドイツ連邦共和国（以下，ドイツ）は，16あるそれぞれの州が，教育・芸術・学問などの領域に関する政策を決定する権限を持っています。それゆえ，各州が独自にカリキュラムを定めたり，学校種の修学年限を定めたりすることができます。つまり日本のように全国共通の学習指導要領や教育制度が定められていないのです。もちろん，ドイツ全土においてあまり大きな差異がでないように，各州の教育大臣が集まり教育政策を調整する会議（KMK）があります。以下では，この KMK の規定に基づき，ドイツの教育評価を概観します。

❷ ドイツの教育評価の動向

◯ 言葉と評点を併用した通知表

　基礎学校（多くの州で４年制の初等教育学校）の１，２年生の通知表では，児童を直接観察し，児童自身の進歩やよいところ，直したほうがよいところなどが，評点ではなく言葉で記入されます。1970年代より導入された言葉による通知表は，それまでの評点のみの非教育性への批判から生み出されました。２年生の終わりあるいは３年生になれば，ドイツ語・算数・事物教授（Sachunterricht：日本の生活科に類似）の筆記試験や口述試験などが実施され，学期ごとの通知表は評点と言葉が併記されたものとなるのが一般的です。多くの州が，KMK の規定に準拠した教育スタンダードに基づくカリキュラムを有しており，子どもたちはこのスタンダードに到達したか否かによって評価されます。

　ただし，評点ではなく言葉による評価にも弱点があります。すなわち，教員の労力がかかりすぎること，同じような表現が繰り返し使用されることで，結局は評点同様，子どもの学習の様子が分からないといった点です。加えて，教育的意識の低い保護者や移民の背景を持つ保護者が，言葉による評価を正しく理解できないという深刻な問題も指摘されています。

◯ 「新しい学習文化」と評価の方法の発展

　1990年代後半以降，ドイツにおいて教育評価の新たな動向を目にするようになりました。日本の動向とほぼ軌を一にして，**ポートフォリオ評価**などが教育評価の新たな方法として紹介されるようになったのです。こうした教育評価の動きは，ドイツでは「新しい学習文化」と表現される概念に含まれます。

▷１　なお，ドイツの評点は，一般的に６段階である。とてもよい＝１　よい＝２　満足できる＝３　十分である＝４　不十分である＝５　まったく十分でない＝６

▷２　例えば，ノルトライン・ヴェストファーレン州は第４学年のみ評点で評価され，ベルリン州は，第５学年以上から評点がつけられることになっている。この違いは，両州の初等教育学校の標準年限の違いにある（前者は４年制，後者は６年生）。

▷３　ロター・ヴィガー著，伊藤実歩子訳「Bildung と評価」『立教大学教育学科年報』第62号，2018年，197-205頁を参照。

▷４　ポートフォリオ評価 ⇒VII-15 参照。

　「新しい学習文化」とは，これまでのような知識注入型の教育に対する概念として，①学習者の行為における高い自主性と自己責任性，②学習過程の重視，③複雑で，日常に近い課題による学習の強化，④子どもの参加と学習文化の民主化への要求を特徴としています[5]。この考え方には，認知心理学分野における構成主義的な学習観やこれまでのドイツの教授学の蓄積が影響していると言われています。

○口述試験という評価方法の意義

　子どもの学力は，記述，口述，実技の課題に基づいて，筆記試験や授業内でのパフォーマンスによって評価されます。ドイツ語圏では，口述の能力も筆記試験で示される能力と同様に重要であるという学力観があり，授業のなかでの口述試験も筆記試験と同様に重要とされています。口述試験は，（A）授業の中で教師が確認する非公式のもの，（B）資格認定などの公式な試験の二つの場合があります。

　口述試験では，教科の専門的な知識だけでなく，生活の中で必要とされるコミュニケーションの力や思考力，自発性，適応能力などが評価されると言われています。また口述試験そのものが，学習の機会になる（教師とのやり取りによって，それまでの理解が深まるなどの）可能性も指摘されています[6]。

3　ドイツの高大接続——大学入学資格「アビトゥア」

　ドイツをはじめとするヨーロッパは，「資格社会」です。大学へ入学する際も，後期中等教育修了資格を持っていれば，原則的にどこの大学のどこの学部にでも入学することができます。近年は，高等教育への進学希望者が急増し，大学が学生を収容しきれないといった問題も頻出しています。この修了資格ならびに試験をアビトゥア（Abitur）と言います。アビトゥアを取得するためには，合計で900点必要です。うち600点がギムナジウム在学時（最後の2年間）の成績です。アビトゥア試験は，残りの300点です。4科目のうち，少なくとも1科目は口述試験で行われます。論述の試験は，4時間以上をかけて行われます[7]。

　アビトゥア試験は，日本の大学入試センター試験（大学入学共通テスト）のような全国統一の試験はなく，昔は学校ごとにその試験が行われていました。しかし，それではアビトゥア試験の質が担保されないという批判が長年ありました。そこで，近年では各州もしくは複数の州が共通して統一試験を課すことが一般的になりましたが，州ごとに難易度が異なるなどの問題も指摘されています[8]。

（伊藤実歩子）

▷5　Winter, F., *Leistungsbewertung*, Schneider Verlag, 2010, S. 5-6.

▷6　伊藤実歩子編著『変動する大学入試——資格か選抜か　ヨーロッパと日本』大修館書店，2020年。

▷7　木戸裕「ドイツの大学入学制度改革——グローバルな視点から」『比較教育学研究』第53号，2016年。

▷8　伊藤，前掲書。

5 オランダの教育評価制度

▷1　水平的責任とは，学校の地域社会に対する説明責任，垂直的責任とは，（オランダの場合）教育監査局に対する説明責任を指す。Nusche, D., Braun, H., Halász, G., & Santiago, P., *OECD Reviews of Evaluation and Assessment in Education: Netherlands 2014*, OECD Publishing. http://dx.doi.org/10.1787/9789264211940-en（2020年8月31日確認）

▷2　中等教育でも，例えば日本の大学入試にあたる中等教育修了資格試験は，全国試験である「中央試験」と学校で行われる「学校試験」との両方から構成されているなど，中央の要素と学校ベースの要素，量的アプローチと質的アプローチといったバランスが取られている（奥村好美「the Netherlands 見直さ

① バランスの取れた教育評価制度

　オランダにおける教育評価は，「学校ベースの要素と中央の要素，量的アプローチと質的アプローチ，改善の機能とアカウンタビリティの機能，そして学校の水平的責任と垂直的責任との間で良いバランスが取れていることで国際的に際立って」いると考えられています。この特徴は，学力評価に限ったことではなく，学校評価などオランダの教育評価に広く当てはまります。本項では，初等教育における子どもの学力評価を中心に説明します。

　初等教育の教育評価における中央の要素としては，LVS（Leerlingvolgsysteem）と呼ばれるモニタリングシステムや最終学年で受ける最終テストがあげられます。モニタリングシステムとは長期にわたって定期的に子どもの発達や成長をモニターしていく評価システムのことです。これらは全ての学校が実施することが義務づけられています。ただし，LVSや最終テストは全ての学校が同じものを使わなくてはならないわけではなく，認められたものの範囲内で学校が選ぶことができます。一方，教育評価における学校の要素としては，教師が専門性を生かして行う評価があげられます。

② モニタリングシステム（LVS）と最終テスト

　オランダの学校では，オランダ語と算数のLVSを用いて，第3学年（およそ6歳）以上の子どもたちの発達や成長を把握することが義務づけられています。多くの初等学校は，テスト開発などを担う機関であるCito（Centraal Instituut voor Toetsontwikkeling；以下Cito）が開発したLVSを用いています。CitoのLVSは，初等学校の子どもたちが約半年ごとに受けるテストで，**個人内評価**を軸とした**形成的評価**を主眼として実施されます。テスト結果は，図14.5.1のように，その子どものこれまでの結果が折れ線グラフの形で示されます。そのため，長期的かつ継続的に発達や成長の度合いを把握することができます。また，図14.5.1にある五つの帯は全国的なスコア結果の分布を示しています。ただし，全国的な結果との比較というよりは，あくまでも個人内での変化を見ることに重点が置かれます。この結果は，保護者や子ど

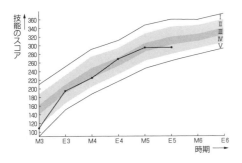

図14.5.1　LVSの結果イメージ図

出所：cito の webpage の図をもとに加筆修正して作成。
https://www.cito.nl/-/media/files/ve-en-po/cito-flyer-toetsscore-vaardigheidsscore-en-dan.pdf?la＝nl-nl（2020年8月31日確認）

もに伝えられ，今後の教育・学習活動の改善に役立てられます。

　最終テストは，初等学校の最終学年である第8学年（およそ11-12歳）で行われます。オランダ語と算数のテストが義務づけられています。テストは，中核目標と呼ばれる初等学校を終えるまでに習得すべき知識や技能等を示した目標にもとづいて作られています。最も多くの学校が使用しているのは，もともとCitoが開発していた通称Citoテストを前身とする「中央最終テスト（Centraal Eindtoets）」です。ただし，他のテストを使用する学校も増えてきています。こうしたテストは量的アプローチで実施されており，限られた学力しか評価できないことなどから，批判も行われています。また最終テストは，学校の教育活動の評価のために用いられる傾向が強まっており，アカウンタビリティの機能が強いといえます。

❸ 教師が行う評価

　日常的に学習を進めていく中で，教師は様々な評価を実施しています。子どもたちの学習状況を観察したり，教材に組み込まれている単元テストを用いたりして評価は行われています。オランダの多くの初等学校では，1年に3回，子どもたちは通知表などの評価結果を受け取ります。国によって形式が決められてはいません。そのため，教科ごとの評定を出す形で通知表を作ったり，子どもたちの学校での様子を記述して評価結果を伝えたり，学校は独自の工夫を行うことができます。

　オランダでは公教育の枠組みでオルタナティブ・スクールが運営されていますが，その中でも代表的なオルナタティブ・スクールの一つであるイエナプラン・スクールの例を示してみます。イエナプラン・スクールでは，学校での学習を点数や数値で量的に評価するのではなく，文章記述で質的に評価することが推奨されています。また，教師が行う評価だけでなく，子どもが行う自己評価が大切にされており，その際に**ポートフォリオ**が活用されます。ポートフォリオには，子どもが自分で誇りに思えるものが綴じ込まれます。そこには，教科学習に関わる学習成果だけでなく，いわゆる総合学習にあたるワールドオリエンテーションでの発表や，作文，絵，積木で作った作品の写真など様々な学習成果が含まれます。こうして作られたポートフォリオは，通知表と一緒に持ち帰られることで，保護者が子どもの学びを具体的に把握できるようになります。また，保護者同席のもとで教師と子どもがポートフォリオに基づいて振り返りを行い，次の学習を考えていく場を設けることで，子どもが学びの当事者として学習を進められるようになることが大切にされています。このようにイエナプラン・スクールでの評価は，教師の教育活動の改善だけでなく，子ども自身が学習を改善していくために活かされています。

（奥村好美）

▷ 続けるオランダの中等教育修了資格試験」伊藤実歩子編『変動する大学入試──資格か選抜か　ヨーロッパと日本』大修館書店，2020年，21-42頁）。

▷3　オランダでは初等学校の頃から，子どもが学習内容を十分に習得できていないと判断されると留年することがある。ただし，これについては法的制度はない。各学校が作成する『学校ガイド』でその学校が留年をどのように決定しているかが示される。

▷4　奥村好美『〈教育の自由〉と学校評価──現代オランダの模索』京都大学学術出版会，2016年。

▷5　個人内評価
⇒ II-3 参照。

▷6　形成的評価
⇒ I-4 参照。

▷7　リヒテルズ直子『今こそ日本の学校に！イエナプラン実践ガイドブック』教育開発研究所，2019年。

▷8　ポートフォリオ
⇒ VII-15 参照。

（参考文献）
　リヒテルズ直子『オランダの個別教育はなぜ成功したのか──イエナプラン教育に学ぶ』平凡社，2006年。

6　中国の教育評価制度

① 立身出世のための国家試験から万人のための教育評価へ

　紀元前から，中国の社会構成員は天子によって貴族，官吏，平民という三つの身分が決められ，平民の中で高い文化と教養を有する「士」と呼ばれる階層が官吏予備軍とされていました。当時，「選士」という国家試験を用いて絶えず「士」から新しい官僚を政府の中枢に入れることができました。その後，身分を問わず官僚に登用できる「科挙」制度（605〜1905年）が成立し，長年にわたり立身出世のための試験制度が中国で不動な地位を占めることとなりました。

　中国では1905年に近代学校が設立されると，西洋から**教育測定運動**の影響を受けて，多様な評価方法が自由に実践されるようになりました。しかし，1950年代に入ると，ソ連の教育をモデルにした進級や選抜のための全国統一の入試制度が重宝されるようになりました。それによって加熱した受験偏重教育を是正するため，文化大革命期（1966〜76年）においては「開門試験」という農村での調査の報告書を生徒に書かせる入試方法が採用されていました。しかし，文化大革命期にはほとんど正常な教育活動が行われてこなかったために，1978年に全国統一試験が再開されました。これを機に，中国各地に受験熱が再燃しました。当時の受験競争は，小学校段階から受験名門化していた「重点学校」入学をめぐって激しくなっていました。

　そうした受験勉強の風潮が「応試教育」という名で再び批判されるようになったのは，1990年代に入ったころでした。それから，すべての子どもの「徳・知・体・美・労」の全面発達を促進する「素質教育」が教育改革の基本方針として掲げられるようになりました。教育評価制度もそれに伴って改訂され，それまでの進学率のみを指標とするものはなくなり，素質教育の理念にもとづく評価指標の体系が各地で作られるようになりました。

② 義務教育段階における重点学校の廃止

　中国の「応試教育」を煽っていた元凶としてしばしば指摘されるのが，重点学校への入学競争です。重点学校は，優秀な人材の早期育成と，教育内容・方法の研究開発を目的に，経費，施設，教員配置などの面で優遇された公立学校であり，かつては幼稚園から大学までのすべての学校段階に設けられていました。ただ，実際のところ，重点学校は受験名門校として機能してしまっていて，

▷1　鄭谷心「Column ⑧　試験の源流とされる科挙とは，どのようなものですか？」西岡加名恵・石井英真・田中耕治編『新しい教育評価入門』，有斐閣，2015年，217-218頁。

▷2　**教育測定運動**
⇒ⅩⅢ-4 参照。

▷3　李楚材「建議取消重点学校」『群言』第9巻，1986年，30-31頁。

▷4　**教科学習目標**
教科学習目標は，各教科のカリキュラム・スタンダードを拠り所としつつ，それまでの「知識と技能」のみならず「過程と方法」「感情・態度・価値観」という3次元の目標を指す。

難関大学を志望する児童生徒の間に激しい競争を引き起こしていました。

重点学校への入学競争にともなう弊害を是正するために，早くも1986年に義務教育（小学校・中学校）段階での重点学校廃止が提案されました[3]。しかし，実際に施策として世に問われたのは，2006年6月に改訂された「中華人民共和国義務教育法」第二十二条による規定でした。当法では，学校の均衡的な発展を促進するために，政府とその教育行政部門は重点学校と非重点学校を分けて設置してはいけないと決めました。

しかし，旧重点学校の受験名門校としての地位は拭い切れませんでした。というのも，旧重点学校は高い人気を博しているため，高額な納付金と引きかえに越境入学してくる児童生徒が後を絶たなかったからです。それを防ぐために，教育行政部門が学校を監査する責任を果たすべきだと新聞で報じられました。近年，旧重点学校とそうでない学校との交流や連携を促す上海発の委託管理方式が，教育の公正性を実現するために一翼を担うことが期待されています。

③ 高校や大学入試における「総合的素質評価」の導入

2002年12月，中国の教育部は教育評価改革の一環として，「教科学習目標[4]」と「基礎発達目標[5]」に準拠して学習評価を行うことを公示しました。その評価方法は，観察法，文脈・状況を設定した課題，ポートフォリオ評価[6]を採用するなど，パフォーマンス評価[7]を代表とする多彩な評価方法が推奨されました。これが「総合的素質評価」の土台となりました。

新しい評価を導入した結果，中国各地では，評価は従来の選別・選抜から児童生徒への激励や学習・指導への改善に生かすようになったりして，多くの成果がありました。しかし一方で，進級や進学の要求に沿うために，評価の選別・選抜の機能も捨て難いという意見や，使う目的や必要性が不明なポートフォリオ評価が負担になるという声もあがりました。

こうした問題や実態を踏まえ，教育部はまず高校の「総合的素質評価」を構築するために「普通高校カリキュラム方案（実験）」を2003年に公布しました。そこで現れた評価基準の欠如の問題を踏まえ，2004年に「総合的素質評価」を中学校の卒業試験と高校への進学試験における重要な要素として位置付けました。同時に，それが基礎発達目標に準拠するものであると公示しました。2008年，大学入試において，生徒の「総合的素質評価」の電子記録を合格の主な根拠とすることを公布し，社会から大きな関心を集めました。さらに，2016年に中国版キー・コンピテンシーである「核心素養[8]」の公表が世間の注目を浴びて，「総合的素質評価」はさらなる改革の必要に迫られています。総じて，生徒の資質・能力をどう捉えていくのか，中国の模索はまだ始まったばかりです。

（鄭 谷心）

▷5 基礎発達目標
基礎的・汎用的な資質・能力の育成を指しており，公民の教養，道徳や品性，学習能力，コミュニケーション能力，協働する力，スポーツと健康，審美力と表現力から構成される。

▷6 ポートフォリオ評価
⇒VII-15 参照。

▷7 パフォーマンス評価
⇒VII-11 参照。

▷8 核心素養
児童・生徒・学生が，生涯にわたる発達および社会発展の需要に適応するために必ず身に付けるべき品格とキー・コンピテンシー（Core Competencies）を指す。「中核的資質」と訳されている場合もある。

（参考文献）

劉堯「中国教育評価発展現状与趨勢評論」『中国地質大学学報（社会科学版）』，第5巻，2003年。

項純『現代中国における教育評価改革――素質教育への模索と課題』日本標準，2013年。

田中耕治編著『グローバル化時代の教育評価――日本・アジア・欧米を結ぶ』日本標準，2016年。

文部科学省『諸外国の教育動向2016年版』明石書店，2017年。

鄭谷心「各国の評価事情7 中国 試験のための評価から「総合素質評価」へ」石井英真・西岡加名恵・田中耕治編著『小学校新指導要録 改訂のポイント』日本標準，2019年。

韓国の教育評価制度

● 現代の韓国における大学入試制度の概要

　韓国の大学進学率は，国別ランキングによると，2018年には94.35％（5位）であり，非常に高い割合を示しています。韓国では，初等学校（6年），中学校（3年），高校（3年）を経て，大学進学段階において初めて入学者選抜が行われるため，受験戦争と言われるほどの熾烈な競争が現在も続いています。韓国の大学入試は，「定時」募集と「随時」募集（Early Admission）に大きく分けられます。「定時」は，「大学修学能力試験」によるもので，年1回（1日）の試験で学力を測定することを目的にしている入試選抜です。一方，「随時」は，「定時」を経ず，大学側が独自に行う募集のことです。現在は，こちらの割合がかなり大きくなり，全体の76.2％（2019年，定時23.8％）を占めています。「随時」では，高校が発行する学校生活記録簿（内申書，調査書など），自己紹介書及び各大学が求めている2次試験（小論文，面接，推薦書など）の結果を合わせ，合否を決めています。「随時」の選抜モデルは，「学校生活記録簿中心」「大学別選抜」「特技者選抜」の3種に大きく分類することができます（表14.7.1）。以下でそれぞれを詳しく見ていきます。

　まず，学校生活記録簿中心の選抜モデルは，「総合型」「教科型」に分けられます。「総合型」は，2008年から導入された「入学査定官制度」（admissions officer policy）を継承したものであり，自己紹介書，学校生活記録簿，高校の教師による推薦書を基にして，各大学の入試の選抜を専門的に担当している入学査定官（admission officer）や当該学部の大学教員が総合的に判断し，評価を行っています。「教科型」は，高校の3年間の成績（内申点）を中心にしています。ただし，必要な学生を大学側が独自に選抜するという方針で「教科型」の選抜の枠を設けていない大学もあります。

　次に，大学別選抜モデルは，各大学による多様な選抜基準があり，募集期間（9月～12月）及び定員も各大学が定め，「定時」の前に学生を選抜する方法です。この大学別選抜モデルは，従来の大学の序列化，入試競争の常態化，高校での学校教育の自律性や責務の欠如に対する反省が背景にあります。つまり，これからの時代に求められている人材を大学で育むため，入学希望者の学校内外での諸活動の実績，創造力，問題解決力，特技，ボランティア活動，さらには将来の成長可能性まで視野に入れて

▷1　グローバルノート国際統計・国別統計専門サイト　https://www.globalnote.jp/post-1465.html

▷2　アメリカ：11位（88.17％），日本：45位（63.58％）。

▷3　1993年より実施している。

▷4　日本の大学入学共通テストに相当する。

▷5　大学によっては，高校の調査書の成績も反映している。

▷6　1997年より実施している。

▷7　学びの記録であるポートフォリオなど。ポートフォリオについては Ⅶ-15 参照。

▷8　受賞経歴，創意的体験活動記録，読書活動記録など。

表14.7.1　韓国の大学入試「随時」の選抜モデル

学校生活記録簿中心	大学別選抜	特技者選抜
総合型	論述考査（人文社会・数学及び科学）	特技者
教科型	適性考査	実技考査

出所：韓国大学教育協議会のホームページ（http://www.kcue.or.kr/）の内容をもとに筆者作成。

選考を行っています。とりわけこれからの社会において生きていくために入学後に，実際の状況で学生が持っている知識，またそれを活用する能力，さらに継続的に探究する能力の成長を促すことを狙うものです。大学によっては，「書類審査」に通ってから一泊二日の合宿で集団面接，討論面接，発表面接，個別面接を実施し，選考の際に学生の自己表現の機会を多く提供するなど，学生の多様な学問的力量や潜在能力を綿密に観察し，選抜するところもあります。つまり国が主導する大学考査システムから，大学の自主・自律化を図り，より抜本的な入試改革を目指しています。

　さらに，特技者選抜モデルでは，いわゆる，IQテストや当該学部の大学教員による教科適性評価などを中心にした選抜が多いため，評価の客観性や一貫性の欠如が指摘され，実施方法においても，一部の富裕層が有利であるという学生・保護者・教育団体の激しい批判があり，2021年からは廃止になる予定です。なお，コロナ禍に伴い，「随時」の選抜で重視している討論・面接のオンライン化，論述型のオンライン試験準備のための入試コンサルティング（私教育）などが新たに登場しています。今後も広がると予想される教育格差が更に深刻になるのではないかという私教育への懐疑的な批判も含め，議論が後を絶たない状況です。

❷　平準化教育政策の系譜

　韓国では，私教育により生じる教育機会競争の緩和及び「教育機会均等」を目指し，1969年から中学校において，学校別入試競争の禁止，学群の設定，抽選による入学者の配定を骨子とする無試験進学制になりました。さらに1974年からは，高校入試も無くしていく高校平準化政策を進め，現在まで実施しています。このような平準化教育政策の導入により，中等教育機関の受験競争は，ほぼ解消されたと言えます。また，1997年からは遂行評価（**パフォーマンス**
評価）がアジアでいち早くナショナルカリキュラムとして導入・実施され，教育機会均等が行われていましたが，一方では「卓越性」に代表される国家レベルでのエリート教育制度が積極的に推進されており，教育機会均等と卓越性の両立という韓国特有の教育システムが形成されるようになりました。しかしながら，グローバル化，情報化の進展傾向が高まった2000年代に入ってからは，「知識中心」から「能力中心」の教育への転換を強く推し進めており，このことが教育機会均等より卓越性というエリート選抜の側面に比重が置かれる傾向を招いています。教育機会均等と卓越性の両立は，現代の韓国の学校教育が追求する最重要理念である一方，義務教育段階における教育機会均等という公正なはずの教育プロセスは，一部の優秀な児童生徒を対象とする卓越性教育によって脅かされることになりかねません。本来の平準化教育政策の流れと目的に相反する結果に繋がらないよう，新たな学校教育システムのあり方が模索されつつあります。
　　　　　　　　　　　　　　　　　　　　　　　　　　　　　（趙　卿我）

▷9　韓国の学校群制度（学群，School District）は，学校間の学力格差を減らし，学校教育の正常化を目的として実施されている。しかしながら，日本と同様に学校群内各校の学力格差を減らし平準化を実現したことでは成果を挙げているものの，学区内の学校群間で「教育格差」などが新たに問題・課題として残されている。

▷10　パフォーマンス評価
⇒Ⅶ-11 参照。

▷11　例えば中学校の自由学期制，高校選択制，アクティブラーニング，体験活動重視など。

参考文献
趙卿我「韓国におけるパフォーマンス評価の理論的潮流」田中耕治編『グローバル化時代の教育評価改革』日本標準，2016年。
　趙卿我「ⅩⅥ 世界のカリキュラム――韓国のカリキュラム」田中耕治編『よくわかる教育課程　第2版』ミネルヴァ書房，2020年。

さくいん

あ行

IEA *208*
IQ *3*
アイスナー（Eisner, E. W.） *28,32*
青木誠四郎 *235*
アクション・リサーチ *218*
アセスメント（assessment） *5*
新しい学力観 *172,200,240*
新しいタキソノミー（New Taxonomy） *42,43*
アドミッション・オフィス *202,248*
アドミッション・ポリシー *190*
アビトゥア *253*
アメリカの教育評価制度 *248*
アンダーソン（Anderson, L. W.） *42*
安東小学校 *69*
e ポートフォリオ *128*
イエナプラン *255*
イギリスの学校理事会 *217*
イギリスの教育評価制度 *246*
生きる力 *242*
板倉聖宣 *44*
一芸一能入試 *195*
一枚ポートフォリオ評価（一枚ポートフォリオ法） *81,95,109*
一般入試 *192*
意図したカリキュラム *6*
入口の情意 *174*
ウィギンス（Wiggins, G.） *34*
ヴィゴツキー（Vygotsky, L. S.） *104*
ウィリアム（William, D.） *78*
上田薫 *68*
運勢ライン法 *101,114*
英語 4 技能 *204*
永続的理解 *62*
ARG（Assessment Reform Group） *78*
AO 入試 *195,202*
ACT *248*
A レベル試験 *247*
SAT *203,248*
エバリュエーション *4,234*

エビデンス *220,221*
応試教育 *256*
OECD *206*
大村はま *121*
岡部弥太郎 *230*
オルタナティブ・スクール *255*
音楽科における評価 *142*

か行

外国語活動・外国語科における評価 *140*
改訂版タキソノミー（Revised Bloom's Taxonomy：RBT） *42*
概念くだき *233*
概念地図 *108,119*
概念地図法 *101,108,113,114,137*
概念的知識 *42*
概念についての面接法 *123*
外部評価 *215*
ガウス曲線 →正規分布曲線
科学すること *137*
科挙 *122,188,224,256*
学習意欲 *210*
学習記録 *121*
学習記録データ *129*
学習指導要領 *146,148*
学習成果 *36,40*
学習としての評価（Assessment as Learning） *79*
学習の次元（Dimensions of Learning：DoL） *43*
学習のための評価（Assessment for Learning） *78*
学習評価 *147,149*
核心素養 *257*
学籍簿 *16,162,178*
学力 *10,58*
学力格差 *210*
学力・学習の質的レベル *40,59*
学力構造 *210*
学力水準 *210*
学力調査 *208*
学力低下 *208*
学力低下論争 *244*

学力の基本性・発展性 *48*
学力評価 *10*
学力評価計画 *88,95,184,212,215*
学力モデル *46,56,171*
学歴崇拝 *189*
仮説実験授業 *105*
課題解決 *148*
課題分析（task analysis） *37*
学区拡大 *193*
学校教育全体で行う道徳教育 *152*
学校評価 *14*
学校評議員制度 *14,215-217*
学校を基礎にしたカリキュラム開発 *12*
活動主義 *36*
ガニエ（Gagne, R. M.） *37*
カリキュラム *13,206*
カリキュラム適合性 *87,88,92*
カリキュラムの定義 *13*
カリキュラム評価 *12*
カルテ *68,120*
川喜田二郎 *112*
考え，議論する道徳 *152*
間隔尺度 *84*
咸宜園 *225*
韓国の大学入試 *258*
鑑識眼 *145*
関心・意欲・態度 *135,174,241*
完成法 *99*
観点別学習状況 *163,179*
観点別評価 *38,59,61*
キー・コンピテンシー *58,250,257*
機械的作業 *53*
技術・家庭科における評価 *146*
基準 *124*
規準 *124*
基礎発達目標 *257*
ギップス（Gipps, C.） *88*
基本的指導事項 *48*
基本簿 *170*
逆向き設計 *62,88*
客観性 *18*

客観テスト 94,100,211
客観テストの短所 96
客観テストの長所 96
キャテル (Cattell, J. M.) 2
救済 21
教育課程実施状況調査 7
教育課程の自主編成 23,239
教育課程の民主編成 23,239
教育鑑識眼 33
教育機会均等 259
教育スタンダード 252
教育測定運動 2,4,230
教育の現代化 238
教育批評 33
教育評価 (evaluation) 4,23, 158
教育目標 10,36
教育目標の具体化 38
教育目標の細分化 37
教育目標の分類学 (taxonomy of educational objectives) 35,36,40,185
教育目標の明確化 36
教育目標の類型化 38
教育目標・目的 83
教員評価 15,213
教科学習目標 257
教材・教具 11
教師の質的判断 52
教授行為・学習形態 11
共通一次試験 194,204
共通試験 204
記録に残す評価 140
勤務評定 213
空欄補充法 →完成法
組合せ法 99
クライテリオン (criterion) 26
桑田昭三 197
形成的評価 9,23,30,71,104, 115,150,170,233,239,254
KJ法 101,112,150,219
結果的妥当性 92,211,212,214
月次試験 227
検討会 125,151
工学的アプローチ (technological approach) 28
高校入試 192
考査 16,229
高次の思考 117

高次の思考力 42
高次の認知過程 41,42
口述試験 253
構成主義 35,42,66,124
公正性 92
口頭試問 122
行動目標 25,28,32,36,37,51,52
行動目標に基づく評価 53
校内研修 218
公表と承認の原則 93
項目点検評価 52
ゴール (goals) 36
ゴールトン (Galton, F.) 3
ゴール・フリー評価 30
国語科における評価 130
国際成人力調査 245
国際バカロレア 206
個人内評価 17,20,158,233,254
個性 231
5段階相対評価 18
骨相学 2
子どもの権利条約 76,186
コンピテンシー 58,250
コンピテンシー・ベースの改革 58

さ行

作問法 101,102,132
座席表 68,120
SATs (Standard Attainment Tests) 246
サドラー (Sadler, D. R.) 52
「参加」説 77
参加論 186
算数・数学科における評価 132
GPA 203,248
資格型入試 206
資格試験 191
資格試験型 189
シカゴの学校協議会 217
試験 16,224,226
試験批判 228
思考の次元 (Dimensions of Thinking) 43
思考・判断・表現 52,135,175
思考力・判断力・表現力等 27
思考を伴う実践 53
自己実現 154
自己調整 80,81,175
自己調整学習 175

自己PRカード 193
自己評価 72,80,81,141,149,186
自己評価シート 74
自己評価力 124
資質 59
事実的知識 42
資質・能力 58,60,146,148
資質・能力の三つの柱 59,130, 142,144,158,171
資質・能力の要素 61
「資質・能力」ベースのカリキュラム改革 52,58
事象面接法 123
自然認識 138
自治的活動 155
実行可能性 93
実施したカリキュラム 6
実践記録 221
「知っている・できる」レベル 59
質的な評価基準 27
実力 58
指導と評価の一体化 64,162,184
指導要録 178
指導要録の3観点 46
社会科における評価 134
社会参画 154
社会ダーウィニズム 234
社会認識 138
尺度 84
シャクリー (Shaklee, B. D.) 34
自由記述 (式) 問題 90,96,100
自由教育 231
習熟 47
集団面接 259
重点学校 256
修得主義 191
習得目標 52
授業の要素 11
熟達目標 52
主体的・対話的で深い学び (アクティブ・ラーニング) 82
主体的に学習に取り組む態度 149,174,175
順序尺度 84
情意 60,174
情意領域 40,41
生涯学習スタンダード 56
障害児教育における評価 156

事例面接法 123

新学力観 →新しい学力観

新制高校 192

真正性 117

真正の学習（authentic learn-
ing） 61

真正の評価 34, 93, 124, 214

診断的評価 8, 23, 71, 107, 108,
115

信頼性 87

心理測定 2

水準判断評価 52

図画工作・美術科における評価
144

スキル 60

スクリヴァン（Scriven, M.） 8,
28

スタンダード（standard） 26,
58

スタンダード運動 50

スタンダード準拠評価（stan-
dard-referenced assess-
ment） 24, 52

ステイクホルダー 31, 214

生活科における評価 138

生活綴方 232

正規分布（ガウス理論） 19

正規分布曲線（ガウス曲線）
18, 196, 231

正誤法 98

精神運動領域 40

接続 189

絶対評価 16-18, 20, 131, 178, 179

説明責任 7, 14, 171, 214

宣言的知識 42

全国一斉学力調査 236

全国学力・学習状況調査 7,
213, 220, 245

選抜 21

選抜試験 190

選抜試験型 189

総括的評価 9, 23, 30, 71, 150,
170

操作 16, 229

総合学習における評価 150

総合評定 172

相互評価 149

相対評価 8, 18, 20, 131, 143,
158, 163, 170, 172, 179, 192,
196, 200, 232, 236, 238

「相対評価」と「個人内評価」の
結合（二重構造） 21

ソーンダイク（Thorndike, E.
L.） 230, 234

素質教育 256

素朴概念 66, 104, 106, 136

た行

ターマン（Terman, L. M.） 2,
3, 234

体育科における評価 148

大学 194

大学とキャリアへのレディネス
249

大学入学共通テスト 195, 204

大学入学資格 247

大学入試 194

大学入試センター試験 195, 204

大学別選抜 258

「代行」説 76

態度主義 46

タイラー（Tyler, R. W.） 4, 36,
234

タイラー原理 5

タキソノミー →教育目標の分類
学

確かな学力 244

多肢選択法 98

他者評価 73

達成したカリキュラム 6

妥当性 86, 97

田中寛一 230

多面的・多角的な思考 153

段階説 46

単純再生法 99

知識 60

知識・技能 52

知識次元 42

知的・社会的能力 52

知能検査法（テスト） 2, 230

知の構造 39

中国の教育評価制度 256

調査書 198

通過儀礼 224

通信簿改革 236

通信簿論争 19, 163, 179, 235, 236

通知表 163, 176, 184, 252

通知表の機能・役割 176

通知表の歴史 178

「使える」レベル 60

低学力 208

TIMSS 210

出口の情意 174

DeSeCo 244

DeSeCoプロジェクト 58

手続的知識 42

デューイ（Dewey, J.） 104

ドイツの教育評価制度 252

統一学力テスト 212

東井義雄 9, 179, 232, 237

等級制 225, 226, 228

到達度評価 22, 24, 52, 143, 180,
235, 237, 238

「到達度評価」運動 22

到達度評価型 179

到達目標 22, 44, 52, 180, 191, 238

道徳における評価 152

特色化選抜 193

特別活動における評価 154

特別支援教育 156

特別の教科 道徳 152

ドメイン準拠評価（domain-
referenced assessment）
24, 52

な行

内申書 158, 163, 192, 194, 198,
212

内申書裁判 199

内容スタンダード 51, 56

内容知 39

中内敏夫 46

長島貞夫 235

ナショナル・カリキュラム・アセ
スメント 246

並べ替え法 99

二次元マトリックス 37

日常的な評価 120

日記 121

入学査定官制度 258

入試 188

ニュー・パブリックマネジメント
15

人間関係形成 154

人間教育 59

認知過程次元 42

認知的葛藤法 101, 104

認知領域 40

認定評価 17

ねがい　36
ねらい　36
能力概念　182, 185
能力・学習活動の階層レベル　60
能力表　182
ノート　121

は行

ハイ・ステイクスな評価　92, 211, 212, 214
バカロレア　191
バグリー（Bagley, W. C.）　3
橋本重治　26
発達診断　157
発達的／長期的なルーブリック　56
発問　120
パフォーマンス　150
パフォーマンス課題　62, 88-90, 116, 118, 133, 137, 140, 143, 145, 147, 149, 175
パフォーマンス・スタンダード　51
パフォーマンス・テーブル　246
パフォーマンス評価　25, 35, 53, 95, 173, 257
バリアフリー　156
藩校の試験　225
汎用的スキル　58, 59
ピアジェ（Piaget, J.）　104
POE法　101, 105, 106, 114
比較可能性　87, 90
比較試験　227
PISA　220, 244, 250
PISAショック　244
比尺度　84
筆記による評価　94
ビネー（Binet, A.）　2, 230
ビネーテスト　230
描画　101, 109
評価基準　26
評価規準　26, 73
評価計画　141
評価指標　→ルーブリック
評価の観点　147, 148
評価の客観性　27
評価の公正性　96
評価の主体　7
評価の対象　7

評価のための具体的資料　139
評価不要論　179
描画法　101, 114, 137
表現活動（expressive activity）　33
氷山モデル　241
標準テスト　34, 211
平等性　92
広岡亮蔵の学力モデル　46
フィードバック　8, 70, 79, 170
ブラック（Black, P.）　78
フランスの教育評価制度　250
ブルーム（Bloom, B. S.）　8, 36, 40, 70
ブルーム・タキソノミー　37, 40, 47
ブレーンストーミング　112
プログラム学習　37
プロジェクト　118
プロジェクト学習　119
文章題　132
分析評定　172
並行説　47
平準化教育政策　259
偏差値　190, 196, 199
ベン図　110, 119
ベン図法　101, 114
方向目標　22, 44, 229
方向目標の到達目標化　45
方法知　39
ポートフォリオ　57, 65, 73, 119, 151, 243, 255
ポートフォリオ検討会　77, 126
ポートフォリオの種類や分類　125
ポートフォリオの所有権　125
ポートフォリオ評価（法）　77, 81, 124, 173, 214, 257
北方教育運動　232
本質的な問い　62

ま行

増田幸一　235
マスタリー・ラーニング（完全習得学習）　22, 70
学びに向かう力・人間性等　174
マルザーノ（Marzano, R. J.）　42
見方・考え方　62
無評価論　237

めあて　36
名義尺度　84
メインターゲット　39
メタ認知　72, 80, 125, 175
メタ認知的知識　42
面接法　123
メンタル・テスト　2
網羅主義　36
目的（aims）　36
目標（objectives）　36
目標設定の主体　76
目標と評価の一体化　39
目標に準拠した評価　17, 19, 24, 26, 28, 50, 52, 130, 131, 142, 144, 158, 163, 171, 181, 183, 192, 200, 201, 237, 239
「目標に準拠した評価」と「個人内評価」の結合　21
目標にとらわれない評価　28
目標の具体化　39
目標の細分化　37, 39
目標の精選・構造化　39
目標の類型化　39
目標分析　48
モデレーション　51, 55, 90, 251
問題解決　146
問題解決目標　32
文部省教育課程審議会答申「児童生徒の学習と教育課程の実施状況の評価の在り方について」　64

や・ら・わ行

ゆとり　242
ゆとり教育　244
羅生門的アプローチ（rashomon approach）　28
理科における評価　136
留年　251
領域概念　182, 185
臨時試験　227
ルーブリック　10, 25, 27, 51-54, 56, 71, 85, 90, 117, 133, 137, 141, 143, 145, 147, 171, 183, 219, 243
論述試験　251
論文体テスト　101, 114
ワークショップ　219
「わかる」レベル　60

田中耕治（たなか　こうじ／1952年生まれ）

佛教大学教育学部教授
京都大学名誉教授
『教育評価の未来を拓く』（編著・ミネルヴァ書房）『時代を拓いた教師たち』（編著・日本標準）
本書は，いつでも，どこでも，誰でもが利用できる教育の入門書です。多くの人たちに読んでいただけることを心より期待しています。

赤沢早人（あかざわ　はやと／1977年生まれ）

奈良教育大学教育学部教授
『ポスト・コロナの学校を描く』（共著・教育開発研究所）『次代を創る「資質・能力」を育む学校づくり　第1巻「社会に開かれた教育課程」と新しい学校づくり』（共著・ぎょうせい）
勇気の出る理論，元気の出る記録，そして意欲の出る実践にたくさん出会って下さい。

赤沢真世（あかざわ　まさよ／1979年生まれ）

佛教大学教育学部准教授
『新しい教職教育講座　教科教育編10　初等外国語教育』（共著・ミネルヴァ書房）『教科の「深い学び」を実現するパフォーマンス評価──「見方・考え方」をどう育てるか』（共著・日本標準）
子ども一人ひとりに寄り添い，つまずきを「出来ている過程」として見取り，励ます評価が理想です。

石井英真（いしい　てるまさ／1977年生まれ）

京都大学大学院教育学研究科准教授
『授業づくりの深め方』（単著・ミネルヴァ書房）『未来の学校』（単著・日本標準）
子どもの事実から実践を構想し，子どもの変化で実践のよしあしを語る。子どもの方を向いて教育を考えていきましょう。

伊藤実歩子（いとう　みほこ）

立教大学文学部教授
『変動する大学入試』（編著・大修館書店）
教育評価を研究することは，これまで普通だと思ってきた教育を問い直すことにつながると考えています。

遠藤貴広（えんどう　たかひろ／1977年生まれ）

福井大学教育・人文社会系部門准教授
『戦後日本教育方法論史（上）──カリキュラムと授業をめぐる理論的系譜』（共著・ミネルヴァ書房）『教育実践の継承と教育方法学の課題──教育実践研究のあり方を展望する（教育方法47）』（共著・図書文化）
その評価方法をとることで授業はどう変わるか，よく吟味してから実践に臨んで下さい。

奥村好美（おくむら　よしみ／1985年生まれ）

兵庫教育大学大学院学校教育研究科准教授
『〈教育の自由〉と学校評価──現代オランダの模索』（単著・京都大学学術出版会）『「逆向き設計」実践ガイドブック──『理解をもたらすカリキュラム設計』を読む・活かす・共有する』（共編著・日本標準）
評価を先生たちのより良い教育，子どもたちのより良い学びへと共につなげていけたらと思います。

川地亜弥子（かわじ　あやこ／1974年生まれ）

神戸大学大学院人間発達環境学研究科准教授
『戦後日本教育方法論史（上）』（共著・ミネルヴァ書房）『「評価の時代」を読み解く（下）』（共著・日本標準）
子どもと教師の信頼関係を培う教育評価とはどのようなものでしょうか。生活綴方を中心に探求中です。

岸本　実（きしもと　みのる／1960年生まれ）

滋賀大学教育学部教授
『教育評価論の歴史と現代的課題』（共著・晃洋書房）『学びのためのカリキュラム論』（共著・勁草書房）
教育評価の研究は，授業やカリキュラムの研究にも欠かせないものとなっています。合わせて学習していきましょう。

執筆者紹介（氏名／よみがな／生年／現職／教育評価を学ぶ読者へのメッセージ）　　　＊執筆担当は本文末に明記

趙　卿我（ちょう　ぎょんあ）

愛知教育大学教育学部准教授
『グローバル化時代の教育評価改革』（共著・日本標準）『パフォーマンス評価入門』（共訳・ミネルヴァ書房）
諸外国では，どのような歴史的背景から教育評価が生まれ，変化してきたのか，一緒に考察していきましょう。

次橋秀樹（つぎはし　ひでき/1975年生まれ）

京都芸術大学芸術学部講師
『「資質・能力」を育てるパフォーマンス評価──アクティブ・ラーニングをどう充実させるか』（共著・明治図書出版）『新しい教職教育講座　教職教育編6　教育課程・教育評価』（共著・ミネルヴァ書房）
ICT環境の整備が急速に進み，入試改革が緩やかに進む今，教育評価の本質的な理解がいっそう問われています。

鄭　谷心（てい　こくしん）

琉球大学教育学部准教授
『近代中国における国語教育改革──激動の時代に形成された資質・能力とは』（単著・日本標準）『子どもの幸せを実現する学力と学校──オーストラリア・ニュージーランド・カナダ・韓国・中国の「新たな学力」への対応から考える』（共著・学事出版）
「学ぶ側」「教える側」の両方の立場から評価を吟味すると，新たな教育の道が開けるでしょう。

徳島祐彌（とくしま　ゆうや/1991年生まれ）

兵庫教育大学教員養成・研修高度化センター助教
『「資質・能力」を育てるパフォーマンス評価──アクティブ・ラーニングをどう充実させるか』（共著・明治図書出版）
一緒に基礎から教育評価について学んでいきましょう。

中西修一朗（なかにし　しゅういちろう/1990年生まれ）

大阪経済大学情報社会学部講師
『よくわかる教育課程　第2版』（共著・ミネルヴァ書房）『「逆向き設計」実践ガイドブック──『理解をもたらすカリキュラム設計』を読む・活かす・共有する』（共著・日本標準）
あなたは今どんな仕組みで評価されていて，この先どんな評価活動をしたいのか？　一緒に考えましょう！

西岡加名恵（にしおか　かなえ/1970年生まれ）

京都大学大学院教育学研究科教授
『教科と総合学習のカリキュラム設計──パフォーマンス評価をどう活かすか』（単著・図書文化）『高等学校　教科と探究の新しい学習評価──観点別評価とパフォーマンス評価実践事例集』（編著・学事出版）
子どもたちの姿を豊かに捉え，教育の改善につなげていきましょう。

二宮衆一（にのみや　しゅういち/1974年生まれ）

和歌山大学教育学部准教授
『戦後日本教育方法論史（上）』（共著・ミネルヴァ書房）『グローバル化時代の教育評価改革──日本・アジア・欧米を結ぶ』（共著・日本標準）
「学習のための評価」や「学習としての評価」として評価を活用していきましょう。本書がその一助となれれば幸いです。

樋口太郎（ひぐち　たろう/1977年生まれ）

大阪経済大学経済学部准教授
『〈新しい能力〉は教育を変えるか』（共著・ミネルヴァ書房）『グローバル化時代の教育評価改革』（共著・日本標準）
「能力」を「評価」する時代を冷静に見つめましょう。

樋口とみ子（ひぐち　とみこ/1977年生まれ）

京都教育大学教職キャリア高度化センター教授
『教育評価の未来を拓く』（共著・ミネルヴァ書房）『〈新しい能力〉は教育を変えるか』（共著・ミネルヴァ書房）
教育に関する問いを，政治学や社会学などとのつながりも視野に入れて研究していきたいと思っています。

執筆者紹介 （氏名／よみがな／生年／現職／教育評価を学ぶ読者へのメッセージ）　　＊執筆担当は本文末に明記

藤本和久 （ふじもと　かずひさ／1973年生まれ）

慶應義塾大学教職課程センター教授
『総合学習の可能性を問う』（共著・ミネルヴァ書房）
子どもの生きている世界に共感をもってかかわりましょう。

細尾萌子 （ほそお　もえこ／1985年生まれ）

立命館大学文学部准教授
『フランスでは学力をどう評価してきたか──教養とコンピテンシーのあいだ』（単著・ミネルヴァ書房）『フランスのバカロレアにみる論述型大学入試に向けた思考力・表現力の育成』（共編著・ミネルヴァ書房）
選抜のツールにとどまらず，よりよく生きるための学習を励ます子どものための教育評価を追究しましょう。

本宮裕示郎 （ほんぐう　ゆうじろう／1983年生まれ）

千里金蘭大学生活科学部児童教育学科助教
『「逆向き設計」実践ガイドブック──『理解をもたらすカリキュラム設計』を読む・活かす・共有する』（共著・日本標準）『Q&Aでよくわかる！「見方・考え方」を育てるパフォーマンス評価』（共著・明治図書）
教育評価の「これまで」と「これから」，そして「今」を深く広く学んでいきましょう。

山根俊喜 （やまね　としき／1957年生まれ）

鳥取大学地域学部教授
『教育評価論の歴史と現代的課題』（共著・晃洋書房）『新しい教育評価の理論と方法』（共著・日本標準）
「評価」しているつもりでも，いつのまにか，たんなる測定や査定になってしまう。気をつけたいものです。

若林身歌 （わかばやし　みか／1973年生まれ）

大阪府立大学高等教育推進機構准教授
『総合的学習のカリキュラム創造』（共著・ミネルヴァ書房）『「総合学習」の可能性を問う』（共著・ミネルヴァ書房）
この本を通して読者のみなさんが多様で人間味あふれる教育評価の世界に出会われることを願っています。

やわらかアカデミズム・〈わかる〉シリーズ

よくわかる教育評価［第3版］

2005 年 12 月 30 日	初　版第 1 刷発行	〈検印省略〉
2009 年 5 月 30 日	初　版第 3 刷発行	
2010 年 11 月 20 日	第 2 版第 1 刷発行	定価はカバーに
2018 年 10 月 30 日	第 2 版第 6 刷発行	表示しています
2021 年 4 月 30 日	第 3 版第 1 刷発行	

編　者	田　中　耕　治
発　行　者	杉　田　啓　三
印　刷　者	田　中　雅　博

発行所　株式会社　ミネルヴァ書房

〒 607-8494　京都市山科区日ノ岡堤谷町 1
電話代表　（075）581-5191
振替口座　01020-0-8076

創栄図書印刷・新生製本

ISBN 978-4-623-09164-5
Printed in Japan

やわらかアカデミズム・〈わかる〉シリーズ

教育・保育

よくわかる学びの技法
田中共子編　本体　2200円

よくわかる卒論の書き方
白井利明・高橋一郎著　本体　2500円

よくわかる教育評価
田中耕治編　本体　2800円

よくわかる授業論
田中耕治編　本体　2600円

よくわかる教育課程
田中耕治編　本体　2600円

よくわかる教育原理
汐見稔幸・伊東　毅・髙田文子
東　宏行・増田修治編著　本体　2800円

新版　よくわかる教育学原論
安彦忠彦・藤井千春・田中博之編著　本体　2800円

よくわかる生徒指導・キャリア教育
小泉令三編著　本体　2400円

よくわかる教育相談
春日井敏之・伊藤美奈子編　本体　2400円

よくわかる障害児教育
石部元雄・上田征三・高橋　実・柳本雄次編　本体　2400円

よくわかる特別支援教育
湯浅恭正編　本体　2500円

よくわかるインクルーシブ教育
湯浅恭正・新井英靖・吉田茂孝編著　本体　2500円

よくわかる肢体不自由教育
安藤隆男・藤田継道編著　本体　2500円

よくわかる障害児保育
尾崎康子・小林　真・水内豊和・阿部美穂子編　本体　2500円

よくわかるインクルーシブ保育
尾崎康子・阿部美穂子・水内豊和編著　本体　2500円

よくわかる保育原理
子どもと保育総合研究所
森上史朗・大豆生田啓友編　本体　2200円

よくわかる家庭支援論
橋本真紀・山縣文治編　本体　2400円

よくわかる社会的養護
山縣文治・林　浩康編　本体　2500円

よくわかる社会的養護内容
小木曽宏・宮本秀樹・鈴木崇之編　本体　2400円

新版　よくわかる子どもの保健
丸尾良浩・竹内義博編著　本体　2200円

よくわかる子どもの健康と安全
丸尾良浩・竹内義博編著　本体　2200円

よくわかる発達障害
小野次朗・上野一彦・藤田継道編　本体　2200円

よくわかる子どもの精神保健
本城秀次編　本体　2400円

よくわかる環境教育
水山光春編著　本体　2800円

福祉

よくわかる社会保障
坂口正之・岡田忠克編　本体　2600円

よくわかる社会福祉
山縣文治・岡田忠克編　本体　2500円

よくわかる社会福祉の歴史
清水教惠・朴　光駿編著　本体　2600円

新版　よくわかる子ども家庭福祉
吉田幸恵・山縣文治編著　本体　2400円

新版　よくわかる地域福祉
上野谷加代子・松端克文・永田祐編著　本体　2400円

よくわかる家族福祉
畠中宗一編　本体　2200円

よくわかるスクールソーシャルワーク
山野則子・野田正人・半羽利美佳編著　本体　2800円

よくわかる高齢者福祉
直井道子・中野いく子編　本体　2500円

よくわかる障害者福祉
小澤　温編　本体　2500円

よくわかるリハビリテーション
江藤文夫編　本体　2500円

よくわかる障害学
小川喜道・杉野昭博編著　本体　2400円

心理

よくわかる心理学実験実習
村上香奈・山崎浩一編著　本体　2400円

よくわかる心理学
無藤　隆・森　敏昭・池上知子・福丸由佳編　本体　3000円

よくわかる心理統計
山田剛史・村井潤一郎著　本体　2800円

よくわかる保育心理学
鯨岡　峻・鯨岡和子著　本体　2400円

よくわかる臨床心理学　改訂新版
下山晴彦編　本体　3000円

よくわかる臨床発達心理学
麻生　武・浜田寿美男編　本体　2800円

よくわかるコミュニティ心理学
植村勝彦・高畠克子・箕口雅博
原　裕視・久田　満編　本体　2500円

よくわかる発達心理学
無藤　隆・岡本祐子・大坪治彦編　本体　2500円

よくわかる乳幼児心理学
内田伸子編　本体　2400円

よくわかる青年心理学
白井利明編　本体　2500円

よくわかる高齢者心理学
佐藤眞一・権藤恭之編著　本体　2500円

よくわかるパーソナリティ心理学
吉川眞理編著　本体　2600円

よくわかる教育心理学
中澤　潤編　本体　2500円

よくわかる学校教育心理学
森　敏昭・青木多寿子・淵上克義編　本体　2600円

よくわかる学校心理学
水野治久・石隈利紀・田村節子
田村修一・飯田順子編著　本体　2400円

よくわかる社会心理学
山田一成・北村英哉・結城雅樹編著　本体　2500円

よくわかる家族心理学
柏木惠子編著　本体　2600円

よくわかる言語発達　改訂新版
岩立志津夫・小椋たみ子編　本体　2400円

よくわかる認知科学
乾　敏郎・吉川左紀子・川口　潤編　本体　2500円

よくわかる認知発達とその支援
子安増生編　本体　2400円

よくわかる情動発達
遠藤利彦・石井佑可子・佐久間路子編著　本体　2500円

よくわかる産業・組織心理学
山口裕幸・金井篤子編　本体　2600円

よくわかるスポーツ心理学
中込四郎・伊藤豊彦・山本裕二編著　本体　2400円

よくわかる健康心理学
森　和代・石川利江・茂木俊彦編　本体　2400円